ALBER PHÄNOMENOLOGIE

Zu diesem Buch:

Volonté liefert einen herausragenden Beitrag zur phänomenologischen Forschung, weil der Autor den Zusammenhang zwischen phänomenologischer Methode und der erkenntnistheoretischen Rolle imaginativer Akte aufzeigt. Hierbei würdigt Volonté besonders die konstitutive Leistung der Imagination, die gleichzeitig eine Erschließung der Phänomenologie selbst ist. Andererseits zeigt seine Analyse des Husserlschen Denkens, daß erst die phänomenologische Methode die traditionell unbeachtete erkenntnistheoretische Leistung der Imagination zutage treten läßt. Daher erweist sich die transzendentale Phänomenologie nach Volonté als „Sinnphilosophie“.

The subject of this book is the creative performance of the imagination in Husserl's conception. Volonté demonstrates that, within the phenomenological method, the imagination is not simply a tool for recognizing, but is also and at the same time an enhancement of phenomenology itself. Thus the author understands transcendental phenomenology as a 'Sinnphilosophie'.

Der Autor: Dr. phil. Paolo Volonté, geb. 1962, forscht an der Università Cattolica di Milano vor allem auf dem Gebiet der Phänomenologie. Veröffentlichungen zur zeitgenössischen deutschen Philosophie (Husserl, Max Weber, Erich Przywara, Max Müller).

Paolo Volonté

Husserls Phänomenologie der Imagination

PHÄNOMENOLOGIE
Texte und Kontexte

Herausgegeben von
Karl-Heinz Lembeck, Ernst Wolfgang Orth
und Hans Rainer Sepp

II. KONTEXTE
Band 2

Paolo Volonté

Husserls Phänomenologie der Imagination

Zur Funktion der Phantasie bei der Konstitution von Erkenntnis

Verlag Karl Alber Freiburg / München

Gedruckt mit Unterstützung des
Istituto Italiano per gli Studi Filosofici, Napoli

Die Deutsche Bibliothek – CIP-Einheitsaufnahme

Volonté, Paolo:
Husserls Phänomenologie der Imagination : zur Funktion der Phantasie bei der Konstitution von Erkenntnis / Paolo Volonté. –
Freiburg (Breisgau) ; München : Alber, 1997
(Phänomenologie : Kontexte ; Bd. 2)
Zugl.: Freiburg (Breisgau), Univ., Diss., 1995
ISBN 3-495-47874-4

Gedruckt auf alterungsbeständigem Papier (säurefrei)
Printed on acid-free paper

Satz: SatzWeise, Trier
Einbandgestaltung: Eberle & Kaiser, Freiburg
Einband gesetzt in der Rotis SemiSerif von Otl Aicher
Druck und Bindung: Difo-Druck, Bamberg 1997
ISBN 3-495-47874-4

«Perché siam tutti soli
ed è nostro destino
tentare goffi voli
di azione o di parola,
volando come vola
il tacchino»
F. Guccini

Vorwort

In dem vorliegenden Buch geht es um Edmund Husserls Entwurf einer Theorie der Imagination. Nicht aber um ein bloßes Verständnis dessen, was Imagination ist – was in jeder Theorie der Imagination mitinbegriffen ist –, sondern um die „konstitutive Leistung" der Imagination selbst. Mit diesem Ausdruck ist die Funktion gemeint, welche die imaginativen Vorstellungen im Aufbau der Erkenntnis aufnehmen. In welcher Weise tragen die imaginativen Vorstellungen zu einem Erkenntnisgewinn bei?

Diese Frage ist nicht unerörtert. Die Husserl-Forschung hat schon seit langer Zeit die Bedeutung der Imaginationsfrage für eine phänomenologische Erkenntnistheorie ausgewiesen. Vor allem der Beitrag der Phantasie in der Wesensschau ist ein unverkennbares Hauptstück der Phänomenologie, das zusammen mit der Erörterung der Phantasie als neutralisierter Vergegenwärtigung immer wieder in der Forschung erwähnt wird. Eine umfassende Darstellung der Husserlschen Theorie der Imagination besteht jedoch gegenwärtig nicht.[1] Ich will mich aber nicht darauf beschränken, die Imaginationslehre Husserls in einem zusammenhängenden Überblick darzustellen, sondern darüber hinaus auch versuchen, sie deutlich verständlich zu machen. Das bedeutet nicht nur, die Husserlschen Einzelthesen zu erklären, sondern

---

[1] Die umfassendste Untersuchung über das Thema bleibt immer noch das Buch von Maria Manuela Saraiva, *L'imagination selon Husserl*, Nijhoff, Den Haag 1970. Das Buch hat aber den Nachteil, daß die Verfasserin die unveröffentlichten Manuskripte Husserls in ihre Untersuchung nicht einbezogen hat. Der Großteil des Husserlschen Materials über die Imagination findet sich jedoch in Manuskripten und wurde erst 1980 teilweise von Eduard Marbach veröffentlicht. Andere Autoren (Jean-Paul Sartre, Edward Casey, John Sallis) gehen auf die Frage der phänomenologischen Auffassung der Imagination in spekulativer oder einseitiger Einstellung ein. Das Buch von Luigia Di Pinto (*Il problema dell'immaginazione in Edmund Husserl. Tra analitica della temporalità e valutazione empatica*, Levante, Bari 1983) erweist sich zum Großteil als eine zu unselbständige Arbeit.

vor allem, ihren theoretischen Zusammenhang aufzuzeigen. Es ist also meine Absicht, *die phänomenologische Einstellung so zu interpretieren, daß Husserls Theorie der Imagination in ihrer folgerichtigen Einfügung in die Phänomenologie überschaubar wird.* Gelingt diese Aufgabe, so sollte die Erörterung der Imaginationsfrage andererseits zur Entdeckung eines neuen möglichen Ansatzes für die Interpretation der Phänomenologie als gesamter philosophischer Einstellung führen. Gerade deswegen geht es hier nicht nur um Husserls „Theorie", sondern um seine „Phänomenologie" der Imagination. Es handelt sich nicht einfach um eine in sich geschlossene Theorie, sondern um einen Zugang, gleichsam um eine Erschließung der Phänomenologie selbst durch die Imaginationsfrage hindurch.

Von daher gliedert sich die Arbeit in zwei Hauptteile. Zuerst wird die Idee der Phänomenologie überhaupt erörtert, dann die Frage nach der Phänomenologie der Imagination. Im ersten Abschnitt geht es hauptsächlich darum zu zeigen, wie Husserls phänomenologischer Ansatz zu verstehen ist, *will man die subjektivistische Interpretation der Phänomenologie als eine Bewußtseinsphilosophie vermeiden.* Nach einem einleitenden Kapitel wird im zweiten die *innere Notwendigkeit* der für die Entwicklung einer streng wissenschaftlichen Philosophie unersetzlichen Methode der Anwendung des Evidenzprinzips dargestellt, welche freilich nichts anderes ist, als die Methode der phänomenologischen Reduktion. Aufgrund der so gewonnenen Idee der Phänomenologie geht es im zweiten Abschnitt um Husserls Phänomenologie der Imagination. Dort wird im ersten Kapitel die Husserlsche Eidetik der objektivierenden Akte ausgelegt und so das System der Wesen und Wesensunterschiede geklärt, in welchem die imaginativen Akte Platz haben. Das zweite Kapitel will dann versuchen, aufgrund der gewonnenen Eidetik die Grundarten der imaginativen Akte zu beschreiben und unterscheiden, um eine genaue Darstellung des Untersuchungsobjektes zu gewinnen. Dadurch sollten die verschiedenartigen Deskriptionen der imaginativen Akte bei Husserl eine umfassende Synthese erfahren. Im letzten Kapitel geht es schließlich um die eigentliche Frage dieser Arbeit, nämlich um die „konstitutive Leistung" der Imagination. Am exemplarischen Beispiel der Phantasie versuche ich zu zeigen, daß erst aufgrund der phänomenologischen Einstellung als einer *Sinnphilosophie* die volle, in der Geschichte meistens außer acht gelassene Erkenntnisleistung der Imagination aufgefaßt werden kann.

Der Hinweis auf unveröffentlichte Manuskripte Husserls wurde womöglich vermieden. Diese Entscheidung läßt sich hinsichtlich des Husserlschen Denkens bis etwa 1918 vollkommen durchführen, da der Großteil der vor diesem Zeitpunkt geschriebenen Manuskripte über die Imaginationsvorstellungen im Band XXIII der Reihe „Husserliana" veröffentlicht wurde. Für das Denken des späten Husserls, das heißt für die sogenannte genetische Phänomenologie, mußte ich dagegen Bezug auf manche sich in den Husserl-Archiven in Leuven und Freiburg befindlichen Manuskripte nehmen. Ich möchte dem Direktor des Husserl-Archivs zu Leuven, Professor Samuel IJsseling, für die Erlaubnis danken, aus unveröffentlichten Manuskripten zu zitieren.

Die vorliegende Arbeit fügt sich in ein Forschungsprogramm des Istituto Italiano per gli Studi Filosofici über Phänomenologie in Europa ein. Sie wurde im Dezember 1995 von der Universität Freiburg i.Br. als Dissertation angenommen. Für die Drucklegung sind manche Stellen vor allem in dem fünften Kapitel verbessert worden. Wertvolle Stützpunkte und Hilfe während der Arbeit habe ich bei den Professoren Virgilio Melchiorre (Mailand) und Bernhard Rang (Freiburg i.Br.) gefunden. Sachliche und geistige Förderung verdanke ich auch Bernhard Casper, Friedrich-Wilhelm von Herrmann und Heinrich Popitz. Das Buch hätte aber ohne die tiefgehenden und anregenden Freiburger Gespräche mit Siegfried Rombach, Luis Romàn Rabanaque, Andreas Uwe Müller, Gerhard Ruff und Hans Rainer Sepp gar nicht entstehen können.

Mailand, Februar 1996

Inhalt

Abschnitt I

Der phänomenologische Weg zur Imaginationsfrage

Kapitel 1
Imagination als Frage der Philosophie

§ 1. Die philosophische Frage nach der Imagination als Zugang zum Problem des Sinnes

Ich stelle mir etwas vor. Ich stelle mir z. B. vor, das weiße Blatt auf dem Tisch da trüge eine Zeichnung Giacomettis. Diese meine besondere Vorstellung ist eine bildliche. Es ist nicht nur so, daß ich an eine bestimmte Zeichnung Giacomettis bloß denke, sondern ich sehe sie, „nehme" gleichsam ihre Eigenschaften (Farbe, Linien, Maß) „wahr". Ebenso bei vielen Gedanken, Erwähnungen, Erwartungen: Das rein gedankliche Erlebnis geht oft mit entsprechenden bildlichen Teil-Erlebnissen zusammen, wie etwa, wenn wir an die Verabredung mit einem Freund denken, und plötzlich uns sein Gesicht, sein Lächeln, eine Haltung, eine Ausdrucksweise bildlich einfällt.

Solche Erfahrungen sind üblich. Sie stellen dar, was wir gewöhnlich „Einbildung" bzw. „Imagination" nennen. Gewiß bildet jeder mit unterschiedlicher Häufigkeit, Kraft, Lebendigkeit ein; prinzipiell können aber alle dieses Phänomen deutlich erkennen. Einbildung ist Teil unseres alltägliches Lebens, sowohl in unserer Erkenntnis als auch in unserem Wirken. Gerade deswegen aber fordert sie von uns eine tiefgreifende Überlegung: Was ist das – Einbildung? Wie wirkt sie sich aus? Was für eine Beziehung liegt zwischen ihr und der Wahrnehmung? Und zwischen ihr und der reinen, schöpferischen Fiktion? Solche Fragen wurden von Anfang an in der Geschichte unseres abendländischen Denkens gestellt, nämlich in der Philosophie und – in den letzten zwei Jahrhunderten – in der wissenschaftlichen Psychologie. Die vorliegende Arbeit will noch einmal diesen Fragen nachgehen und das philosophische Problem der Einbildung besonders mit Hilfe der Phänomenologie Edmund Husserls erörtern. Das bedarf einiger näherer Bestimmungen.

Die Einbildung ist grundsätzlich eine Frage der Wahrnehmungspsychologie. Als menschliche Fähigkeit kann sie durchaus empirisch untersucht und in ihren Charakteren bestimmt werden. So wurde auch verfahren. Vor allem in der Gestalt-Psychologie wurde versucht, die Grundstrukturen des psychophysichen Umfelds (Erkenntnis) des empirischen Menschen zu erforschen. Dies galt als Voruntersuchung zur Frage des menschlichen Verhaltens, das dann durch seine Kausalbeziehung zum psychophysischen Feld betrachtet wurde.[1] Gewiß sind diese Frage und die entsprechende Untersuchung völlig berechtigt und haben zugunsten des Verstehens des menschlichen Verhaltens viel geleistet. Ich werde sie aber den Psychologen überlassen und mich auf die philosophische Fragestellung konzentrieren müssen. Denn als eine solche empirische, menschliche Fähigkeit hat die Einbildung für die Philosophie keine besonders wertvolle Bedeutung. Die philosophischen Fragen müssen einen eigenen Charakter aufweisen können. Die Frage nach der Einbildung wird erst zu einer echten, vollkommen philosophischen Frage, indem und insoweit sie eine bedeutende Funktion in der Feststellung des Sinnes der gegebenen Wirklichkeit überhaupt (des Alls, des Lebens, des Daseins) übernimmt.

Im Laufe der Jahrhunderte haben sich verschiedene Einzelwissenschaften gegenüber der Philosophie verselbständigt, indem allmählich deutlich wurde, daß Einzelfragen durch „eigene Prinzipien und eigene Methode“ besser beantwortet werden können. Dasselbe galt für die Einzelfrage „menschliche Psyche“ sowie die zugeordnete empirische Einzelfrage nach der menschlichen Einbildungskraft. Diese Frage war als solche keine philosophische Frage mehr. Die daraus folgende Verselbständigung hat aber zugleich eine Befreiung der echten philosophischen Einbildungsfrage bewirkt. Denn lösen sich die Fragen über die empirischen Strukturen des menschlichen Verhaltens von einer allgemeinen philosophischen Grundeinstellung, so befreit sich einerseits die empirische Forschung von ihr unannehmbaren spekulativen Voraussetzungen; ebenso befreit sich aber andererseits auch die Philosophie von Nebenfragen, die ihr Grundproblem eher verdunkeln als verdeutlichen.

---

[1] Vgl. K. Koffka, *Principles of Gestalt Psychology*, Harcourt, Brace and Company, New York 1935, S. 67–68.

In der folgenden Untersuchung betrachte ich also das Phänomen der Einbildung nicht als ein empirisches „Vermögen“ des einzelnen Menschen, sondern als einen möglichen Zugang zum philosophischen Grundproblem, z. B. – wie gesagt – zum Problem des Sinnes.[2] Wie kann aber die Frage nach der Einbildung Zugang zum Grundproblem des Sinnes sein?

Die Einbildung ist offenbar grundlegend Sache der Erkenntnistheorie, indem sie allgemein als ein Moment der menschlichen Erkenntnis dargestellt werden kann. Eben als erkenntnistheoretische Frage kann also die Einbildungsfrage Zugang zum Grundproblem des Sinnes werden. Sie ist philosophisch wichtig, so sie eine entscheidende Rolle in der Erkenntnistheorie spielt, z. B. indem ihre Betrachtung dazu beiträgt, Struktur und Tragweite der Erkenntnis zu erläutern. Denn Sinn ist immer erkannter Sinn. Und das Grundproblem des Sinnes ist immer das Grundproblem des von uns erkannten Sinnes. Deswegen bleibt die Erkenntnistheorie noch heute, nach der Verselbständigung der Psychologie, ein überaus wichtiger Teil der Philosophie, oder wird sogar zur „ersten Philosophie“[3]. Es geht um die Möglichkeit des Sinnes und ihre Bedingungen. Und deshalb ist es auch heute noch besonders wichtig und reizvoll, der Einbildungsfrage in der Philosophie nachzugehen.

Eine zweite Einschränkung soll hier im voraus noch erklärt werden. Einbildung hat nicht allein erkenntnistheoretisches Gewicht in der Philosophie. Über die erkenntnistheoretische Grundbedeutung hinaus erhält sie eine wichtige Funktion in der Ästhetik. Es geht dabei einerseits um viele Fragen, welche die Erfahrung des Schönen vor allem im Bereich der Kunst betreffen. Wie entsteht

---

[2] Denn was sonst soll Philosophie sein, wenn nicht eben der Versuch, den Sinn der Gegebenheit zu verstehen, in welcher der Philosoph selbst nachdenkt? Philosophie ist, allgemein gesehen, Erforschung des Sinnes. Erst indem sie an dieser grundlegenden Aufgabe festhält, kann sie ihre Eigenständigkeit im allgemeinen Rahmen des menschlichen Wissens mit Erfolg bewähren. Das wird hier nicht willkürlich behauptet, sondern schon aufgrund jener besonderen Auffassung der Philosophie, die sich im Laufe der Untersuchung als Vorbedingung eines vollen Verständnisses der Imaginationsfrage durchsetzen wird.

[3] Das kann natürlich in verschiedenen Weisen gemeint werden: Vgl. etwa E. Husserl, *Erste Philosophie*, „Husserliana“ (Hua) Bde. VII-VIII, und G. Zamboni, *Corso di gnoseologia pura elementare*, hrsg. von F. L. Marcolungo, Istituto Propaganda Libraria, Milano 1990. Vgl. dazu die vorphänomenologische Diskussion zwischen J. Volkelt und W. Schuppe, erwähnt in M. Farber, *The Aims of Phenomenology*, Harper and Row, New York 1966, Kapitel 2.

das Kunstwerk? Inwiefern ist hier die Einbildungskraft des Künstlers grundlegend – und auf welche Weise? Und inwiefern ist beim Genuß die Einbildungskraft des Publikums von Bedeutung? Andererseits ergeben sich auch in der Ästhetik Grundfragen, die kraft ihrer grundlegenden Stellung allen anderen Einzelfragen vorausgehen. Man könnte z. B. untersuchen, was Kunst überhaupt, was das Schöne überhaupt sei, usw. Viele heutige Untersuchungen über den Sinn der Imagination beruhen auf einem solchen Grundinteresse oder entwickeln zumindest die erkenntnistheoretische Problematik in Hinsicht auf die ästhetische. Das ist hier nicht der Fall. Ich schließe das ästhetische Problem von meiner Untersuchung aus, klammere es gleichsam ein, und begrenze mich damit auf die für uns grundlegende Sphäre der Erkenntnis überhaupt. Die Frage, der ich nachgehen möchte, ist die Frage nach der Bedeutung der Einbildung in der Erläuterung von Struktur und Tragweite der menschlichen Erkenntnis überhaupt. In der Erörterung dieser Frage stütze ich mich aus noch zu klärenden Gründen auf die Phänomenologie Edmund Husserls.

Damit gewinnt man eine erste nähere Bestimmung des Problems. Es ist jetzt erforderlich, inhaltlich wie methodisch die Fragestellung genauer darzulegen.

§2. Anmerkung zur erkenntnistheoretischen Bedeutung der Imagination in der Geschichte der Philosophie

Die Frage nach der erkenntnistheoretischen Rolle der Imagination ist kein neues Untersuchungsfeld der Philosophie. Ganz im Gegenteil gibt es zu diesem Thema bereits eine umfangreiche Literatur. Als erster entwickelte Aristoteles eine Gesamttheorie der Imagination *(phantasia)*. In jeder Untersuchung über die menschliche Erkenntnis findet sich zumindest ein Gedankengang zur Imagination. So z. B. bei Epikur und in der Philosophie der Stoiker, bei Augustinus und vor allem in der neuzeitlichen und zeitgenössischen Philosophie. Für uns ist aber vor allem die Tatsache von Bedeutung, daß die verschiedenen, teilweise auch entgegengesetzten geschichtlichen Imaginationstheorien eine wesentlich gleichartige Grundauffassung der Einbildung miteinander gemein haben. Die so geartete Grundauffassung stammt aus der aristotelischen Theorie und überträgt sich in ihren allgemeinen Zügen bis zur heutigen Zeit. Eine kurze Erwähnung dieser Grundauffassung ist hier erforderlich, um unsere Fragestellung näher bestimmen zu können. Dabei wird sich zeigen, wie die bekannte Theorie der transzendentalen Einbildungskraft Kants eine wichtige Umkehrung des Standpunktes gegenüber der von Aristoteles hergeleiteten Grundauffassung darstellt, und zwar eine solche, die zum ersten Mal den Weg zu einer vollkommenen Einbeziehung der Imagination im Erkenntnisverlauf erschließt.

Dadurch sind auch die Grenzen dieser geschichtlichen Anmerkung aufgezeigt. Ich will hier nur näher bestimmen, was man unter der erkenntnistheoretischen Rolle der Imagination verstehen muß. Es geht darum, allgemein zu sehen, wie Imagination in der Geschichte vorzüglich gefaßt wurde, um dann genauer die Frage nach einer sachlichen philosophischen Imaginationsauffassung stellen zu können.

Die erste vollständige Imaginationslehre wurde von Aristoteles entwickelt. Sie findet sich hauptsächlich im Traktat *Über die Seele*[4], einem ziemlich komplizierten Werk, dessen Deutung durch die unzähligen verschiedenen Interpretationen der Kommentare kaum vereinfacht wird. Wegen der nur einführenden Bedeutung der Interpretation des Aristoteles für unser Thema muß ich die vielfältigen Nebenfragen, die in Aristoteles' Buch Platz finden, außer Betracht lassen und mich ausschließlich einigen zentralen Gedanken zuwenden.[5]

Die aristotelische Seelentheorie gliedert bekanntlich die Seele in drei Teile. Aufgrund einer Analyse der grundlegenden Tätigkeiten des Lebens, die je nachdem auf Nahrung, Wahrnehmbares und Denkbares zielen, sondert Aristoteles drei Teile der Seele aus, nämlich das Vermögen zum Selbsterhalt, das Wahrnehmungsvermögen und das Denkvermögen. Das zweite Buch seines Werkes ist fast gänzlich der Betrachtung des Wahrnehmungsvermögens gewidmet, z. B. der fünf Sinne und der Sinneswahrnehmung über-

---

[4] Ich benutze hier die Übersetzung von W. Theiler, Akademie-Verlag, Berlin 1959 (später auch bei Rowohlt).

[5] Für eine vollständigere Erfassung der Imaginationsfrage bei Aristoteles vgl. Aristote, *Traité de l'âme*, traduit et annoté par G. Rodier, 2 Bde., Paris 1900; Aristotle, *De Anima*, edited with Introduction and Commentary by D. Ross, Clarendon, Oxford 1956; Aristotele, *L'anima*, traduzione introduzione e commento di G. Movia, Loffredo, Napoli 1979; J. Freudenthal, *Über den Begriff des Wortes phantasia bei Aristoteles*, Diss., Göttingen 1863; M. V. Wedin, *Mind and Imagination in Aristotle*, Yale University Press, New Haven/London 1988.

haupt, während das dritte Buch das übergeordnete denkerische Vermögen betrachtet. Die höheren Schichten der Seele sind darum die beiden folgenden: die Fähigkeit, durch die Sinne reale Dinge wahrzunehmen, und die Fähigkeit, mittels des Geistes nachzudenken. Dort aber, wo Aristoteles von der Betrachtung der Sinne zur Betrachtung des Denkens übergehen will, nämlich am Anfang des dritten Buchs, erkennt er die Notwendigkeit, eine Reihe von zwischen Sinnlichkeit und Denken liegenden Fähigkeiten zu erörtern. Es scheint dabei so, als hielte er es für notwendig, zu beweisen, daß kein Denkakt sinnlich und keine sinnliche Erfahrung geistig verlaufen könne. Daß die Trennung zwischen beiden Vermögen nicht im voraus selbstverständlich sein konnte, ist dabei klar, wenn man daran denkt, daß für die vorsokratische Philosophie die Erkenntnis eine grundsätzlich sinnliche war. Will Aristoteles den scharfen Unterschied zwischen Sinnlichkeit und Denken betonen, so muß er zuerst die vorherrschende Aussage eines Großteils der vor ihm tätigen Philosophen erörtern und widerlegen, das Denken sei etwas Körperliches. Durch diese Aussage setzen die Alten das Denken und Wahrnehmen gleich.[6] Aristoteles will aber erhellen, daß Denken eine wesentlich neue Schicht im Vergleich zum Wahrnehmen darstelle. Darum muß er zeigen, daß es keinen „sechsten" Sinn über Gesicht, Gehör, Geruch, Geschmack und Tastsinn hinaus gibt, sowie daß alle angenommenen „sechsten" Sinne keineswegs als gleichsam „sinnliches Denken" zu verstehen sind.

Es geht Aristoteles hierbei um solche Vermögen wie gemeinsamen Sinn, inneren Sinn, einbildende Vorstellung *(phantasia)* und Gedächtnis.[7] Die Imaginationsfrage entsteht also bei Aristoteles im Rahmen der feinen Unterscheidung zwischen sinnlicher Wahrnehmung und ideativem Denken. Darum besteht ihre Bedeutung vom Anfang an darin zu zeigen, daß Imagination kein Denkvermögen sei, sondern nur eine dritte menschliche Tätigkeit neben sinnlicher Wahrnehmung und Denken, um dann behaupten zu können, Denken sei ein vom Wahrnehmen ganz verschiedenes Vermögen. Eben darum bemüht sich Aristoteles nicht um eine

---

[6] Vgl. Aristoteles, *De anima*, 427 a 21.

[7] Vgl. S. Vanni Rovighi, *Gnoseologia*, Morcelliana, Brescia 1979, S. 27; L. Robin, *La pensée grecque et les origines de l'esprit scientifique*, La renaissance du livre, Paris 1923, S. 360–362.

ausführliche Erörterung dessen, was man unter Imagination zu verstehen habe, sondern erklärt allein die Gründe der Unterscheidung der Imagination von Wahrnehmung und Nachdenken. Die Unterscheidung gegenüber der Wahrnehmung scheint zunächst sehr einfach zu sein. Aristoteles bezeichnet die Bildvorstellung als das, was in den Sinnesorganen nach Entfernung des sinnlichen Gegenstandes bleibt.[8] Imagination sei also die Fähigkeit, einen sinnlichen Gegenstand in Abwesenheit zu erkennen. Eine solche Bezeichnung scheint einen Wesensunterschied gegenüber der Wahrnehmung hervorzuheben und daher die Imagination durch einen eigenen Charakter zu kennzeichnen: Wo es um Erkenntnis eines abwesenden Sinnesgegenstandes geht, dort wirkt Imagination.[9]

Ist Wahrnehmung Erfahrung des Anwesenden, und ist sie als solche immer wahr, zumindest wenn es um Wahrnehmung eigentümlicher Sinnesobjekte geht,[10] so ist doch Bildvorstellung für Aristoteles Erfahrung des Abwesenden, und als solche ist sie meistens falsch und gehört nicht allen Lebewesen zu. Bildvorstellung ist eine Art Bewegung, die gewiß aus Wahrnehmung entsteht, weil alle Erkenntnis auf sinnlicher Wahrnehmung beruht;[11] eine Bewegung aber, die sich von der Wahrnehmung unterscheidet. Damit erscheint hier eine erste Bezeichnung der Imagination, die zu ihrer geschichtlichen Grundauffassung geführt hat: Imagination sei ein Vermögen des Menschen und anderer Lebewesen *gegenüber* der Wahrnehmung, also ein Vermögen, das von der Wahrnehmung, wenn auch noch in ihr verwurzelt, getrennt ist und deshalb, weil meistens falsch, vom Prozeß der Erkenntnisgewinnung abgeschnitten bleibt. Das ist eine Auffassung, welche Aristoteles und die ganze Antike gemein haben.[12]

Der Stagirit zielt aber auch auf ein anderes Ergebnis. Imagination ist nicht nur eine zweite menschliche Fähigkeit gegenüber der Wahrnehmung, sie ist darüber hinaus auch kein echtes Denken.

---

[8] Vgl. Aristoteles, *De anima*, 425 b 25.

[9] Wenn es aber auf den Vergleich zwischen Imagination und Wahrnehmung ankommt, läßt Aristoteles den genannten Unterschied fallen, um dasselbe Ergebnis durch fünf Argumente zu erreichen, welche freilich offenbar keinen eindeutigen Schluß ermöglichen (vgl. *De anima*, 428 a 6–16).

[10] Aristoteles, *De anima*, 428 b 19.

[11] Vgl. a. a. O., 432 a 5; *De somno et vigilia*, 459 a 15–23.

[12] Vgl. H. Védrine, *Les grandes conceptions de l'imaginaire de Platon à Sartre et Lacan*, Librairie Générale Française, Paris 1990, S. 14–15.

Sie ist eine eigentümliche Tätigkeit der Seele. Die Unterscheidung der Imagination gegenüber dem Denkgebiet geschieht nur scheinbar durch schwache Argumente. Dem Anschein nach stützt Aristoteles seine Gegenüberstellung auf einen empirischen Charakter unserer Einbildungsfähigkeit. Bildvorstellung sei keine Denktätigkeit *(hypolepsis)*, weil sie „in unserer Gewalt" liege. „Das Meinen aber liegt nicht in unserer Gewalt; denn es ist entweder falsch oder wahr."[13] Anscheinend meint Aristoteles, daß Imagination dadurch gekennzeichnet sei, daß wir Bilder spontan entstehen lassen könnten, während Meinungen und alle Denktätigkeiten überhaupt erst aufgrund einer Verbindung zur Realität entstünden. Was heißt aber genauer „in unserer Gewalt"? Das Beispiel, welches Aristoteles anführt, ist einleuchtend: „Wenn wir etwas Schreckliches oder Furchtbares meinen, werden wir sofort innerlich ergriffen", nicht aber bei einer schrecklichen Vorstellung.[14] Mit anderen Worten: Wir haben die Vorstellung „in unserer Gewalt", weil wir ihr keinen Wahrheitswert zuschreiben; wir betrachten sie als ein zeitloses, wirkungsloses Bild. Eben hierin besteht also der Unterschied zwischen Imagination und Denkvermögen: im Wahrheitsindex. Ist das Wissen immer wahr und das Meinen entweder wahr oder falsch, so ist das Einbilden weder wahr noch falsch, sondern neutral.[15] Die Urteilsfähigkeit der Bejahung oder Verneinung gehört einzig dem Denkvermögen zu, nicht der Einbildung, die darum als solche keine denkerische Fähigkeit sein kann – und so zu keinem Erschrecken führt. Wie Aristoteles selbst ausdrücklich sagt: „Die Bildvorstellung ist etwas anderes als das bejahende oder verneinende Urteil. Denn das Wahre und Falsche ist eine Verknüpfung von Begriffen."[16] Die Unterscheidung beruht hier auf einem Wesensunterschied, der „Imagination an sich" vom „Denken an sich" innerlich trennt.

Somit hat Aristoteles einbildende Akte vom Wahrnehmungsvermögen wie vom Denkvermögen scharf getrennt. Imagination erscheint also wie ein drittes Vermögen gegenüber Wahrnehmung und Denken.[17] Mehr noch: An verschiedenen Stellen in *De anima*

---

[13] Aristoteles, *De anima*, 427 b 20.

[14] A. a. O., 427 b 21–22.

[15] Für Husserl ist das Kennzeichen der Phantasie eben Neutralität. Vgl. dazu unten, §§ 25a und 40f.

[16] Aristoteles, *De anima*, 432 a 10.

[17] Vgl. etwa J. M. Cocking, *Imagination. A Study in the History of Ideas*, Rout-

erscheint sie als die vermittelnde Mitte zwischen ihnen: „Die Bildvorstellung ist etwas anderes als Wahrnehmung und Nachdenken, und wie sie selbst nicht vorkommt ohne Wahrnehmung, so gibt es ohne Bildvorstellung keine Denktätigkeit.“[18] Kraft dieser und anderer Stellen des aristotelischen Traktats[19] haben manche Autoren von einem „Kantismus“ bzw. „Schematismus“ des Aristoteles gesprochen.[20] Die These ist reizvoll und bemerkenswert. Es ist aber nicht an uns, sie gründlich zu erörtern. Wichtig für uns ist zu verstehen, wie Aristoteles eine solche einbildende Mitte zwischen Wahrnehmung und Denken faßt. Zu diesem Zweck lesen wir eine oben schon angeführte Stelle jetzt vollständig wieder: „Und deswegen kann niemand ohne Wahrnehmung etwas lernen oder verstehen, und wenn man etwas erfaßt, muß man es zugleich mit einem Vorstellungsbild erfassen. Denn die Vorstellungsbilder sind gleichsam Wahrnehmungsbilder, nur ohne Materie. Die Vorstellung ist etwas anderes als das bejahende oder verneinende Urteil. Denn das Wahre und Falsche ist eine Verknüpfung von Begriffen. Aber die ersten (unverknüpften) Begriffe, inwiefern sollten sich diese von Vorstellungsbildern unterscheiden? Oder es sind auch die übrigen Begriffe keine Vorstellungsbilder, aber nicht ohne Vorstellungsbilder?“[21] Daß es kein Denken ohne die Begleitung durch Vorstellungsbilder gibt, ist klar und kommt in *De anima* mehrmals vor. Entscheidend dafür ist, daß „niemand ohne Wahrnehmung [bzw. Bildvorstellung] etwas lernen oder verstehen“ kann. Das Denkbare gibt sich nicht von selbst unmittelbar der Seele, sondern erst durch eine Heraushebung aus dem sinnlich Wahrnehmbaren. Da aber das Sinnliche offenbar nicht immer an-

---

ledge, London/New York 1991, S. 17–22; G. Movia, *Introduzione*, in: Aristotele, *L'anima*, a. a. O., S. 71.

[18] Aristoteles, *De anima*, 427 b 14–15; modifizierte Übersetzung.

[19] Vgl. etwa a. a. O., 431 a 17; 432 a 10; *De memoria et reminiscentia*, 449 b 31.

[20] Vgl. W. D. Ross, *Aristotle's Man*, Methuen, London 1923; C. Castoriadis, *La découverte de l'imagination*, Livre 3, Paris 1978; M. Schofield, *Aristotle on the Imagination*, in: *Essays on Aristotle's De anima*, hrsg. von M. C. Nussbaum und A. O. Rorty, Clarendon Press, Oxford 1992, S. 249–277; D. Frede, *The Cognitive Role of phantasia in Aristotle*, in: *Essays on Aristotle's De anima*, a. a. O., S. 279–295; H. Védrine, a. a. O., S. 38–40; G. Perko, *Aufschlüsse der Einbildungskraft. Auswirkungen und Wirkungsweisen der Phantasie*, Centaurus-Verlagsgesellschaft, Pfaffenweiler 1993, S. 21–22. Vorsichtiger äußert sich R. Kearney, *The Wake of Imagination. Ideas of Creativity in Western Culture*, Hutchinson, London 1988, S. 111–113.

[21] Aristoteles, *De anima*, 432 a 6–14.

wesend ist, beruht das Denken oft in seiner Tätigkeit auf einer Anschauung des Abwesenden, also auf einer imaginativen Vorstellung. Soll das aber bedeuten, Denken sei dasselbe wie Einbilden? Das ist nicht der Fall. Denn die einbildende Vorstellung „ist etwas anderes" als das Urteil, indem in ihr keine Setzung des Vorgestellten in der Wirklichkeit stattfindet. Selbst im Fall der „ersten Begriffe" lehnt Aristoteles den Gedanken ab, daß sie mit Vorstellungen identisch seien: Begriffe sind keine Vorstellungsbilder, mögen sie auch ohne Vorstellungsbilder nicht erscheinen können.

So klärt sich allmählich die aristotelische Auffassung. Für Aristoteles ist die Imagination keine allgemeine Bedingung der Erkenntnis im strengen Sinne *(episteme)*, sondern nur eine besondere Erkenntnisform unter anderen. Sie kann zu keiner Erkenntnisbedingung werden, weil sie „in unserer Gewalt", also jenseits der Wahrheit oder Falschheit liegt, welche erst im Urteil (als Kennzeichen des Denkens) vorkommen können. Imagination ist also eine Fähigkeit, auf welche das Denken sich stützt, allerdings keine Bedingung oder Gewähr eines gewissen Erkenntnisverlaufs. Sie ist zwar ein Mittel, durch welches das Denkvermögen denken kann, jedoch ein äußerliches Mittel, *eine Form, die den Inhalt nicht mitbestimmt.* Von hier aus ist Imagination keine „transzendentale" Form der Erkenntnis. Sie stellt für die Erkenntnis keine Bedingung der Möglichkeit dar, sondern nur ein empirisch sehr nützliches Mittel.[22]

Wir haben also gesehen, wie Aristoteles zwei wesentlich verschiedene Charaktere der Imagination unterscheidet, so daß er manchmal sogar von zwei verschiedenen Fähigkeiten zu sprechen scheint, deren eine mit Denken, die andere mit sinnlicher Wahrnehmung verbunden ist.[23] Diese doppelte Sicht des Aristoteles bietet schon beide Grundmöglichkeiten einer philosophischen Imaginationstheorie. Die erste Möglichkeit ist deutlicher und vollständiger ausgearbeitet: Imagination sei eine von Sinnlichkeit und Denken geschiedene Weise der Erkenntnisverbindung des Men-

---

[22] Darum ist es vielleicht nicht gänzlich angebracht, von einem „Kantismus" bzw. „Schematismus" bei Aristoteles zu sprechen. Findet man bei Aristoteles mehrere Einsichten, die sich später in vollständigeren Gedanken entwickelt haben, so fehlt ihm jedenfalls in diesem Zusammenhang die Grundeinsicht, welche eine transzendentale Philosophie ausmacht, die Suche nach den Bedingungen der Möglichkeit der Erkenntnis überhaupt.

[23] Vgl. Aristoteles, *De anima*, 433 b 28–31.

schen zur Welt, sie sei darum nicht in den echten („wissenschaftlichen") Erkenntnisverlauf miteinbezogen, sondern stelle eine vorzüglich falsche Scheinerkenntnis dar. Die zweite Möglichkeit ist umstrittener und folgt aus einer stärkeren Interpretationsbemühung, öffnet jedoch tiefere Schichten einer Erkenntnistheorie: Imagination sei eine Funktion der Heraushebung des Allgemeinen aus dem Sinnlichen, also der Entwicklung des Denkens aus dem einzigen Grundmaterial der Erkenntnis, der Empfindung.

Im Lauf der Jahrhunderte hat die abendländische Philosophie nur die erste Möglichkeit berücksichtigt und Imagination als ein Erkenntnisvermögen aufgefaßt, nämlich dasjenige, das Abwesende zu erfahren *(facultas producendi perceptiones rerum sensibilium absentium).*[24] Die Imagination wurde also als die eigenständige Fähigkeit einzubilden, niemals aber als ein bestimmender Teil des Erkenntnisverlaufes selbst gedeutet. Besonders im europäischen Rationalismus seit Descartes wurde Imagination dem Denken gegenübergestellt.[25] Die Imagination wurde von Descartes als eine Modifikation des Leibes durch die Affektion von den äußeren Körpern verstanden, die deswegen im Gegensatz zum Denken der *res extensa* angehört und als solche im Bereich des möglich Falschen bleibt. Erst das Urteil des Verstandes ermöglicht aufgrund der Folgerichtigkeit des Bildes, dessen Übereinstimmung mit der Wirklichkeit festzustellen. Gewiß übersieht Descartes nicht die besondere Leistung der Imagination als Hilfe des Verstandes[26], sodaß er zwei Funktionen der Imagination erkennt: Die eine durchgehend durch die Möglichkeit des Fehlers verdächtig, die andere zur Hilfe des Verstandes in die Abstraktion erhoben. Dies führt uns aber wieder zur Theorie des Aristoteles und zu seiner Betrachtung der Bildvorstellung als des dritten Vermögens gegenüber Wahrnehmung und Denken zurück. Die Imagination erscheint somit als eine Brücke zwischen Sinnlichkeit und Verstand, ohne daß jedoch diese ihre Leistung als eine für den Er-

---

[24] Ch. Wolff, *Psychologia Empirica*, § 92.

[25] Vgl. J.-P. Sartre, *L'imagination*, Presses Universitaires de France, Paris [6]1965, S. 7–19; H. Védrine, a. a. O.; J. Bernis, *L'imagination*, Presses Universitaires de France, Paris [6]1969, S. 10–13.

[26] Vgl. R. Descartes, *Regulae ad directionem ingenii*, XIV (*Oeuvres*, hrsg. von C. Adam und P. Tannery, Bd. X, S. 438–452); *Meditationes de Prima Philosophia*, VI (*Oeuvres*, Bd. VII, S. 84–90).

kenntnisverlauf „konstitutive“ erkannt würde.[27] Ganz im Gegenteil: Dort, wo Imagination tätig ist, besteht unaufhebbar die Gefahr des Irrtums und der Ungewißheit. Völlig entsprechend zur sinnlichen Wahrnehmung hat Imagination keine Kraft, ihre Inhalte unabhängig von einem Eingriff des Verstandes zu sichern.[28] Bei Spinoza wird diese Herabsetzung der Imagination eindeutig, indem sie als eine unklare und inadäquate Erkenntnis gedeutet wird: „Insofern die menschliche Seele sich einen äußeren Körper [bildlich] vorstellt, hat sie von ihm keine adäquate Erkenntnis.“[29] Auch für Spinoza wirkt die Imagination bei der Heraushebung von Allgemeinbegriffen. Diese entstehen ihm zufolge erst, wenn die Bilder der äußerlichen Körper im Leib zu so vielen werden, daß der Geistsinn sie nicht mehr gesondert und adäquat wahrnehmen kann. Er beruht mithin auf einer unklaren und ungesonderten Einbildung der Körper, in der ein einziges Merkmal als ein allgemeines erfaßt wird, nämlich als ein Transzendental- bzw. Allgemeinbegriff: „weil im menschlichen Körper sich soviel Vorstellungsbilder z. B. von Menschen zugleich bilden, daß sie die Kraft des Vorstellens zwar nicht überhaupt, aber doch in so hohem Grade übersteigen, daß die Seele sich die geringen Unterschiede zwischen den einzelnen [...] nicht vorstellen kann.“[30] Anders als bei Aristoteles „verdirbt“ hier gleichsam Imagination die Allgemeinbegriffe durch ihre empirische „Unreinheit“, indem sie zur empirischen als Erkenntnis erster Art gehört, die im Unterschied zu den tieferen und der Wahrheit angemessenen Erkenntnissen zweiter und dritter Art Ursache der Unwahrheit ist.

Solche Andeutungen können durchaus genügen, um zu erklären, was ich als geschichtliche Grundauffassung der Imagination

---

[27] Vgl. R. Descartes, *Meditationes de Prima Philosophia*, VI (a. a. O., S. 73): „Facile, inquam, intelligo imaginationem ita perfici posse, siquidem corpus existat; et quia nullus alius modus aeque conveniens occurrit ad illam explicandam, probabiliter inde conicio corpus existere; *sed probabiliter tantum*“ (Hervh. v. Vf.), so daß „ad haec considero istam vim imaginandi, quae in me est, prout differt a vi intelligendi, ad mei ipsius, hoc est ad mentis meae, essentiam non requiri“.

[28] Vgl. R. Descartes, *Discours de la méthode*, (*Oeuvres*, Bd. VI, S. 37); J. H. Roy, *L'imagination selon Descartes*, Gallimard, Paris 1944.

[29] B. de Spinoza, *Ethica ordine geometrico demonstrata*, II, Lehrsatz 26, Folgesatz (ich benutze die Übersetzung von O. Baensch, Meiner, Leipzig 1919).

[30] A. a. O., Lehrsatz 40, Anmerkung 1. Für eine tiefsinnigere aber konzise Betrachtung der Imagination bei Spinoza vgl. H. Védrine, a. a. O., S. 63–85.

bezeichnet habe. Im allgemeinen stellt sich hier die Imagination als ein Erkenntnisvermögen dar, das für die eigentlichen Erkenntnis, z.B. für die Erfassung des wahren Wirklichkeitssinnes, unbrauchbar ist. Hierbei war es für uns nicht wichtig, eine vollständige Erörterung der Theorien der genannten Autoren nachzuvollziehen, sondern eher eine mögliche und geschichtlich tatsächlich schon unternommene Auslegung der Imagination ins Auge zu fassen. Jetzt geht es darum, nochmals aufgrund einer geschichtlichen Erörterung die zweite Grundmöglichkeit einer erkenntnistheoretischen Imaginationstheorie ans Tageslicht zu bringen, um dann unsere Fragestellung formulieren zu können.

§ 3. Humes Eröffnung der neuen, transzendentalen Auffassung

Schon bei Aristoteles mußten wir bemerken, daß dort die Bezeichnung eines „Schematismus" nicht völlig zutreffend war, weil die Imagination zwar ein Hilfsmittel des Denkens darstellte, aber kein transzendentales, keine Bedingung der Möglichkeit der Erkenntnis überhaupt. Es sollte jetzt schon deutlich sein, daß „transzendental" hier nicht im Sinne eines Subjektivismus auszulegen ist, was noch vorzeitig und unbegründet wäre, sondern im Sinne eines formalen *a priori*. Transzendentale Auffassung der Imagination ist diejenige, welche sie als einen Wesensgrund der Erkenntnis überhaupt, als eine Bedingung der Möglichkeit nach Kant, oder im Sinne Husserls als ein Konstituierendes, darstellt. Es ist bei alledem klar, daß eine mögliche transzendentale Auffassung der Imagination ihr eine wesentlich wichtigere Rolle als in der oben beschriebenen, geschichtlichen Grundauffassung zumißt. Diese schärfere Neuauffassung vollzieht sich im Transzendentalismus Kants, der zumindest in der *Kritik der reinen Vernunft* grundsätzlich auf einer neuen Auslegung der Imagination („Einbildungskraft") aufbaut.[31]

Als Kant sich das Problem der strengen Grundlegung einer echten Erkenntnis stellte, verfügte er über eine von Aristoteles her und erst recht in der neuzeitlichen Philosophie breit entwickelte

[31] Mit Kant selbst: „Daß die Einbildungskraft ein notwendiges Ingrediens der Wahrnehmung selbst sei, daran hat wohl noch kein Psychologe gedacht" (*Kritik der reinen Vernunft*, 1. Aufl. [A], S. 120 Anm.).

Imaginationslehre. Seine wichtigsten Quellen sind zweifellos in den Systemen Wolffs und Humes zu finden. Von der überlieferten Fassung, die bei Wolff die oben erwähnte „scholastische" Bezeichnung der Imagination als Vorstellung von abwesenden Gegenständen erhielt, erbt Kant die Anordnung der Imagination als drittes Vermögen zwischen Sinnlichkeit und Verstand. Erkenntnis erfolgt überhaupt aus einer Synthese, die Empfindungen, z.B. die sinnlichen Daten, die uns in der Passivität affizieren, und Begriffe, z.B. die intellektuellen Regeln, durch welche wir in der Spontaneität das Allgemeine erkennen, zusammenbringt. Beide Vermögen, nämlich Sinnlichkeit und Verstand, stellen also zwei streng geschiedene Fähigkeiten des Gemüts dar. Imagination kommt dann dazu als ein drittes Vermögen, das Kant manchmal der Sinnlichkeit zuschreibt, manchmal dem Verstand, ein anderes Mal aber als selbständig beschreibt.[32] In diesen leitenden Zügen seines Systems bleibt Kant völlig innerhalb der geschichtlichen Grundauffassung.

Im Vergleich zu dieser Auffassung zeigt Hume einen wichtigen Unterschied. Die Grundzüge des Humeschen Systems bedürfen nur einer kurzen Erwähnung.[33] Er legt der Erkenntnistheorie den empiristischen Fundamentalsatz zugrunde, daß alle unsere Kenntnisse aus einfachen Affektionen stammen, die er Eindrücke *(impressions)* nennt. Es gebe keinerlei *idea innata*, die unsere Erkenntnis mitbestimmen könnte, sondern Erkenntnis entstehe erst nach einem Affiziert-Werden des menschlichen Geistes durch Eindrücke. Der Geist begnügt sich aber keineswegs mit den Eindrücken allein: Sie sind eine notwendige, keine hinreichende Bedingung der Erkenntnis. Erkenntnis heißt im allgemeinsten Sinn, daß zwei verschiedene „Inhalte" in einen Zusammenhang gebracht werden. Eindrücke als solche können aber nicht unmittelbar miteinander verglichen werden, da sie *gegenwärtige* Affektionen sind; jeder Vergleich sich aber durch eine Vergegenwärtigung eines *Abwesenden* vollzieht. Um unsere Erkenntnis erklären zu können, müssen wir also annehmen, daß es neben den jetzigen Affektionen auch Vergegenwärtigungen von schon gelaufenen Affektionen gibt. Hume nennt die auf Eindrücken begründeten Ver-

---

[32] Vgl. dazu etwa I. Kant, *Anthropologie in pragmatischer Hinsicht*, 1. Aufl. [A], S. 46; *Kritik der reinen Vernunft*, A 115; a.a.O., 2. Aufl. [B], S. 162 Anm.

[33] Im Folgenden stütze ich mich hauptsächlich auf den *Treatise of Human Nature*, I, I, 1–2 und auf die *Enquiry concerning Human Understanding*, II.

gegenwärtigungen „Vorstellungen“ *(ideas)* und meint damit alle Anschauungen und Gedanken, die nicht unmittelbar durch eine gegenwärtige Affektion verursacht sind. Sie sind Abbilder bzw. Nachbilder der Eindrücke, abgeleitete Vorstellungen: „Ein Eindruck wirkt zunächst auf die Sinne ein und läßt uns Hitze oder Kälte [...] empfinden. Von diesem Eindruck erzeugt der Geist ein Abbild, welches bleibt, nachdem der Eindruck aufgehört hat; dies Abbild nennen wir eine Vorstellung.“[34] Wie kann man aber den Eindruck von der Vorstellung unterscheiden? Worin liegt die Möglichkeit, das Abbild vom Urbild abzusondern? Nach Hume liege sie darin, daß Vorstellungen eine geringere Leibhaftigkeit und Intensität aufweisen. Jede Vorstellung zeigt eine große Ähnlichkeit zum entsprechenden Eindruck, die nur vom Unterschied in der Stärke beschränkt wird. In seinem ersten Erscheinen in einem Eindruck betrifft ein Inhalt unseren Geist so leibhaft, daß er auch viel kräftiger unsere Leidenschaften erregen kann; alle seine neuen Erscheinungen dagegen sind schwache Nachbilder der ersten, die nur undeutlich deren Inhalt wiedergeben. Außerdem hält Hume es für eine stets wiederholbare Erfahrung, daß die Vorstellungen den entsprechenden Eindrücken so regelmäßig nachgehen, daß sich dadurch die Ableitbarkeit der ersten aus den anderen zeigt. Für ihn sind Vorstellungen nicht nur abgeschwächte Eindrücke. In der Nachbildung der entsprechenden Eindrücke wären sie in einem gewissen, bald zu verdeutlichenden Sinne frei, die Inhalte der Eindrücke zu ändern und zu mischen. Daher entstehe schließlich die Möglichkeit, verschiedene Eindrücke miteinander zu vergleichen und dadurch Erkenntnis als Zusammenhang von verschiedenen „Inhalten“ zu gewinnen.

Hume erkennt zwei Grundvermögen, die beim Aufbau von Vorstellungen tätig sind: Erinnerung und Einbildungskraft *(imagination)*.[35] Mit einem Husserlschen Ausdruck sagte ich, Vorstellungen seien Vergegenwärtigungen von schon vergangenen Eindrükken. Das Vergegenwärtigen kann dabei zweifach geschehen: einerseits mit festem Bezug zur zeitlichen Ordnung des Vergegenwärtigten, andererseits ohne ihn. Im ersten Fall sprechen wir von Erinnerung, im zweiten von Einbildung. Erinnern wir uns an

---

[34] D. Hume, *Treatise of Human Nature*, I, I, 2 (ich benutze die Übersetzung von Th. Lipps, Meiner, Hamburg 1978).
[35] Vgl. hierzu a. a. O., I, I, 3–4 und I, III, 5–6.

etwas, so bleiben die erinnerten Gegenstände in derselben Ordnung, in der sie sich uns gegeben haben. Wie Hume auch sagt: „Die hauptsächliche Leistung der Erinnerung besteht überhaupt nicht im Festhalten einfacher Vorstellungen, sondern im Festhalten ihrer Ordnung und wechselseitigen Stellung."[36] Wenn dies in der Erinnerung nicht geschieht, sprechen wir von einem Fehler des Gedächtnisses. Bilden wir uns dagegen etwas ein, so trennen und verbinden wir die Vorstellungen und verändern willkürlich ihre Ordnung, sodaß dadurch ganz neue Vorstellungen aus einem vorgegebenen Material entstehen. In dieser Humeschen Erwägung gewinnt die Einbildungskraft eine der geschichtlichen Grundauffassung sehr ähnliche Stellung. Einbildungskraft sei ein Erkenntnisvermögen, das *neben* Wahrnehmung und Erinnerung tätig ist, nämlich das Vermögen, nicht gegenwärtige Gegenstände in willkürlicher Veränderung darzustellen.

Die Erörterung Humes geht aber weiter und tiefer und wird neuen Boden fassen. Die eben erläuterte Unterscheidung der Einbildungskraft von der Erinnerung legt zwischen beiden Vermögen eine endgültige Trennung, einen Wesensunterschied. Jede vergegenwärtigende Vorstellung kann das Vorgestellte entweder in einer festen, vorgegebenen oder in einer neuen, willkürlichen Ordnung vorlegen. Muß sie in einer der beiden Weisen erscheinen, so kann sie es nicht in beiden gleichzeitig. Es gibt zwei Möglichkeiten, die sich gegenseitig ausschließen. *Tertium non datur.* Hume widerlegt sich aber selbst, indem er sagt, daß diese Unterscheidung nicht ausreiche, um beide Vermögen voneinander abzusondern.[37] Die dazugehörige Beweisführung Humes ist besonders einleuchtend, weil sie den ersten Schritt darstellt, um eine transzendentale Auffassung der Einbildungskraft zu gewinnen, obwohl sie offenbar die transzendentale Ebene noch nicht erreicht. Für Hume steht fest, daß die Erinnerung die Vorstellungen in ihrer ursprünglichen Ordnung festhält, während die Einbildungskraft diese Ordnung verändert. Diese Kennzeichnung genügt aber nicht, um beide Vermögen voneinander zu unterscheiden, denn „wir können ja die vergangenen Eindrücke nicht zurückrufen, und mit den gegenwärtigen Vorstellungen ver-

---

[36] A. a. O., I, I, 3.
[37] Vgl. a. a. O., I, III, 5.

gleichen".[38] Wir erinnern uns an etwas und sagen, es handle sich um eine Vorstellung eines sich so und so wirklich vollzogenen Eindrucks. Daß die Vorstellung der Ordnung des ursprünglichen Eindrucks genau entspricht, ist jedoch unbeweisbar, weil der Eindruck eben vergangen ist und nicht mehr vergegenwärtigbar, wenn nicht durch die Vorstellung selbst. Es ist prinzipiell unmöglich, eine Erinnerung mit dem entsprechenden Eindruck zu vergleichen. Darum ist es aber auch unmöglich zu beweisen, daß die Ordnung in der Erinnerungsvorstellung dieselbe wie diejenige des entsprechenden Eindrucks sei. Daß die Erinnerungsvorstellung sich in der ursprünglichen Ordnung festhält, ist von hier aus eine unbeweisbare Annahme, so daß sich der Grund der Unterscheidung zwischen Erinnerung und Einbildungskraft auflöst. Folgerichtig zieht Hume die entsprechende Schlußfolgerung: „Da demnach die Erinnerung weder durch die Ordnung der Elemente der *zusammengesetzten*, noch durch die Natur der [in sie eingehenden] *einfachen Vorstellungen* für unser Bewußtsein gekennzeichnet ist, so folgt, daß der Unterschied zwischen ihr und der Einbildungskraft nur in der größeren Energie und Leibhaftigkeit der Erinnerungsvorstellungen liegen kann."[39]

Hier bedarf es einer kurzen Analyse des Humeschen Gedankengangs. Sein Beweis ist stichhaltig: Es gibt keine Möglichkeit, die Ordnungsgemäßheit einer Erinnerung aufgrund eines Vergleichs mit der ursprünglichen Wahrnehmung zu beweisen, weil eine vergangene Erfahrung nicht mehr gegenwärtig, sondern eben nur in der Erinnerung vergegenwärtigt sein kann. Trotzdem bleibt dieser Beweis auf einer untersten Ebene, auf der psychische Phänomene, nicht aber transzendentale Bedingungen verglichen werden. Ist es wahr, daß auf der psychischen Ebene keine Vorstellung unmittelbar mit dem ihr entsprechenden Eindruck vergleichbar ist, so bleibt dieser Beweis auf der transzendentalen Ebene unerheblich. Denn dort fragen wir nicht nach der Entsprechung einer Vorstellung mit einer (vermuteten) Realität, sondern nach der inneren Notwendigkeit der Vorstellung als Vorstellung. Hier könnte also die folgende transzendentalphänomenologische Überlegung ansetzen: Die Erinnerung mag immer auch und vollkommen eine verschleierte Einbildung sein, indem sie sich nur

---

[38] Ebd.
[39] Ebd.

scheinbar in der ursprünglichen Ordnung festhält; so bleibt unangetastet, daß sie ihre Inhalte als „erinnerte" Inhalte darstellt, also als Inhalte, die sich in ihrer ursprünglichen Ordnung festzuhalten scheinen. Dadurch wird keine Aussage über die reale ursprüngliche Ordnung geäußert. Hingegen wird eine notwendige Kennzeichnung erläutert, welche die Erinnerung von der Einbildung eindeutig unterscheiden kann. Die Erinnerung ist dann jene Vorstellung, welche das Vorgestellte so vorstellt, *als ob* es ursprünglich genau so und so geschehen wäre. Die Einbildung ist dagegen jene Vorstellung, welche das Vorgestellte so vorstellt, *als ob* es ursprünglich anders als so und so geschehen wäre. Damit hätten wir eine mögliche transzendentale Unterscheidung zwischen Erinnerung und Einbildungskraft vollzogen, die eigentlich mit der ersten von uns erläuterten Unterscheidung Humes vollkommen in Übereinstimmung wäre.[40]

Was ist nun aber das Ergebnis, zu dem Hume durch seine „Selbstwiderlegung" kommt? Der Unterschied zwischen Erinnerung und Einbildungskraft liege an der unterschiedliche Energie und Leibhaftigkeit beider Vorstellungen. Es gebe also keinen Wesensunterschied zwischen ihnen, sondern nur einen Intensitätsunterschied: einen Unterschied, der nur die Quantität betrifft.[41] So ist es nicht mehr möglich, beide Vorstellungen scharf voneinander zu trennen, da eine Erinnerungsvorstellung im Extremfall „dazu gelangen kann, für eine bloße Vorstellung der Einbildungskraft gehalten zu werden"[42] und umgekehrt. Der Unterschied entsteht jetzt nur empirisch, *a posteriori*. Erinnerung und Einbildungskraft bilden somit nicht zwei Grundformen der Vorstellung überhaupt, sondern zwei verschiedene Erscheinungen derselben einzigen Vorstellungsform. Nicht umsonst betrachtet Hume die Erinnerung nach der ersten Einführung ihres Unterschieds gegenüber der Einbildungskraft nicht weiter, sondern wendet sich einzig dieser letzten zu. Es ist so, als ob Hume mit Einbildungskraft jetzt

[40] Selbstverständlich ist die Sache hier viel komplizierter und kann nicht in wenigen Sätzen (wenn überhaupt) gelöst werden. Dazu habe ich später mit Hilfe Husserls eine tiefere Erörterung zu führen. Hier genügt es gezeigt zu haben, daß Hume in seiner wichtigen „Selbstwiderlegung" auf einer noch vortranszendentalen Ebene bleibt.

[41] Vgl. dazu J. Wilbanks, *Hume's Theory of Imagination*, Nijhoff, The Hague 1968, S. 64–68.

[42] D. Hume, *Treatise of Human Nature*, I, III, 5.

beide obigen Vermögen meinen würde. Erinnerung und Einbildungskraft im alten Sinne seien nur zwei verschiedene Erscheinungen desselben Vermögens der neu zu verstehenden Einbildungskraft. In Übereinstimmung mit vielen Hume-Forschern könnte ich darum auch sagen, daß Hume mindestens zwei Bedeutungen des Wortes *imagination* benutzt:[43] eine Spezialbedeutung, wonach er unsere freie Einbildungs-Kraft gegenüber den vorbestimmten Erinnerungs-Ereignissen bezeichnet, und eine Allgemeinbedeutung, mit welcher er das Vorstellungsvermögen überhaupt bezeichnet, nämlich das Vermögen, Vorstellungen zu formen. Im zweiten Fall verwendet er *imagination* als *pars pro toto*, um Vorstellungsvermögen auszusagen.

Es geht nunmehr um „Einbildungskraft" im Sinne des Allgemeinvermögens, durch welches Vorstellungen einerseits aus dem Material der Eindrücke geformt werden, andererseits sich miteinander verknüpfen – und dies unabhängig davon, daß solche Vorstellungen sich gegenüber der ursprünglichen Ordnung der Eindrücke als folgerichtig oder nicht erweisen. Erscheint aber zuletzt die Einbildungskraft im neuen Allgemeinsinne als das Vermögen, Vorstellungen zu bilden, so gewinnt sie dadurch eine grundlegende Funktion in der Erkenntnis überhaupt. Kraft der drei Prinzipien der Assoziation, nämlich Ähnlichkeit, zeitliche oder räumliche Berührung, Ursache und Wirkung, auf denen sie beruht[44], bewirkt sie die Verknüpfung zwischen Vorstellungen und ermöglicht dadurch die Entstehung zusammengesetzter Vorstellungen. So ist die Einbildungskraft zum Vermögen der Assoziation geworden und als solches zur Grundbedingung der Verknüpfung zwischen Vorstellungen, durch welche erst Erkenntnis entstehen kann. Ebenso wird sie dann folgerichtig zu einer Grundbedingung der Entstehung abstrakter Vorstellungen wie des Glaubens an die

---

[43] Vgl. etwa O. Brunet, *Philosophie et Esthétique chez David Hume*, Nizet, Paris 1965, S. 404–408; E. J. Furlong, *Imagination in Hume's „Treatise" and „Enquiry Concerning Human Understanding"*, in: „Philosophy", 36 (1961), S. 62–70; W. C. Gore, *The Imagination in Spinoza and Hume*, The University of Chicago Press, Chicago 1902, S. 33 ff.; N. Kemp-Smith, *The philosophy of David Hume. A Critical Study of its Origins and Central Doctrines*, Macmillan, London [4]1964, S. 459–463; H. H. Price, *Hume's Theory of the External World*, Clarendon Press, Oxford [3]1963, S. 15–17; M. Warnock, *Imagination*, Faber and Faber, London 1976, S. 25–27; J. Wilbanks, a. a. O., S. 71–84.

[44] Vgl. D. Hume, *Treatise of Human Nature*, I, I, 3 und I, III, 6.

Existenz der äußeren Welt.[45] In alle Verknüpfung zwischen Gegenständen, für Hume also zwischen Vorstellungen, wirken sich die Assoziationsprinzipien der Einbildungskraft aus: „Wenn also der Geist von der Vorstellung oder dem Eindruck eines Gegenstandes zur Vorstellung eines anderen oder zum Glauben an denselben übergeht, so kann er dazu nicht durch die Vernunft getrieben sein, sondern nur durch gewisse Faktoren, welche die Vorstellungen dieser Gegenstände miteinander assoziieren und für die Einbildungskraft vereinigen."[46]

Wir sind hier an unser Ziel gelangt. Bei Hume gewinnt die Einbildungskraft die Fähigkeit und die Aufgabe, bei der Konstitution der Erkenntnis mitzuwirken. Seine Auffassung bleibt gewiß noch vortranszendental, jedoch bahnt sie den Weg zur Kantschen Lehre der transzendentalen Einbildungskraft, indem sie zum ersten Mal die Einbildungskraft zwar als ein Vermögen beschreibt, als ein solches aber, welches das Begegnen des erkennenden Menschen mit dem Erkannten allgemein mitbestimmt oder geradezu hauptsächlich bestimmt.[47] Wie H. H. Price schon gezeigt hat, beachtet Hume fast ausdrücklich die neue Einstellung, wenn er schreibt, es sei notwendig, die allgemeinen und unumgänglichen Prinzipien der Einbildungskraft von den vergänglichen zu unterscheiden: „Die ersteren sind die Grundlage aller unserer Gedanken und Handlungen, so daß mit ihrem Entschwinden die menschliche Natur alsbald zugrunde gehen müßte. Die letzteren sind für die Menschen weder unvermeidlich, noch nötig."[48] Hier scheint nur noch der letzte Schritt zu fehlen, z. B. die systematische Zuwendung zu diesen Prinzipien, mit denen geradezu die Natur des Menschen steht und fällt.[49]

---

[45] Vgl. a. a. O., I, I, 7 und I, IV, 2.

[46] A. a. O., I, III, 6.

[47] Vgl. O. Brunet, a. a. O., S. 403–404.

[48] D. Hume, *Treatise of Human Nature*, I, IV, 4. Vgl. H. H. Price, a. a. O., S. 15–16 und 57–58.

[49] Dazu schreibt Richard Kearney: „Hume, one could argue, also beckoned towards a transcendental position in his recognition that imagination is the inner source of our ideas; but he was finally hampered by his refusal to acknowledge the *a priori* productive power of imagination […]. Only Kant was prepared to take the final step towards the disclosure of the transcendental imagination" (R. Kearney, a. a. O., S. 168).

§ 4. Kants transzendentale Einbildungskraft

Daß Kant nun die verbindende Fähigkeit der menschlichen Erkenntnis Einbildungskraft nennt, soll daher keine Überraschung erregen. Er übernimmt die Terminologie Humes, versucht aber, bei der transzendentalen Einbildungskraft alle psychologische Aspekte auszuschalten.[50] Wie für Hume ist auch für Kant die Einbildungskraft das Vermögen, das der Welt Logizität und Folgerichtigkeit schenkt. Es geht aber nicht mehr um das psychologische Vermögen des empirisch einzelnen Menschen, sondern um die transzendentale Einbildungskraft als die einzige Bedingung, kraft derer sinnliche Empfindungen durch allgemeine Regeln in der Erkenntnis aufgenommen und eben darum in einer Wissenschaft vergesellschaftet werden können. Eine solche Bedingung der Möglichkeit spielt auf einer doppelten Ebene eine Rolle.

Zunächst ist sie von Bedeutung auf der Ebene der transzendentalen Deduktion der Kategorien, z. B. der „Erklärung der Art, wie sich Begriffe a priori auf Gegenstände beziehen können".[51] Wie bekannt, vollzieht sich die Erkenntnis nach Kant, wenn der in der Anschauung gegebene Gegenstand in einem Begriffe *(conceptus)* gedacht wird. Erkenntnis ist für ihn die Einigung der Mannigfaltigkeit der Sinnlichkeit in einem Begriffe.[52] Da Kant in der transzendentalen Haltung die Möglichkeit von Begriffen beweisen will, die zum „reinen Gebrauch a priori" bestimmt sind, sich also „völlig unabhängig von aller Erfahrung" geben[53], muß er Beweise der „Rechtmäßigkeit" solcher Begriffe bereitstellen, z. B. Beweise dafür, daß sich solche Begriffe prinzipiell der Sinnlichkeit zuwenden können, um sie in einer Erkenntnis zu einigen. Diese „Erklärung" nennt er die „Deduktion" der Kategorien. Die Deduktion ist „transzendental", weil sie nicht die Möglichkeit der

---

[50] Es ist natürlich keine streng historische Rekonstruktion, da Kant den *Traktat* Humes scheinbar nicht kannte (sondern nur die *Untersuchung*), wobei aber die Humesche Einbildungskraftlehre hauptsächlich im *Traktat* entwickelt wird. Unsere Rekonstruktion *will* aber auch *keine* streng historische sein, denn ihr kommt es vielmehr darauf an, auf eine bestimmte Weise die philosophische Imaginationsfrage zu umgrenzen. Über die Strenge des Kantschen Transzendentalismus vgl. etwa H. Mörchen, *Die Einbildungskraft bei Kant*, Niemeyer, Tübingen ²1970, S. 1–4.

[51] I. Kant, *Kritik der reinen Vernunft*, A 85 (B 117).

[52] Vgl. a. a. O., A 92–93 (B 125); A 78–79 (B 104).

[53] A. a. O., A 85 (B 117).

Rückführung von verschiedenen bestimmten Vorstellungen unter einen Begriff beweist, sondern die allgemeine Möglichkeit der Rückführung unter Begriffe der reinen Synthesis von Vorstellungen überhaupt. Es wäre hier für uns unnütz, den Argumenten Kants in die Einzelheiten zu folgen und sie auszulegen. Viel wichtiger ist dagegen, darauf aufmerksam zu machen, wie in diesem Zusammenhang der Einbildungskraft eine entscheidende Funktion zukommt. Erkenntnis ist für Kant, wie schon erwähnt, die Verknüpfung von Vorstellungen nach Regeln. Solche Verknüpfung wird von Kant „Synthesis" genannt, wenn man sie als das Sammeln des Mannigfaltigen, und „Einheit", wenn man sie als die Anwendung von Regeln auf das gesammelte Mannigfaltige betrachtet. Darum sind es zuletzt drei Elemente der Erkenntnis: „Das erste, was uns zum Behuf der Erkenntnis aller Gegenstände a priori gegeben sein muß, ist das *Mannigfaltige* der reinen Anschauung; die *Synthesis* dieses Mannigfaltigen durch die Einbildungskraft ist das zweite, gibt aber noch keine Erkenntnis. Die Begriffe, welche dieser reinen Synthesis *Einheit* geben, und lediglich in der Vorstellung dieser notwendigen synthetischen Einheit bestehen, tun das dritte zum Erkenntnisse eines vorkommenden Gegenstandes, und beruhen auf dem Verstande."[54] Die Stelle ist einleuchtend. Die Einbildungskraft ist die Kraft, das Mannigfaltige der Anschauung zu synthetisieren. Sie gibt zwar noch keine Erkenntnis, trotzdem ist sie für die Erkenntnis so grundlegend wie Sinnlichkeit und Verstand, sinnliche Inhalte und Regeln ihrer Einigung. Von hier aus ist sie für Kant eine „unentbehrliche" Funktion, durch welche Erkenntnis erst entstehen kann. Sie ist eine Bedingung der Möglichkeit von Erkenntnis überhaupt, denn ohne ihre Synthesis des Mannigfaltigen hätten die Begriffe überhaupt keine Chance, sich einer chaotischen Sinnlichkeit zuzuwenden. Der berühmte Satz: „Gedanken ohne Inhalt sind leer, Anschauungen ohne Begriffe sind blind"[55] heißt aufgrund der oben zitierten Stelle eigentlich: Ohne Einbildungskraft bleiben Gedanken ohne Inhalt und hierin leer; Anschauungen ohne Begriffe und hierin blind. Damit ist die erkenntnistheoretische Funktion der Einbildungskraft völlig ausgeprägt: „Die Synthesis überhaupt ist [...] die bloße Wirkung der Einbildungskraft, einer blinden, ob-

[54] A. a. O., A 78–79 (B 104).
[55] A. a. O., A 51 (B 75).

gleich unentbehrlichen Funktion der Seele, ohne die wir überall gar keine Erkenntnis haben würden.“[56]

Die zweite Ebene, auf der die „unentbehrliche Funktion“ der Einbildungskraft erscheint, ist diejenige des Schematismus. Nachdem Kant in der transzendentalen Deduktion die prinzipielle Möglichkeit der Anwendung der reinen Begriffe auf das Mannigfaltige bewiesen hat, wendet er sich im Schematismuskapitel dem Problem der „Subsumption“ des Mannigfaltigen unter Begriffe zu. Die Begriffe enthalten die Regeln der „Objektivierung“ des Mannigfaltigen der Sinnlichkeit. Darum ist der Verstand, welcher das Vermögen der Begriffe ist, als „Vermögen der Regeln“ charakterisierbar.[57] In der Deduktion wurde daher die Bedingung der Möglichkeit der Anwendung solcher Regeln betrachtet. Sprechen wir aber von der „Bedingung der Möglichkeit“, so müssen wir zwischen einer Bedingung der Möglichkeit „an sich“ und einer Bedingung der Möglichkeit „für uns“ unterscheiden.[58] Einerseits geht es darum, was in den Begriffen ihre allgemeine Anwendbarkeit als Regeln des sinnlich Mannigfaltigen erst ermöglicht. Andererseits geht es aber um die prinzipielle Möglichkeit der Verwirklichung der sich auf diese Weise als an sich möglich erwiesenen Anwendbarkeit der Begriffe. Einerseits wird der Charakter der Begriffe berücksichtigt, durch den sie als solche zu Regeln des Mannigfaltigen werden können. Andererseits wird aber untersucht, was notwendigerweise bestehen muß, damit irgendein Erkennender die Begriffe, deren eigene prinzipielle Anwendbarkeit schon bewiesen wurde, tatsächlich auf das Mannigfaltige anwenden kann,

---

56 A.a.O., A 78 (B 103). Heidegger legt viel Wert darauf, daß in Kants Handexemplar der 1. Auflage der *Kritik der reinen Vernunft* sich zu der Stelle „einer blinden, obgleich unentbehrlichen Funktion der Seele“ die Abänderung „einer Funktion des Verstandes“ findet (vgl. M. Heidegger, *Kant und das Problem der Metaphysik*, Klostermann, Frankfurt a.M. [3]1965, S. 148). Ob diese Veränderung Kants so entscheidend ist, wie Heidegger meint, wäre zu erörtern. Hier sei nur bemerkt, daß sowohl als Funktion der Seele als auch als Funktion des Verstandes die Einbildungskraft eine unentbehrliche Bedingung der Möglichkeit der Erkenntnis bleibt. Fraglich ist also, ob die Entwertung der Einbildungskraft in der 2. Auflage sachlich ihre entscheidende Erkenntnisfunktion aufhebt.

57 I. Kant, *Kritik der reinen Vernunft*, A 126.

58 Ich habe diese Unterscheidung ausführlicher in *Analogia storica ed esperienza trascendentale. La „metaistorica“ di Max Müller*, in: *Studi di filosofia trascendentale*, hrsg. von V. Melchiorre, Vita e Pensiero, Milano 1993, S. 178ff., dargestellt.

m. a. W. die Bedingung der Subsumption des Mannigfaltigen unter diejenigen Regeln, die sich als seine möglichen Regeln schon erwiesen hatten. Die Bedingungen einer solchen Möglichkeit „für uns" sind nach Kant die Bedingungen der Urteilskraft.[59]

Diese Subsumption vollzieht sich durch eine „dritte" Vorstellung, die sowohl der Kategorie (Begriffe) als auch der Erscheinung (Anschauung) gleichartig ist: „Diese vermittelnde Vorstellung muß rein (ohne alles Empirische) und doch einerseits *intellektuell*, andererseits *sinnlich* sein. Eine solche ist das *transzendentale Schema*."[60] Hier muß hauptsächlich betont werden, daß dieser Schematismus eine Wirkung der Einbildungskraft ist. Kant schreibt eindeutig: „Das Schema ist an sich selbst jederzeit nur ein Produkt der Einbildungskraft."[61] Die Einbildungskraft zeigt sich damit als jenes „Vermögen", das die Subsumption des Mannigfaltigen unter Regeln erzeugt und die Entstehung einer Erkenntnis im strengen Sinne ermöglicht. Hierin ist die transzendentale Auffassung, welche die Einbildungskraft als einen wesentlichen Teil des Erkenntnisverlaufs ansieht, erfüllt. Erschien die Einbildungskraft in der transzendentalen Deduktion der Kategorien als die Bedingung der Möglichkeit *an sich* von Erkenntnis, als Anwendung von Regeln auf das sinnlich Mannigfaltige, so erweist sie sich jetzt als die Bedingung der Möglichkeit *für uns* derselben Erkenntnis. Die Idee einer erkenntnistheoretischen Leistung der Einbildungskraft ist vollkommen.

§ 5. Die Fragestellung

Durch das bisher gesagte hat man eine gewisse Einsicht in die Weise gewonnen, wie die erkenntnistheoretische Rolle der Imagination untersucht werden kann. Ich habe zwei mögliche Grundeinstellungen gegenüber der Imagination ausgelegt: die sogenannte geschichtliche Grundauffassung, welche die Imagination eher als ein Vermögen neben Wahrnehmung, Verstand usw. sieht, als ein Vermögen, das oft Ursache des Irrtums, aber keine Bedin-

---

[59] Vgl. I. Kant, *Kritik der reinen Vernunft*, A 132 (B 171): „Wenn der Verstand überhaupt als das Vermögen der Regeln erklärt wird, so ist Urteilskraft das Vermögen, unter Regeln zu *subsumieren*".

[60] A. a. O., A 138 (B 177).

[61] A. a. O., A 140 (B 179).

gung der richtigen und erst recht der wissenschaftlichen Erkenntnis ist. Die Imaginationslehre gehöre so gesehen der Erkenntnistheorie nur als ein Randgebiet zu. Weiter die transzendentale Auffassung der Imagination, die von Kant als erstem vorgelegt wurde. Von diesem Standpunkt aus gehörte die Imagination nicht nur grundsätzlich der Erkenntnistheorie zu. Sie würde geradezu deren Kern ausmachen. Ohne die transzendentale Einbildungskraft könnte überhaupt keine verläßliche Erkenntnis entstehen. Eben in diese zweite Richtung geht auch meine Fragestellung. Ich klammerte schon sowohl die psychologische als auch die ästhetische Frage nach der Imagination von meiner Untersuchung aus, um mich auf erkenntnistheoretische Fragen zu konzentrieren. Jetzt kann ich auch innerhalb dieses letzten Gebiets inhaltlich die Frage näher bestimmen, indem ich *nach der möglichen transzendentalen Rolle der Imagination* frage. Wie zu Anfang schon erklärt, interessiert mir hier die Bedeutung, die der Imagination bei der Erörterung der Struktur und der Tragweite der Erkenntnis zukommt. Ich gehe diesem Interesse nach, indem ich frage: *Inwiefern übernimmt das, was wir normalerweise als Imagination bezeichnen, eine transzendentale Funktion im Aufbau der Erkenntnis*? Damit ist die Kernfrage dieser Arbeit benannt.[62]

Die Frage nach der transzendentalen Funktion der Imagination könnte auf unterschiedlichste Weise erforscht werden. Nach der Beseitigung eines allzu schwierigen, rein spekulativen Weges bestünde offenbar der unmittelbarste Ansatz in einer Untersuchung über die Einbildungskraft bei Kant. Diese Arbeit aber betrachtet das Thema der Imagination bei Husserl. Wo liegt hier der Berührungspunkt? Die Erörterung über die Einbildungskraft bei Kant wurde schon mehrmals sehr ausführlich und tiefgreifend geführt[63], sodaß uns viele Ergebnisse heute schon zu Verfügung stehen. Darüber hinaus würde eine auf Kant beschränkte Untersuchung

---

[62] In dieser Hinsicht ist für uns keine einfache Erörterung des Bewußtseinsgefüges wichtig. Die Hauptfrage ist keineswegs, wie sich das Bewußtsein strukturiert, sondern wie das Gegebene in seinem gegebenen Sinne zustandekommt. Die Bewußtseinsstruktur zu erörtern dient nur dazu, den Sinn des Gegebenen aufzuklären. Das soll im Laufe der Arbeit deutlich werden.

[63] Vgl. vor allem M. Heidegger, *Kant und das Problem der Metaphysik*, a. a. O., und H. Mörchen, a. a. O. Andere wichtige Erwägungen finden sich in E. M. Wolff, *Etude du rôle de l'imagination dans la connaissance chez Kant*, Bonnofons et fils, Carcassonne 1943, und M. Palumbo, *Immaginazione e matematica in Kant*, Laterza, Roma/Bari 1985.

schnell in die Gefahr geraten, sich in eine rein historische Untersuchung umzuwandeln. Obwohl die Theorie Kants in ihrem transzendentalen Ansatz und in vielen Einzelthesen eine unvergängliche ist, ist sie auch viel von der zu ihrer Zeit verbreiteten Idee der Metaphysik und ihrer Strukturen beeinflußt worden (Wolff, Baumgarten), so daß manche Thesen Kants erst dann klar werden, wenn man Bezug auf die Thesen des klassischen Rationalismus nimmt. Von da her bin ich der Meinung, die Philosophie Kants stelle nicht der geeignete Standpunkt dar, um die Einsicht in die Sache zu gewinnen.

Uns kam es aber eben darauf an, eine möglichst tiefe Einsicht in die Sache selbst zu gewinnen. Die philosophische Hermeneutik hat uns gewiß schon lange gezeigt, wie eng historische und sachliche Untersuchung miteinander verbunden sind. Keine historische Rekonstruktion kann sich von einer sachlichen Erfassung ganz absondern, und keine sachliche Erwägung kann unabhängig von einem geschichtlichen Bewußtsein gelingen. Diese unvermeidliche Verknüpfung zwischen Geschichts-Problematik und Sach-Problematik kann aber doppelt betont werden. Einerseits würden wir von einer *geschichtlichen* Interpretation der Sache selbst sprechen, andererseits von einer geschichtlichen Interpretation der *Sache selbst*. Mit Erich Przywara könnte man die erste als eine „streng-geschichtliche", die zweite als eine „sachlich-logische" Interpretation bezeichnen.[64] Als Philosophen, die nach einem allmählichen Verstehen des Ganzen der Wirklichkeit streben, sind wir offenbar an der zweiten interessiert, z. B. an einer Interpretation, die durch die Erforschung des Denkens eines Autors eine gewisse Einsicht in das entsprechende sachliche Problem gewinnen will. Deswegen soll die historische Untersuchung sich nicht mit einer Deutung dessen begnügen, was ein gewisser Philosoph bzw. eine gewisse Richtung „eigentlich" gemeint hat. Das würde sie als Autoren einer lebendigen Tradition „töten".[65] Eine sachlich-logische Interpretation läßt den Autor immer weiter lebendig aufgrund der Sache selbst reden, indem sie nicht das von ihm Gesagte zu erklären, sondern vielmehr dieselbe Einsicht zu

[64] Vgl. E. Przywara, *Analogia Entis*, Johannes-Verlag, Einsiedeln ²1962, S. 46–58.
[65] A. a. O., S. 54.

gewinnen versucht, kraft derer er jenes sagte. Der Blick ist immer zur Sache selbst gerichtet.

Eben das Prinzip der Rückkehr zur Sache selbst ist ferner das Grundprinzip der Phänomenologie, wie Husserl sie entwickelt hat. Diese stellt sich also als eine gründliche Untersuchung dar, welche den eigentlichen Stand der „Sachen“ erscheinen läßt. Das heißt, daß auf sie der Einfluß der Epoche im Prinzip nicht so stark wie auf andere philosophischen Richtungen wirkt. Und es heißt ferner, daß sie den Gesichtspunkt einer „strengen Wissenschaft“ übernehmen will, welcher gerade im Fall der Imagination relevant wird. Kant führt die transzendentale Einbildungskraft als Bedingung der Möglichkeit der Verknüpfung zwischen Sinnlichkeit und Verstand ein. Darin kann man die Strenge seiner transzendental-kritischen Methode erkennen. Den Begriff selbst der transzendentalen Einbildungskraft erörtert er aber nicht mit derselben Strenge, so daß bei ihm manche Fragen unbeantwortet bleiben: Warum heißt sie eben „Einbildungskraft“? Was hat sie mit der „reproduktiven Einbildungskraft“ gemeinsam? Gerade hinsichtlich der Imaginationsfrage erfährt die Strenge des Kantschen Ansatzes eine Beschänkung, die meiner Meinung nach dem Husserlschen Ansatz fremd bleibt, wie ich im nächsten Kapitel zu zeigen habe. Als „Erkenntnistheorie“ und als „strenge Wissenschaft“ besitzt also die Phänomenologie eine bevorzugte Stellung, um sich mit der Frage der Imagination, wie wir sie gestellt haben, auseinanderzusetzen.

Aus diesen Gründen wenden wir uns primär nicht einer Auslegung der Kantschen Theorie der transzendentalen Einbildungskraft zu, sondern der Erörterung, inwieweit eine transzendentale Auffassung der Imagination auch in der Phänomenologie Edmund Husserls einen Platz findet. Der Sinn der Wahl der Phänomenologie soll im nächsten Kapitel noch deutlicher werden. Hier muß zunächst die Methode der Untersuchung feststehen. Die vorliegende Arbeit hat nicht vor, eine Darlegung dessen, was Husserl „in Wahrheit“ gedacht hätte, zu entfalten. Denn das hätte mit der Frage nach der transzendentalen Funktion der Imagination wenig zu tun. Vielmehr geht es darum, mit Husserl und dank seiner unerschöpflichen Gedankenfülle die Frage der Imagination wieder zu denken. Ich will *mit* Husserl und *von ihm aus* über die Imagination nachdenken. Es handelt sich darum, die verschiedenen Versuche Husserls, die Phänomene der Phantasie und Bildvorstellung zu erklären, mit den jeweils dazugehörigen Gedankengängen und Beweisführungen herauszuarbeiten, um damit eine triftige Kennzeichnung dessen, was wir „Imagination“ nennen, phänomenologisch zu gewinnen. Es handelt sich aber hauptsächlich darum zu verstehen, ob, wie und inwieweit in der phänomenologischen Auffassung der menschlichen Erkenntnis der Imagination eine konstitutive Funktion zukommt. Mit der Brille Kants lese ich Husserl, und mit der durch Kant modifizierten Brille Husserls will ich versuchen, eine Einsicht in die Sache selbst der Imagination zu gewinnen. Unsere obige Fragestellung muß also jetzt so ergänzt werden: Inwiefern spielt *in der Phänomenologie Edmund Husserls* das, was wir normalerweise als Imagination bezeichnen, eine transzendentale Funktion im Aufbau der Erkenntnis?

Kapitel 2
Der Sinn der phänomenologischen Forschung

§ 6. Die Philosophie als streng wissenschaftliche Erkenntnistheorie

Im ersten Kapitel haben wir die leitende Frage unserer Untersuchung gestellt. Man könnte aber mit recht hier fragen: Warum gerade Husserl? Warum soll ausgerechnet die Phänomenologie das Untersuchungsfeld unseres Themas bilden? Die im Paragraphen 5 dargestellten Argumente müssen jetzt positiv mit einer Untersuchung über den Sinn der phänomenologischen Forschung integriert werden, welche die Erklärungskraft der Phänomenologie hinsichtlich der erkenntnistheoretischen Fragen zu zeigen hat.

Unsere Frage nach der Imagination ist eine erkenntnistheoretische und zugleich eine fundamentale: erkenntnistheoretisch, weil wir das Problem der „Erkenntnis durch Imagination" stellen; fundamental, weil uns die mögliche ursprüngliche Leistung der Imagination bei der Entstehung des Sinnes und damit der Wahrheit interessiert. Der Bezug zur Phänomenologie Husserls soll also in diesem Zusammenhang seine Rechtfertigung finden. Im Prinzip könnte diese Rechtfertigung in Kürze so formuliert werden: 1) die Phänomenologie ist eine Erkenntnistheorie[1], also ist die phänomenologische Betrachtung der Imagination eine *erkenntnistheoretische*; 2) die Phänomenologie erkennt sich als strenge Wissenschaft, also ist die phänomenologische Betrachtung der Imagination eine *möglichst fundamentale*. Wollen wir die Leistung der Imagination im Aufbau der Erkenntnis untersuchen, so bietet uns

---

[1] Rudolf Boehm drückt dies radikal aus, indem er das Verhältnis umdreht und verabsolutiert: „Erkenntnistheorie [...] *muß* Phänomenologie und kann *nichts anderes* als Phänomenologie sein" (R. Boehm, *Vom Gesichtspunkt der Phänomenologie. Husserl-Studien*, Nijhoff, Den Haag 1968, S. 127–128). Eine solche Verabsolutierung wird sich erst am Ende unseres Wegs rechtfertigen können.

die Phänomenologie eine angemessene Methode sowie ein durchaus angemessenes Themenfeld.

Ich will diese Behauptungen in den nächsten Paragraphen tiefer begründen[2], um zugleich eine grundsätzliche Einsicht in die Methode und die ersten Ergebnisse der Untersuchung zu gewinnen. Dabei will ich versuchen, die phänomenologische Methode durch ihre innere Notwendigkeit erscheinen zu lassen. Deswegen vermeide ich absichtlich am Anfang jeden Gebrauch der phänomenologischen Terminologie, um keine phänomenologische Stellungnahme unvermerkt eindringen zu lassen. Die Rechtfertigung der Anwendung einer phänomenologischen Methode soll aus den Sachen hervorgehen.

§ 7. Natürliche und philosophische Einstellung

Die Kennzeichnung der Phänomenologie als Erkenntnistheorie beruht bei Husserl zunächst auf seiner wiederholt vorgetragenen, allgemeinen Unterscheidung zwischen Wissenschaften der dogmatischen, bzw. natürlichen, und Wissenschaften der philosophischen Einstellung.[3] Die ersteren sind vorphilosophische Wissenschaften, welche ihre Aufgabe diesseits oder jenseits des Problems der Erkenntnis stellen. Sie sind „*den Sachen* zugewandt, die uns jeweils gegeben sind und selbstverständlich gegeben sind".[4] So wendet sich die Physik zur physischen Welt, wie sie für uns vorkommt. Sie fragt nicht nach den Bedingungen der Erkenntnis der physischen Welt, sondern nach der Welt selbst in ihren Einzelphänomenen und Gesetzen. Daß es einen Stern gibt, den wir „Sonne" nennen, ist selbstverständlich. Die physikalische Untersuchung betrachtet nur die Weise, nach welchen Gesetzen die Sonne vorhanden ist. Die Wissenschaften der dogmatischen Einstellung gehen also „von der originären [*scil.* unmittelbaren] Gegebenheit ihrer Sachen" aus „und fragen, als was sich die Sa-

---

[2] Zur Phänomenologie als Erkenntnistheorie vgl. § 7, zur Phänomenologie als strenge Wissenschaft vgl. §§ 8–10.

[3] Vgl. *Die Idee der Phän.*, Hua II, S. 17–22; *Ideen I*, Hua III/1, S. 53–55; *Krisis*, Hua VI, S. 126–138; *Philosophie als strenge Wissenschaft*, Hua XXV, S. 3–62. Vgl. dazu E. Tugendhat, *Der Wahrheitsbegriff bei Husserl und Heidegger*, de Gruyter, Berlin ²1970, S. 193–201.

[4] *Die Idee der Phän.*, Hua II, S. 17.

chen unmittelbar geben".[5] Im Unterschied dazu charakterisieren sich die Wissenschaften der philosophischen Einstellung durch die bevorzugte Richtung auf das Erkenntnismoment. Hier geht es nicht mehr um die Gesetze der Existenz und der Bewegung der Sonne, sondern um die Bedingungen der Möglichkeit, überhaupt von der Sonne und ihrer Bewegung als Weltvorkommnissen sprechen zu können. So beschreibt Husserl in der einfachen Sprache einer einleitenden Vorlesung die neue Aufgabe der Wissenschaften der philosophischen Einstellung folgendermaßen: „In allen ihren Ausgestaltungen ist die Erkenntnis ein psychisches Erlebnis: Erkenntnis des erkennenden Subjekts. Ihr stehen die erkannten Objekte gegenüber. Wie kann nun aber die Erkenntnis ihrer Übereinstimmung mit den erkannten Objekten gewiß werden, wie kann sie über sich hinaus und ihre Objekte zuverlässig treffen?"[6] Solche philosophischen Wissenschaften öffnen darum eine völlig neue Dimension[7] – die Dimension nämlich der Philosophie. Philosophie entsteht nach Husserl im Übergang von den Fragen nach Objekten zur Frage ihrer Erkenntnis. „Erst die erkenntnistheoretische Reflexion erzeugt also die Scheidung zwischen natürlicher Wissenschaft und Philosophie."[8]

Man könnte sich hier fragen, ob diese Unterscheidung völlig berechtigt ist. Die anscheinende Gleichstellung Husserls zwischen Philosophie überhaupt und Erkenntnistheorie könnte Bedenken erwecken. Tatsächlich versucht Husserl zu beweisen, daß Erkenntnistheorie „fast so alt als die Anfänge der [philosophischen]

---

[5] *Ideen I*, Hua III/1, S. 54. Das Wort „originär", welches in der Phänomenologie eine spezifische Bedeutung hat, indem es eine besondere Gegebenheitsweise der Sachen bezeichnet, welche nur in der philosophischen Einstellung stattfindet (wie ich im nächsten Kapitel zu zeigen habe), wird von Husserl in diesem Zusammenhang offenbar in einer uneigentlichen, d. h. unphänomenologischen Bedeutung gebraucht.

[6] *Die Idee der Phän.*, Hua II, S. 20. Ähnliches schreibt Husserl in Bezug auf Gorgias im unveröffentlichten Aufsatz *Phänomenologie und Erkenntnistherorie* (vgl. Hua XXV, S. 136): „Jeder Erkennende hat unmittelbar gegeben seine eigenen Erlebnisse; auf sie kann er hinsehen, sie in ihrer unmittelbaren Wirklichkeit zweifellos erfassen, sie mit allen herausfaßbaren inneren Beständen und Zusammenhangscharaktere. Die darauf bezüglichen Wahrheiten sind aber bloß subjektive Wahrheiten. Es gibt keine objektive Wahrheit bzw. wenn es solche gäbe, so bestände nie die Möglichkeit ihrer Erkenntnis, es kann nicht den leisesten Grund geben, sie zu behaupten."

[7] Vgl. *Die Idee der Phän.*, Hua II, S. 24.

[8] A. a. O., S. 22–23; vgl. *Ideen I*, Hua III/1, S. 132–134.

Wissenschaft“[9] ist, daß also die erkenntnistheoretische Frage „Wie kommen […] immanente Erlebnisse […] dazu, über die immanente Sphäre hinaus und rechtmäßig etwas zu bedeuten?“[10] schon am Anfang der Philosophiegeschichte, nämlich von Gorgias als „Entdecker des vernunftkritischen Problems von der Möglichkeit transzendenter Erfahrung“[11] gestellt wurde. Trotz dieses fraglichen[12] Versuches entsteht aber die Husserlsche Unterscheidung zwischen „dogmatischen“ und „philosophischen“ Wissenschaften nicht aufgrund von historischen Überlegungen, noch beruht sie auf geschichtlichen Gründen. Sie ist auch keine bloß auf Inhaltsunterschieden, also auf schlichten Tatsachen, beruhende Unterscheidung. Sie ergibt sich vielmehr aus sachlichen Grundlagen, die jetzt gezeigt werden müssen.

§ 8. Selbstverständlichkeit und Evidenz

Die Unterscheidung zwischen „dogmatischen“ und „philosophischen“ Wissenschaften spiegelt eine allgemeinere Unterscheidung zwischen zwei verschiedenen „Einstellungen“ bzw. „Geisteshaltungen“[13] wider. Am besten verdeutlicht sich diese neue Ebene der Unterscheidung, wenn wir den oben schon angeführten Charakter der Selbstverständlichkeit berücksichtigen. In der natürlichen Einstellung ist der Erkennende nach Husserl den Sachen zugewandt, wie sie uns *selbstverständlich* gegeben sind. Die natürliche Einstellung ist also die Einstellung des Selbstverständlichen. Das Selbstverständliche ist, was schon auf den ersten Blick in seiner glänzenden, offenen Anwesenheit erscheint, so daß man sich zu keinem Weiterprüfen gezwungen fühlt. Daß die Sonne morgen

---

9 *Phänomenologie und Erkenntnistheorie*, Hua XXV, S. 125.

10 A. a. O., S. 136.

11 Ebd.; vgl. auch *Erste Philosophie*, Hua VII, S. 58–59.

12 Fraglich deswegen, weil dadurch Husserl eine erst aufgrund des cartesianischen *cogito* verständliche, d. h. ausgesprochen neuzeitliche Frage in ein vom neuzeitlichen ganz verschiedenes Denken, jenem der Antike, umzusetzen versucht.

13 So Husserl in *Die Idee der Phän.*, Hua II, S. 17. Die Gegenüberstellung von zwei so gekennzeichneten Einstellungen ist aber keine Erfindung der Phänomenologie, sondern eine überlieferte Selbstauffassung der Philosophie (vgl. etwa G. Berkeley, *A Treatise Concerning the Principles of Human Knowledge*, Einf., § 1).

wieder aufgeht, daß der Boden, den ich betrete, mich trägt, sind Selbstverständlichkeiten, die dem Anschein nach keiner Prüfung bedürfen. Die „allerselbstverständlichste Sache“[14] ist aber die Erkenntnis, der Glaube an das Dasein des Erkannten. Daß dieses weiße Blatt, worauf ich schreibe, wirklich vor mir liegt, ist doch unbezweifelbar und kann nicht „vernünftig“ in Zweifel gezogen werden. Die natürliche Einstellung ist also jene Einstellung, in welcher der Mensch das *Höchstmaß an Selbstverständlichkeiten* erreicht. Die Grenze dieser Einstellung besteht darin, daß sie das Selbstverständliche schlechthin als das Wahre nimmt, was – wie ich bald zeigen werde – grundverkehrt ist. Denn sie vollzieht hierdurch eine kennzeichnende Umkehrung, die zwar sehr nützlich für unser alltägliches Leben ist, aber irreführend hinsichtlich der Entdeckung eines tief begründeten Sinnes der Sachen. Denn nicht nur ist das Selbstverständliche vom Wahren zu unterscheiden. Es ist ja das Gegenteil von Wahrheit, gleichsam das Noch-nicht-Wahre, wobei freilich das Noch-nicht-Wahre nicht mit dem Falschen gleichzusetzen ist. Das Falsche ist das mit Gewißheit Nicht-Wahre. Von daher ist es schon eine Erkenntnis, es gehört in einem gewissen Sinne zur Wahrheitssphäre. Dagegen ist alles, das noch einer tiefgehenden Überprüfung mangelt, weder wahr noch falsch, sondern von der Wahrheitssphäre fern. Eben aufgrund seiner Selbstverständlichkeit ist nun das Selbstverständliche das Ungeprüfte, das bloß Angenommene, das Unbewußte. Als solches ist es das Noch-nicht-Wahre, nämlich nicht unbedingt das Falsche, sondern das, was der Überprüfung des Denkens und des Verstehens entkommen ist. Was sich von selbst versteht, wird von mir nicht verstanden. Die natürliche Einstellung ist also jene Einstellung, in welcher der Mensch das *Höchstmaß an Scheinwahrheiten* (Noch-nicht-Wahrheiten) erreicht.

Gegenüber dieser Einstellung entsteht offenbar die Forderung nach Überprüfung und Verstehen des Bezweifelbaren; nicht nur des Zweifelhaften, sondern auch des Selbstverständlichen, das als Unbezweifeltes bezweifelbar ist. Es entsteht hieraus die philosophische Einstellung, die Einstellung des bezweifelnden und verstehenden Denkens.[15] Sie beruht auf dem Bewußtsein, daß auch

---

[14] *Die Idee der Phän.*, Hua II, S. 19.

[15] So auch Eugen Fink: „[Die] *Verwunderung über das Selbstverständlichste.* Diese ist der wahrhafte Anfang der Philosophie“ (E. Fink, *Nähe und Distanz.*

das Selbstverständliche falsch sein könnte, wenn es nicht durch das bezweifelnd-verstehende Denken überprüft wird. Nennen wir vorläufig das Ergebnis solcher Überprüfung „Evidenz“, so beruht die philosophische Einstellung auf dem Bewußtsein, daß Selbstverständliches und Evidentes nicht gleich sind, sondern geradezu unvereinbar. Ist die natürliche Einstellung die Einstellung der Selbstverständlichkeit, so ist die philosophische Einstellung die Einstellung der Evidenz.[16]

Hier ist vor allem wichtig festzuhalten, daß der Unterschied zwischen natürlicher (dogmatischer) und philosophischer Einstellung „von der Sache selbst“ entstanden ist, sich kraft seiner inneren Notwendigkeit durchgesetzt hat. Es ist ein Wesensunterschied, welcher die Gegenüberstellung zwischen der Untersuchung über Bedingungen und Möglichkeit der Erkenntnis und allem sonstigen Wissen kennzeichnet. Natürlich läßt sich mit Recht einwenden, daß historisch Philosophie nicht mit Erkenntnistheorie allein gleichzustellen ist. Das ist aber im Zusammenhang unserer methodischen Überlegung nicht relevant. Vom Standpunkt der Geschichte aus sind etwa auch Philosophie und Naturwissenschaften nur schwer zu unterscheiden. Wir gehen aber den Gegenweg. Deskriptiv haben wir zwei wesentlich zu unterscheidende Wisseneinstellungen abgegrenzt, nämlich die auf Selbstverständlichkeiten begründete und die alle Selbstverständlichkeiten bezweifelnde, und wollen die erste eine „natürliche“, die zweite eine „philosophische“ Einstellung nennen. Diese Benennung ist zunächst dadurch berechtigt, daß Erkenntnistheorie seit je, vor allem aber seit der Neuzeit, und erst recht heute Grundthematik der Philosophie ist. Hauptsächlich ist sie aber dadurch berechtigt, daß dieser die erkenntnistheoretische Frage stellenden, auf dem Evidenzprinzip begründeten Einstellung jene Grundeinstellung entspricht, die alle philosophischen Untersuchungen, seien sie metaphysische oder ethische, ästhetische oder anthropologische,

---

Phänomenologische Vorträge und Aufsätze, hrsg. von F.-A. Schwarz, Alber, Freiburg/München 1976, S. 99). Hierzu vgl. auch *Erste Philosophie*, Hua VII, S. 247.

16 Aufgrund dieser Auffassung, die sich auf mehreren Stellen Husserls stützt (vgl. etwa *Ideen I*, Hua III/1, § 26; *Krisis*, Hua VI, § 53), kann ich die Gleichstellung der Selbstverständlichkeit mit der Evidenz, welche Wilhelm Szilasi vollzieht, nicht teilen (vgl. W. Szilasi, *Einführung in die Phänomenologie Edmund Husserls*, Niemeyer, Tübingen 1959, S. 53).

einigt und von Husserl Vernunftkritik genannt wird.[17] Das Streben nach einem vernünftigen Erkennen, das die philosophische Forschung kennzeichnet, ergibt sich als Streben nach Überwindung des Selbstverständlichen und Entstehung des Evidenten.[18]

§ 9. Die Wissenschaftlichkeit in der philosophischen Einstellung

Kehren wir somit zu Husserl zurück. Für ihn hat das Grundprinzip der philosophischen Einstellung viel mit der Einstellung des neuzeitlichen Empirismus gemein. Als paradigmatisches Beispiel der philosophischen Einstellung hat sich der Empirismus gegen eine besondere Selbstverständlichkeit gewandt, nämlich gegen jene „Selbstverständlichkeit", welche die abstrakten Theorien der Scholastik darstellen. Die gegenüber der humanistischen eigentümliche Weise, in welcher der Empirismus gegen die Scholastik polemisierte, macht ihn für Husserl zu einem hervorragenden Beispiel der *strengen Wissenschaftlichkeit* der Philosophie, welche zuletzt die Rede von „Wissenschaften der philosophischen Einstellung" erst ermöglicht. Dazu schreibt Husserl: „In der Zeit der revolutionären Renaissance war der Kampfruf der einen: Weg mit der Scholastik und mit ihrem sekundären Aristotelismus! Zurück zu Platon, zu den Meistern der Alten und zu ihren originalen Werken. Der Kampfruf der anderen aber: Weg mit dem Bücherwesen. Nicht den Platon und Aristoteles sollen wir über die Natur der Dinge befragen, sondern das Buch der Natur im Original aufschlagen und sie aus sich selbst heraus studieren."[19] Kennzeichnend für die zweite, empiristische Partei ist also die Idee, daß die „erkenntnistheoretische Reflexion", welche die philosophische Einstellung ausmacht, sich nicht mit der Betrachtung der Meinung der jeweiligen *auctoritates* begnügen kann, da eine solche Betrachtung noch unzählbare Selbstverständlichkeiten in die Erkenntnis der Sache eindringen läßt. Die Begründung der Erkenntnis einer Sache auf der Meinung der *auctoritas* läßt deswegen notwendig vieles ungeprüft, weil jede Meinung selbst in der unmittelbaren

[17] Vgl. *Phänomenologie und Erkenntnistheorie*, Hua XXV, S. 134–135.

[18] Die hier gemeinte Selbstverständlichkeit ist, was Hume nennt „that implicit faith and security, which is the bane of all reasoning and free enquiry" (D. Hume, *Enquiry Concerning Human Understanding*, IV).

[19] *Phänomenologie und Erkenntnistheorie*, Hua XXV, S. 206.

Erfahrung der Sache gründet. Eine vollkommene Überwindung aller Selbstverständlichkeiten vollzieht sich darum erst durch die Anwendung einer sachangemessenen Methode. Vollkommene Überwindung gibt sich keineswegs „durch Renaissance", sondern „aus dem Studium der Sache selbst", und dies „als freie Geister, in rein theoretischem Interesse".[20] Was den Empirismus kennzeichnet, ist darum die Grundeinstellung, nach welcher die Philosophie nicht bloß Überwindung der Selbstverständlichkeiten, sondern streng geführte Überwindung aller Selbstverständlichkeiten überhaupt sein kann und muß. Das heißt freilich, daß Philosophie zugleich eine im strengen Sinne *wissenschaftliche* Haltung bei der Überprüfung ihrer eigenen Erkenntnisse anzuwenden hat. Für Husserl aber erfaßt der Empirismus den echten Sinn dieser Wissenschaftlichkeit der Philosophie noch nicht. In seinen Augen ist der Empirismus „ein erkenntnispraktischer Radikalismus, der gegenüber allen ‚Idolen', gegenüber den Mächten der Tradition und Superstition [...] das Recht der autonomen Vernunft [...] zur Geltung bringen will. Vernünftig oder wissenschaftlich über Sachen urteilen, das heißt aber, sich nach den *Sachen selbst* richten, bzw. von den Reden und Meinungen auf die Sachen selbst zurückgehen, sie in ihrer Selbstgegebenheit befragen und alle sachfremden Vorurteile beiseite tun."[21] Formal gesehen entspricht also die empiristische Einstellung der allgemeinen Idee einer wesentlichen Wissenschaftlichkeit der Philosophie. Die Grundeinstellung des Empirismus wäre hiermit dieselbe wie jene der Philosophie überhaupt: gegen alle „sachfremden Vorurteile", d. h. gegen das Selbstverständliche in allen seinen Erscheinungen sich nach den Sachen selbst zu richten. Allein die Idee der „Sache selbst" fasse der Empirismus dabei nicht recht. Was soll das eigentlich heißen, gegen

---

[20] Ebd.

[21] *Ideen I*, Hua III/1, S. 41. Husserl weist hier deutlich, wenn auch nicht ausdrücklich, auf Francis Bacon zurück, der in seinem *Novum Organum* schrieb: „restat vero nobis modus tradendi unus et simplex, ut homines ad ipsa particularia et eorum Series et Ordines adducamus; et ut illi rursus imperent sibi ad tempus abnegationem Notionum, et cum rebus ipsis consuescere incipiant" (F. Bacon, *Novum Organum*, I, Aphorismus XXXVI). Von daher ist die Aussage Fellmanns offenbar nicht zu teilen, nach welcher „der Ursprung der philosophischen Aufforderung ‚Zu den Sachen selbst!', mit der die Phänomenologie Schule gemacht hat", in der idealistischen Ästhetik liege (vgl. F. Fellmann, *Phänomenologie als ästhetische Theorie*, Alber, Freiburg/München 1989, S. 47).

das Selbstverständliche sich nach den Sachen selbst richten?[22] In seiner Frontstellung gegen die Spätscholastik identifizierte der Empirismus das Selbstverständliche – nach dieser Rekonstruktion Husserls[23] – mit allen von der Vergangenheit überlieferten, kraft ihres Autoritätsansehens aufgenommenen Theorien, welche eben wegen dieser ihnen „sachfremden" Begründung eigentlich sachlich ungeprüft bleiben. Sich nach den Sachen selbst richten heißt demnach vom empiristischen Standpunkt aus, den Ergebnissen der sinnlichen Erfahrung den Vorzug zu geben und alle dem Anschein nach noch so konsistenten Theorien immer wieder daraufhin zu prüfen.

Bedenken könnte hier der Sprachgebrauch erwecken, nach welchem die empiristische Polemik gegen „Reden und Meinungen" mit der Gegenüberstellung der Philosophie zu dem auf Selbstverständlichkeiten beruhenden Wissen identifiziert wird. „Selbstverständlichkeit" gilt hier als formales Allgemeinwort zur Bezeichnung alles dessen, was die Möglichkeit einer strengen Überprüfung noch offen läßt. So sind Tradition und Superstition, sowie Reden und Meinungen für diejenigen, die sie vertreten, Selbstverständlichkeiten oder angebliche Wahrheiten. Aber auch jede falsche Theorie erweist sich als solche nur dadurch, daß in ihr eine vermutete Evidenz sich eigentlich als Selbstverständlichkeit im Sinne einer unbezweifelten Bezweifelbarkeit enthüllt.

Darüber hinaus gibt es eine Selbstverständlichkeit höherer Stufe, die alle bisher erwähnte Überwindung der Selbstverständlichkeit und selbst den Empirismus betrifft. Ihre Auslegung führt eine radikalere, dem Begriff der Phänomenologie enger entsprechende Idee der Philosophie als Einstellung der Evidenz ein. „Selbstver-

---

[22] Dieselbe Frage bezieht Husserl auch auf den Positivismus des 19. Jahrhunderts: „In der Epoche lebendiger Reaktion gegen die Scholastik war der Feldruf: Weg mit den hohlen Wortanalysen. Die Sachen selbst müssen wir befragen. Zurück zur Erfahrung, zur Anschauung, die unseren Worten allein Sinn und vernünftiges Recht geben kann. Ganz trefflich! Aber was sind denn die Sachen, und was ist das für eine Erfahrung, auf welche wir in der Psychologie zurückgehen müssen?" (*Philosophie als strenge Wissenschaft*, Hua XXV, S. 21).

[23] Sie dient Husserl lediglich zur Auslegung der philosophischen Einstellung und strebt dabei keineswegs nach historischer Vollständigkeit. So bleiben manche wichtige Eigenschaften des Empirismus bei Husserl unberührt, etwa jene Polemik, welche sich nicht so sehr gegen die Vormacht der Tradition als vielmehr gegen die scholastische Methode des rein deduktiven Denkens richtet (vgl. F. Bacon, *Instauratio Magna*, Distributio Operis).

ständlich“ sind in diesem Zusammenhang alle Erkenntnisse, die sich zwar nach den zu erfahrenden Sachen richten, sie aber nicht in ihrer vollkommenen Gegebenheit berücksichtigen. Sie nehmen die Sachen unkritisch an, so wie sie „natürlich“ erscheinen; ihre Existenz in einer „Außenwelt“ einfach voraussetzend. In ihnen sind die Sachen nur scheinbar „in sich selbst gegeben“, da sie in dieser ihrer Gegebenheit den unbewußten Interpretationsstrukturen des Menschen unterliegen und darum in ihrer Selbstheit verhüllt bleiben.[24] Was hier selbstgegeben zu sein scheint, ist nur dem Anschein nach die Sache selbst. In der radikal durchgeführten Idee der Philosophie als strenge Wissenschaft liegt beschlossen, daß der Rückgang von Reden und Meinungen auf die Sachen noch ungenügend ist, um die Sachen in ihrer letzten, die philosophische Einstellung erst eröffnenden Selbstgegebenheit erscheinen zu lassen.

Husserl drückt diesen Sachverhalt deutlich aus: „Alles Naturale ist gegeben, aber in einem gewissen Sinn nur relativ gegeben.“[25] Es ist gegeben, weil die Sache als Erfahrungsobjekt da ist. Es ist aber nur relativ gegeben, weil sein Gegebensein immer *sub judice* bleibt. Ist es nicht rein selbstgegeben, so ist das Naturale stets von der Möglichkeit des Zweifels bedroht. Das in der naturalen Erfahrung Gegebene ist nicht das Unbezweifelbare. Mag auch die naturale Erfahrung „in voller Gewißheit“ vollzogen sein, so läßt sie doch als *naturale* Erfahrung „die prinzipielle Möglichkeit

---

[24] Als vorläufiges Beispiel könnte der Fall des visuellen Feldes dienen. Alles, was wir im Alltag mit den Augen wahrnehmen, wird von uns selbstverständlich als dreidimensional wahrgenommen. Das Buch da, das Haus draußen – alles gibt sich mit drei Ausdehnungsrichtungen. Diese Selbstverständlichkeit liegt unerörtert auch in allen Wissenschaften der natürlichen Einstellung. Durch eine tiefere Betrachtung kann aber die Tiefendimension in Zweifel gezogen werden, indem sie keineswegs originär gegeben ist, sondern als Ergebnis der Verhältnisse der Flächendimension erläutert werden kann. Breite und Höhe sind unreduzierbare Gegebenheiten im visuellen Feld. Tiefe ist dagegen eine zweifelbare, in diesem Sinne als selbstverständlich aufgefaßte Gegebenheit. Wenn wir diese Selbstverständlichkeit in Frage stellen, wenn wir uns fragen, ob das visuelle Feld wirklich drei Dimensionen hat und nicht vielmehr zwei, so daß man z.B. nur durch die Bewegung und durch die Zusammenstellung zweier Standpunkte der Tiefe bewußt werden kann, also durch eine äußerliche Ergänzung, während in der Immanenz des visuellen Feldes, welches nicht mit der zweidimensionalen Retina zu verwechseln ist, sich nur die Richtungen Oben-Unten und Rechts-Links originär ergeben, gelangen wir zur Ebene der philosophischen Einstellung.

[25] *Phänomenologie und Erkenntnistheorie*, Hua XXV, S. 164.

von Zweifeln, ob das Erfahrene sei, also ‚wirklich' gegeben sei, und wieder die prinzipielle Möglichkeit von Negation offen."[26] Will aber Philosophie alle Selbstverständlichkeiten überwinden, so muß sie die Sachen in ihrer reinen Selbstheit erscheinen lassen. Nur wenn die Sachen durch die Erkenntnisforschung von jeder Auffassungsstruktur gereinigt werden und damit „absolut gegeben", d.h. „in absoluter Selbstheit" gegeben sind, ist „jede Möglichkeit des Zweifels, jede Möglichkeit eines Nichtseins [...] prinzipiell ausgeschlossen".[27] Worin diese Selbstgegebenheit bestehe, kann erst im nächsten Kapitel deutlich werden. Bislang ist klar geworden, daß das Prinzip der Überwindung aller Selbstverständlichkeiten viel radikaler ist als anfänglich geahnt, und daß nur eine echt radikale Erkenntnisforschung die Philosophie als strenge Wissenschaft entstehen läßt.

§ 10. Das Evidenzprinzip

Deshalb besteht Philosophie in einer Wissenschaft eigener Art, nämlich der Wissenschaft des Strebens nach „absoluter Erkenntnis"[28], d.h. in jenem Streben nach der Überwindung aller Selbstverständlichkeiten, das aus dem Wesen des Selbstverständlichen als des Ungeprüften selbst notwendig hervorgeht. Inbegriff des Selbstverständlichen ist, „ungeprüft zu sein". „Ungeprüft sein" heißt, der Möglichkeit, falsch zu sein, noch offen sein. Denn die noch mangelnde Prüfung kann im Prinzip immer die Falschheit des noch zu Prüfenden erweisen. Dagegen ist das Geprüfte, das durch die Prüfung Gesicherte, unbezweifelbar geworden. Deswegen ist es nicht mehr selbstverständlich, sondern evident. Das Selbstverständliche als solches impliziert also die Möglichkeit seiner eigenen Überwindung durch eine Überprüfung. Diese Überwindung kann das Selbstverständliche entweder verifizieren oder falsifizieren; in beiden Fällen ist aber das Ergebnis der Überprüfung kein Selbstverständliches mehr, sondern ein Evidentes. Die Überwindung des Selbstverständlichen ist also nicht unbedingt Überwindung dieses Gegenstandes, der selbstverständlich ist,

---

[26] A.a.O., S. 164–165.
[27] A.a.O., S. 165.
[28] *Ideen I*, Hua III/1, S. 8; vgl. *Erste Philosophie*, Hua VIII, S. 358–363.

immer aber Überwindung seiner eigenen Selbstverständlichkeit. Dieses Streben nach der Überwindung des Selbstverständlichen, welches zugleich Streben nach dem Evidenten ist, ist auch, was wir „Philosophie als strenge Wissenschaft" nennen.

Aber wodurch können die Selbstverständlichkeiten überwunden werden? Worin liegt die Wissenschaftlichkeit der Wissenschaften philosophischer Einstellung? Die Antwort Husserls ist eindeutig: im Sehen. „Das *unmittelbare ‚Sehen'*, nicht bloß das sinnliche, erfahrende Sehen, sondern das *Sehen überhaupt als originär gebendes Bewußtsein welcher Art immer*, ist die letzte Rechtsquelle aller vernünftigen Behauptungen."[29] Das „Sehen" sei damit die letzte Rechtsquelle der wissenschaftlichen Erkenntnis. Jedes Erkennen vollzieht sich in teilweise mittelbaren, teilweise unmittelbaren Urteilen. Mittelbare Urteile beziehen sich aber auf andere mittelbare oder unmittelbare Urteile, „derart, daß ihr urteilender Glaube den dieser anderen *voraussetzt*".[30] Alle mittelbaren Urteile gründen daher zuletzt auf unmittelbaren und auf deren „Glaubwürdigkeit". Das unmittelbare Urteilen ist freilich nichts anderes, als das obige „Sehen". „Unmittelbar urteilen" heißt, statt Schlußfolgerungen zu ziehen, die Sachlage direkt in sich selbst anzuschauen, unmittelbar zu sehen, daß es so und so ist, ein „Es-selbst-geistig-zu-Gesicht-bekommen"[31]. Gibt es darum eine letzte mögliche Begründung der Meinungen überhaupt, welche diese in Erkenntnisse umwandelt, so ist sie nirgendwoanders zu suchen, als in einem unmittelbaren Anwesend-sein der gemeinten Sache vor den „Augen" des Erkennenden.

„Sehen" heißt aber nicht nur das sinnliche Sehen, die sinnliche Anschauung, wonach alle sinnliche Erkenntnis sich richtet, so daß jede Erwartung, jede Annahme, jede Ausmalung und sogar jede Wiedererinnerung erst durch eine entsprechende, erfüllende Wahrnehmung zu einem echten Erkenntnisbestand werden kann. „Die Identität eines Idealen und damit dessen *Gegenständlichkeit* ist in gleicher Ursprünglichkeit direkt zu ‚sehen' […] wie die Identität eines gewöhnlichen Erfahrungsgegenstandes."[32] Dieser von

[29] *Ideen I*, Hua III/1, S. 43.

[30] *Cartesianische Meditationen*, Hua I, S. 50; vgl. *Logik*, Hua XVII, S. 167; EU, S. 17–18.

[31] *Cartesianische Meditationen*, Hua I, S. 52.

[32] *Logik*, Hua XVII, S. 163; vgl. *Ideen I*, Hua III/1, S. 13–16. Über die verschiedenen Weisen der originär gebenden Anschauung vgl. R. Ingarden, *Einfüh-*

Husserl immer neu gegen den Psychologismus behauptete Grundsatz der Phänomenologie beruht auf der „ursprünglichen Evidenz“, daß Urteile als „ideale Gegenstände“ etwas anderes als die urteilende Akte sind, in denen sie erscheinen. Dasselbe Urteil kann in wiederholten, ähnlichen Akten erscheinen, nicht aber als Reihe von ähnlichen Urteilen, sondern als dasselbe eine, „numerisch identische“ Urteil.[33] Daher haben Urteile *als ideale Gegenstände* eine eigene, selbständige und vor allem individuelle Identität, die eben als solche Gegenstand einer „Erfahrung“ und schließlich originär gegebener Gegenstand eines „Sehens“ ist.[34]

Das „Sehen“ ist hier also Sehen im weiten Sinne eines „originären Sich-Gebens“ der Sache selbst, sei es sinnlich oder intellektuell.[35] Alles Sich-Geben irgendeines Sachverhaltes „als er selbst gegenwärtig“[36], statt als bloßes Meinen, ist eine Anschauung[37], ja eine *evidente* Anschauung. Das alle Selbstverständlichkeiten überwindende Sehen heißt demnach auch Evidenz[38], wie ich oben schon angedeutet habe. Der Rückbezug zur Evidenz muß aber verdeutlicht werden. Husserl sagt nicht, daß die Philosophie als strenge Wissenschaft vollkommene Evidenz über ihre Gegenstände gewinnen kann. Auch die Idee der reinen Logik als *mathesis universalis* ist keine wesentliche Grundlage des Prinzips der Evidenz, wie wir noch sehen werden. Die Gewinnung einer vollkommenen Evidenz ist die leitende Idee, das Telos der Wissenschaft[39], nicht die Wissenschaft selbst. Aber ohne eine solche Idee der Evidenz gibt es keine Wissenschaft im Sinne einer geprüften Erkenntnis. Ohne Evidenz gibt es schließlich überhaupt keine Erkenntnis.

---

rung in die Phänomenologie Edmund Husserls, hrsg. von G. Haeflinger, Niemeyer, Tübingen 1992, S. 72–82.

33 Vgl. *Logik*, Hua XVII, S. 161–163.

34 Erfahrung heißt „*evidente Selbsterfassung* und *Selbsthabe* eines *individuellen* (immanenten oder realen) Datums“ (a. a. O., S. 164; vgl. auch *Phänomenologie und Erkenntnistheorie*, Hua XXV, S. 161).

35 Vgl. auch die VI *Logische Untersuchung*, § 45 (Hua XIX/2, S. 670–673).

36 *Cartesianische Meditationen*, Hua I, S. 51.

37 Der Anschauungsbegriff soll im nächsten Kapitel näher erläutert werden.

38 Vgl. *Cartesianische Meditationen*, Hua I, S. 52; *Erste Philosophie*, Hua VIII, S. 32; *Logik*, Hua XVII, S. 166; *Prolegomena*, Hua XVIII, S. 28–29.

39 Vgl. *Cartesianische Meditationen*, Hua I, S. 52; *Erste Philosophie*, Hua VIII, S. 196. Dazu auch E. Tugendhat, a. a. O., S. 187–189, und E. Ströker, *Husserls Evidenzprinzip. Sinn und Grenzen einer methodischen Norm der Phänomenologie als Wissenschaft*, in: „Zeitschrift für philosophische Forschung“, 32 (1978), S. 3–4.

Selbst im Alltag beruht jede Rede, die gewisse Glaubwürdigkeitsansprüche erhebt, auf der eigenen Evidenzkraft. Jede Aussage, die irgendwie „wahrhaft" sprechen will, bezieht sich auf eine entsprechende Einsicht. Gewiß verstehen wir darunter eine „relative" Evidenz.[40] Gewiß kann sich die Einsicht immer als eine Täuschung erweisen. Aber daß sie eigentlich eine Täuschung und keine wahre Evidenz ist, wird nur durch eine Überlegung der Art klar: „Nun sehe ich, daß das eine Illusion ist". Nur das Sehen, d.h. die Evidenz, kann eine vermutete Evidenz demaskieren. Die „Auflösung" einer Täuschung „ist selbst eine Art Evidenz"; wie Husserl betont, „die *Möglichkeit der Täuschung* gehört mit zur Evidenz der Erfahrung und hebt ihren Grundcharakter und ihre Leistung nicht auf."[41]

Das gilt für den Alltag, noch wesentlicher aber für die philosophisch-wissenschaftliche Erkenntnis, die nach einem möglichst tiefen und zweifellosen Verstehen der Sache strebt. Denn darin besteht der Unterschied zwischen natürlicher und naturwissenschaftlicher und philosophischer Erkenntnis. Während in der natürlichen Einstellung das Streben nach der Evidenz von praktischen Interessen geleitet wird, so daß es sich beruhigt, „wenn gewisse für das jeweilige Interesse optimale Erscheinungen gewonnen sind, in denen das Ding so viel von seinem letzten Selbst zeigt, als dieses praktische Interesse fordert"[42], ist in der philosophischen Einstellung das Interesse zumindest prinzipiell nicht an einem gewissen Ausmaß an Erscheinung der Sache ausgerichtet, sondern an dem möglichst tiefen, möglichst originären, möglichst leibhaftigen Erscheinen der Sache als sie selbst. In der von praktischen Interessen geleiteten natürlichen Einstellung gilt das, was praktisch genügt, als das Selbst.[43] Gerade dies kennzeichnet das Selbstverständliche: Sich mit einem relativen Selbst zu begnügen. Dem gegenüber stellt sich das eigentlich Selbstgegebene als Aufgabe der Philosophie als strenger Wissenschaft: Evidenz, die erst durch den Rückgang auf die letzte Selbstheit der Sache (ihr absolutes Selbst) entsteht.

Das Selbstverständliche ist erst dann nicht mehr selbstverständ-

---

[40] *Cartesianische Meditationen*, Hua I, S. 52.
[41] *Logik*, Hua XVII, S. 164.
[42] *Analysen zur passiven Synthesis*, Hua XI, S. 23.
[43] Vgl. ebenda.

lich, wenn es in voller Klarheit, in seiner offenen Anwesenheit, leibhaft gesehen wird, so daß alles scheinbar Von-sich-selbst-Verständliche an ihm in sich selbst wirklich verstanden werden kann. Dieses Sehen, dieses sinnliche und intellektuelle Anschauen, durch das allein alles, was sich zeigt, erkannt werden kann, ergibt, was wir sonst Evidenz nennen. Wenn nun die Vollkommenheit der Evidenz den Unterschied der philosophischen Wissenschaft gegenüber der natürlichen Einstellung ausmacht, wenn außerdem die vollkommene Evidenz erst durch ein originäres Sich-Geben der Sache selbst zu erreichen ist, dann entsteht die Philosophie als strenge Wissenschaft erst dadurch, daß, was sich in sich selbst leibhaft gibt, auch so in der Erkenntnis angenommen wird, wie es sich gibt. Das ist aber, was Husserl das Prinzip aller Prinzipien nennt: „*Jede originär gebende Anschauung [ist] eine Rechtsquelle der Erkenntnis*", oder mit anderen Worten: „*Alles*, was sich uns *in der ‚Intuition' originär* (sozusagen in seiner leibhaften Wirklichkeit) *darbietet, [ist] einfach hinzunehmen, als was es sich gibt*, aber auch *nur in den Schranken, in denen es sich da gibt*."[44] Darin besteht schließlich das „Ideal der Wissenschaftlichkeit", wie Husserl es darlegt: Nichts „soll als wirklich wissenschaftlich gelten, was nicht durch vollkommene Evidenz begründet ist, d. h. auszuweisen ist *durch Rückgang auf die Sachen oder Sachverhalte selbst in ursprünglicher Erfahrung und Einsicht*."[45]

---

[44] *Ideen I*, Hua III/1, S. 51.

[45] *Cartesianische Meditationen*, Hua I, S. 6. Hier wirkt deutlich die erste cartesianische Regel der Methode nach: „ne recevoir jamais aucune chose pour vraye que je ne la connusse évidemment estre telle; c'est à dire d'éviter soigneusement la précipitation et la prévention et de ne comprendre rien de plus en mes jugements que ce qui se présenteroit si clairement et si distinctement à mon esprit que je n'eusse aucune occasion de le mettre en doute" (R. Descartes, *Discours de la méthode*, a. a. O., S. 18). Man achte hier darauf, wie das Entscheidende *nicht* die *clarté et distinction* ist, sondern eine *solche* Deutlichkeit, daß *das Bezweifeln verunmöglicht wird*. Wir werden sehen müssen, daß die Unbezweifelbarkeit der ausschließliche Grundzug der Methode ist.

§ 11. Die Phänomenologie als Erste Philosophie: phänomenologische Reduktion und allgemeiner Zweifel

Wir haben unsere Aufmerksamkeit auf die Grundgedanken gelenkt, auf denen die phänomenologische Idee der Philosophie beruht. Natürlich will ich nicht behaupten, daß jene Idee der Philosophie als strenge Wissenschaft die einzig legitime Interpretation der Tätigkeit der Philosophen sei. Daß es aber in der Philosophie ein Streben nach einem möglichst strengen Verstehen der Sachen gibt, daß also Philosophie als ein „Sehen" bezeichnet werden kann, welches über das natürlichen „Sehen" hinausgeht und tiefere Ebenen der Sachen erzielt, von denen her die „natürliche" Ebene als die naive Ebene der Selbstverständlichkeit erscheint; daß endlich und infolgedessen das Philosophieren auf dem Prinzip der Evidenz gründet – all dies scheint mir einen Kern von Sätzen zu bilden, die eine gute Kennzeichnung der Philosophie als Beruf darstellen.[46]

Das ist bislang nur eine Kennzeichnung der Philosophie als streng wissenschaftlicher Erkenntnistheorie. Damit der Bezug auf Husserl in der Erörterung der Imaginationsfrage völlig gerechtfertigt ist, müssen wir darüber hinaus beweisen, daß die Phänomenologie völlig einer solchen Idee der Philosophie entspricht, daß sie sich sowohl als Erkenntnistheorie wie auch als strenge Wissenschaft erweist. Diese Aufgabe wird von Husserl selbst durch die Entfaltung der sogenannten „phänomenologischen Reduktion" erfüllt. Durch die phänomenologische Reduktion geht die Phänomenologie über zur Ebene einer strengen Wissenschaft der philosophischen Einstellung.

Als Kernstück der Phänomenologie wird von Husserl immer wieder die phänomenologische Reduktion durchgeführt, so daß sich in seinem Werk eine Vielfalt von „Wegen" der Reduktion findet, die teilweise verschieden, teilweise gleichbedeutend sind.[47]

---

[46] Da hierin die Grundeinstellung dieser Arbeit Ausdruck findet, zielt dieses Kapitel hauptsächlich darauf, eine möglichst deutliche Idee dieser Einstellung zu gewinnen.

[47] Gute Beschreibungen der „Wege" der Reduktion finden sich in I. Kern, *Husserl und Kant*, Nijhoff, Den Haag 1964, S. 194–239, und A. Aguirre, *Genetische Phänomenologie und Reduktion*, Nijhoff, Den Haag 1970, S. 31–64. Die Vielfältigkeit der phänomenologischen Reduktion bei Husserl spiegelt sich in der Vielfältigkeit ihrer Interpretationen durch die Husserl-Forscher wieder. Vgl.

Es ist nicht unsere Aufgabe, hier eine vollständige Erörterung der Theorie der Reduktion zu entfalten.[48] Ich werde mich deswegen auf eine kurze Zusammenfassung des grundsätzlichen Leitfadens der phänomenologischen Reduktion in zwei Hauptwerken Husserls beschränken, nämlich in den *Ideen zu einer reinen Phänomenologie und phänomenologischen Philosophie* und in den *Cartesianischen Meditationen*, um dadurch eine letzte Rechtfertigung der Methode unserer Untersuchung zu gewinnen.

Die Phänomenologie Husserls vollzieht den Rückgang zu den Sachen selbst durch den Rückgang zu einem neuen, absoluten Anfang.[49] Um sich als Erkenntniskritik[50] zu etablieren und hierin der Anforderung einer Wissenschaft der philosophischen Einstellung gerecht zu werden, muß die Phänomenologie die ganze von der Menschheit bisher erworbene Erkenntnis außer Geltung lassen, und wieder vom Anfang an nach der Evidenz aller einzelnen Erkentnisse fragen.[51] Da eine solche Einstellung in der Neuzeit schon von Descartes eingenommen wurde, nennt Husserl sie den „cartesianischen Weg" in die Phänomenologie hinein.[52] Daß der späte Husserl diesen Weg durch den Bezug zur Lebenswelt ver-

---

etwa E. Fink, *Nähe und Distanz*, a. a. O., S. 299–322 und E. Paci, *Tempo e verità nella fenomenologia di Husserl*, Bompiani, Milano 1990, S. 3–72.

[48] Die wichtigsten Versuche in dieser Richtung finden sich in den schon zitierten Büchern von R. Boehm, A. Aguirre, R. Ingarden und E. Tugendhat. Vgl. dazu auch E. Ströker, *Das Problem der epoché in der Philosophie Edmund Husserls*, in: „Analecta Husserliana", 1 (1970), S. 170–185; K. Schuhmann, *Die Fundamentalbetrachtung der Phänomenologie. Zum Weltproblem in der Philosophie Edmund Husserls*, Nijhoff, Den Haag 1971, S. 26–42, 76–110.

[49] Vgl. *Cartesianische Meditationen*, Hua I, S. 54.

[50] Vgl. *Die Idee der Phän.*, Hua II, S. 29; *Logik*, Hua XVII, S. 295.

[51] Ich versuche hier, den logischen Gedankengang der Entstehung einer phänomenologischen Einstellung darzustellen. In Vergleich zu dem von Husserl in den *Ideen I* entwickelten Gedankengang zeigt sich hier eine gewisse Umkehrung: Dort vollzieht Husserl zuerst die Ausschaltung der „Generalthesis" der Welt, aufgrund deren die Reduktion aller einzelnen Erkentnisse möglich wird. Hier gehe ich von der Unhaltbarkeit der mundanen Erkenntnisse aus, um die Einklammerung der allgemeinen Weltthesis zu erlangen. Es wird sich aber zeigen, daß eigentlich der hier vorliegende Ansatz der ursprüngliche ist, während der Ansatz der *Ideen* die echte Umkehrung ist, indem dort Husserl die Forderung der phänomenologischen Reduktion als eine willkürliche, nicht von den Sachen entstandene stellt. Beide Ansätze sind einander jedoch nicht einfach gegenübergestellt, sondern stellen zwei Perspektiven auf dieselbe Sache dar.

[52] Vgl. *Cartesianische Meditationen*, Hua I, S. 55–58; *Die Idee der Phän.*, Hua II, S. 30; *Ideen I*, Hua III/1, S. 61–64; *Krisis*, Hua VI, S. 156–158; *Erste Philosophie*, Hua VIII, S. 79–81.

vollständigt, ändert offenbar am Wesen der Sache nichts.[53] Denn nach wie vor geht es grundsätzlich darum, das Selbstverständliche in Erwägung zu ziehen und hiermit einen „allgemeinen Zweifelsversuch“[54] durchzuführen, der alle bisher erworbene Erkenntnis wieder in Frage stellt („ausschaltet“, „außer Aktion setzt“), um ihre eigentliche Evidenzkraft zu prüfen. *Nur eine radikale Bezweifelung kann die absolute Zweifellosigkeit bewähren.* Die radikalste Bezweifelung besteht aber in der Frage: Existiert das wirklich? Ist wirklich das, was ich erfahre, da?

Das Dasein des Erfahrenen wird also bezweifelt. In der natürlichen Einstellung leben wir in einer Welt, die unsere vorhandene Umwelt ausmacht und deren Existenz wir „selbstverständlich“ sicher sind. Philosophie besteht aber darin, das Selbstverständliche in das Evidente zu verwandeln. Die Phänomenologie ist dadurch strenge Philosophie, daß sie die Selbstverständlichkeit der Weltexistenz wieder in Frage stellt, um sie in die Evidenz der Weltexistenz zu verwandeln, wobei durch diese Transposition der Inhalt der Erkenntnis „Weltexistenz“ nach dem „Prinzip aller Prinzipien“ gewisse wichtige Veränderungen erfahren kann.[55] Die phänomenologische Reduktion besteht eben darin, die Weltexistenz und alle unsere bisher erworbenen Erkentnisse, darunter alle Naturwissenschaften, selbst die reine Logik und die materialeidetischen Disziplinen[56], durch die ausgezeichnete Methode der

---

[53] Husserl hat mehrere Wege der phänomenologischen Reduktion entfaltet. Meiner Auffassung zufolge zeigt Husserl hier wie in anderen Fällen, etwa bei der Gegenüberstellung von statischer und genetischer Phänomenologie, verschiedene Standpunkte, um *dasselbe* auszulegen. Das betrifft natürlich auch den Weg zur Reduktion über die Psychologie.

[54] *Ideen I*, Hua III/1, S. 62. Dieser Zweifel darf natürlich nicht mit dem Urteilsmodus „Zweifel“ verwechselt werden, der weiter unten Thema unserer Untersuchung werden muß. Die phänomenologische Reduktion ist kein modalisiertes Urteil, sondern eben Aufhebung, Ausschaltung des Urteils (vgl. a. a. O., S. 63). Deswegen lehnt Husserl in den *Ideen I* den Zweifelsbegriff ausdrücklich ab. Andererseits ist für mich der Gebrauch dieses Begriffes durchaus nützlich, um den Sinn der phänomenologischen Reduktion zu erklären. Nicht zu übersehen ist außerdem, daß Husserl selbst ihn in den *Cartesianischen Meditationen* gelten läßt (vgl. Hua I, S. 56).

[55] Vgl. *Cartesianische Meditationen*, Hua I, S. 57–58; *Ideen I*, Hua III/1, S. 61–66; *Erste Philosophie*, Hua VIII, S. 41–50.

[56] Vgl. *Ideen I*, Hua III/1, S. 125–130. Diese zwei Paragraphen der *Ideen* zeigen, daß die von Paci und seiner Schule vorgelegte Gesamtinterpretation der Phänomenologie, welche die Gründe der phänomenologischen Reduktion mit der sogenannten „eidetischen Reduktion“ praktisch identifiziert, von Husserl

epoché, d. h. einer „Ausschaltung“ oder „Einklammerung“ der „Generalthesis“ der natürlichen Einstellung[57], der Selbstverständlichkeit zu entziehen und der Prüfung der apodiktischen Evidenz zu unterziehen.

Die Weltexistenz wird also bezweifelt. Bezweifeln heißt aber nicht verneinen. Bezweifeln heißt, sich fragen, ob etwas wahr oder falsch ist, ob es von uns ein Ja oder ein Nein verlangt. Der Zweifel bildet also eine Zwischenstufe, auf der zwei Lösungen (ja–nein, wahr–falsch) noch möglich sind. In der Bezweiflung wird die Weltexistenz nicht negiert, sondern in Frage gestellt. Wenn Husserl also schreibt, daß er das Dasein der Welt nicht bezweifle[58], meint er nicht, das Selbstverständliche werde der Prüfung der Evidenz nicht unterzogen, daß also sein Wahr-Sein nicht in Frage gestellt oder bezweifelt wird. Er will hierdurch nur Abstand vom cartesianischen allgemeinen Zweifelsversuch nehmen, in welchem, wie er sagt, sich neben der „Ausschaltung“ der erworbenen Erkenntnis eine „Ansetzung des Nichtseins“ des Bezweifelten vollzieht.[59] Das ist ein wichtiger Kernpunkt der Phänomenologie. In der phänomenologischen Einstellung geht es nicht darum, ob eine Welt existiert oder nicht. Die Existenz von irgendetwas ist eigentlich gegeben und unbezweifelbar. Es geht vielmehr darum, wie das Existierende zu verstehen ist, *welcher Sinn ihm zukommt*. Näher gesehen ist also nicht die Weltexistenz an sich, die in der phänomenologischen Reduktion bezweifelt wird, sondern die Existenz des in der natürlichen Einstellung als selbstverständlich angenommenen Weltsinnes.[60] *Der schon immer gegebene, in der natürlichen Einstellung als selbstverständlicher angenommene Sinn der Welt* ist es, was in der Phänomenologie bezweifelt, geprüft und eventuell umgewandelt wird. Und die Freilegung des echten, geprüften und

---

selbst schon weit entfernt ist. Vgl. dazu E. Paci, a. a. O., und G. Semerari, *La „filosofia come scienza rigorosa“ e la critica fenomenologica del dogmatismo*, in: *Omaggio a Husserl*, hrsg. von E. Paci, Il Saggiatore, Milano 1960, S. 121–161.

57 Vgl. *Ideen I*, Hua III/1, S. 60–66.

58 Vgl. a. a. O., S. 65.

59 Vgl. a. a. O., S. 61–64. Vgl. zu einer umfassenden Erläuterung der Unterschiede zwischen Husserl und Descartes M. Heidegger, *Einführung in die phänomenologische Forschung*, Klostermann, Frankfurt a. M. 1994 (Gesamtausgabe, Bd. 17), S. 254–266, und M. Ruggenini, *Verità e soggettività. L'idealismo fenomenologico di Edmund Husserl*, Fiorini, Verona 1974, S. 393–410.

60 Man könnte statt „Weltexistenz“ auch „Vorgegebenheit der Welt“ sagen (vgl. *Krisis*, Hua VI, S. 154).

dadurch unbezweifelbaren Weltsinnes ist die eigentliche Aufgabe der Phänomenologie als streng wissenschaftliche Philosophie. Das wird sich unten allmählich klären.

§ 12. Das Residuum und die Sinnkonstitution

Die in der natürlichen Einstellung erfahrene Weltexistenz (als natürlicher Weltsinn) kann sich nicht als solche vom Zweifel retten, durch den Zweifel die eigene Bejahung gewinnen. Keine unserer natürlichen Erfahrungen ist apodiktisch, da keine in absoluter Evidenz erscheinen kann. Es ist immer denkbar, daß ein Buch, das ich jetzt wahrnehme, eigentlich nicht existiert; daß ich mich also täusche und in einer Illusion sehe, was eigentlich nicht da ist. Wo die Möglichkeit der Täuschung unaufhebbar ist, ist die Kenntnis nicht apodiktisch evident. Sie ist bezweifelbar. Das gilt aber prinzipiell nicht nur für die Einzelerfahrungen. Auch „der jeweils ganze, einheitlich überschaubare Erfahrungszusammenhang kann sich als Schein erweisen, unter dem Titel *zusammenhängender Traum*."[61] Hier scheint die Skepsis unbegrenzt zu sein. Müssen wir von daher unsere *epoché*, unsere Urteilsenthaltung in eine Negation umwandeln? Fallen wir also in eine universelle Zweifelhaftigkeit, durch welche nicht nur unsere Erkenntnis, sondern auch unsere prinzipielle Erkenntnismöglichkeit verunsichert wird? Die Verunsicherung all unserer Erkentnisse führt noch nicht zur Verunsicherung der Möglichkeit der Erkenntnis. Es kommt nur darauf an, das „Prinzip aller Prinzipien" in seiner vollen Bedeutung ernst zu nehmen, und die Sache selbst „nur in den Schranken", in denen sie sich gibt, gelten zu lassen. Kehren wir zu unserem Beispiel zurück: Ich nehme das Buch dort wahr, kann jedoch zugleich das Dasein des Buchs bezweifeln. Ich kann aber nicht bezweifeln, daß ich jetzt das Buch wahrzunehmen glaube bzw. die Glaubwürdigkeit der Wahrnehmung bezweifle. Das ist eben die Grundbedeutung des cartesianischen *cogito*. Wenn ich zweifle, ist mein Zweifeln selbst nicht zu bezweifeln. Es ist absolut gegeben. Wie täuschend auch die Wahrnehmung sein mag, sie bleibt unbezweifelbar eine (täuschende) Wahrnehmung. Und dasselbe gilt auch von Seiten des Gegenstandes: Wie illusorisch auch das wahr-

---

61 *Cartesianische Meditationen*, Hua I, S. 57.

genommene Buch sein mag, weil die Wahrnehmung keine eigentliche Wahrnehmung, sondern Illusion ist, so bleibt doch unbestreitbar, daß ein „als wahrgenommen erfahrenes Buch" da ist.

Aufgrund dieser cartesianischen Erwägung scheint es für Husserl einleuchtend zu sein, *„daß das Sein des Bewußtseins*, jedes Erlebnisstromes überhaupt, *durch eine Vernichtung der Dingwelt zwar notwendig modifiziert, aber in seiner eigenen Existenz nicht berührt würde.*"[62] Das reine Bewußtsein als ausschließlicher Bereich der apodiktischen Evidenz wird so zum „Grundfeld"[63] der Phänomenologie als strenger Wissenschaft der philosophischen Einstellung. Es ist das Residuum der phänomenologischen Reduktion, die darum auch transzendentale Reduktion heißen kann. Es ist das, was trotz aller Reduktionsversuche irreduzibel bleibt, weil dessen Bezweiflung prinzipiell unmöglich ist. Dadurch wandelt sich also die Phänomenologie in einen transzendentalen Idealismus.[64]

Da der Idealismus Husserls wesentlich *transzendentaler* Idealismus ist, wird durch die phänomenologischen Reduktion keine absolute Skepsis entfaltet. Vielmehr wird durch die Reduktion das Erfahrene nicht unterschlagen, sondern erhalten und von dem an ihm Selbstverständlichen gereinigt, so daß endlich nur das evident Erfahrene in die Erkenntnis aufgenommen wird. Solches geschieht aber nur durch eine radikale Modifizierung dessen, was in der Erkenntnis auftreten kann. Das Sein der Welt, wie wir diese in der natürlichen Einstellung erfahren, ist als solches bezweifelbar. Erst als „intentionales Korrelat" der Bewußtseinsakte entzieht es sich der Ausschaltungskraft des Zweifels. Erst als „wahrgenommenes Buch" bleibt das Buch ein sinnvoller Erkenntnisbestand. Wir können von den Dingen der dem Bewußtsein transzendenten Welt nur noch als intentionalen Korrelaten des Bewußtseins selbst sprechen, so daß mit den Worten Husserls „ein grundwesentlicher Unterschied […] zwischen *Sein als Erlebnis* und *Sein als Ding*" hervortritt.[65] Das Sein der Weltdinge ist nur noch relativ auf das Bewußtsein, ein „phänomenales" Sein. Das Sein des Bewußtseins

[62] *Ideen I*, Hua III/1, S. 104.

[63] A. a. O., S. 107. So auch M. Heidegger, *Einführung in die phänomenologische Forschung*, a. a. O., S. 56.

[64] Vgl. *Cartesianische Meditationen*, Hua I, S. 116–121; *Ideen III*, Hua V, S. 149–152.

[65] *Ideen I*, Hua III/1, S. 87.

ist dagegen als solches unmittelbar, in reiner, anschaulicher, unwidersprüchlicher Evidenz gegeben: „Hier ein sich abschattendes, nie absolut zu gebendes bloß zufälliges und relatives Sein; dort ein notwendiges und absolutes Sein.“[66]

Hier eröffnet sich eigentlich der echte phänomenologische Raum, der Raum der *Sinnkonstitution* aller Bewußtseinsgegenstände. Die Bedeutung des Husserlschen Begriffs der Konstitution ist bekanntlich vielschichtig und umstritten. Darauf will ich hier nicht direkt eingehen, indem ja unsere gesamte Untersuchung zur Phänomenologie der Imagination eigentlich als eine Untersuchung zum echten Sinn der Konstitution verstanden werden kann – eine Aussage, welche im Rahmen des nächsten Kapitels ihre sachliche Rechtfertigung finden wird.[67] Hier sei nur folgendes bemerkt. Gegenstände als in einer Außenwelt selbständig existierende sind kein Thema der Phänomenologie. Als solche geben sie sich in der natürlichen Einstellung, erleiden aber mit der Reduktion die Ausschaltung, die alles Selbstverständliche betrifft. Gegenstände bleiben aber als Residuum der Reduktion, wenn sie in ihrer reinen Gegebenheit aufgenommen werden. Sie werden damit zu „noematischen Gehalten“[68], zu „intentionalen Korrelaten“[69], einfach zu Noemata. Ein Gegenstand ist nur insofern für die phänomenologische Einstellung relevant, so er als intentionales Korrelat des Bewußtseins berücksichtigt wird; indem er sich als noematischer Sinn konstituiert. Als phänomenologisches Problem stellt sich daher, auf welche Weise das Bewußtsein den objektiven Gegenstand konstituiert.[70]

---

[66] A. a. O., S. 105. Die Angemessenheit dieser Redeweise soll im nächsten Kapitel erörtert werden.

[67] Als Stichwort sei gesagt: Die Frage nach der erkenntnistheoretischen Funktion der Imagination ist die Frage nach ihrer *konstitutiven Leistung*.

[68] *Ideen I*, Hua III/1, S. 203.

[69] A. a. O., S. 202.

[70] Gute Darstellungen der Konstitutionsfrage und weitere Hinweise finden sich in R. Sokolowski, *The Formation of Husserl's Concept of Constitution*, Nijhoff, The Hague 1964; E. Tugendhat, a. a. O., S. 173–177; K. Schuhmann, a. a. O., S. 135–142.

§ 13. Die Kritik Heideggers an der phänomenologischen Reduktion

Die nach Husserl zur Verwirklichung einer „Philosophie als strenger Wissenschaft" dienende phänomenologische Reduktion wurde oben beschrieben, ihr Sinn an sich und für unsere Untersuchung ist aber noch nicht erörtert worden. Unsere Aufgabe ist also jetzt, genauer zu bestimmen, welchen Sinn wir der phänomenologischen Methode zuschreiben wollen. Hier gilt es, einen Sinn der Reduktion zu entwickeln, der die gesamte erklärende Potentialität der Theorie Husserls aufgehen läßt, und zugleich nicht in die Gefahr der leeren Versprechung einer erst am Ende des Verfahrens entstehenden Einsicht gerät. Es geht also vor allem darum, jenen teilweise bei Husserl selbst erscheinenden „mystagogischen" Charakter der phänomenologischen Reduktion zu vermeiden, nach welchem dem Forscher zuerst eine „blinde" Glaubenshaltung abgefordert wird, da die Reduktion erst am Ende der eigenen Durchführung in ihrer vollständigen Notwendigkeit erscheinen könne.[71] Dem gegenüber bin ich der Meinung, daß die phänomenologische Methode von unserer alltäglichen, natürlichen Einstellung her zu verstehen ist, weil sie erstens eine Erkenntniskritik ist, die sich aus der natürlichen Erkenntnis entwikkelt, und zweitens darum keine „unausdrückliche" Voraussetzung (nicht aber „überhaupt keine" Voraussetzung) in sich birgt. Um dies klar zu machen, stellen wir am besten zuerst die von Heidegger in den zwanziger Jahren entfaltete Kritik an der phänomenologischen Reduktion Husserls dar: eine Kritik, welche die Schwachpunkte der Husserlschen damals „offiziellen" Selbstauslegung sehr deutlich macht. Die Erörterung einer solchen Kritik ermöglicht, die Theorie der phänomenologischen Reduktion in ihrem Sinne genauer zu erörtern und näher zu bestimmen. Meine Absicht ist zu versuchen, der phänomenologischen Methode eine neue Interpretation zu geben, die *dieser* Kritik entgeht. Eine Gegenüberstellung zwischen Heideggers und Husserls verschiedenen Auffassungen einer „strengen Wissenschaft" zu vollziehen, gehört hingegen nicht zu unserer Aufgabe.[72]

---

[71] Vgl. etwa E. Fink, *Studien zur Phänomenologie. 1930–39*, Nijhoff, Den Haag 1966, S. 110–111.

[72] Aus dieser meiner Haltung geht eine gewisse Vereinfachung der Heideggerschen Stellungnahme hervor. Denn ich kann die Entstehung der Kritik Heideg-

Der junge Heidegger, welcher sein Hauptwerk *Sein und Zeit* erarbeitet, bewegt sich in einem phänomenologischen Horizont. Seine Marburger Vorlesung vom Sommersemester 1925, *Prolegomena zur Geschichte des Zeitbegriffs*[73], stellt eine systematische Auseinandersetzung mit der Husserlschen Idee der Phänomenologie dar. Sie zeigt zunächst deutlich, wie weitgehend gleichsinnig in dieser Zeit seine Idee der Phänomenologie mit derjenigen Husserls ist. Nach Heidegger wurzelt die phänomenologische Methode in der Unterscheidung zwischen Wissenschaften von Geschichte und Natur einerseits und Phänomenologie als philosophischem Erschließen der ursprünglichen Seinsart der Wissenschaften andererseits.[74] Die methodische Norm besteht in der anschaulichen Evidenz.[75] Das phänomenologische Prinzip wird also durch die Maxime „zu den Sachen selbst"[76] bezeichnet, die wir schon als Grundmaxime der Phänomenologie Husserls gesehen haben. Sodann weicht Heidegger aber vom Husserlschen Ansatz ab, da er sich die Frage nach der genaueren Bestimmung der „Sache selbst" stellt: „Diese Maxime soll nun näher bestimmt werden. In der ausgedrückten, formalen Allgemeinheit ist sie Prinzip *jeder* wissenschaftlichen Erkenntnis, es ist aber gerade die Frage, *welche Sachen es sind*, auf die Philosophie zurückgehen muß, wenn anders sie wissenschaftliche Forschung sein soll – zu welchen Sachen selbst?"[77] Diese Frage geht weit über die Husserlsche Idee der Phänomenologie hinaus, indem Husserl nie danach fragte: „Was ist die Sache selbst?", sondern nur: „Wie kann man die Selbstheit der Sache (jeder Sache) gelten lassen?" unabhängig davon also, welche Sache das Ziel dieser Rückkehr ausmachen muß. Heidegger will aber diese Formalität der phänomenologischen Maxime

---

gers in der Freiburger Zeit nicht berücksichtigen, sondern nur ihre vollständige Darstellung in den Marburger Vorlesungen.

[73] Klostermann, Frankfurt a.M. ²1988 (Gesamtausgabe, Bd. 20). Ein guter Kommentar findet sich bei C. Esposito, *Il fenomeno dell'essere. Fenomenologia e ontologia in Heidegger*, Dedalo, Bari 1984.

[74] Vgl. M. Heidegger, *Prolegomena zur Geschichte des Zeitbegriffs*, a. a. O., S. 1–3; *Die Grundprobleme der Phänomenologie*, Klostermann, Frankfurt a. M. ²1989 (Gesamtausgabe, Bd. 24), S. 1–5.

[75] Vgl. M. Heidegger, *Prolegomena zur Geschichte des Zeitbegriffs*, a. a. O., S. 66–68.

[76] Vgl. a. a. O., S. 104; *Sein und Zeit*, Niemeyer, Tübingen ¹⁶1986, S. 27.

[77] M. Heidegger, *Prolegomena zur Geschichte des Zeitbegriffs*, a. a. O., S. 104.

„entformalisieren"[78] und den Begriff der „Sache selbst" inhaltlich ausfüllen. Was ist also die Sache selbst? „Was ist das, was die Phänomenologie ‚sehen lassen' soll?"[79] Heidegger antwortet: das Sein.[80] Das Sein des Seienden ist, was in der vulgären Einstellung immer verborgen bleibt, da hier die „Sache" mit dem Seienden gleichgestellt wird. Was im Vorgegebenen (d.h. im Seienden) verborgen bleibt, ist eben das, was der Phänomenologe „von sich selbst her sehen lassen" muß, nämlich die Sache selbst.[81] Um das klar zu machen, denke man an unsere Unterscheidung zwischen dem Selbstverständlichen und dem Evidenten. Phänomenologisches Philosophieren heißt, das Selbstverständliche ins Evidente verwandeln. Sein ist aber nach Heidegger eben „der selbstverständliche Begriff"[82] und daher die Sache, zu deren Selbstheit man zurückkehren muß.

Aufgrund dieser neuen, entformalisierten Auslegung der phänomenologischen Maxime entfaltet nun Heidegger seine Kritik an der Husserlschen Auffassung der Phänomenologie, indem er fragt: „Ist innerhalb der Phänomenologie überhaupt der methodische Boden gewonnen, um diese *Frage nach dem Sinn von Sein*, die jeder phänomenologischen Überlegung vorauszugehen hat und in ihr unausgesprochen liegt, zu stellen?"[83] Heidegger knüpft hauptsächlich an der Husserlschen Beschreibung der phänomenologischen Methode in den *Ideen I* an. Dort bezeichnet Husserl das Ergebnis der Reduktion durch den Hinweis auf einen besonderen ontologischen Status der Welt gegenüber dem Bewußtsein.

---

[78] M. Heidegger, *Sein und Zeit*, a.a.O., S. 35. Vgl. F.-W. von Herrman, *Der Begriff der Phänomenologie bei Heidegger und Husserl*, Klostermann, Frankfurt a.M. ²1988, S. 16; *Hermeneutische Phänomenologie des Daseins*, Bd. I, Klostermann, Frankfurt a.M. 1987, S. 282–286.

[79] M. Heidegger, *Sein und Zeit*, a.a.O., S. 35.

[80] Vgl. ebd.; *Prolegomena zur Geschichte des Zeitbegriffs*, a.a.O., S. 106.

[81] Vgl. M. Heidegger, *Sein und Zeit*, a.a.O., S. 34. Vgl. auch *Ontologie (Hermeneutik der Faktizität)*, Klostermann, Frankfurt a.M. 1988 (Gesamtausgabe 63), S. 76: „Sollte es sich nun herausstellen, daß es zum *Seins*charakter *des Seins*, das Gegenstand der Philosophie ist, gehört: *zu sein in* der Weise des *Sich-verdeckens* und Sich-verschleierns – und zwar nicht akzessorisch, sondern seinem Seinscharakter nach –, dann wird es eigentlich ernst mit der Kategorie Phänomen. Die Aufgabe: es zum Phänomen zu bringen, wird hier radikal phänomenologisch."

[82] M. Heidegger, *Sein und Zeit*, a.a.O., S. 4; vgl. auch E. Fink, *Nähe und Distanz*, a.a.O., S. 117.

[83] M. Heidegger, *Prolegomena zur Geschichte des Zeitbegriffs*, a.a.O., S. 140.

Bewußtsein wäre dann „absolutes Sein", das Seiende in der Welt bloß „relatives". Folgerichtig entwickelt Heidegger seine Kritik hinsichtlich des Sinnes, den Husserl dem Seinsbegriff gibt. Da die Reduktion den Gegenstand nicht negiert, sondern seine selbstverständliche, naive Existenz einklammert, hat sie für Heidegger den allgemeinen Sinn, „gerade den Seinscharakter des Seienden präsent zu machen".[84] Die Reduktion will nicht das Seiende in nichts auflösen, sondern umgekehrt das echte Sein des Seienden erscheinen lassen, indem es von allen Selbstverständlichkeiten befreit wird. Sie „hat einzig nur die Funktion, das Seiende hinsichtlich seines Seins präsent zu machen."[85] Was ist aber das Sein, das auf diese Weise präsent gemacht wird? Das Grundfeld der Intentionalität ist nach Husserl jene Seinsregion, die wir Bewußtsein nennen. Darum wird sie von Husserl als die Region des absoluten Seins betrachtet, wie wir im letzten Paragraphen schon bemerkt haben. Hier knüpft nun Heidegger an, um seine Kritik näher zu bestimmen, indem er schreibt: „Das Bewußtsein ist [für Husserl]: erstens *immanentes Sein*, zweitens ist das Immanente das *absolut gegebene Sein*. Dieses absolute Gegebensein wird auch als *absolutes Sein* schlechthin bezeichnet. Drittens ist dieses Sein im Sinne der absoluten Gegebenheit absolut zugleich in dem Sinne, daß es *nulla re indiget ad existendum*, (damit ist die alte Substanzdefinition aufgenommen), so daß es keiner res bedarf, um zu sein. *Res* ist hier verstanden in dem engeren Sinne von *Realität, Transzendent-Sein*, d.i. alles Seiende, das nicht Bewußtsein ist. Viertens ist das absolute Sein in diesen beiden Bedeutungen – absolut gegeben und einer Realität unbedürftig – das *reine* Sein als Wesenssein der Erlebnisse, des idealen Seins der Erlebnisse.

Wir fragen hinsichtlich dieser vier Seinsbestimmungen: Sind es solche, die aus dem Blick auf die Sache selbst erwachsen sind?"[86]

Alle hier erwähnten Charaktere des Bewußtseins als absoluten Seins sind, wie Heidegger betont, keine Seinscharaktere der „Realität", des Intentionalen als Seienden. Sie bestimmen nicht das Seiende, das die Struktur der Intentionalität hat, sondern die Intentionalität als solche: „Die Seinsbestimmungen sind nicht im Hinblick auf das Intentionale in seinem Sein selbst gewonnen,

---

[84] A. a. O., S. 136.
[85] Ebd.
[86] A. a. O., S. 141–142.

sondern, sofern es in den Blick gestellt ist, als *erfaßt*."[87] Danach ist das Bewußtsein in der Phänomenologie das absolute, reine Sein nicht darum, weil es absolut *existiert*, sondern weil erst in ihm sich alles sonst Seiende bekundet, während es selbst *nulla re indiget*, um sich kundzugeben. Dieser Interpretation würde Husserl wahrscheinlich nichts entgegenhalten, da das Seiende, welches die Struktur Intentionalität hat, nach seiner Auslegung in der Reduktion als nicht-unbezweifelbares Seiendes eingeklammert bleiben soll. Mit Recht schreibt also Heidegger: „Vielleicht soll gerade hier nicht nach dem Sein des Seienden gefragt werden."[88] Es wird sich zeigen, daß in der Phänomenologie Husserls der Seinscharakter durch die Reduktion seine ontologische Bedeutung verliert.[89] Hierin besteht aber von Heideggers Gesichtspunkt aus der größte Fehler der transzendentalen Phänomenologie. Denn, wie er sagt, „*die Seinsfrage selbst bleibt [damit] unerörtert*."[90] Indem die Phänomenologie Husserls die Seinsfrage auf den Seinsunterschied zwischen Bewußtsein und für das Bewußtsein transzendentem Sein einschränkt, bewegt sie sich nach Heidegger in zwei fundamentalen Versäumnissen[91]: Zum einen stellt sie nicht die Frage nach dem Sein des intentionalen Seienden, zum anderen stellt sie ebensowenig die Frage nach dem Sinn von Sein überhaupt; nämlich jene Frage, welche geradezu die Rückkehr zur Sache selbst kennzeichnen sollte.

§ 14. Ergebnisse der Heideggerschen Kritik

Die Kritik Heideggers bewegt sich also innerhalb der phänomenologischen Methode, indem sie aufgrund der Maxime „zu den Sachen selbst" erhoben wird. Kraft seiner Entformalisierung dieser Maxime wirft Heidegger Husserl vor, daß bei ihm das Prinzip der

---

[87] A. a. O., S. 146. Dazu vgl. auch R. Bernet, *Transcendance et intentionnalité: Heidegger et Husserl sur les prolégomènes d'une ontologie phénoménologique*, in: *Heidegger et l'idée de la phénoménologie*, hrsg. von J. Taminiaux, Kluwer, Dordrecht/Boston/London 1988, S. 195–215.
[88] M. Heidegger, *Prolegomena zur Geschichte des Zeitbegriffs*, a. a. O., S. 147.
[89] Es wird sich aber auch zeigen, daß der Seinscharakter durch die Reduktion einen ganz neuen, der philosophischen Einstellung angemesseneren Sinn gewinnt.
[90] M. Heidegger, *Prolegomena zur Geschichte des Zeitbegriffs*, a. a. O., S. 157.
[91] Vgl. a. a. O., S. 159.

Phänomenologie eigentlich unbeachtet bleibe, indem das, was in allem Sich-geben verborgen bleibt, nämlich das Sein, nicht zu seinem „von sich selbst her Zeigen“[92] gebracht werde. Als solcher scheint dieser Einwurf sehr triftig zu sein. Das Prinzip der Phänomenologie ist bei Husserl sicher ganz formal zu fassen, so daß bei ihm die Seinsfrage eventuell nur als Nebenthema auftauchen kann.

Man könnte sich fragen, warum ein so präziser Denker wie Husserl in solche Versäumnisse gefallen sei. Heidegger stellt sich tatsächlich diese Frage, um zu behaupten, daß die Versäumnisse kein Zeichen irgendeiner Nachlässigkeit Husserls seien, sondern die Enthüllung der Nachwirkung der abendländischen philosophischen Tradition in ihm. Die folgende Stelle Heideggers ist darin sehr deutlich und besonders wichtig auch hinsichtlich unserer Aufgabe, welche nicht die Erörterung Heideggers persönlicher philosophischer Einstellung, sondern eine bessere Bestimmung der in den Husserlschen Texten dargestellten, nicht aber zu eindeutiger Klarheit ihres Sinnes gebrachten phänomenologischen Methode ist: „Die primäre Frage *Husserls* ist gar nicht die nach dem Seinscharakter des Bewußtseins, vielmehr leitet ihn diese Überlegung: *Wie kann überhaupt das Bewußtsein möglicher Gegenstand einer absoluten Wissenschaft werden?* Das Primäre, was ihn leitet, ist die *Idee einer absoluten Wissenschaft*. Diese Idee: *Bewußtsein soll Region einer absoluten Wissenschaft sein*, ist nicht einfach erfunden, sondern die Idee, die die *neuzeitliche* Philosophie seit *Descartes* beschäftigt. Die Herausarbeitung des reinen Bewußtseins als thematisches Feld der Phänomenologie ist *nicht phänomenologisch im Rückgang auf die Sachen selbst* gewonnen, sondern im Rückgang auf eine traditionelle Idee der Philosophie.“[93] Im Zitat finden sich die drei hauptsächlichen Ergebnisse der Kritik Heideggers. Erstens: Bei Husserl vollzieht sich eine Verdrängung der Seinsfrage durch die subjektivistische Frage nach dem Bewußtsein als Region der Sinngebung. Zweitens: Diese Verdrängung hängt davon ab, daß Husserls Interesse nicht auf das Sein des Seienden gerichtet ist, sondern auf die Herstellung einer absoluten Wissenschaft. Drittens: Diese Erhebung des reinen Bewußtseins zum

---

92 M. Heidegger, *Sein und Zeit*, a. a. O., S. 34; vgl. *Einführung in die Phänomenologische Forschung*, a. a. O., S. 42–46.
93 M. Heidegger, *Prolegomena zur Geschichte des Zeitbegriffs*, a. a. O., S. 147.

Hauptfeld der philosophischen Forschung als absoluter Wissenschaft hat eine unphänomenologische Herkunft.[94]

Das erste Ergebnis findet bei Husserl eine Reihe von bestätigenden Stellen. Eine wurde z. B. schon im Paragraphen 7 zitiert.[95] Dort sprach Husserl vom Problem der Erkenntnis eines Subjektes, dessen Objekte außer ihm, ihm gegenüber und so nicht in Unmittelbarkeit von ihm greifbar stehen. Eine solche Weise der Problemstellung der Phänomenologie weist sofort auf das neuzeitlichen Erkenntnisproblem zurück. Husserl scheint sich wieder dieselbe Frage wie Descartes zu stellen, nämlich diejenige nach einer möglichen Grundlegung der subjektiven Erkenntnis der „äußeren" Objekte, und auf diese Weise sich den Aporien des neuzeitlichen Dualismus zu unterwerfen. Deswegen kann Marvin Farber einwenden: „Es ist unberechtigt, zuerst die Erfahrung (die *cogitatio)* abzutrennen, dann die Transzendenz als rätselhaft herauszustellen. Das Rätsel löst sich auf, sobald eingesehen ist, daß die Gegenüberstellung Immanenz/Transzendenz eine bloße Annahme ist."[96] Deswegen kann Eugen Fink die Reduktion einfach als „Umkehrung des objektiv außengewendeten Lebens in die subjektive Lebenstiefe durch eine radikale Reflexion" bezeichnen.[97] Dies ist eben eine erste Bedeutung der phänomenologischen Reduktion, wie sie vor allem in den *Ideen* erscheint: Reduktion als Rückkehr in die Subjektivität. Eine solche Bedeutung macht aber den eigentlichen Grund der Reduktion unverständlich und rechtfertigt damit Heideggers Einwand des Subjektivismus[98] und seine daraus herrührende „Reduktion der Reduktion"[99]. Ich

---

[94] Vgl. dazu C. Cheung, *Der anfängliche Boden der Phänomenologie: Heideggers Auseinandersetzung mit der Phänomenologie Husserls in seinen Marburger Vorlesungen*, Lang, Frankfurt a. M./Bern/New York 1983, S. 175–196.

[95] Vgl. oben, § 7, Anm. 6.

[96] M. Farber, a. a. O., S. 71: „It is unwarranted to begin by abstracting experience (the *cogitatio*), and then to find transcendence to be a riddle. The ‚riddle' evaporates when the assumptive character of the immanence-transcendence distinction is realized."

[97] E. Fink, *Nähe und Distanz*, a. a. O., S. 124; vgl. S. 108.

[98] Vgl. M. Heidegger, *Die Grundprobleme der Phänomenologie*, a. a. O., S. 89–92.

[99] Vgl. C. Esposito, a. a. O., S. 51: „Se per Husserl i dati immediati o anche ‚scientifici' del mondo sono sospesi riguardo al loro essere, proprio al fine di guadagnare l'essere originario di un'essenza ‚costituita' intenzionalmente, per Heidegger tale sospensione comprenderà in sé, come un infondato dato oggettivo, non soltanto l'ente ‚formalizzato' scientificamente o ingenuamente assun-

werde versuchen zu zeigen, daß diese erste Bedeutung von „Reduktion“ nicht notwendigerweise auch die letzte ist.

Das zweite Ergebnis betont die Fraglichkeit der von Husserl stets wiederholten Forderung nach einer Philosophie, die sich als strenge Wissenschaft darstelle.[100] Diese Akzentuierung der Phänomenologie erhält aber bei Husserl eine doppelte Bedeutung, je nachdem, ob man eher das Ideal einer „exakten“ und universalen Wissenschaft, d.h. einer formalen und systematischen *mathesis universalis*, oder die wissenschaftliche Forderung nach einer möglichst absoluten „Zweifellosigkeit“ des Erkannten als maßgebend erachtet. Gewiß hat Husserl bis zum Ende seines Lebens das Ideal der *mathesis universalis* behauptet. Mehreres spricht aber auch für die Interpretation der Wissenschaftlichkeit in der philosophischen Einstellung als einer hermeneutischen, historischen und in diesem Sinne „relativen“. Im Laufe unserer Untersuchung wird sich auch diese Einstellung verdeutlichen.[101]

Das dritte Ergebnis hängt mit den anderen eng zusammen. Ist die phänomenologische Reduktion einfach eine „Umkehrung“ vom Objektiven zum Subjektiven, so ist nicht mehr zu verstehen, warum der Phänomenologe einen so schwierigen Weg gehen sollte. Die phänomenologische Forderung Husserls wird zu einem „Skandal der Philosophie“[102], zu einem „absurd scheinenden Versuch“[103], dessen Begründung außerhalb der Phänomenologie liegen muß – eben in einem Rückgang auf eine traditionelle Idee der Philosophie. Sollte sich aber zeigen lassen, daß sich die Erhebung des reinen Bewußtseins zum Hauptfeld der philosophischen Forschung phänomenologisch rechtfertigen läßt, dann würde die Forderung der Reduktion eine stärkere Begründung erfahren. Auch diese Schwierigkeit der Husserlschen Selbstauslegung wurde wie die vorige von der Husserl-Forschung deutlich gemacht. Ich werde versuchen zu beweisen, daß sie nur dann ihre Wirkung

---

to nell'atteggiamento naturale, ma la stessa riduzione ontologico-coscienziale dell'*epoché* husserliana, la quale stessa richiede una più originaria apertura *fenomenologica*.“

[100] Dazu vgl. auch M. Heidegger, *Einführung in die phänomenologische Forschung*, a. a. O., S. 43–44, 270.

[101] Derselbe Ansatz findet sich bei E. Fink, *Studien zur Phänomenologie*, a. a. O., S. 180.

[102] M. Heidegger, *Ontologie (Hermeneutik der Faktizität)*, a. a. O., S. 73.

[103] E. Fink, *Nähe und Distanz*, a. a. O., S. 310.

ausübt, wenn die Reduktion in der subjektivistischen Weise gedeutet wird, wie Heidegger es mit gutem Grunde getan hat.

§ 15. Neuer Auslegungsversuch der phänomenologischen Reduktion und hermeneutischer Sinn der Phänomenologie

Die allgemeine, neutrale Darstellung der phänomenologischen Methode hat sich als nachteilig erwiesen, da man durch sie gleichsam gezwungen ist, die Phänomenologie als eine Philosophie zu interpretieren, in welcher man das Bewußtsein als Objekt des Philosophierens selbst hat, in welcher also die strenge Wissenschaft als eine *Wissenschaft des Bewußtseins* verstanden wird. Heideggers Kritik läßt dies besonders deutlich werden. Ich will darum jetzt versuchen, eine neue Auslegung des Husserlschen Ansatzes zu formulieren, die eben dieser treffenden Kritik Heideggers Rechnung trägt, ohne dabei aber die Grundzüge der sogenannten transzendentalen Phänomenologie aufzugeben.

Meiner Meinung nach ist die Leitfrage Husserls zwar diejenige nach der Idee einer absoluten Wissenschaft, wie Heidegger in der oben zitierten Stelle betont, nicht aber in der von Heidegger selbst gegebene Formulierung: „Wie kann das Bewußtsein Gegenstand einer absoluten Wissenschaft werden?" Husserls Hauptaufgabe ist es, eine absolute Wissenschaft, nicht aber, eine Wissenschaft des Bewußtseins zu entfalten. Man kann auch sagen: *Die absolute Wissenschaft*, welche Husserl für das Ideal der Philosophie hält, *wird von ihm nicht von vornherein mit der Wissenschaft des Bewußtseins gleichgestellt*. Daß aber diese Gleichstellung Voraussetzung oder Folge der Untersuchung über die Methode der Philosophie als strenge Wissenschaft sei, ist nicht gleichgültig. Es geht um die Verfechtbarkeit der phänomenologischen Methode als Methode der phänomenologischen Reduktion. Erst wenn die Identifikation der absoluten Wissenschaft mit der Wissenschaft des Bewußtseins als eine *notwendige Folge* und nicht als Voraussetzung der Analyse der Bestimmungen der absoluten Wissenschaft selbst erscheint, wird es möglich, den Einwurf Heideggers gegenüber der phänomenologischen Reduktion zu entkräften, indem der Bezug zum Bewußtsein sich nicht als Erbe der Tradition, sondern von der Sache selbst aus ergibt.

Es geht hier darum, die Notwendigkeit der Methode der phänomenologischen Reduktion zu zeigen; zugleich aber auch die Schranken zu bestimmen, innerhalb derer sie Geltung gewinnt. Durch den Heideggerschen Einwurf angeregt, versuchen wir, eine Interpretation der phänomenologischen Methode zu geben, nach welcher die drei Ergebnisse der Kritik Heideggers eine mögliche Antwort erhalten können und dadurch die Reduktion in ihrem vollen Sinne erscheinen kann.

a) Die Zweiteilung der Methode

Die erste Bedingung, damit die phänomenologische Methode als Methode des Aufstiegs der Philosophie zur eigenen wissenschaftlichen Ebene ihre Notwendigkeit erweisen kann, ist die strenge Trennung ihrer zwei Stufen: Evidenzprinzip und phänomenologische Reduktion. Die zwei Stufen der Methode sind *prinzipiell* voneinander zu scheiden, und vor allem ist die erste Stufe an sich unabhängig von der zweiten. *Das Evidenzprinzip gilt für sich; die phänomenologische Reduktion gilt als Durchführung des Evidenzprinzips.* Das Evidenzprinzip ist die allgemeine Forderung nach Wissenschaftlichkeit in der Philosophie; die phänomenologische Reduktion deren Adäquation und Vollzug.

Diese Unterscheidung scheint zwar grundlegend, wird aber von mehreren Husserl-Forschern übersehen, als ob die phänomenologische Reduktion ohne eine vorläufige Erklärung des Prinzips, auf welchem sie beruht, zu verstehen wäre. Husserl selbst verführt zu dieser Auffassung, wenn man sich hauptsächlich auf *Ideen I* stützt, deren Betrachtung der phänomenologischen Methode unsere Auffassung in „völlige Verwirrung“[104] stürzen kann, da sie von einem „Anfänger“ der Phänomenologie für „Voranfänger“ der Phänomenologie geschrieben wurden. Man muß aber über den Text

[104] R. Boehm, a. a. O., S. 156. Boehm erklärt mit beachtlicher Deutlichkeit die Gründe der scheinbaren Umkehrung der phänomenologischen Methode, die im ersten Buch der *Ideen* stattfindet (vgl. vor allem S. 119–140). Roman Ingarden trägt die folgende Aussage Husserls bei: „Tatsächlich ist all das, was im Text der *Ideen vor* der Reduktion steht – über das Bewußtsein, über das Wesen, über die Welt –, schon auf Grund der Reduktion gesagt worden“ (R. Ingarden, *Einführung in die Phänomenologie Edmund Husserls*, a. a. O., S. 216). Zur Grenze der Auffassung der phänomenologischen Reduktion, welche Husserl in den *Ideen I* darstellt, vgl. auch V. Costa, *Lo sviluppo della riduzione fenomenologica: dalla Filosofia dell'artitmetica a Ideen*, in: „Rivista di Filosofia Neoscolastica“, 86 (1994), S. 506–572, besonders S. 556–562.

Husserls hinaus die innere Notwendigkeit seiner Theorie zu verstehen versuchen. In dieser Absicht müssen wir jetzt zuerst eine Rechtfertigung der ersten Stufe (Prinzip-Stufe) der Methode suchen, um dann zu zeigen, wie die zweite Stufe von der ersten notwendig sachlich abzuleiten ist.

b) Die erste Stufe der Methode: das Prinzip der Evidenz

Die erste Stufe ist also das Evidenzprinzip. Es bestätigt, daß alles, was noch bezweifelbar ist, tatsächlich zu bezweifeln ist, so daß nur das Unbezweifelbare für wahr genommen wird. Das Evidenzprinzip ist ein Prinzip der Unbezweifelbarkeit. Alles Unbezweifelte oder Selbstverständliche soll durch den Zweifel evident werden. Der inhaltliche Sinn des Prinzips wurde schon oben erörtert. Hier geht es darum, seine allgemeine Gültigkeit zu rechtfertigen. Dabei ist vorausgehend zu bemerken, daß diese Rechtfertigung nicht in einem „inhaltlichen“ Sinne zu verstehen ist, als ob Evidenz „der Titel für das *zentrale* Problem der Phänomenologie Husserls“[105] wäre. Diese Interpretation Finks beruht auf seinem Versuch, die Phänomenologie Husserls dem ontologischen Ansatz Heideggers anzupassen. Im Gegenteil ist für uns Evidenz zuerst nur der Titel für die Methode, durch welche die Philosophie überhaupt ihre Fragen erarbeitet. Die Auslegung des Evidenzprinzips soll darum keinem Problem die Lösung anbieten, sondern bloß die Grundbedingungen unseres Forschens erklären. Evidenz ist kein Problem, sondern Bedingung der Möglichkeit der Auseinandersetzung mit Problemen. Das soll später unter d) deutlich werden.

c) Die Mißdeutung des Prinzips der Evidenz als Prinzip der Voraussetzungslosigkeit und das „Vorurteil gegen die Vorurteile“

Eine verbreitete Interpretation des Evidenzprinzips, die ebenfalls bei Husserl selbst mehrere Anhaltspunkte findet, faßt es als Prinzip der Voraussetzungslosigkeit oder als ein auf dem Ideal der

---

[105] So E. Fink, *Studien zur Phänomenologie*, a. a. O., S. 202. Fink meint, daß Evidenz „nicht bloß den *Gewißheitsgrad* einer bestimmten Erkenntnis“ bedeuten könne, da sie „keine dogmatisch im voraus fixierte Erkenntnisdignität“ sei (ebd.). Ich hoffe, in diesem Kapitel zeigen zu können, daß Evidenz nichts anderes als der Gewißheitsgrad ist (nämlich der höchste), nichtsdestoweniger keine „dogmatisch fixierte Erkenntnisdignität“.

Voraussetzungslosigkeit begründetes Prinzip.[106] In der Tat kennzeichnet Husserl die Philosophie oft als Phänomenologie und strenge Wissenschaft durch den Charakter der Voraussetzungslosigkeit bzw. Vorurteilslosigkeit oder -freiheit. Der echten Wissenschaft gehöre echte Vorurteilslosigkeit zu.[107] In ihrem Sinn als Philosophie liege die Reduktion auf absolute Voraussetzungslosigkeit beschlossen.[108] Wie aber diese Voraussetzungslosigkeit zu verstehen ist, bedarf eines tieferen Gedankens. Denn sie kann z.B. jene Idee einer realisierten, völlig voraussetzungslosen Wissenschaft bezeichnen, die Husserl oft als Ideal der Philosophie zu setzen scheint. In diesem Fall würde aber die ganze phänomenologische Methode der Kritik unterliegen, die Gadamer kraft seiner hermeneutischen Einstellung für den Anspruch der Überwindung aller Vorurteile erhoben hat.[109] Das Prinzip einer völligen Voraussetzungslosigkeit ist ein „Vorurteil gegen die Vorurteile"[110] und widerspricht sich darum selbst. Aufgrund der Untersuchung über die erkenntnistheoretische Rolle des hermeneutischen Zirkels erweist sich die Idee einer völligen Voraussetzungslosigkeit, die ein im Unendlichen liegendes Ideal ist, als der menschlichen Erkenntnis unangemessen.[111] Wäre also diese Idee, wie oft behauptet, der leitende Gedanke der Phänomenologie Husserls, so würde zwischen hermeneutischer und transzendental-phänomenologischer Methode eine prinzipielle Unvereinbarkeit liegen. Die Phänomenologie wäre völlig im neuzeitlichen Scheinideal eines absoluten Wissens verhaftet.

Gewiß scheint Husserl sehr oft gerade in diese Richtung auszu-

---

106 Vgl. R. Boehm, a. a. O., S. 125–127; A. Aguirre, a. a. O., S. VIII, 5–6. So auch H. G. Gadamer: „Husserls eigene leitende Frage, in die er sich mit bohrender Gewissenhaftigkeit vertiefte, hieß: […] Wie kann ich jede ungerechtfertigte Voraussetzung vermeiden und damit das Ideal der strengen Wissenschaft endlich auch in der Philosophie realisieren?" (H. G. Gadamer, *Die phänomenologische Bewegung*, in: *Neuere Philosophie I: Hegel, Husserl, Heidegger*, Mohr, Tübingen 1987, Gesammelte Werke, Bd. 3, S. 108).

107 Vgl. *Cartesianische Meditationen*, Hua I, S. 74; *Ideen I*, Hua III/1, S. 42; *Logische Untersuchungen*, Hua XIX/1, S. 24–29.

108 Vgl. *Ideen III*, Hua V, S. 160; Hua XXIX, S. 401.

109 Vgl. H. G. Gadamer, *Wahrheit und Methode. Grundzüge einer philosophischen Hermeneutik*, Mohr, Tübingen [6]1990, S. 280.

110 A. a. O., S. 277.

111 Vgl. dazu auch M. Heidegger, *Sein und Zeit*, a. a. O., S. 148–153, besonders S. 150: „Auslegung ist nie ein voraussetzungsloses Erfassen eines Vorgegebenen".

schauen. Die Phänomenologie erkennt sich als inneres Verständnis der Krisis des neuzeitlichen Ideals der Philosophie als „allbefassende Wissenschaft" und „Einheit eines theoretischen Systems", um die innere und ewige Möglichkeit jenes Ideals in ihrer Geltung erscheinen zu lassen.[112] Ich will aber einen Aspekt des Husserlschen Denkens betonen, der gegenüber den anspruchsvollen offiziellen Aussagen über die reine Logik als einer *mathesis universalis* einen viel bescheideneren aber zugleich gangbareren Weg darstellt.[113] Grundlegend dafür ist, die Idee der Voraussetzungslosigkeit anders auszulegen und die Relativität ihres Ursprunges hervorzuheben. Meine These ist, daß *das Ideal der Voraussetzungslosigkeit keineswegs Motiv, sondern Wirkung der Anwendung des Evidenzprinzips ist*, daß also die Idee der Wissenschaftlichkeit zwar durch das Ideal der Voraussetzungslosigkeit gekennzeichnet ist, daß dieses aber nicht als ihr Grund und Ursprung, sondern als ihre Erscheinungsform zu verstehen ist. Echte Wissenschaft würde dann in eigentlicher Weise nur dadurch entstehen, daß das alle Erkenntnis des menschlichen Daseins charakterisierende Evidenzprinzip zu seiner äußersten Radikalität geführt wird. *Zuerst* ergibt sich das Streben nach Evidentem als Streben nach Aufhebung des Selbstverständlichen in allen Erkenntnisformen. *Dann* entsteht die Idee einer Philosophie als prinzipielle Überwindung aller Selbstverständlichkeiten, als Streben nach einer vollkommenen Evidenz. *Erst von daher* zeigt sich das Streben nach Evidenz, indem dieser philosophischen Einstellung das Selbstverständliche als „Vorurteil" gilt[114], als Streben nach Vorurteilsfreiheit; nicht jedoch als allgemeines Vorurteil gegen alle Vorurteile, sondern als Befreiung von allen aus natürlicher, ungeprüfter Gewißheit stammenden Vorurteilen – und nur von diesen. Die „Reduktion auf absolute Voraussetzungslosigkeit" enthüllt sich demnach als jene Voraussetzung, die den Boden der Aufklärung aller „im gemeinen Sinn ‚selbstverständlichen'

---

[112] Vgl. *Krisis*, Hua VI, S. 5–17.

[113] Eine ähnliche Unterscheidung liegt auch der Dissertation Derridas zugrunde. Vgl. J. Derrida, *Le problème de la genèse dans la philosophie de Husserl*, Presses Universitaires de France, Paris 1990, S. 3–5. Zur Kritik der Husserlschen Idee absoluter Erkenntnis vgl. M. Heidegger, *Einführung in die phänomenologische Forschung*, a. a. O., S. 43–44 und 273–274.

[114] *Logik*, Hua XVII, S. 283.

Voraussetzungen"[115] darstellt und darum ein in einem ganz neuen Sinn zu verstehendes „Vorurteil gegen die Vorurteile" ist: geprüftes und unaufhebbares Vorurteil gegen alle ungeprüften und aufhebbaren Vorurteile.

d) Der eigentliche Grund der Anwendung des Evidenzprinzips: das Interesse

Dieser Zusammenhang bedarf einer Vertiefung. Der Grund der allgemeinen Geltung des Evidenzprinzips liegt also nach dieser Auffassung nicht in einem Anspruch auf Voraussetzungslosigkeit. Es ist vielmehr so, daß die Idee der Voraussetzungslosigkeit Ergebnis der radikalen Wendung zur Evidenz ist. Um das besser zu verdeutlichen und den eigentlichen Grund des Evidenzprinzips zu enthüllen, kehren wir zu dem zurück, was ich über das Interesse schon gesagt habe (§ 10). Dort wurde gezeigt, wie die Anwendung des Evidenzprinzips, indem dieses als allgemeines Prinzip der *relativen bzw. absoluten* Evidenz verstanden wird, eine eigene Notwendigkeit aufweist, da jede Anspruch auf Sinn erhebende Aussage, darunter auch die Negation einer Evidenz, selbst auf einer tieferen Evidenz beruhen muß. Es wurde auch gezeigt, daß theoretisches Wissen sich nicht kraft eines Qualitäts-Unterschiedes vom alltäglichen, praktischen Wissen scheidet, wie es im Fall einer ausschliessenden Gegenüberstellung zwischen Evidenz und Nicht-Evidenz wäre, sondern nur aufgrund eines Quantitäts-Unterschiedes. Nämlich des Unterschiedes zwischen einem Wissensstreben, das sich vorzeitig bei einem nur relativ Evidenten beruhigt, das zur Erfüllung des leitenden Interesses des Strebens genügt, und einem Wissenstreben, dessen leitendes Interesse das Interesse an der Selbstgegebenheit der Sache ist, so daß es sich nur bei der absoluten Evidenz als anschaulicher Erfüllung der Sache selbst beruhigen kann.

Versuchen wir jetzt, diese Begriffe etwas zu ordnen. Evidenz kann absolut oder relativ sein.[116] Im ersten Fall ist sie mit Husserls Worten „adäquat" und „apodiktisch".[117] Jede nicht-adäquate und nicht-apodiktische Erkenntnis kann sich aber dem Ideal der abso-

---

115 *Ideen III*, Hua V, S. 160–161. Vgl. auch E. Tugendhat, a. a. O., S. 189–192.
116 Vgl. etwa *Logische Untersuchungen*, Hua XIX/2, § 38.
117 Vgl. *Ideen I*, Hua III/1, S. 317–321.

luten Evidenz annähern, sodaß es eine gewisse Stufung der relativen Evidenz zur absoluten hin gibt. Jede Erkenntnis, ja für Husserl sogar „jedes Bewußtsein überhaupt“, ist entweder selbst Evidenz oder „wesensmäßig auf Überführung in Selbstgebungen angelegt“.[118] Das besagt: Jede Erkenntnis ist entweder Selbstgebung der Sache oder bewährende bzw. enttäuschende Prüfung einer Meinung (einer leeren Intention) derselben Sache, so daß die gemeinte Sache durch die Prüfung möglichst zur eigenen Selbstgegebenheit kommen kann. Evidenz hat also „modale Abwandlungen“, nach welchen es auch modifizierte Evidenz geben kann. Natürlich ist modifizierte Evidenz im strengen Sinne keine Evidenz mehr. Sie bildet aber eine Stufe der Annäherung zur absoluten Evidenz, eine Weise der partiellen Bewährung.

Jede Erkenntnis ist aber nicht nur in die Stufung der relativen Evidenz eingeordnet, sondern auch in sich dynamisch, in ständiger Bewegung. In diesem Sinne ist jeder Erkenntnisprozeß ein Streben nach der Gewinnung der möglichst reichen Fülle von Einzelgegebenheiten oder, wie auch Husserl sagt, ein Streben nach Erfüllung von Leervorstellungen.[119] Das Streben-nach-Erfüllung setzt aber voraus, daß schon Erkanntes sich als unvollständig herausstellt und damit auf eine mögliche Weiterfüllung verweist. Die Unvollständigkeit des Erkannten zwingt uns dazu, von ihm in einer evidenteren Weise Kenntnis zu nehmen. Der Erkenntnisprozeß findet ein natürliches Ende erst dann, wenn die Motivation, die uns zur weiteren Kenntnisnahme zwingt, erfüllt wird. Ein Mangel an Evidenz motiviert uns zur Fortführung der Erkenntnis. Die Erfüllung dieses Mangels hebt die Motivation auf. Der Erkenntnisprozeß ist so zwar Erfüllung von Leervorstellungen und Streben nach Evidenz, endet in der Tat aber nicht unbedingt bei der vollen Erfüllung einer bestimmten Vorstellung, sondern vielmehr bei der Erfüllung der Motive des Strebens. Daß eine bestimmte Erkenntnis von keiner neuen Motivation zur weiteren Erkenntnis begleitet wird[120], kann also zweierlei bedeuten:

---

[118] *Cartesianische Meditationen*, Hua I, S. 93.

[119] Ich versuche hier, die ganze Husserlsche Theorie der Evidenz als Erfüllung außer Betracht zu lassen, weil ihre Berücksichtigung die Grenze dieser methodischen Vorbereitung weit überstiegen hätte. Ich werde diese Theorie erst im nächsten Kapitel erwähnen. Das macht die Erläuterung hier schwieriger – aber auch kürzer.

[120] Hier besteht natürlich eine grobe Vereinfachung, als ob die Erkenntnis sich

Entweder daß die Sache selbst gegenwärtig ist, so daß die Erfüllung aller Motivationen mit der Erfüllung aller Leervorstellungen zusammenfällt, oder daß wir mit einer relativen Evidenz der Sache zufrieden sind, sodaß alle eventuellen Hinweise auf eine verhüllte Seite der Sache uns nicht zu einer weiteren Erkenntnis motivieren. In diesem letzten Fall wird unser Erkenntnisinteresse erfüllt, bevor die Sache sich selbst gegeben hat. Erst wenn dieses Interesse ausdrücklich auf die Sache selbst in ihrer vollen, leibhaftigen Selbstgebung gerichtet ist, hört der Erkenntnisprozeß bei der absoluten Evidenz auf.

Das Beispiel Husserls kann hier einleuchten: „So ist das Haus selbst und in seinem wahren Sein [...] sehr bald optimal gegeben, also vollkommen erfahren von dem, der es als Käufer oder Verkäufer betrachtet. Für den Physiker und Chemiker erschiene solche Erfahrungsweise völlig oberflächlich und vom wahren Sein noch himmelfern."[121] Für den Phänomenologen erschiene aber auch die physische oder chemische Erfahrungsweise „oberflächlich". Der Käufer will aufgrund seines Kaufinteresses eine genaue Kenntnis des Hauses erhalten. Er ist dazu von seinem praktischen Interesse angehalten. Er will das Haus kaufen (praktisches Interesse), weswegen er wissen möchte, wie groß, wie fest, wie gemütlich es ist (thematisches Interesse). Das praktische Interesse wirkt nun durch die Entstehung von Motivationen, wie z. B. Unkenntnis der Größe, Erwartungen über die Gemütlichkeit, usw. zur Weiterkenntnis. Nach der Erfüllung solcher Motivationen ist der Einkäufer mit seiner Erkenntnis zufrieden. Er meint das Haus jetzt zu kennen. Er hat eine relative Evidenz des Hauses gewonnen und läßt es mit ihr bewenden. Daß nun für den Physiker diese Kenntnis oberflächlich ist, bedeutet nichts anderes, als daß das Interesse des Physikers diesen zu einer vollständigeren relativen Evidenz motiviert.[122]

Verallgemeinern wir das Beispiel, so ergibt sich, daß man sich in

---

in einzelnen Akten geben könnte. Eine tiefere Betrachtung sollte entsprechend der Berücksichtigung der Erkenntnis als Erkenntnisfluß modifiziert werden.

[121] *Analysen zur passiven Synthesis*, Hua XI, S. 23–24.

[122] Vgl. *Logik*, Hua XVII, S. 440: „Die okkasionellen oder Situations-Aussagen – sie beziehen sich auf eine konkrete Situation, in der lebend das Ich seine Erfahrungsevidenz hat und an ihr genug hat, sofern es sie nur fortschreitend erweitern kann, seinen praktischen Intentionen gemäß."

der Erkenntnis einer Sache bei verschiedenen Stufen der Fülle begnügen kann, je nach dem leitenden praktischen Interesse. Das thematische Interesse eines Erkenntnisprozesses ist immer von praktischen Interessen geleitet. Das gilt für den Einkäufer, für den Physiker, aber auch für den Philosophen. *Auch Philosophie ist* eine menschliche Tätigkeit, *eine der unzähligen Weisen von Praxis, welche die menschliche Lebenswelt ausmachen.*[123] Als solche ist sie von einem praktischen Interesse geleitet, nur, daß für sie das Interesse nirgendwo anders liegt, als in der Selbstgebung der Sache. *Das leitende Interesse der Philosophie ist das Interesse für die Sache selbst.* Das ist, was das Besondere der „Wissenschaften der philosophischen Einstellung" gegenüber den Wissenschaften der natürlichen Einstellung ausmacht. Ich möchte also als allgemeines Prinzip den Satz Husserls gelten lassen: „Das, was praktisch genügt, gilt als das Selbst."[124] Das praktische Interesse erweist sich hier zuletzt als Grund der Selbstgebung und hierin der Evidenz.[125] Evidenz heißt praktisches Genügen. Absolute Evidenz heißt praktisches Genügen bei einem auf die Sache selbst gerichteten Interesse. Denn erst, wenn, „was praktisch genügt" oder praktisch interessiert das echte Selbst der Sache ist, ist sein Gelten „als das Selbst" völlig angemessen und in diesem Sinne absolut.[126]

---

[123] Dazu vgl. Hua XXIX, S. 362–420.

[124] *Analysen zur passiven Synthesis*, Hua XI, S. 23.

[125] Vgl. dazu etwa das unveröffentlichte Manuskript C 3 V, S. 7: „Die Konstitution von Seiendem, von Gegenständen […] ist nichts anderes als Konstitution von Interessen".

[126] Ich bezeichne also das wissenschaftliche Interesse als ein praktisches und unterscheide es von den unwissenschaftlichen Interessen dadurch, daß es allein an der Selbstheit der Sache streng interessiert ist. Eine ähnliche Unterscheidung und Gegenüberstellung des wissenschaftlichen Interesses zum unwissenschaftlichen findet sich in der von Landgrebe abgefaßten „Einleitung" zu *Erfahrung und Urteil*: „Das Ich, konkret in seiner Umwelt lebend, seinen praktischen Zwecken hingegeben, ist keineswegs vor allem betrachtendes Ich. Für das Ich in seiner konkreten Lebenswelt ist das Betrachten eines Seienden eine Haltung, die es gelegentlich und vorübergehend annehmen kann, ohne daß sie eine besondere Auszeichnung hätte. Aber die nachkommende philosophische Besinnung auf die Struktur der Welt unmittelbarer Erfahrung, unserer Lebenswelt, zeigt, daß der betrachtenden Wahrnehmung insofern eine Auszeichnung zukommt, als sie Strukturen der Welt aufdeckt und zum Thema hat, die überall auch jedem praktischen Verhalten zugrunde liegen, obzwar sie nicht durchgängig thematisch werden. *Das betrachtend-wahrnehmend sich auslebende Interesse ist die Aktivierung der fundamentalen aisthesis der passiven Urdoxa*, jener Grundschichte, die allem Erfahren im konkreten Sinne zugrunde liegt" (EU, S. 67).

Erst in dieser Weise erfährt die obige Unterscheidung zwischen Selbstverständlichem und Evidentem ihre vollständige Berechtigung. *Das Selbstverständliche enthüllt sich jetzt als die durch das praktische Interesse geleitete, vorzeitige Unterbrechung des Erfüllungsprozesses.* Das Evidente, welches sich erst beim vollständigen Vollzug des Erfüllungsprozesses gibt, ist Ergebnis jener menschlichen Tätigkeit, deren leitendes Interesse die Selbstgebung der Sache ist. *Das Evidenzprinzip will also nicht eine Sache durch eine andere ersetzen, sondern einen momentan unterbrochenen Erkenntnisprozeß zu seiner Vervollständigung bringen.* Daß diese Vervollständigung nun möglich sei oder nicht, ist eine Frage, die nur die zweite Stufe der Methode, die phänomenologische Reduktion, wird beantworten können.[127]

e) Die Entscheidung für das Prinzip der Evidenz

Fahren wir mit der Vertiefung fort. Die Zuwendung zum Evidenten erfolgt nach dem Gesagten nicht aus allgemeinen aber schwer zu rechtfertigenden Gründen, wie zum Beispiel dem Ideal der Voraussetzungslosigkeit, sondern kraft eines besonderen Interesses, das neben allen anderen Interessen des menschlichen Lebens schlicht wirkt und durch diese Wirkung seine Rechtfertigung erfährt: das Interesse für die Selbstheit der Sache. In dieser Zuwendung zur Evidenz erfährt aber der Evidenzbegriff eine nähere Be-

---

[127] Auch Ernst Tugendhat macht aufgrund der Husserlschen *Ersten Philosophie* darauf aufmerksam, daß Philosophie als strenge Wissenschaft ein Streben nach der Wahrheit in der Weise eines Interesses ist (vgl. a. a. O., S. 186–189). Er meint aber, daß theoretisches Interesse sich wesentlich vom praktischen unterscheidet. Ich habe dagegen versucht zu zeigen, wie das theoretische Interesse nichts anderes als eine Weise – die radikalste – des praktischen Interesses ist. Tugendhats Auffassung beachtet nicht die *einigende* Funktion des Interesses für die Erfahrung. Dies findet sich dagegen bei Bernhard Rang, der in seiner Auslegung der Spätphilosphie Husserls betont, inwiefern das Interesse die einigende Bedingung zwischen Theorie und Praxis ausmacht. Trotzdem sieht Rang diese Einigungsfunktion als ein äußerliches Moment und schreibt: „Die Einheit von Theorie und Praxis ergibt sich daraus, daß das Interesse der reinen Theorie an der Sache selbst auf *praktische* Möglichkeiten seiner Befriedigung *angewiesen* bleibt – letzlich auf das Vermögen der Kinaisthesis" (B. Rang, *Kausalität und Motivation*, Nijhoff, Den Haag 1973, S. 169). Meiner Meinung nach ist dagegen die Theorie nicht nur auf praktische Möglichkeiten angewiesen, denn sie ist *an sich* Praxis, d. h. menschliche interessierte Tätigkeit. Vgl. dazu auch EU, S. 235–236. Vgl. schließlich S. Catucci, *La filosofia critica di Husserl*, Guerini e Associati, Milano 1995, S. 44–45.

stimmung. Zusammenfassend könnten wir zwischen zwei Hauptbedeutungen der Evidenz unterscheiden. Einerseits ist das Ziel einer möglichst vollkommenen Evidenz der allgemeine Beweger aller Kenntnisse. Als solche ist Evidenz etwas Unentbehrliches.[128] Die Anwendung des Evidenzprinzips in diesem allgemeineren Sinne ist also keine Frage der Rechtfertigung, sondern eine „wesentliche Tatsache“, ein Faktum, das notwendig der menschlichen Erkenntnis zugehört. Andererseits heißt Evidenz absolute Selbstgebung, Evidenz im streng phänomenologischen Sinne. Diese Evidenz stellt die höchste Möglichkeit der erstgenannten dar: Jede Reihe von Relativem setzt einen Gipfel voraus, ein Absolutes als Extremfall des Relativen. Die Anwendung des Evidenzprinzips in diesem engeren Sinne bedarf nun einer Rechtfertigung, da uns nichts dazu zwingt, sie zu vollziehen. Wir sind gewiß dazu genötigt, das Selbst der Sache erscheinen zu lassen, soweit es von unserem praktischen Interesse gefordert wird. Aber keine Notwendigkeit zwingt uns a priori dazu, ein bestimmtes praktisches Interesse, d. h. das Interesse an Vollständigkeit des Selbstes der Sache, anderen Interessen vorzuziehen. Das Interesse zwingt uns zum Selbst der Sache; nichts kann uns aber zu jenem Interesse zwingen, wo das Selbst der Sache für sich selbst gesucht wird.

Das Evidenzprinzip im engeren Sinne, d. h. das Prinzip der Philosophie als strenger Wissenschaft, ist daher eine gewisse Modifikation des praktischen Interesses. Man kann sich durchaus für das Haus als Kaufding, aber auch für die Selbstgebung des Hauses in der Wahrnehmung interessieren. Beide Einstellungen sind gleichermaßen respektabel. Keine theoretische Erwägung, sei es auch die Idee der Voraussetzungslosigkeit, kann für die eine oder die andere sprechen. Die Praxis hat ihre Gesetze, die von der Theorie nicht modifiziert werden können. Theorie aber ist eine Form der

---

128 Ich bin der Meinung, daß wir nicht nur bei jeder thematischen Erkenntnis, sondern auch bei jedem Besorgen in der Welt von diesem *in breiterem Sinn* verstandenen Evidenzprinzip geleitet sind. Die Zuhandenheit selbst ist eine Weise der Evidenz: eine anschauliche Erfüllung von Erwartungen und Leervorstellungen (da selbst der Umgang mit dem Zeug, wie z. B. das Hämmern, ein erfahrendes Ereignis ist). Einer ähnlichen Meinung scheinen Aron Gurwitsch und Emmanuel Lévinas zu sein (vgl. A. Gurwitsch, *Phenomenology and the Theory of Science*, hrsg. von L. Embree, Northwestern University Press, Evanston 1974, S. 10–16; E. Lévinas, *Totalité et Infini. Essai sur l'Extériorité*, Nijhoff, Den Haag 1961, S. 67, 103–108). Dazu vgl. auch EU, S. 53, und M. Heidegger, *Sein und Zeit*, a. a. O., S. 69.

Praxis.[129] Eben deshalb ist die Zuwendung zum *Evidenzprinzip im engeren Sinne*, d.h. die Zuwendung zur strengen Wissenschaftlichkeit, Ergebnis einer unrechtfertigbaren *Entscheidung*. Nichts zwingt uns dazu. Nichts zwingt uns, Phänomenologen statt Einkäufer zu werden.[130] Mit Weber können wir uns nur noch fragen: „Welchem der kämpfenden Götter sollen wir dienen?“, und uns zwischen ihnen frei entscheiden.[131] Mit Recht schreibt also Tugendhat, daß „bei Husserl die Motivation zur Philosophie letzlich ungeklärt [bleibt]. Husserl appelliert lediglich an eine Instanz, deren Verbindlichkeit einleuchten mag, aber spätestens seit Nietzsche nicht mehr als selbstverständlich vorausgesetzt werden dürfe.“[132] Das ist eben zentral: Spätestens seit Nietzsche (und Weber) ist die Instanz des Strebens nach Evidenz, und von daher nach Voraussetzungslosigkeit, eine Voraussetzung, die als solche anzunehmen oder abzulehnen ist. Die Anwendung des Evidenzprinzips ist einerseits ein unaufhebbarer Teil des Wissens überhaupt, will dieses irgendwie wahres, irgendwie evidentes Wissen sein, erweist sich aber andererseits zugleich als die letzte, *unaufhebbare Voraussetzung* der Phänomenologie, d.h. der Philosophie als jener strengen Wissenschaft, die sich eben nach dem Ideal der Voraussetzungslosigkeit entfaltet. Es ist die Vorentscheidung für die Überwindung aller Voraussetzungen: das oben erwähnte, geprüfte

---

[129] So auch Husserl: „Ist nicht das theoretisierende Tun ein Handeln? [...] Es ist ein besonderes Handeln“ (Ms. A VII 13/116a).

[130] Vgl. *Logik*, Hua XVII, S. 284: „Der Händler am Markt hat seine Marktwahrheit; ist sie in ihrer Relation nicht eine gute Wahrheit und die beste, die ihm nützen kann? Ist sie darum Scheinwahrheit, weil der Wissenschaftler in einer anderen Relativität, mit anderen Zielen und Ideen urteilend andere Wahrheiten sucht, mit denen man sehr viel mehr machen kann, nur eben gerade nicht das, was man am Markte braucht?„

[131] Vgl. M. Weber, *Wissenschaft als Beruf*, Duncker und Humblot, München/Leipzig ²1921, S. 32–33. Bekanntlich betont Weber, daß – wie alle Theologie – „keine Wissenschaft absolut voraussetzungslos [ist], und keine kann für den, der diese Voraussetzungen ablehnt, ihren eigenen Wert begründen“.

[132] Vgl. E. Tugendhat, a.a.O., S. 192. Bei Husserl bleibt die Rechtfertigung der Philosophie problematisch, da er erstens dem Prinzip der Voraussetzungslosigkeit tatsächlich eine grundlegende Funktion zuschreibt, so daß für das hermeneutische Denken das so gefaßte Evidenzprinzip zu einem „Skandal“ wird. Zweitens sieht er den Grund für die Anwendung eines solchen Prinzips in der Selbstverantwortung des Philosophen als Funktionär der Menschheit, so daß die Motivation der Philosophie aus einer nach Tugendhat so „unnatürlichen“ Idee zu verstehen sei, wie der Idee der Verantwortlichkeit.

und unaufhebbare Vorurteil gegen alle ungeprüften und aufhebbaren Vorurteile.

Das Prinzip der Selbstgegebenheit, „Zauberwort der Phänomenologie und […] ‚Stein des Anstoßes' bei den anderen"[133], kann so gefaßt, wie ich hier zu zeigen versucht habe, ebensowenig ein „Skandal" werden wie die Entscheidung des Käufers, sich mit der Kenntnis von Größe, Festigkeit, Gemütlichkeit des Hauses zu begnügen. Natürlich gibt es auch gute Gründe, Phänomenologe zu werden.[134] Denn die Wendung zum Evidenzprinzip ist zwar – wie gesagt – ein unaufhebbares *„Vorurteil"* der Phänomenologie, sie ist aber zugleich ein *geprüftes* unaufhebbares Vorurteil. Die Modifikation des Interesses ist zwar eine willkürliche, sie ist aber von der Struktur aller praktischen Interessen, da diese zum Selbst der Sache nötigen, hervorgerufen. *Phänomenologie ist nichts anderes als jene menschliche Tätigkeit, die eine Radikalisierung des in allen anderen menschlichen Tätigkeiten Beschlossenen vollzieht.*[135] *Und diese Radikalisierung ist ihre Rechtfertigung.* Weniger als Funktionär der Menschheit[136] enthüllt sich der Phänomenologe, denn als radikaler Mensch.[137]

---

[133] M. Heidegger, *Grundprobleme der Phänomenologie (1919/20)*, Klostermann, Frankfurt a.M. 1993 (Gesamtausgabe, Bd. 58), S. 5.

[134] Dazu unten mehr in § 48.

[135] Vgl. *Erste Philosophie*, Hua VIII, S. 17: „Sich für Philosophie interessieren, gelegentlich über Wahrheitsfragen nachdenken und selbst daran fortlaufend arbeiten, ist noch nicht Philosoph sein, ganz so wie ein dilettierendes Malen und Modellieren, und sei es selbst ein ganzes Leben lang, noch nicht heißt, Künstler sein. Was da fehlt, ist der Radikalismus des Willens zum Letzten, der die Unendlichkeit der reinen Idee […] vor Augen hat." Vgl. dazu L. Landgrebe, *Der Weg der Phänomenologie. Das Problem einer ursprünglichen Erfahrung*, Mohn, Gütersloh 1963, S. 169: „Der Entschluß des anfangenden Philosophen ist also der Entschluß, ernst zu machen mit dem Streben, das im Leben des Menschen schon angelegt ist."

[136] Vgl. *Krisis*, Hua VI, S. 15; *Erste Philosophie*, Hua VIII, S. 197.

[137] Dazu vgl. auch B. C. Hopkins, *Intentionality in Husserl and Heidegger. The Problem of the Original Method and Phenomenon of Phenomenology*, Kluwer, Dordrecht/Boston/London 1993, S. 168; J. A. Arias Muñoz, *La radicalidad de la fenomenologia husserliana*, Editorial Fragua, Madrid 1982, S. 47–50.

f) Die zweite Stufe der Methode: die phänomenologische Reduktion

Jetzt können wir zur zweiten Stufe der Methode übergehen und ihre Notwendigkeit untersuchen. Die zweite Stufe ist, wie schon im Pargraphen 11 erklärt, die sogenannte phänomenologische Reduktion. Der Einwurf Heideggers bestand darin, daß die Husserlsche Deutung der phänomenologischen Maxime keine sachliche Rechtfertigung habe, weil sie im Rückgang auf die philosophische Tradition gewonnen würde. Es ist inzwischen klar, daß man diesem Einwurf entkommen kann, wenn das Evidenzprinzip einer ausführlicheren Erörterung unterstellt und die zwei Stufen der Methode scharf voneinander getrennt werden. Nimmt man das Evidenzprinzip nach unserer obigen Auffassung, entscheidet man sich dafür, sich dem Prinzip der Selbstgebung zuzuwenden, dann ist die zweite Stufe der phänomenologischen Methode keineswegs willkürlich gesetzt oder von der Tradition ererbt, sondern im Rückgang auf die Sache selbst gewonnen. Das Moment der willkürlichen Entscheidung liegt davor bei der Bestimmung des Interesses. Fällt aber die Entscheidung für das Evidenzprinzip und richtet sich das Interesse auf die Sache selbst, so folgt daraus notwendigerweise die phänomenologische Reduktion als Anwendung des Evidenzprinzips. Denn das Selbstverständliche zu reduzieren, ist bloße Anwendung des Prinzips: alles, was sich originär darbietet, einfach hinzunehmen als was es sich gibt. Das Evidenzprinzip fordert die Überprüfung des Gegebenen und seine Rückführung auf seine Selbstgegebenheit. Dies geschieht durch die Ausschaltung alles Zweifelhaften an ihm. Die phänomenologische Reduktion ist nichts anderes als Ausschaltung alles Zweifelhaften, eben darum Anwendung des Evidenzprinzips.[138] Daß nun Husserl manchmal gerade das Gegenteil zu sagen scheint, nämlich daß die Einsetzung der phänomenologischen Reduktion Ergebnis einer freien Wahl des Phänomenologen sei[139], soll uns nicht irreleiten.

---

[138] Daß die phänomenologische Reduktion dies ist und nichts anderes sein kann, wird erst unten, in § 15k völlig klar.

[139] Der Paragraph 31 der *Ideen*, wo überhaupt begonnen wird, die phänomenologische Reduktion darzustellen, beginnt in dieser merkwürdigen Weise: „*Anstatt nun in dieser Einstellung zu verbleiben, wollen wir sie radikal ändern*" (Hua III/1, S. 61). In den *Ideen* wird die Reduktion also nicht aufgrund ihrer methodischen Notwendigkeit dargestellt, sondern zuerst als freie Möglichkeit,

Rudolf Boehm hat sehr deutlich gezeigt, daß und warum in den *Ideen* die Reduktion in einer umgekehrten Weise erläutert wird.[140] Wir müssen uns aber an die innere Notwendigkeit der verschiedenen Stufen der Methode halten. Gilt das Evidenzprinzip nicht, so bleibt die phänomenologische Reduktion ungerechtfertigt. Gilt das Evidenzprinzip aber, so ist die Reduktion nicht etwas, was man tun oder lassen kann. Sie ist vollzogenes Evidenzprinzip.

g) Die Entstehung der Reduktion aus der natürlichen Einstellung

Gilt nun das, was ich bisher erläutert habe, so erklärt sich, was ich am Anfang dieses Paragraphen schon sagte. Die Reduktion ist keine „seltsame Paradoxie", kein unmotiviertes Verfahren, dessen Begründung allein der Mystagoge kennt und seinen Anhängern mitteilt. So scheint Eugen Fink manchmal zu denken. Fink meint, daß jede Exposition der phänomenologischen Reduktion zugleich unmotiviert und falsch sei, weil sie „im Einsatz auf dem Boden der ‚Natürlichen Einstellung', die in der Durchführung der Reduktion gerade aufgehoben wird", beruhe.[141] Zwischen Phänomenologie und natürlicher Einstellung gebe es von da her einen unüberwindlichen Bruch, eine Spaltung, die von der natürlichen Einstellung her unüberbrückbar sei. Das Gedanke Finks hierzu ist sehr klar: „Solange wir in der natürlichen Einstellung existieren, ist uns das Problem der Philosophie nicht nur ‚unbekannt' als faktisch nicht gegeben, sondern unzugänglich: Zum Wesen der natürlichen Einstellung gehört die *Verschlossenheit* gegen die Dimension des ‚Transzendentalen', das Verfangensein in der Welt. Das philosophische Problem der Phänomenologie ist kein im Umkreis der natürlichen Einstellung exponierbares Problem."[142] Gerade das Gegenteil scheint mir der Fall. Philosophie ist keine Gnadengabe, die

---

deren prinzipielles Möglichsein zu beweisen ist. Dazu vgl. auch L. Landgrebe, a. a. O., S. 167–168.

[140] Vgl. R. Boehm, a. a. O., S. 132–136.

[141] E. Fink, *Studien zur Phänomenologie*, a. a. O., S. 111.

[142] Ebd. Einer ähnlichen Meinung sind auch E. Lévinas, *En découvrant l'existence avec Husserl et Heidegger*, Vrin, Paris [4]1988, S. 36; R. Boehm, a. a. O., S. 169; M. Ruggenini, a. a. O., S. 57–65. Meiner Auffassung scheint dagegen A. Aguirre zu sein (a. a. O., S. 15–22), obwohl er die Grundlagen dieser Interpretation nicht billigen würde. Fink selbst hat in einem anderen Aufsatz meine These vertreten (vgl. E. Fink, *Studien zur Phänomenologie*, a. a. O., S. 45–46).

manche von außen her erleuchtet. Sie ist eine vollkommen mundane Erscheinung, eine Tätigkeit, eine Praxis des menschlichen Daseins. Wie ich sie verstehe, ist die Reduktion auch keine Entwicklung *von der* natürlichen Einstellung aus und über sie hinaus, sondern eine Entwicklung *der* natürlichen Einstellung zur philosophischen hin. Sie ist eine Wandlung des praktischen Interesses innerhalb der natürlichen Einstellung, welche die reine Evidenz (die Philosophie) als Thema des praktischen Interesses eröffnet.[143]

h) Das erste Moment der zweiten Stufe: die Epoché

Wir können uns nun den beiden Momenten der zweiten Stufe der Methode zuwenden. Das erste Moment ist der eigentliche Vollzug der Reduktion: die *epoché.* Als Ausschaltung des Selbstverständlichen und Einklammerung der ungeprüften Seinscharaktere ist die *epoché* die eigentliche Reduktion zur Evidenz. Sie ist zwar ein „Außer-Geltung-lassen", nicht aber als bloße Ausschaltung von „Gegenständen", sondern als Umwandlung ihres Sinnes. Durch das Außer-Geltung-lassen reduzieren wir das noch nicht Selbstgegebene zu seinem Selbst, zu seiner Evidenz. In der phänomenologischen Sprache: Das Ding wird zum Noema. Deshalb ist die *epoché* von der Sache selbst gefordert. Sie ist eine sachliche Forderung der Annahme des Evidenzprinzips. Es ist hier unnötig, sich über sie nach dem im Paragraphen 11 schon Gesagten zu verbreiten.[144]

---

[143] Vgl. *Phän. Psychologie*, Hua IX, S. 47: „Als Philosoph kann aus Wesensgründen niemand geboren sein. Jeder kann nur anfangen als natürlicher, unphilosophischer Mensch. A priori fordert dennoch eine radikale, systematische Begründung der Philosophie einen subjektiven und ebenso einen historischen Aufstieg vom natürlichen Standpunkt zum philosophischen." Schon Hume bemerkte, daß „philosophical decisions are nothing but the reflections of common life, methodized and corrected" (D. Hume, *Enquiry Concerning Human Understanding*, XII, 3).

[144] Zur *epoché* vgl. *Ideen I*, Hua III/1, §§31–32; *Krisis*, Hua VI, §§35–42. In *Krisis* unterscheidet Husserl ausdrücklich zwischen *epoché* und transzendentaler Reduktion: Diese letzte sei die „durch die Epoché ermöglichte Leistung", nämlich die „Leistung einer Reduktion ‚der' Welt auf das transzendentale Phänomen ‚Welt'" (*Krisis*, Hua VI, S. 155). In entsprechender Weise stellen auch in unserer Beschreibung der phänomenologischen Anwendung des Evidenzprinzips die Reduktion das Leistungsmoment und die *epoché* das Vollzugsmoment dar.

i) Das zweite Moment der zweiten Stufe: das Residuum

Das zweite Moment der zweiten Methodenstufe – das Moment der Ausmündung – ist das phänomenologische Residuum.[145] Vollziehen wir die *epoché*, bezweifeln wir alles, was bezweifelbar ist, so eröffnet sich die Möglichkeit, ein Bezweifelt-Unbezweifelbares zu gewinnen. Die *epoché* besteht darin, alles Bezweifelbare außer Geltung zu lassen. Was sich aber durch das Zweifeln als unbezweifelbar erweist, nämlich das Evidente, läßt sich auch nicht außer Geltung setzen. Eine Ausschaltung wäre widersprüchlich. Es bleibt darum als Residuum der Reduktion. Was aber als phänomenologisches Residuum der Reduktion bleibt, ist *„das ‚reine' Bewußtsein"*, „die transzendentale Subjektivität als absolut eigenständige Region".[146] Das folgt aus dem cartesianischen Argument, wie wir im Paragraphen 12 schon gesehen haben.

Ist die phänomenologische Methode als *epoché* Reduktion zur Evidenz, so ist sie als Residuum Reduktion zum Bewußtsein. Hier geht es nicht um eine Unterscheidung zwischen zwei selbständigen Teilen der Methode, da es keine *epoché* ohne Residuum gibt und kein Residuum ohne *epoché*. Die Unterscheidung liegt darum zwischen zwei unselbständigen Teilen und hängt von einem logischen Vorrang ab: Das Residuum ist die Wirkung des Vollzugs der *epoché*. Darum spreche ich von zwei „Momenten" der zweiten Methodenstufe. Die Unselbständigkeit bringt die Rechtfertigung dieses zweiten Moments hervor: Auch das Bewußtsein als Residuum wird von der Sache selbst gefordert. Der logische Vorrang der *epoché* macht aber besonders deutlich, daß die absolute Setzung des Bewußtseins keine willkürliche Voraussetzung bzw. Erbe der Tradition ist, sondern nur die unabwendbare Konsequenz des strengen Vollzugs der *epoché* als Anwendung des Evidenzprinzips. *Das Bewußtsein wird erst darum zum phänomenologischen Seinsbereich, weil uns die Durchführung der Maxime „zu der Sache selbst!" dazu bringt*. Die Setzung des Evidenzprinzips ist die letzte phänomenologische Voraus-Setzung. Danach folgt die ganze phänomenologische Methode aus innerer Notwendigkeit.

---

145 Vgl. *Ideen I*, Hua III/1, § 33.
146 A. a. O., S. 68 und Hua III/2, S. 593.

j) Immanenz und Transzendenz

Nach meiner Interpretation der Verabsolutierung des Bewußtseins in der transzendentalen Phänomenologie ist diese keine Voraussetzung der Theorie, sondern die innere Konsequenz einer methodischen Entscheidung und zwar derjenigen, aus welcher die Philosophie als strenge Wissenschaft entsteht. Zuerst tritt die Reduktion zur Evidenz der Sache ein und nur danach die Entdekkung, daß die allein mögliche absolute Evidenz diejenige des Bewußtseins ist. Das dem Bewußtsein Immanente ist daher nicht zugleich als solches das Evidente. Dieser Gedanke soll im folgenden zu einer Umdeutung der Husserlschen Begriffe der Immanenz und Transzendenz führen.

Betrachten wir hierzu das bekannteste Werk Husserls, die *Ideen I*. Wie gesagt, folgt Husserl hier in der Auslegung einer umgekehrten und mitunter irreleitenden Richtung. Das gilt auch für den Unterschied zwischen immanenten und transzendenten Wahrnehmungen. Fassen wir in Kürze seinen Gedankengang zusammen. Obwohl wir normalerweise die *cogitatio* nicht aktuell bewußt haben, können wir uns ihr jederzeit zuwenden und sie als intentionales Objekt betrachten. Jeder Akt kann also zum Gegenstand einer „inneren Wahrnehmung" werden. Solche innere Wahrnehmung nennen wir einen „immanent gerichteten Akt". Es ist ein Akt, zu dessen Wesen es gehört, daß seine intentionalen Gegenstände „zu demselben Erlebnisstrom" gehören wie er selbst. Immanente Akte sind also diejenigen, deren Gegenstand in ihnen „reell beschlossen" ist (§ 38). Was heißt aber „reelles Beschlossensein"? In jeder Dingwahrnehmung ist der Gegenstand als solcher nicht reell, sondern nur intentional miteinbeschlossen. Das wahrgenommene Buch ist nicht reell im Bewußtsein beschlossen, weil ich nie ein Erlebnis des Buches haben kann, das alle mit dem Begriff „Buch" gemeinten Züge ausprägen könnte. Das Buch schattet sich vielmehr ab, wird durch eine Reihe von kontinuierlich aufeinanderfolgenden Abschattungen wahrgenommen, die als Empfindungsdaten („mit weiteren Charakteren sich verflechtend") den reellen Bestand der Wahrnehmung ausmachen. Die „Erscheinung der jetzt sich zeigenden Buchseite" ist reell im Akt beschlossen (§ 41). So ist das sinnliche Erfahrungsding gegenüber seiner Wahrnehmung transzendent, während es zum Wesen Erlebnis gehört, „daß es in immanenter Wahrnehmung wahrnehmbar ist" (§ 42).

Darum gehört zur Dingwahrnehmung „eine gewisse *Inadäquatheit*". Das Raumding gibt sich wesentlich durch Abschattungen. Es kann prinzipiell nur einseitig und in bloßen Erscheinungsweisen gegeben sein. Seine Wahrnehmung ist im Unendlichen unvollkommen. Dagegen stellt sich das Erlebnis nicht durch Abschattungen dar und ist darum in der Wahrnehmung jederzeit absolut gegeben, völlig in seiner Gegenwart da (§ 44).

Diesem Gedankengang folgend wird zuerst der Unterschied zwischen Immanenz und Transzendenz des Bewußtseins festgestellt, danach der Unterschied zwischen Evidenz und Inadäquatheit vom ersten Unterschied abgeleitet. Zwar scheint Husserl manchmal darauf aufmerksam zu machen, daß die Gegenüberstellung von Immanenz und Transzendenz eine tiefere Bedeutung hat. Er schreibt zum Beispiel: „Immanente und transzendente Wahrnehmung unterscheidet sich nicht nur überhaupt darin, daß der intentionale Gegenstand, der im Charakter des leibhaftigen Selbst dastehende, einmal dem Wahrnehmen reell immanent ist, das andere Mal nicht: vielmehr durch eine Gegebenheitsweise."[147] Die wesenshafte Unterschiedenheit liege dem zufolge nicht in der Gegenüberstellung zwischen reeller Immanenz und Transzendenz, sondern in der Gegebenheitsweise des immanenten bzw. transzendenten Aktes. In den *Ideen* konnte aber die hier erwartete Schlußfolgerung, daß also der Wesensunterschied in der Gegenüberstellung zwischen Evidenz und Nicht-Evidenz liege, aus den angedeuteten Gründen nicht gezogen werden. Darum erklärt Husserl schließlich den Unterschied in der Gegebenheitsweise im Rückgang auf die Räumlichkeit: Ein räumlicher und hierin transzendenter Gegenstand kann prinzipiell nur durch sinnliche Abschattungen gegeben sein, die *cogitationes* schließen das wesentlich aus.[148] Wieder wird hier zunächst aus unerörterten Gründen die Unterscheidung zwischen Akten gemacht, deren Gegenstand „im Bewußtsein" liegt, und Akten, deren Gegenstand „im Raum" liegt, um erst daraus zu folgern, die ersten seien einsichtig, die anderen inadäquat gegeben.

Um bei Husserl Anhaltspunkte für unsere Auffassung zu finden, nach welcher das Evidenzprinzip jeglichem Primat der Immanenz vorausliegt, müssen wir den Text der *Ideen* verlassen und

---

[147] *Ideen I*, Hua III/1, S. 88.
[148] Vgl. ebenda.

uns den anderen Werken Husserls zuwenden. Eine meiner Meinung nach strengere Bestimmung des Immanenzbegriffs bei Husserl findet sich dort, wo er zum ersten Mal die Methode der phänomenologischen Reduktion ausführlich ausarbeitet: in den 1907 gehaltenen fünf Vorlesungen, die unter dem Titel *Die Idee der Phänomenologie* von Walter Biemel 1950 herausgegeben wurden.[149] Dort macht Husserl die wesentliche Zweideutigkeit[150] der phänomenologischen Reduktion sehr deutlich. Denn die These, das Residuum der phänomenologischen Reduktion sei das Immanente, gewinnt verschiedene Bedeutungen je nach der Interpretation des Begriffs der Immanenz. So schreibt Husserl etwa: „Zunächst ist man geneigt und hält das für selbstverständlich, die Immanenz als reelle Immanenz zu interpretieren und wohl gar psychologisch als *reale Immanenz*. […] Das Immanente ist, wird hier der Anfänger sagen, in mir, das Transzendente außer mir.

Bei näherer Betrachtung scheidet sich aber *reelle Immanenz* und *Immanenz im Sinne der in der Evidenz sich konstituierenden Selbstgegebenheit*. Das reell Immanente gilt als das Zweifellose, eben weil es nichts anderes darstellt, nichts über sich ‚hinausmeint', weil hierbei was gemeint auch voll und ganz adäquat selbstgegeben ist."[151] Das Evidenzprinzip ist hier eindeutig gesehen: Erst aufgrund der Selbstgegebenheit und nicht dank der eigenen reellen Immanenz gilt die Sache als zweifellose.[152] Dementsprechend „gewinnt der Begriff der *phänomenologischen Reduktion* eine nähere, tiefere Bestimmung und einen klareren Sinn: nicht Ausschluß des reell Transzendenten (etwa gar im psychologisch-empirischen Sinn), sondern Ausschluß des Transzendenten überhaupt als einer hinzunehmenden Existenz, d.h. alles dessen, was nicht evidente Gegebenheit ist."[153]

---

149 Für das Folgende habe ich eine argumentierte Bestätigung im schon zitierten Buch Rudolf Boehms, *Vom Gesichtspunkt der Phänomenologie*, gefunden.

150 Vgl. R. Boehm, a.a.O., S. 141, 145–151.

151 Hua II, S. 5. Ganz ähnliche Hinweise finden sich in der wichtigen Beilage zu den *Logischen Untersuchungen* (Hua XIX/2, S. 751–775) und in der Beilage XI zur Zeitvorlesung (Hua X, S 126).

152 Von daher kann ich die Meinung G. Funkes nicht teilen, welcher schreibt: „Die transzendentale Subjektivität ist nicht absolut, weil sie unbezweifelbar ist, sie ist vielmehr unbezweifelbar, weil *sie* es ist, die von sich und für sich in cogitationes antwortet" (G. Funke, *Zur transzendentalen Phänomenologie*, Bouvier, Bonn 1957, S. 45).

153 Hua II, S. 9.

Diese „tiefere Bestimmung“, die „bei näherer Betrachtung“ gewonnen wird, impliziert einen Doppelsinn der Worte Immanenz und Transzendenz. Neben der „reellen Immanenz“ gibt sich eine „Immanenz im Sinne der Selbstgegebenheit“[154], neben dem „reell Transzendenten“ ein „Transzendentes überhaupt“, d.h. alles, „was nicht evidente Gegebenheit ist“. Sicherlich ist die Sprache Husserls hier nicht besonders hilfreich. Der Gebrauch dieser Worte und Begriffe wird erst dann verständlich, wenn man „Transzendenz“ und „Immanenz“ als zur Evidenz und nicht zum Bewußtsein bezogene Stellungen betrachtet. *Das Transzendente ist nicht deswegen transzendent, weil es außerhalb des Bewußtseins, sondern außerhalb der Evidenz liegt.* Es transzendiert die reine Selbstgegebenheit. In seiner Erkenntnis „gehen wir über das jeweils *im wahren Sinne Gegebene*, über das *direkt zu schauende* und *zu fassende hinaus*.“[155] Es transzendiert also das reine Schauen und besteht aus einer Reihe von mit Selbstgegebenheiten verflochtenen Einzelcharakteren, die nicht selbst gegeben sind, sondern bloß gemeint, vorgestellt oder eingebildet. Unterliegt also das Transzendente der in der phänomenologischen Reduktion vollzogenen Einklammerung, so kommt es nicht auf seine reelle Transzendenz zum Bewußtsein an, sondern wesentlich auf sein Transzendieren über die Selbstgegebenheit hinaus. Das Transzendente wird nicht deswegen reduziert, weil es das Bewußtsein

---

[154] Dazu vgl. etwa R. Bernet – I. Kern – E. Marbach, *Edmund Husserl. Darstellung seines Denkens*, Meiner, Hamburg 1989, S. 52: „Immanenz bezeichnet dabei die Sphäre der evidenten Gegebenheiten, der möglichen adäquaten Anschauung, während Transzendenz negativ als Sphäre des Nicht-Immanenten bestimmt wird.“

[155] Hua II, S. 35. Vgl. dazu Burt C. Hopkins: „This evidential idea of immanence [...] does not have its basis in the *leibhaften Wirklichkeit* (palpable actuality) of a privileged class of empiricistically formulated natural or ideal objects, but in the phenomenologically, since phenomenally, clarified essence of a specific species of *Evidenz*, viz., that which manifests itself ‚adequately‘“ (B. C. Hopkins, a. a. O., S. 173). Heidegger übersieht diese zweite Bedeutung der Immanenz völlig, indem er schreibt: „*Immanenz* besagt formal zunächst: in einem anderen sein. Diese Eigenschaft Immanenz ist von der Bewußtseins-, Erlebnisregion gesagt, genauer mit Rücksicht auf die erfassenden Akte, auf die Akte der Reflexion, die sich ihrerseits auf Akte, auf Erlebnisse richten“ (*Prolegomena zur Geschichte des Zeitbegriffs*, a. a. O., S. 142). Oder auch (mit bezug auf Nicolai Hartmann): „Zwar hört man jeweils die Versicherung, das Innen und die ‚innere Sphäre‘ des Subjekts sei gewiß nicht gedacht wie ein ‚Kasten‘ oder ein ‚Gehäuse‘. Was das ‚Innen‘ der Immanenz aber positiv bedeuetet [...], darüber herrscht Schweigen“ (*Sein und Zeit*, a. a. O., S. 60).

transzendiert, sondern weil es über die eigene reine Selbstgegebenheit hinausgeht[156]. Wenn auch manche Aussagen Husserls in die Gegenrichtung zu gehen scheinen, ist die in den fünf Vorlesungen dargestellte Auslegung derart streng begründet, daß sie eine neue, zwingendere Interpretation der phänomenologischen Reduktion ermöglicht.

k) Die innere Notwendigkeit der phänomenologischen Methode

Hierin besteht also das letzte Ergebnis unserer Untersuchung: daß die Phänomenologie keineswegs in einer methodischen Reduktion zum Bewußtsein besteht, da die Reduktion zum Bewußtsein keine Methode und erst recht keine Voraussetzung, sondern Ergebnis der Phänomenologie ist. Das wird in den fünf Vorlesungen deutlich gezeigt: „Demnach bedeutet die phänomenologische Reduktion [...] überhaupt nicht Einschränkung auf die Sphäre der *cogitatio*, sondern die Beschränkung auf die Sphäre der *reinen Selbstgegebenheiten* [...] Mit einem Wort, Beschränkung auf die Sphäre der reinen Evidenz."[157]

Folgendes ist aber noch wichtiger: Läßt man diese Auffassung nicht gelten, faßt man die phänomenologische Reduktion nicht durch diese strenge Trennung der Methodenstufe bzw. -momente auf, *so ist nicht mehr zu verstehen, woher die Reduktion und der transzendentale Idealismus stammen.*[158] Der Grund der Wahl der phänomenologischen Reduktion als allgemeine Methode der philosophischen Forschung wird unverständlich. Folgt man der Gegenrichtung, wie öfters aus verschiedenen Gründen von den Husserl-Forschern getan[159], so scheint die phänomenologische

---

156 Vgl. R. Ingarden, *Einführung in die Phänomenologie Edmund Husserls*, a. a. O., S. 115: „Ein Ding ist im Bezug auf die so verlaufende Wahrnehmung in dem Sinne ‚transzendent', daß es mit seinen Eigenschaften über das hinausgeht, was ich da überhaupt in meiner Wahrnehmung effektiv sehe und sehen kann."

157 Hua II, S. 60–61; vgl. auch S. 9–10. Meiner Meinung scheinen Klaus Rosen und Burt C. Hopkins zu sein (vgl. K. Rosen, *Evidenz in Husserls deskriptiven Transzendentalphilosophie*, Hain, Meisenheim a. G. 1977, S. 144–147; B. C. Hopkins, a. a. O., S. 24–26, 167–168, 172–174).

158 Vgl. R. Boehm, a. a. O., S. 5: „Husserls gesamte Konzeption der Philosophie wird unverständlich, wenn man darauf beharrt, *Ziel und Zweck* dieser Reduktion von vornherein zu identifizieren mit den bekannten idealistischen *Ergebnissen*."

159 Vgl. etwa A. Aguirre, a. a. O., S. XIV-XV, 51–61; I. Kern, *Husserl und Kant*,

Methode willkürlich[160] und sich auf der ungeprüften Annahme zu gründen, das reell Immanente müsse als solches auch evident sein. Erst die strenge Trennung zwischen dem aus guten Gründen vorausgesetzten Prinzip der Evidenz und der dieses Prinzip einsetzenden Methode der phänomenologischen Reduktion, sowie die entsprechende Auffassung der Immanenz als Immanenz in der Evidenz statt im Bewußtsein, lassen die innere Notwendigkeit der phänomenologischen Methode gänzlich erscheinen. Richtet man sich auf das philosophische Interesse für die Selbstgebung der Sache, so reduziert man notwendig durch die *epoché* alles, was nicht evident ist und läßt nur die Selbstgegebenheiten als Residuum der phänomenologischen Reduktion gelten. Solche Selbstgegebenheiten machen das der Evidenz Immanente aus. Bei näherer Betrachtung fällt aber auf, daß jenes der Evidenz Immanente zugleich auch dem Bewußtsein immanent sein muß, da nur die Akte, deren Inhalt wiederum Akte sind, eine adäquate Selbstgegebenheit erhalten können, wie dies in Paragraph 12 aufgrund des cartesianischen Weges schon gezeigt wurde. Das Prinzip wurde von Husserl schon in den *Logischen Untersuchungen* dargestellt: „Wenn man unter *psychischen Phänomenen* die realen Bestandstücke unseres Bewußtseins versteht, die *Erlebnisse* selbst, die jeweils da sind; und wenn man weiter unter *Wahrnehmungen psychischer Phänomene* oder *inneren* Wahrnehmungen adäquate Wahrnehmungen versteht, deren Intention in den bezüglichen Erlebnissen immanente Erfüllung findet: *dann deckt* sich der Umfang der *inneren Wahrnehmung* allerdings mit dem der *adäquaten* Wahrnehmung."[161] Erst dadurch gewinnt die Phänomenologie das

---

a. a. O., S. 212, 218, 229, 233–234; J. Bednarski, *La réduction husserlienne*, in: „Revue de Métaphysique et de Morale" 1957, S. 416–435; A. Ales-Bello, *Husserl. Sul problema di Dio*, Studium, Roma 1985, S. 24–35; M. Ruggenini, a. a. O., S. 199–200. Ernst Tugendhat sieht unsere Möglichkeit nicht, obwohl sie in seine Auffassung gut eingehen könnte (vgl. E. Tugendhat, a. a. O., S. 200). Ähnliches gilt für Asemissen (vgl. H. U. Asemissen, *Strukturanalytische Probleme der Wahrnehmung in der Phänomenologie Husserls*, Kölner Universitäts-Verlag, Köln 1957, S. 15–19, 54–61).

[160] Vgl. etwa S. Catucci, a. a. O., S. 51: „La decisione del filosofo segna l'irruzione di un elemento di discontinuità nell'ambito dell'esperienza, è un atto libero, determinato esclusivamente dalla volontà (*Willensentschluß*) e privo di motivazioni."

[161] Hua XIX/2, S. 771.

Bewußtsein als absolute Seinsregion und wandelt sich in eine echte Erkenntnistheorie.

§ 16. Die transzendentale Phänomenologie des Bewußtseins

Phänomenologie ist daher wesentlich ebenso „Erkenntnistheorie“ als Phänomenologie des Bewußtseins wie „strenge Wissenschaft“. Sie erfüllt also die Grundbedingungen unserer Untersuchung über die erkenntnistheoretische Leistung der Imagination. Zugleich bestimmt sie aber auch den Rahmen unserer Nachforschung näher, indem sie das Feld der Untersuchung und seine Möglichkeit feststellt. Das Bewußtsein wird hier nicht als Region von „Vermögen“ bzw. „Funktionen“ berücksichtigt, sondern als Region des Unzweifelhaften, als Feld, in dem alle Bedingungen der wahren Erkenntnis zu suchen und zu finden sind. Das besagt wiederum, daß Bewußtsein und seine Erlebnisse, darunter auch die Imagination, deswegen zum Hauptthema der philosophischen Forschung werden, weil sie Grundbedingungen der Sinngebung, Grundbedingungen aller Rede über den Sinn des Gegebenen sind. Aufgrund des bisher Gesagten ist dies noch nicht deutlich genug geworden, da die Auslegung der phänomenologischen Methode erst durch eine Phänomenologie der Wahrnehmung und eine damit verbundene Erörterung des phänomenologischen Sinnes von Sein vollständig sein kann. Dies ist die Aufgabe des folgenden Kapitels, wobei zugleich die sachliche Erörterung unseres Themas einzusetzen hat.

Die Phänomenologie ist darum zuletzt nicht nur eine „strenge“ Wissenschaft der Erlebnisse, sondern vielmehr eine „transzendentale“.[162] „Transzendental“ heißt, daß es in der Phänomenologie nicht hauptsächlich um die Struktur des Geistes als solchem geht, sondern um die Bedingungen, unter welchen der möglichst eigentliche Sinn der Sachen erscheinen kann. Das besagt wiederum, daß die Phänomenologie nicht darum „transzendental“ genannt wird, weil sie das Bewußtsein als die absolute Seinsregion nimmt, sondern weil sie die Urwurzeln aller Sinngebung sucht. Phänomenologie ist hierin keine empirische Psychologie, sondern echte Philo-

162 Vgl. *Cartesianische Meditationen*, Hua I, S. 65; *Ideen I*, Hua III/1, S. 198; *Ideen III*, Hua V, S. 141; *Erste Philosophie*, Hua VII, S. 8.

sophie; die einzige „Wissenschaft“, bzw. die einzige vom praktischen Interesse geleitete Erkenntnisweise, welche die Imagination nicht als ein Vermögen des Bewußtseins, sondern als eine (mögliche) Bedingung der Wahrheit und der Sinngebung betrachtet. So können wir uns jetzt der inhaltlichen Betrachtung der Imagination zuwenden, indem uns dabei die hier erörterte Husserlsche Methode der Phänomenologie zur Verfügung steht.

Abschnitt II
Phänomenologie der Imagination

Kapitel 1
Die objektivierenden Akte

§ 17. Übergang zu den sachlichen Fragen: Die doppelte Relevanz der phänomenologischen Methode und die Notwendigkeit einer Phänomenologie der Erfahrung

Die phänomenologische Methode, wie ich sie dargestellt habe, hat zwei Grundbedeutungen. Sie ist einerseits eine Methode, durch welche der Philosoph eine möglichst adäquate Beschreibung der gegebenen Wirklichkeit gewinnen kann. Andererseits und ursprünglicherweise ist sie aber die Bedingung der Möglichkeit der Erkenntnis als gesicherter Erkenntnis überhaupt. Durch das Evidenzprinzip, welches das Grundprinzip der Phänomenologie ist, wird also nicht nur meine aktuelle faktische Erkenntnis *(diese* Deskription, *diese* Theorie) geprüft, sondern auch die prinzipielle Erkenntnisleistung der verschiedenen Erkenntnisweisen oder -verfahren. Eine Bezeichnung der Phantasieakte etwa ist erst dann zulässig, wenn sie evident ist. Aber auch die Phantasieakte an sich sind erst dann erkenntnistheoretisch relevant, wenn und insofern sie Evidenz schaffen.

So gewinnt die phänomenologische Methode für uns eine doppelte Relevanz, nämlich eine methodologische und eine inhaltliche. Gerade deswegen war es zuerst nötig, sie sorgfältig auszulegen. Andererseits mußte die Auslegung zunächst noch unvollständig bleiben, da erst aufgrund einer entfalteten Phänomenologie der Erfahrung das Evidenzprinzip seine ganze Bedeutung aufzuweisen vermag.[1] In Anknüpfung an das im Paragraphen 15 Gesagte läßt sich dieser Zusammenhang vorläufig folgender-

[1] Der engen Verknüpfung zwischen phänomenologischer Methode und Phänomenologie der Wahrnehmung sind sich Roman Ingarden und Hermann Ulrich Asemissen in den schon angeführten Werken besonders bewußt.

maßen erklären. Wir verstehen die Philosophie als radikales Interesse an der Sache selbst. Es ist das Interesse an der Vollständigkeit der Selbstgegebenheit der Sache, welches das Philosophieren leitet. Um erweckt zu werden, braucht dieses Interesse das Bewußtsein der Unvollständigkeit des Erkannten. Wie ergibt sich aber ein solches Unvollständigkeitsbewußtsein? Diese Frage, die im Paragraphen 15 zurückgehalten wurde, soll jetzt beantwortet werden. Das Interesse ist die letzte Ursache der Anwendung des Evidenzprinzips, es beruht aber auf einer Bedingung seiner Möglichkeit, nämlich auf einer solchen Struktur der Erfahrung, die einen Mangelhorizont einschließt. Die Erkenntnis kann sich zur Selbstheit hin transzendieren, weil die Erfahrung in sich mangelhaft erscheint. Sache einer Phänomenologie der Erfahrung ist es, Struktur und Dynamik dieses Mangelhorizontes zu erörtern.

Darüber hinaus gilt es nun durch die Phänomenologie der Erfahrung das Phänomen Imagination mittels der auf dem Evidenzprinzip beruhenden phänomenologischen Methode zu untersuchen, um möglichst evident, also philosophisch, ihre auf dem Evidenzprinzip beruhende Erkenntnisleistung aufzuweisen. Von einem phänomenologischen Gesichtspunkt aus befreien wir uns aber von allen Selbstverständlichkeiten der natürlichen oder unvollkommen philosophischen Einstellung erst dann, wenn wir uns auf die Ebene einer phänomenologischen *Deskription* stellen. Die phänomenologische Deskription ist keineswegs eine bloße Beschreibung dessen, was unmittelbar im Blick steht. Denn, was unmittelbar im Blick steht, ist das Selbstverständliche. Die phänomenologische Deskription muß vielmehr das Evidente erscheinen lassen, und das bedeutet, alles zuerst Erscheinende zu bezweifeln und ausschließlich jenes gelten zu lassen, was nur mit Widerspruch geleugnet werden könnte.[2] In der phänomenologischen Deskription wird also nur jenes aufgewiesen, dessen Nichterscheinung widersprüchlich wäre. Wenden wir diese Methode auf unser Thema an, so müssen wir die Imaginationsfrage neu stellen. Wir dürfen nicht vom Alltagsbeispiel einer Einbildung ausgehen und versuchen, es in einer philosophischen Theorie irgendwie einzubeziehen. Wir müssen vielmehr zuerst die Wesenscharaktere des Feldes des Unbezweifelbaren, des Bewußtseinsfeldes, allgemein feststellen und seine eventuelle wesentliche Gliederung bestimmen. Von

[2] Vgl. *Ideen I*, Hua III/1, § 75.

der Analyse der verschiedenen Formen der sinnlichen Erfahrung und vor allem ihrer Wesensunterschiede ausgehend, werden wir dann prüfen, inwiefern eine oder mehrere dieser Formen „Imagination" im gewöhnlichen Wortsinn genannt werden können. Damit verknüpfen sich in diesem Kapitel die Vervollständigung der Idee der phänomenologischen Methode als Grundeinstellung der Philosophie überhaupt und die Grundlegung der auf jener Methode beruhenden Untersuchung über die erkenntnistheoretische Leistung der Imagination.

Dabei bleibt die Methode immer dieselbe: zuerst das Evidente in seiner Nüchternheit aufzuweisen, um dann seinen Sinn zu erklären. Ich möchte den weitverbreiteten Fehler womöglich vermeiden, zuerst auf eine phänomenologische Methode Bezug zu nehmen und dann unauffällig Beschreibungen und Begriffe der natürlichen Einstellung in die Betrachtung einfließen zu lassen.[3] Solches ist leider nicht überall möglich, sonst würde die Auslegung in unübersehbare Schwierigkeiten geraten und unter Umständen eine umfassende Neubetrachtung der Phänomenologie Husserls fordern. Deshalb benutze ich zu unserem Zwecke auch manche aus der phänomenologischen Einstellung herausfallende Beispiele und Beschreibungen, bleibe mich dabei aber bewußt, daß sie phänomenologisch nur eine beschränkte Geltung hinsichtlich der in Betracht gezogenen Frage beanspruchen können.

§ 18. Die Hauptgliederung der Phänomenologie des Bewußtseins

Nehmen wir an, die phänomenologische *epoché* vollzogen zu haben. Als nächstes müssen wir das phänomenologische Residuum als das einzig Unbezweifelbare gründlich untersuchen und beschreiben. Was aber als Residuum nach der Reduktion bleibt, ist, nach Husserl, das reine Bewußtsein. Diese Behauptung, die keineswegs eine bloße Voraussetzung der Philosophie Husserls ist, erfolgt aus der Überlegung, die ich schon im vorigen Kapitel zu erklären versuchte: Jeder Gegenstand der äußeren Wahrnehmung ist prinzipiell bezweifelbar, da er sich nur durch Abschattungen

---

[3] Vgl. E. Fink, *Studien zur Phänomenologie*, a. a. O., S. 13: „*Das Rückfallen der transzendentalen Aussage in die mundan-ontische Begrifflichkeit ist die ständige Verführung der Phänomenologie.*"

geben kann. Nur die Bewußtseinsakte und deren noematische[4] Korrelate werden nicht vom universellen Zweifel berührt.

Um eine phänomenologische Deskription des Bewußtseins als Grundfeld der Phänomenologie zu geben, müssen wir die tiefen Analysen berücksichtigen, die Husserl selbst durchgeführt hat. Auf diese Weise ist unsere Untersuchung andererseits von denselben Grenzen belastet, welche die phänomenologische Forschung bei der Husserlschen Theorie schon aufgezeigt hat, also vor allem die Neigung, das Bewußtsein in einzelne kognitive Akte aufzuteilen. In diesem Kapitel soll also die von Husserl entfaltete innere Gliederung der sogenannten objektivierenden Akte nach ihren Wesensgesetzlichkeiten ausgelegt und möglichst deutlich zusammengefaßt werden.[5]

Bewußtsein ist jenes merkwürdige Phänomen, durch welches dem denkenden Philosophen etwas erkenntnismäßig „gegeben" ist. Eine phänomenologische Deskription des Bewußtseins besteht hauptsächlich darin, die Grundbedeutung jenes „erkenntnismäßig" und die möglichen Weisen jener Gegebenheit sehen zu lassen. Beide Aufgaben sind eng verknüpft, indem der Aufweis der Formen der Gegebenheit dessen, was gegeben wird, Bedingung des Aufweises der vielfältigen Formen der Erkenntnis ist

[4] Zur Noemaproblematik vgl. *Ideen I*, Hua III/1, S. 200–224; D. Føllesdal, *Husserl's Notion of the Noema*, in: „The Journal of Philosophy", 66 (1969), S. 680–687; R. C. Solomon, *Husserl's Concept of the Noema*, in: *Husserl: Expositions and Appraisals*, hrsg. von F. Ellingston und P. McCormick, The University of Notre Dame Press, Notre Dame/London 1977, S. 168–181; R. Bernet *Husserls Begriff des Noema*, in: *Husserl-Ausgabe und Husserl-Forschung*, hrsg. von S. IJsseling, Kluwer, Dordrecht 1990, S. 61–80; J. J. Drummond – L. Embree (Hrsg.), *The Phenomenology of the Noema*, Kluwer, Dordrecht/Boston/London 1992; B. Rang, *Husserls Phänomenologie der materiellen Natur*, Klostermann, Frankfurt a.M. 1990, S. 222–247; L. R. Rabanaque, *Passives Noema und die analytische Interpretation*, in: „Husserl Studies", 10 (1993), S. 65–80. Im Laufe dieses Kapitels werden wir mehrere phänomenologische Sachgebiete berühren, deren Erörterung eine eigenständige Untersuchung erfordern würde, obwohl ihre Grundbegriffe im Rahmen dieser Untersuchung unentbehrlich sind. Daher bin ich gezwungen, solche Grundbegriffe als allgemein bekannt vorauszusetzen und nur auf die wichtigste Literatur zum Thema jeweils hinzuweisen.

[5] Dabei berücksichtigen wir sowohl die statische Phänomenologie und insbesondere Husserls *Logische Untersuchungen* (Hua XIX), in denen die Grundprinzipien der Bewußtseinsgliederung am ausführlichsten entfaltet sind, als auch die genetische Phänomenologie der *Analysen zur passiven Synthesis* (Hua XI).

und umgekehrt. Man muß zugleich „Arten“ und „Leistung“ der Bewußtseinserlebnisse studieren.[6] Aus den Arten der Bewußtseinserlebnisse ergibt sich die Bewußtseinsgliederung, aus ihren Leistungen die Vernunftproblematik. Die erste Frage der Phänomenologie des Bewußtseins lautet also: Sind alle Erlebnisweisen Erkenntnisträger? Die ganze sechste *Logische Untersuchung* kreist um diese Frage. Da Husserl dort die erkenntnistheoretischen Fragen durch die Analyse der Ausdrücke erörtern will, schreibt er unsere Grundfrage in dieser Weise um: Sind alle Akte Bedeutungsträger?[7]

Indem Husserl diese Frage mit einem Nein beantwortet, unterscheidet er im Bewußtseinsfeld zwei Hauptregionen. Auf der einen Seite stehen alle Akte, die „*zu einer Bedeutungsfunktion im weiteren Sinne befähigt sind*“.[8] Es sind die Akte, die einen Gegenstand in der Erkenntnis durch die „Einheit der Identifizierung“ konstituieren, wie z.B. im Fall der Wahrnehmung. Es sind zwar Erkenntnisakte, aber auch *nur* Erkenntnisakte. Auf der anderen Seite stehen alle sonstigen Akte, die von solchen Funktionen ausgeschlossen bleiben. Sie vollziehen keine Identifizierung, sind aber auf Akten der Identifizierung fundiert und schaffen auf diese aufbauend unendlich neue Auffassungsweisen: Wünsche, Fragen, Gefühle. Die Akte des ersten Typus sind die sogenannten „objektivierenden Akte“, die sonstigen die „nicht objektivierenden Akte“.[9]

Husserl gibt in dieser Weise die klassische Unterscheidung zwischen Erlebnissen der intellektuellen Erkenntnis und Erlebnissen des Gefühlsvermögen wieder. Nur die ersten wären ursprünglich Erkenntnisakte oder Teile eines Erkenntnisprozesses. Die anderen, welche Husserl Akte der Gemüts- und Willenssphäre nennt, wären auf den Erkenntnisakten allein fundiert, da diesen als objektivierenden Akten die einzigartige Funktion zukomme, „allen übrigen Akten die Gegenständlichkeit zu allererst vorstellig zu

[6] Vgl. *Phänomenologie und Erkenntnistheorie*, Hua XXV, S. 190.

[7] Vgl. Hua XIX/2, S. 546, 734. Diese Redeweise ist ziemlich ungenau, da Akte eigentlich keine Bedeutung tragen, sondern einen Sinn. Hier meint Husserl aber implizit, „Akte, deren Ausdrücke Bedeutung tragen“, worauf Tugendhat aufmerksam gemacht hat (vgl. E. Tugendhat, a. a. O., S. 36 Anm.). Im Folgenden stütze ich mich teilweise auf die Auslegung Tugendhats, die hierzu sehr einleuchtend ist (vgl. a. a. O., S. 35–45).

[8] Hua XIX/2, S. 549.

[9] Vgl. Hua XIX/1, S. 496; Hua XIX/2, S. 582 ff.

machen"[10], so daß diese „*niemals in der Weise sinngebender* [Akte] *fungieren* [...] können".[11]

Dieser Grundsatz Husserls, nach welchem „*jedes intentionale Erlebnis entweder ein objektivierender Akt [ist] oder einen solchen Akt zur ‚Grundlage' [hat]*"[12], hat oft den Einwand des „Intellektualismus" erweckt.[13] Denn für Husserl bieten alle nicht objektivierenden Akte als solche keinen originalen Beitrag zur Erkenntnis. Nur als auf objektivierenden Akten fundierte Erlebnisse sind sie auf Erkenntnis ausgerichtet. Das Thema der Akte der Gemüts- und Willenssphäre, damit auch die Frage über den angeblichen „Intellektualismus" Husserls, kann hier nicht weiter erörtert werden.[14] Daß Husserl den nicht objektivierenden Akten ziemlich wenige Aufmerksamkeit schenkt, liegt nicht nur daran, daß sie fundierte Akte sind, sondern auch daran, daß ihre Betrachtung ungemein schwieriger als diejenige der objektivierenden Akte scheint.[15] Unser Verzicht, solche Erlebnisse zu betrachten, weiß sich der Forderung verpflichtet, das Einfache zu behandeln und den Rahmen der Untersuchung nicht zu sehr zu erweitern. Überdies bezieht sich unsere Leitfrage auf die erkenntnistheoretische Leistung der Imagination. Einbildungen sind aber, allgemein betrachtet, Vorstellungen und hierin objektivierende Akte.[16] Darum sind wir hauptsächlich an den objektivierenden Akten interessiert. Das bedeutet aber nicht, daß wir die Husserlsche Bedeutungslosigkeit der Akte der Gemüts- und Willenssphäre für die Erkennt-

---

10 Hua XIX/1, S. 515.

11 Hua XIX/2, S. 585. Einer anderen Meinung scheint Husserl im nie publizierten Aufsatz *Phänomenologie und Erkenntnistheorie* zu sein (vgl. Hua XXV, S. 195–197).

12 Hua XIX/1, S. 514.

13 Vgl. M. M. Saraiva, *L'imagination selon Husserl*, Nijhoff, Den Haag 1970, S. 187–188: „Cette formule trahit l'intellectualisme de Husserl. Les actes fondants délimitent maintenant la sphère de ce qu'on peut appeler la conscience théorique ou intellectuelle; les actes fondés sont ceux de la conscience affective en général."

14 Der Behauptung Saraivas sei nur folgende, interessante Interpretation Melles gegenübergestellt: „Die Bestimmung des Unterschieds und des Verhältnisses zwischen objektivierenden und nicht-objektivierenden Akten ist von grundlegender Bedeutung für Husserls Versuch, einen Mittelweg zu begründen zwischen den Vernunfttheorien des Intellektualismus einerseits und des Emotionalismus andererseits" (U. Melle, *Objektivierende und nicht-objektivierende Akte*, in: *Husserl-Ausgabe und Husserl-Forschung*, a. a. O., S. 35).

15 Vgl. EU, S. 69.

16 Das soll im Laufe dieses und des nächsten Kapitels deutlicher werden.

nis einfach annehmen; auch nicht, daß wir die Möglichkeit ausschließen, innerhalb jener Sphäre Phänomenen zu begegnen, die gewisse Ähnlichkeiten mit den Imaginationsvorstellungen zeigen. Wir müssen nur dieses ganze Problem im Laufe dieser Untersuchung ausgeschaltet lassen, um uns ausgesprochen den imaginativen *Vorstellungen* zu widmen.

§ 19. Der Begriff der objektivierenden Akte. Intention und Anschauung

Objektivierende Akte[17] sind also für Husserl „Bedeutungsträger" oder Akte, deren „*Erfüllungseinheit den Charakter der Identifizierungseinheit*, und eventuell den engeren der *Erkenntniseinheit* hat."[18] Nun soll diese Bezeichnung besser erklärt und verstanden werden.

Akte können auf zweifache Weise eine Bedeutung tragen. Um das zu verdeutlichen, ist das Beispiel sehr triftig, das Husserl selbst in den *Logischen Untersuchungen* anführt.[19] Eine Amsel fliegt auf. Ich sehe sie gerade von meinem Schreibtisch aus. Die Wahrnehmung der fliegenden Amsel macht schon gleichsam eine Erkenntnis aus, indem sie gewisse „Daten" für das Bewußtsein gegenwärtigt. Zumindest ist sie Erkenntnis in einer strengeren Weise als alle nicht objektivierenden Akte, wie z. B. der eventuell hinzutretende Wunsch, fliegen zu können. Durch die Wahrnehmung lerne ich etwas neues kennen – was für den Wunsch nur unter bestimmten Bedingungen anzunehmen ist. Trotzdem ist diese Erkenntnis,

---

[17] In den *Logischen Untersuchungen* sind die objektivierenden Akte eben Akte, und in diesem Sinne Aktivitäten des Subjekts, welche die Annahme oder Ablehnung des in der Erfahrung Gegebenen leisten. Als Husserl aber die genetische Phänomenologie entwickelte, wurde ihm deutlich, daß zwischen aktiver und passiver Synthesis eine gewisse Entsprechung besteht (vgl. *Analysen zur passiven Synthesis*, Hua XI, S. 65–67; vgl. auch Hua XXIII, S. 505), so daß z. B. in *Erfahrung und Urteil* er von „zwei Stufen objektivierender Leistungen" spricht, nämlich „einerseits die der *rezeptiven Erfahrung*, andererseits die der *prädikativen Spontaneität*" (EU, S. 239). Darum wird die Unterscheidung zwischen Aktivität und Passivität im Laufe dieser Untersuchung nur in Ausnahmefällen ausdrücklich beachtet.

[18] *Logische Untersuchungen*, Hua XIX/2, S. 584.

[19] Vgl. a. a. O., S. 550. Ich muß das Beispiel etwas ändern, da ich die Husserlsche logische Methode der Rückführung zu den sprachlichen Ausdrücken vermeiden will.

sofern sie „*nur*“ Wahrnehmung ist, d.h. eine nicht gefaßte Erfahrung, ein ungemeintes Gegebensein von etwas, noch keine echte Erkenntnis. Denn eine solche „schlichte“ Anschauung gibt zwar einen bestimmten Sachverhalt, dieser kann aber in sehr unterschiedlichen echten Erkenntnissen gefaßt werden. Dasselbe Wahrnehmungsgefüge, welches ich vor kurzem „auffliegende Amsel“ genannt habe, könnte auch zu Kenntnisnahmen wie „schwarzes Tier“, „hohe Geschwindigkeit“ usw. führen. Da diese teilweise ganz verschiedene Erkenntnisse sind, wird sofort deutlich, daß die eigentliche Erkenntnis nicht allein durch eine „schlichte“ Anschauung gewonnen werden kann.[20] Andererseits wird auch klar, daß verschiedene Wahrnehmungen zumindest in einem gewissen Sinne dieselbe Erkenntnis hervorbringen können, wie z.B. wenn ich und mein Freund dieselbe auffliegende Amsel von zwei verschiedenen Standpunkten, etwa von meinem Schreibtisch oder von Fenster aus, sehen und trotzdem gleichzeitig sagen: „Eine Amsel fliegt auf“. Obwohl unsere Wahrnehmungen als solche sehr verschieden sind, erkennen wir beiderseits eine Amsel, die auffliegt.

Dieses ziemlich abstrakte Beispiel macht trotzdem deutlich, daß die Erklärung der objektivierenden Akte zwei Momente benötigt. Einerseits sind die objektivierenden Akte von den Wunsch- oder Gemütsakten zu unterscheiden, da sie irgendeinen erkennbaren Inhalt vorstellen. Dieses Vorstellen soll aber nicht als ein allein anschauliches verstanden werden, da die „schlichte“ Anschauung noch keine Bedeutung in sich trägt. Ihr Inhalt ist noch nicht „erkennbar“. Der eigentliche Bedeutungsträger, der von Husserl „Intention“ genannt wird, kann nicht mit der schlichten Anschauung zusammenfallen, da verschiedene Anschauungen dieselbe Bedeutung haben können. Er ist ein unterscheidbares, „wesentliches Bestandstück“[21] des Bewußtseins. Erst diese eigenständige „Bedeutungsintention“ bringt die Bedeutung in den Akten hervor, erst in der Verflechtung mit ihr wird die Anschauung zu einem objektivierenden Akt.

Daß so etwas wie eine unterscheidbare Bedeutungsintention besteht, wird davon bestätigt, daß sie auch allein, in voller Unabhängigkeit von aller Anschauung erscheinen kann.[22] Nehmen wir

---

[20] Vgl. ebenda.

[21] A.a.O., S. 552.

[22] Vgl. a.a.O., S. 550. Husserl behauptet aber noch mehr: „Auf diese Weise

z. B. an, daß jemand sagt: „Eine Amsel fliegt auf". Ich sehe aber im Moment keine Amsel auffliegen. Trotzdem kann ich den Satz verstehen. Ich kann in Abwesenheit jeglicher Wahrnehmung eine Bedeutung hervorbringen. Natürlich ist mein Verstehen nicht gänzlich erfüllt, wie es im Fall der Wahrnehmung wäre. Es ist aber jedenfalls ein Verstehen einer Bedeutung. Ich könnte auch die fehlende Wahrnehmung durch eine verbildlichende Phantasie ersetzen im Sinne einer anderen Anschauungsform. Das ist aber nicht unbedingt nötig.[23] Es besteht also die prinzipielle Möglichkeit, eine Bedeutung hervorzubringen und im allgemeinsten Sinne zu verstehen, auch wenn jegliche Anschauung fehlt.

Leere Intention und Anschauung sind also die zwei grundlegenden Momente der objektivierenden Akte. Die erste bietet den Gegenstandssinn, die zweite die anschauliche Fülle.[24] Ihre Unterscheidung ist für die Bewußtseinsforschung in zweifacher Hinsicht relevant. Einerseits dient sie zur Bestimmung des Erkenntnisprozesses, indem durch sie der Begriff der Evidenz eine überzeugende Fülle gewinnt. Dadurch erhält auch der Begriff der objektivierenden Akte eine einheitliche Bestimmung. Andererseits führt sie schon zu einer ersten Differenzierung in der Gliederung der objektivierenden Akte, zu einem ersten Wesensunterschied, der sich nachher für die Erörterung der Imaginationsphänomene als wichtig erweisen wird.

§ 20. Erkenntnis als Deckung zwischen Intention und Anschauung

Die objektivierenden Akte, wie sie Husserl in den *Logischen Untersuchungen* erörtert, vollziehen also eine Deckung zwischen der Bedeutung des Aktes und der entsprechenden Anschauung.[25] Jede gewisse Anschauung, etwa einer schwarzen Fläche im visuellen

---

sind auf Grund partieller Anschauung sogar Erkenntnisse und Erkenntnisreihen möglich, die auf Grund voller aktueller Anschauung überhaupt und *a priori* nicht möglich wären" (a. a. O., S. 593–594).

[23] Vgl. Hua XIX/1, S. 67–72; Hua XIX/2, S. 550–551. Husserl erklärt aber die Sache am ausführlichsten in der *Dingvorlesung* (vgl. Hua XVI, S. 55–57). Derselbe Argument wurde bekanntlich von Descartes in den *Meditationen über die Grundlagen der Philosophie* durch das deutliche Beispiel des Tausendecks dargelegt (vgl. R. Descartes, *Meditationes de Prima Philosophia*, VI, a. a. O., S. 72).

[24] Vgl. Hua XIX/1, S. 44.

[25] Vgl. Hua XIX/2, S. 584.

Feld, die sich bei gleichzeitigem Schreien im akustischen Feld plötzlich nach schräg oben bewegt, ist von einer gewissen „Interpretation", in der Sprache der Phänomenologie von einer *Intention*, wie etwa „auffliegende Amsel" begleitet, ohne welche sie keine Objektivation, keine „Vorstellung von etwas" wird. Die Deckung kann mehr oder minder vollständig sein, je nach der Vollständigkeit der Anschauung und ihrer eigentlichen Entsprechung mit der Intention. Sie kann manchmal auch entfallen, nämlich wenn eine Intention vollständig leer von anschaulichen Inhalten bleibt. Wenn aber die Deckung in dem Sinne entfällt, daß irgendein Datum anschaulich gegenwärtig ist, ohne „intendiert" zu sein, ist das Feld der objektivierenden Akte und darum der bewußten Erkenntnis schon verlassen worden.[26]

Die Deckung zwischen Intention und Anschauung ist, was wir im strengen Sinne Erkenntnis nennen[27]: soviel Deckung als Erkenntnis. Das im zweiten Kapitel erläuterte Evidenzprinzip mag dies verdeutlichen. Zunächst ist Evidenz die leitende Idee, durch welche Erkenntnis im strengen Sinne geschaffen wird. Jede Erkenntnis gilt als solche nur, bis eine gegensätzliche Erkenntnis mehr an Evidenz gewinnt. Umgekehrt ist eine Erkenntnis solange unaufhebbar, als keine evidentere Erkenntnis entsteht. Das ist keine Theorie, sondern das bloße, unüberwindbare Faktum des menschlichen Wissens. Wie gewinnen wir aber Erkenntnis? Zumindest für die sinnliche Erfahrung gibt Husserl eine deutliche Antwort, die er dann auf alle sonstige Erfahrung, für ihn nämlich die eidetische, ausdehnt: Evidenz gibt sich im Sehen, wobei „Sehen" in der Sprache Husserls „durch die sinnliche Erfahrung Gegebenheiten da haben" heißt. Erst im Sehen gewinnen wir eine gewisse Einsicht über das Erkannte, weil erst im Sehen es selbst da ist. Sehen heißt aber anschauen. Anschauung ist also jener Akt, wodurch das Erkannte gegeben und möglicherweise leibhaft selbst gegeben wird.[28] Jedes Selbstgegebene ist aber wesentlich

[26] Vgl. a. a. O., S. 610: „Worauf sich kein Meinen bezieht, das ist für die Vorstellung nicht vorhanden."

[27] Vgl. a. a. O., S. 735: „Die Rede von der Erkenntnis bezieht sich auf ein Verhältnis zwischen Denkakt und erfüllender Anschauung." Vgl. auch *Analysen zur passiven Synthesis*, Hua XI, S. 71.

[28] Neben den im Paragraph 10 angeführten Stellen vergleiche man: *Ideen I*, Hua III/1, S. 11; *Analysen zur passiven Synthesis*, Hua XI, S. 72, 83; *Logische Untersuchungen*, Hua XIX/2, S. 597. Der Sinn des Husserlschen Begriffs von Anschauung wurde von Tugendhat sehr deutlich erklärt: „Der allgemeinste

einsichtiger, als wenn es nicht selbst da ist. Im Sinne Husserls ist eben dies ein Wesensgesetz: Es ist prinzipiell unmöglich, zu denken, daß etwas mehr an Evidenz gewinne, wenn es abwesend, als wenn es leibhaft anwesend ist. Will ich eine bloß leer vorgestellte Seite eines räumlichen Gegenstandes besser kennenlernen, so schaue ich sie direkt an; will ich dagegen eine angeschaute Seite besser kennenlernen, bleibt mir nur die Möglichkeit, sie wieder mit großer Aufmerksamkeit anzuschauen. Die leere Intention trägt hierzu nichts bei. Das heißt, daß die Evidenz und darum die Erkenntnis im strengeren Sinne in den Anschauungsakten liegt. Dabei ist aber nicht zu vergessen, daß Anschauungen erst durch eine entsprechende Intention zu echten Anschauungen werden können.[29]

Sinn von Anschauung ... ist der einer *unmittelbaren* Vorstellung. Diese Unmittelbarkeit wurde aber seit Aristoteles aus dem Gegensatz zum synthetisch vermittelnden, diskursiven Denken verstanden .... Für Husserl hingegen versteht sich die Unmittelbarkeit der intuitiven Vorstellung aus dem Gegensatz zum sachfernen, bloßen Meinen. So kann jetzt jeder intuitiven Vorstellung eine inhaltlich identische nicht-intuitive entsprechen. Der Gegensatz des Intuitiven und Nichtintuitiven betrifft jetzt nur die verschiedenen Gegebenheitsweisen von ein und demselben" (E. Tugendhat, a. a. O., S. 50).

[29] Hier wird eine terminologische Präzisierung erforderlich. Wir werden sehen, daß verschiedene Weisen der anschaulichen Gegebenheit auszudifferenzieren sind. Die Vorstellung der Sache, die in den Anschauungen stattfindet, kann mehr oder minder anschaulich vollständig sein; sie kann die Sache selbst vollkommen oder partiell geben. Gibt sie aber die Sache selbst, so vollzieht sie eine Selbstgebung: Die Sache kommt zu originärer Selbstgegebenheit. Gibt sie dagegen die Sache nur partiell intuitiv, so kommt die Sache zu einer nicht originären Gegebenheit. Husserls Terminologie schwankt hier. Das Wort Selbstgegebenheit bezeichnet manchmal die bloße Anschaulichkeit (vgl. etwa *Ideen I*, Hua III/1, S. 11), meistens aber die originäre Selbstgegebenheit der Sache in der adäquaten Wahrnehmung (vgl. etwa a. a. O., S. 142; *Logik,* Hua XVII, S. 166). Ich übernehme nur diese zweite Möglichkeit (vgl. etwa R. Bernet – I. Kern – E. Marbach, a. a. O., S. 110). Unpassend scheint mir dagegen Tugendhats Bezeichnung der Anschauung als Akt, in welchem die Sache „in irgendeiner Weise zur *Gegenwart* kommt" (E. Tugendhat, a. a. O., S. 64). Denn auch in der leeren Intention ist die Sache gegenwärtig „vorgestellt", obwohl unanschaulich. Darum darf „Gegenwart" in Tugendhats Bezeichnung nur „sinnliche Gegenwart" bedeuten (ebd.). In diesem Ausdruck ist aber das Wort „sinnlich", nicht das Wort „Gegenwart" beherrschend. Anschauung ist Bewußtsein durch die Sinne, darum gebendes Bewußtsein (darüber vgl. auch unten, § 25).

In diesem Zusammenhang gewinnt die Interpretation der leeren Vorstellungen, die Eugen Fink in seinem 1930 erstmals veröffentlichten Aufsatz *Vergegenwärtigung und Bild* aufgestellt hat, unsere Aufmerksamkeit (der Aufsatz ist jetzt im Finks schon angeführten Buch *Studien zur Phänomenologie*, S. 1–78 pubbliziert; er ist aber nur der erste Teil einer Schrift, deren zweiter Teil vom

Liegt die Evidenz in der Anschauung, so gewinnt die Husserlsche Unterscheidung zwischen Intention und Anschauung einen wesentlichen Charakter. Leere Intentionen können keine Evidenz schaffen.[30] Nur die Deckung zwischen Intention und entsprechender Anschauung schafft Evidenz und dadurch Erkenntnis. Diese Deckung kann sowohl von einem statischen als auch von einem dynamischen Standpunkt betrachtet werden. Da Husserl in den *Logischen Untersuchungen* eine statische Phänomenologie entwickelt, bevorzugt er dort die Beschreibung der statischen Einheit zwischen Intention und Anschauung.[31] Die Deckung als solche ist aber vor allem ein *dynamisches, sogar hermeneutisches Verhältnis* zwischen Intention und Gegebenheit, Denken und Anschauung, wie Husserl selbst in seinen genetischen Analysen der zwanziger Jahre gezeigt hat. Betrachten wir die dynamische Deckung, so ergibt sie sich nicht mehr als bloße Entsprechung zwischen Intention und Anschauung, sondern als „Erfüllung" der in der Intention vorgegebenen Bedeutung. Husserl formuliert dies folgendermaßen:

Thema her der überaus wichtigste sein sollte; dieser zweite Teil soll aber verloren gegangen sein). Fink nennt die leeren Intentionalitäten „Entgegenwärtigungen" (S. 22), und meint damit, daß etwas zuerst anschaulich gegeben sein muß, um dann durch eine gewisse Entleerung der anschaulichen Momente zu einem bloßen Gemeintsein zu werden. Leere Intentionen würden erst aus der Entleerung einer Anschauung, etwa einer Wahrnehmung entstehen; sie würden also keineswegs selbständige Vorstellungen sein können (vgl. S. 25). Der Schwachpunkt der Finkschen Auffassung liegt meiner Meinung nach darin, daß die leere Intention gegenüber der entsprechenden Anschauung nicht den Charakter der „Gegenwärtigung" des Gegenstandes verliert, sondern denjenigen seiner „Gegebenheit". Eine leere Intention ist demnach keine Entgegenwärtigung, sondern eine „Entgebung": leere Gegenwärtigung. Fink ist sich der prinzipiellen Möglichkeit, eine Bedeutung auch in Abwesenheit jeglicher erfüllenden Anschauung zu verstehen, offenbar nicht bewußt. Das hängt davon ab, daß er in diesem Aufsatz die statischen Analysen der *Logischen Untersuchungen* ignoriert und sich nur den Analysen der genetischen Phänomenologie zuwendet. Das führt ihn zu einer einseitigen Deutung des Phänomens. Denn statische und genetische Phänomenologie sind nicht verschiedene, unvereinbare Theorien, sondern zwei einander ergänzende Aspekte desselben Ansatzes.

[30] Vgl. *Logische Untersuchungen*, Hua XIX/2, S. 566: „Das Bedeuten ist darin nicht selbst das Erkennen"; *Analysen zur passiven Synthesis*, Hua XI, S. 71–72: „Wir können geradezu sagen: Unanschauliche Vorstellungen heißen nur in einem uneigentlichen Sinn Vorstellungen, sie stellen eigentlich nichts vor uns hin, eigentlich gesprochen, konstituiert sich in ihnen kein gegenständlicher Sinn, nichts baut sich in ihnen durch wirkliche intentionale Strukturen als Seiendes des und des Gehaltes auf, so daß wir davon fortlaufend Kenntnis nehmen könnten."

[31] Vgl. Hua XIX/2, S. 558–565.

„Wird dies Ereignis, so erleben wir ein deskriptiv eigentümliches *Erfüllungsbewußtsein*: der Akt des puren Bedeutens findet in der Weise einer abzielenden Intention seine Erfüllung in dem veranschaulichenden Akte.“[32] Genetisch vollzieht sich also in der Erkenntnis eine Veranschaulichung, d. h. die Gewinnung der anschaulichen Fülle dessen, was in der Intention schon intendiert war. Die Erkenntnis ist eine Dynamik der Erfüllung: „Die Reden von Erkenntnis des Gegenstandes und Erfüllung der Bedeutungsintention drücken also, bloß von verschiedenen Standpunkten, dieselbe Sachlage aus.“[33]

§ 21. Die genetische Analyse der Horizontintentionalität

Man könnte sich fragen, ob diese Analyse der objektivierenden Akte nicht zu vereinfachend sei. Die Frage ist durchaus berechtigt. Hauptsächlich ließe sich einwenden, daß die Intentionen nur in abstrakter Weise den Erfüllungen vorausgehen, während oft in der praktischen Erfahrung etwas in der Anschauung zuerst erscheint, und erst im nachhinein intendiert wird. Wir laufen etwa auf der Straße und hören plötzlich ein Geräusch hinter uns. Wir wenden uns um und sehen, was passiert ist. Die Intention scheint hier erst von einer Vervollständigung der Anschauung zu erwachsen. Wir könnten uns aber auch nicht umwenden. Zuerst kommt jedenfalls die plötzliche, schlichte Anschauung des Geräusches, der erst nach einer kurzen Weile eine entsprechende Intention folgt. Die Genesis des Aktes scheint sich also in der Gegenrichtung zu entfalten.

Der Eindruck der Vereinfachung kommt aber nur daher, daß der Erkenntnisprozeß bisher ganz in Kürze zusammengefaßt werden mußte, um den Husserlschen Grundunterschied zwischen Intention und Anschauung erscheinen zu lassen. Eine umfassende Erörterung der sechsten *Logischen Untersuchung* war nicht unsere Aufgabe. Viel wichtiger ist für uns, die Erkenntnisfunktion der beiden Husserlschen Kategorien Intention und Anschauung zu erörtern. Solches ist aber nur in einer genetischen Analyse möglich. Betrachtet man die Genesis der einzelnen Akte, so erweist sie

[32] A. a. O., S. 566.
[33] A. a. O., S. 567.

sich als eine hermeneutische Dynamik zwischen Intention und Erfüllung, bei der jede Intention Entwurf[34] der kommenden Erfüllung und jede Erfüllung Bestätigung oder Umorientierung der gegebenen Intention ist. Das ist nun deutlich zu machen.

Betrachten wir etwa den Fall der transzendenten Wahrnehmung. Die Wahrnehmung eines einzelnen Gegenstandes, wie sie in unserer Betrachtung bisher berücksichtigt wurde, ist eine reine Abstraktion. Das Wahrnehmen ist vielmehr ein vielfältiges Feld, wo neben echt wahrgenommenen Gegenständlichkeiten ein Horizont von nicht Wahrgenommenem liegt.[35] Jeder Gegenstand der transzendenten Wahrnehmung ist nur abschattungsmäßig gegeben[36], so daß wir von ihm jeweils nur eine Seite echt wahrnehmen können, während die Rückseiten prinzipiell verdeckt, in der Wahrnehmung „bloß gedacht"[37], „vorgezeichnet"[38], „indiziert"[39], anschaulich leer bleiben: „Alles eigentlich Erscheinende ist nur dadurch Dingerscheinendes, daß es umflochten und durchsetzt ist von einem intentionalen Leerhorizont, daß es umgeben ist von einem Hof erscheinungsmäßiger Leere. Es ist eine Leere, die nicht ein Nichts ist, sondern eine auszufüllende Leere, es ist eine bestimmbare Unbestimmtheit."[40] Nach der genetischen Phänomenologie Husserls ist also jede Wahrnehmung nicht nur ein Zusammenhang von sich gegenseitig entsprechender Intention und Anschauung.[41] Sie ist vielmehr auch mit einem Horizont von leeren Intentionen umflochten, denen kein aktuelles Anschauungsmoment entspricht. Die Wahrnehmung der auffliegenden Amsel konstituiert sich als solche erst deshalb, weil diese gewisse anschauliche Gegebenheit eben als „auffliegende Amsel" intendiert wird. Dieselbe Gegebenheit könnte aber, wie gesagt, auch als „schwarzes Tier" intendiert werden. Die Intention „schwarzes Tier" setzt aber, wie alle sonstigen Intentionen, etwas mehr als das in der Anschauung wirklich Gegebene voraus. Sie setzt zum Beispiel voraus, daß auch die Rückseite des Tieres schwarz sei.

---

34 Vgl. M. Heidegger, *Sein und Zeit*, a. a. O., S. 148–153.
35 Vgl. *Analysen zur passiven Synthesis*, Hua XI, S. 3–7.
36 Vgl. *Ideen I*, Hua III/1, S. 83–94.
37 *Logische Untersuchungen*, Hua XIX/2, S. 566.
38 *Analysen zur passiven Synthesis*, Hua XI, S. 6.
39 A. a. O., S. 5; EU, S. 12.
40 *Analysen zur passiven Synthesis*, Hua XI, S. 6. Vgl. *Ding und Raum*, Hua XVI, S. 57.
41 Vgl. *Logik*, Hua XVII, S. 315–317.

Das ist aber in der Anschauung nicht gegeben. Es ist eine Intention, welcher keine Veranschaulichung entspricht, bzw. die genetisch noch nicht erfüllt wurde. Wenn ich also ein schwarzes Tier wahrnehme, überschreitet meine Wahrnehmung immer schon die Grenzen des schlicht anschaulich Gegebenen. Die Intention in ihr erstreckt sich weit über die Anschaulichkeit hinaus.[42]

So ist jede Wahrnehmung von einem Horizont noch zu veranschauender Intentionen umgeben. Husserl sagt aber noch etwas wichtiges, indem er in der oben angeführten Stelle diesen Leerhorizont als eine „bestimmbare Unbestimmtheit" bezeichnet. Das heißt nämlich: Der Leerhorizont ist keine bloße Leere, sondern ein Mangel an anschaulichen Inhalten, an deren Stelle reine Intentionen oder, wie er auch sagt, leere Vorstellungen[43] auftreten. Diese Leervorstellungen, die ja ein „Etwas" und kein „Nichts" sind, intendieren nun gewisse Gegenständlichkeiten, welchen nur die anschauliche Bestimmung fehlt. Sie sind aber zugleich – und gerade deswegen – Hinweise für die nähere Bestimmung dieser Unbestimmtheiten. Dies will ich näher verdeutlichen. Bei der Wahrnehmung eines blauen Buches etwa bleibt seine Rückseite notwendig *bloß unanschaulich* mitgemeint. Trotzdem muß sie auch immer schon *mitgemeint* werden, damit die jetzt im visuellen Feld erscheinende blaue Fläche überhaupt als Buch erkannt werden kann. Das Mitgemeinte ist nicht gegeben, es ist nicht selbst da, nicht erkannt. Das Mitmeinen der Leervorstellung ist, wie gesagt, keine eigentliche Erkenntnis, weil es die Sache nicht zu jener Selbstgegebenheit bringt, welche Evidenz und dadurch Erkenntnis erst ermöglicht. Gerade diese Eigentümlichkeit der Leervorstellungen, die Sache nicht zur Gegebenheit zu bringen, läßt sie aber einen Druck auf den Erkenntnisprozeß ausüben. Die Leervorstellungen werden zu Vorzeichnungen der Fortsetzung der Wahrnehmung. Sie „motivieren" das erkennende Subjekt zu einer solchen kinästhetischen[44] Umwandlung der Wahr-

---

[42] Vgl. *Logische Untersuchungen*, Hua XIX/2, S. 593. Zur Identifikation der Bedeutungsintentionen, die in den anschaulichen Akten an Erfüllungen gebunden sind, mit den leeren Intentionen, die über die Erfüllungen hinausgehen, vgl. a. a. O., S. 570–571.

[43] Vgl. *Analysen zur passiven Synthesis*, Hua XI, S. 71; EU, S. 12.

[44] Zum phänomenologischen Begriff der Kinästhesen vergleiche man die Husserlsche Vorlesung *Ding und Raum*, Hua XVI, und das Buch von U. Claesges, *Edmund Husserls Theorie der Raumkonstitution*, Nijhoff, Den Haag 1964.

nehmung, die zu einer Erfüllung ihrer selbst führen könnte. Da sie keine vollständige Erkenntnis sind, motivieren sie zur Fortsetzung der Erkenntnis. Da sie keine totale Leere sind, motivieren sie auch zur Übernahme einer bestimmten Richtung in der Fortsetzung der Erkenntnis.[45]

§ 22. Erkenntnis als dynamische Deckung zwischen Intention und Anschauung

Der Erkenntnisprozeß erweist sich vom Gesagten her als ein motivierter. Das Thema der *Motivation* spielt in der Phänomenologie Husserls eine wichtige Rolle.[46] Hier benutzen wir diesen Begriff nur in einem eingeschränkten Sinne, um die Dynamik zwischen Leervorstellung und Anschauung zu erklären. Vorab sei gesagt, daß Husserl dazu neigt, im Verhältnis zwischen Intention und Erfüllung die Motivation als Anlaß zur Entstehung bestimmter Leer-

[45] Somit wurde die Struktur des oben erwähnten Mangelhorizontes bestimmt. Das dem Philosophieren innewohnende Interesse gründet auf jener besonderen Bedingung seiner Möglichkeit, welche die Horizontintentionalität der Leervorstellungen ist. Der Leerhorizont „motiviert" zur Überwindung der aktuellen Erfahrung hin zur Selbstgegebenheit der Sache. Von daher ist meiner Meinung nach die Ansicht Merleau-Pontys ungerechtfertigt, nach welcher die Gegenstandskonstitution vom Zusammenhang aller Gegenstände als Weltsystem gefordert wird (vgl. M. Merleau-Ponty, *Phénoménologie de la perception*, Gallimard, Paris 1945, S. 81–86). Denn die Gegenstandskonstitution wird nicht von dem Weltsystem, sondern von dem in der Gegebenheit des einzelnen Gegenstandes miteinbezogenen Leerhorizont gefordert, sei es auch, paradoxerweise, in totaler Abwesenheit eines Weltsystems. Wie Virgilio Melchiorre gezeigt hat, impliziert die Auffassung Merleau-Pontys, daß die Horizontintentionalität, welche bei Husserl eine leere ist, in eine imaginative, d.h. in eine anschauliche verwandelt wird (vgl. V. Melchiorre, *L'immaginazione simbolica. Saggio di antropologia filosofica*, Il Mulino, Bologna 1972, S. 19–29). Diese Verwandlung modifiziert aber meiner Meinung nach in einem Kernpunkt die ganze phänomenologische Interpretation des Erkenntnisprozesses, welche dadurch ihre Haltbarkeit verliert.

[46] Vgl. vor allem B. Rang, *Kausalität und Motivation*, a.a.O. Wie Rang deutlich gemacht hat, darf die Motivationsfrage „nicht nur als spezielles Thema innerhalb des Modalitätenproblems abgehandelt werden" (S. 157). Eine zusammenfassende aber unvollständige Betrachtung der Motivation in der Phänomenologie findet sich in E. Holenstein, *Phänomenologie der Assoziation. Zur Struktur und Funktion eines Grundprinzips der passiven Genesis bei E. Husserl*, Nijhoff, Den Haag 1972, S. 167–191. Die Hauptstelle bei Husserl ist *Ideen II*, Hua IV, § 56.

vorstellungen aufgrund der aktuellen Wahrnehmung zu deuten. Folgendes Beispiel macht dies deutlich: „Ist irgendein a, etwa ein Ton, in stetiger Einschmelzung neuer impressionalen Phasen [...] ein [...] Verlauf kontinuierlicher Verbindung, so ist alsbald ein Zukunftshorizont, das ist ein Erwartungshorizont mit da; es wird das Fortwerden in Analogie mit dem bisherigen Werden, nach demselben kontinuierlichen Verlaufsstil erwartet: Ist es Unveränderung des und des qualitativen und gestalteten Gehalts, so Unveränderung eines gleichen Gehalts, und ist es Veränderung, so wird eben Veränderung, dann aber desselben Veränderungsstils wie bisher, vorgezeichnet sein. Es handelt sich also um eine notwendige Motivation: Gemäß dem als Geschehen retentional Bewußten ist ein Neues gleichen Stiles als kommend ‚zu erwarten'."[47] Trotzdem scheint mir hier auch die Gegenrichtung, nämlich diejenige von der Leervorstellung zur erfüllenden Anschauung, ebenso notwendig motiviert zu sein.[48] B. Rang hat diese Sachlage sehr deutlich ausgedrückt: „Motiviert möglich sind unbestimmt vorgezeichnete Sinn- oder Was-Gehalte", d.h. Leervorstellungen, „und zugleich und in einem damit die ‚Wahrnehmungsreihen', durch die das unbestimmt Vorgezeichnete in aktuelle Gegenwart überführt werden *könnte*".[49] Intention und Anschauung bilden darum eine untrennbare dynamische Einheit, bei der die erste die zweite wechselseitig mitbestimmt. Es ist zwar unverkennbar, daß die aktuelle Wahrnehmung einer Melodie die Vorerwartung der kommenden Töne mitbestimmt. Es ist aber ebenso unverkennbar, daß diese motivierte Vorerwartung die kommende Anschauung wiederum mitbestimmt: Zunächst hängt von ihr ab, ob die Anschauung sich als Erfüllung oder Enttäuschung gibt; dann ist es aber auch durchaus möglich, daß sie die Anschauung in ihrem Gehalt bestimmt, wie wenn wir z.B. im Zuhören einer Melodie einen Ton aus Vorerwartungsgründen anders wahrnehmen, als wie er, unphänomenologisch ausgedrückt, tatsächlich stattfindet.

Wir sind jetzt in der Lage, die Erkenntnisdynamik von Intention und Erfüllung zusammenfassend zu erklären. Jede Wahrnehmung ist von einem Horizont an Leervorstellungen umgeben, der das

---

[47] *Analysen zur passiven Synthesis*, Hua XI, S. 186. Vgl. auch *Ideen I*, Hua III/1, S. 325; *Ding und Raum*, Hua XVI, S. 287.

[48] Husserl spricht in dieser Hinsicht eher von „Hinweis" als von „Motivation" (vgl. *Ding und Raum*, Hua XVI, S. 108).

[49] B. Rang, *Kausalität und Motivation*, a.a.O., S. 158.

echt anschaulich Wahrgenommene als Teil von etwas Umfangreicheren aber Unanschaulichen erweist. Jede Leervorstellung als unerfüllte Intention motiviert das erkennende Bewußtsein zur Erfüllung ihrer selbst. Darin fungiert sie hermeneutisch als leitende Vordeutung („Entwurf") des eigentlichen Verstehens. Ihr gegenüber kennzeichnet sich die Erfüllung als Gewinnung an Bestimmtheit. Sie ist also eine Näherbestimmung[50], nämlich eine solche, die das Intendierte teilweise bestätigt, ihr teilweise aber widerspricht. Näher gesehen ist also der Prozeß, den wir bisher „Erfüllung" genannt haben, etwas mehr als ein reines Erfüllen, indem die Veranschaulichung einer Leervorstellung dem von dieser Vorgezeichneten tatsächlich entsprechen kann oder nicht. Es kann ein erfüllender oder ein enttäuschender Prozeß sein. Erfüllung heißt, daß die Veranschaulichung das in der Leervorstellung Vorgedeutete bestätigt. Enttäuschung heißt dagegen, daß sie es manchmal teilweise, manchmal völlig anders, eben darum aber auch *besser* bestimmt.[51]

Die Gegenüberstellung von Erfüllung und Enttäuschung, Näher- und Andersbestimmung verdeutlicht, daß der Bestimmungsprozeß vielfältiger ist als eine bloße, statische Erfüllung einer Intention. Wie schon erwähnt, ist die einzelne Wahrnehmung eines einzelnen Gegenstandes reine Abstraktion.[52] Das Wahrnehmungserlebnis, allgemein gesagt die Veranschaulichung, ist ein vielfältiger Zusammenhang von fünf Erscheinungskomplexen, die wir Sinnenfelder nennen, welche sich gefüllt von einer Mannigfaltigkeit einzelner „Dinge" in einem ständigen Fluß entwickeln. Jeder Leerhorizont ist Horizont in einem augenblicklichen

---

[50] Vgl. *Analysen zur passiven Synthesis*, Hua XI, S. 7–8.

[51] Daß Husserl die Erfüllung als den Normalfall betrachtet, hängt wahrscheinlich davon ab, daß die Enttäuschung als solche eine partielle Erfüllung voraussetzt, um anerkannt werden zu können. Vgl. a. a. O., S. 25–27; *Logische Untersuchungen*, Hua XIX/2, S. 574–576. Vgl. auch E. Tugendhat, a. a. O., S. 59–63.

[52] Vgl. *Ideen I*, Hua III/1, S. 184–185; *Logische Untersuchungen*, Hua XIX/2, S. 594, 676–678; EU, S. 24. Vgl. auch H. U. Asemissen, a. a. O., S. 46: „Wo von einem Bewußtseinsakt die Rede ist, ist er immer schon durch isolierende Interessenahme aus der Eingliederung in das gesamte ichliche Leben und Verhalten herauspräpariert und auf diese Weise der Gefahr ausgesetzt, als eigenständige Leistung oder gar als einzelnes Ereignis aufgefaßt zu werden. Erkenntnismethodisch ist das gewiß nicht gänzlich zu vermeiden"; E. Fink, *Studien zur Phänomenologie*, a. a. O., S. 31: „Die wirkliche impressionale Erfahrung ist nicht jeweils ein einziges aktualisiertes Erlebnis, sondern ist eine simultane Mannigfaltigkeit von Akten."

Punkt dieser Entwicklung, die darum auch eine ständige Horizontumwandlung miteinbezieht. Diese Entwicklung ist Erfahrung. Erfahrung kennzeichnet sich als ständiger Prozeß der Veranschaulichung einzelner Momente des Leerhorizontes. Durch diese bestimmende Veranschaulichung werden *einzelne* Leervorstellungen erfüllt bzw. enttäuscht, die aber unselbständige Teile eines *gesamten* Leerhorizontes sind, so daß die Erfüllung bzw. Enttäuschung einzelner Leervorstellungen zugleich eine Näher- bzw. Andersbestimmung des gesamten Leerhorizontes ist.[53] Einzelne Leervorstellungen werden teilweise erfüllt, teilweise enttäuscht, bleiben zum Teil unberührt, zum Teil werden durch solche Erfüllung bzw. Enttäuschung *andere* Leervorstellungen modifiziert (etwa wenn die Anschauung der Rückseite dieses Buches die Leervorstellung der Rückseite des anderen, daneben auf dem Tisch liegenden Buches, modifiziert). Und selbstverständlich entstehen auch neue, von dem in der neuen Anschauung Gegebenen motivierte Intentionen. Allgemein gesagt, bringt jede neue Veranschaulichung eine neue Gestaltung des Leerhorizontes hervor, indem sie ein neues Verständnis des Gegebenen schafft, gleichsam ein neues Weltverständnis, und dadurch auch ein neues Vorverständnis dessen, was im Moment nicht anschaulich gegeben, sondern leer gemeint ist.

---

[53] Aufgrund dieser Deutung des Verhältnisses zwischen Intention und erfüllender Anschauung zeigt sich meiner Meinung nach der Zusammenhang zwischen der statischen Phänomenologie der *Logischen Untersuchungen* und der genetischen der *Analysen zur passiven Synthesis*. Die *Analysen zur passiven Synthesis* entfalten, was in der Theorie der *Logischen Untersuchungen* implizit schon eingeschlossen war. Während aber in den alten Untersuchungen der einzelne Akt als statisches Korrelat eines Ausdrucks berücksichtigt wurde, beachtet Husserl in den neuen, genetischen Analysen den ganzen Fluß der Erfahrung, in dem Intention und Erfüllung gegeneinander relativiert werden. So ist die Unbestimmtheit der Leervorstellung keine bloße Leere, sondern eine vorzeichnende Leere, die einen unanschaulichen, allgemeinen Sinn schon beinhaltet. Sonst wäre nicht zu verstehen, wie die Anschauung auch eine Andersbestimmung sein kann. Am deutlichsten erörtert Husserl diese Frage in *Ding und Raum* (Hua XVI, S. 58–59). Dort schreibt er, daß die Leerintentionen „zumeist sehr unbestimmt" sind, doch können sie auch „bestimmt sein". „Unbestimmtheit ist nie absolute, völlige Unbestimmtheit." Die Leerintention hat ja den Charakter der Unbestimmtheit, d.h. aber: „Zum Wesen dieser Unbestimmtheit gehört Bestimmbarkeit, und zwar Bestimmbarkeit innerhalb einer fest umgrenzten allgemeinen Sphäre." Es ist die „Bestimmbarkeit in Form von perzeptiven Erscheinungen, die an Stelle der unbestimmten Intentionen bestimmte enthalten."

Die Rede von „Erfüllung“ und „Enttäuschung“ stimmt darum nur, insofern man einen vereinzelten Akt der Wahrnehmung eines einzelnen Gegenstandes bzw. Moments des gesamten Wahrnehmungsfelds abstrahiert und berücksichtigt. Betrachtet man aber den gesamten Wahrnehmungsfluß, so charakterisieren sich die Erfüllung und Enttäuschung als je nur *relative*, als ein Aspekt der ständigen Umgestaltung des den Veranschaulichungsfluß motivierenden Leerhorizonts. Wie Husserl schreibt, „kann sich das Spiel wiederholen, das Wirkliche und Wahre ist ja nicht ein ernstlich Endgültiges, da sich neue Horizonte eröffnen.“[54] Darum erweist sich schließlich dieser Prozeß als eine „nie abgeschlossene“ Leistung, etwas, das selbst in den Worten Husserls dem hermeneutischen Zirkel sehr ähnlich scheint: „Diese Leistung besteht nicht nur darin, immer Neues vom fest vorgegebenen Sinn anschaulich zu machen, als ob der Sinn von Anfang an schon fertig vorgezeichnet wäre, sondern im Wahrnehmen baut sich der Sinn selbst weiter aus und ist so eigentlich in beständigem Wandel und läßt immerfort neuen Wandel offen.“[55]

Diese ist also die unendliche Dynamik von Intention und Anschauung (Erfüllung bzw. Enttäuschung).[56] Ihre Bedeutung liegt darin, daß sich in ihr Evidenz, und daher Erkenntnis, konstituiert. Ich sagte, Evidenz entstehe nur in der Anschauung. Jetzt kann ich besser bestimmen. In der transzendenten Erfahrung gibt es keinen Akt, der völlig und ausschließlich anschaulich sei. Jeder Akt ist von Anfang an mit einem Leerhorizont ausgestattet; er ist ein Gemisch von anschaulichen und leeren Momenten.[57] Jeder Akt ist darum mit Evidenz versehen. Diese Ausstattung kann aber sehr verschieden je nach der Ausgedehntheit des leeren Aktmoments im Vergleich zum anschaulichen sein. Wir gewinnen Evidenz und Erkenntnis durch diese Dynamik von Intention und Anschauung. Erkenntnis baut sich als ein System, in welchem jede

---

[54] *Analysen zur passiven Synthesis*, Hua XI, S. 63.

[55] A. a. O., S. 20.

[56] Es gibt also keine echte Priorität weder der Intention noch der Anschauung (vgl. M. M. Saraiva, a. a. O., S. 68), sondern eine hermeneutische Bewegung, die den Sinn durch die gegenseitige Wirkung zwischen Intention und Anschauung konstituiert. Hier zeigt sich, wie die von Husserl vorgelegte neue Auffassung des Anschauungsbegriffs (vgl. oben, § 20, Anm. 28) die erste, grundlegende Bedingung für die Entwicklung einer erkenntnistheoretisch streng begründeten, hermeneutischen Philosophie ausmacht.

[57] Vgl. *Logische Untersuchungen*, Hua XIX/2, S. 590.

neue Anschauung neue Leerintentionen schafft und zugleich die alten Leerintentionen modifiziert, so daß diese (neue und alte) zu einer neuen Wahrnehmung motivieren und dadurch zu einer neuen Kenntnisnahme, zu einem neuen Schritt im Erkenntnisprozeß. Dabei sind die Leervorstellungen zwar sehr wichtig für die Erkenntnis, bringen aber *als solche* keine Erkenntnis in strengem Sinne bei, sondern *nur dadurch*, daß sie das Subjekt zu einer kinästhetischen Fortsetzung der Wahrnehmung motivieren.

§ 23. Intention und Anschauung als Grundgestalten der objektivierenden Akte

Das bisher erörterte Verhältnis zwischen Intention und Anschauung in der Erkenntnisdynamik ist zwar sehr wichtig für die Erkenntnistheorie[58], erschöpft aber die erkenntnistheoretische Bedeutung der objektivierenden Akte nicht. Die Unterscheidung zwischen Intention und Anschauung erweist sich auch hinsichtlich der Entfaltung einer Eidetik der objektivierenden Akte als wichtig. Intention und Anschauung können zunächst als Elemente einer statischen Analyse eines Aktes behandelt werden, dann sind sie unselbständige Teile einer „erfüllten Intention", nämlich jeweils der Bedeutung gebende und der anschauliche Fülle gebende Teil. Sie können aber auch als selbständige Teile innerhalb des gesamten Erfahrungsflusses behandelt werden; dann werden sie zu zwei Grundgestalten der objektivierenden Akte überhaupt. Sie machen also gleichsam zwei Gattungen aller möglichen Akte aus, die einen Gegenstand zur „geistigen Auffassung" bringen können.[59] Diese „geistige Auffassung" sollte noch nicht „Erkenntnis" genannt werden, da für Husserl „die Gegenstände nur als die in

[58] Noch in der *Formalen und transzenentalen Logik* (1929) schreibt Husserl: „Ich finde nicht, daß man der zuerst in den *Logischen Untersuchungen* (II. Bd.) durchgeführten und in meinen *Ideen* vertieften Klärung der Evidenz und der ganzen zugehörigen Verhältnisse zwischen bloßer ‚*Intention*' und ‚*Erfüllung*' eine hinreichende Beachtung geschenkt hätte. Sie ist sicherlich sehr der Vervollkommnung bedürftig, aber ich glaube doch, in dieser ersten Klärung einen entscheidenden Fortschritt der Phänomenologie gegenüber der philosophischen Vergangenheit sehen zu dürfen" (Hua XVII, S. 170).

[59] Vgl. *Logische Untersuchungen*, Hua XIX/2, S. 594–595: „Überhaupt werden wir urteilen dürfen, daß alle phänomenologischen Unterschiede der objektivierenden Akte sich zurückführen lassen auf die sie aufbauenden Elementarin-

der aktuellen Anschauungsgrundlage gegebenen" eigentlich erkannt sind.[60] Trotzdem lassen auch die Leervorstellungen einen Gegenstand, wenngleich in leerer Weise, geistig auffassen. Deswegen meint Husserl, daß sie zwar nicht „Erkentnisse im prägnanten Sinne"[61] darstellen, der Erkenntnis jedoch so nahekommen, daß sie dennoch in einem weiteren Sinne Erkenntnis zu nennen sind. Sie sind nämlich gleichsam unevidente Erkenntnis – trotzdem Erkenntnis: „*Der Erkenntnischarakter breitet sich gewissermaßen aus*."[62]

Wir müssen jetzt diese zwei Grundgestalten der objektivierenden Akte näher betrachten. Sie unterscheiden sich voneinander zunächst darin, daß die eine den Gegenstand „gibt", die andere ihn „denkt".[63] Hier sei aber sogleich bemerkt, daß anders als bei der neuzeitlichen Philosophie dieser Husserlsche Unterschied zwischen Anschauen und Denken nicht auf Bewußtseinsvermögen zurückweist, daß er also nicht auf einer gewissen, im voraus bestimmten Bewußtseinstheorie beruht, sondern auf einer strengen phänomenologischen Deskription, und das heißt, auf der Hervorhebung von Wesensunterschieden. Das will natürlich nicht bedeuten, daß Anschauung und Intention zwei Wesen im selben Sinne sind, wie die scholastische Philosophie den Begriff der *essentia* erörtert hat. Aber zwischen Anschauung als solcher und Intention als solcher können Unterschiede gezeigt werden, die sich in der reinen Deskription herausstellen und prinzipiell unleugbar sind.

Zu denken wäre in diesem Zusammenhang etwa daran, was Husserl in der *Dingvorlesung* über die transzendente Wahrnehmung sagt. Das im Leerhorizont bloß Gedachte erscheint gar nicht, wir können „von ihm, für sich genommen, nicht mehr sagen, wir hätten es vor Augen, wir schauten es, wir nähmen es wahr. Nur Dargestelltes [d.h. Erscheinendes] ist geschaut, ist ‚intuitiv' gegeben."[64] Das ist eine bloße Deskription. Es gilt aber jetzt, die Notwendigkeit dieses Unterschieds zu beweisen. Sie kann erst

tentionen und Erfüllungen, die einen und anderen geeinigt durch Erfüllungssynthesen."

60 A. a. O., S. 593.

61 A. a. O., S. 594.

62 A. a. O., S. 593.

63 A. a. O., S. 556.

64 Hua XVI, S. 50.

dann bewiesen werden, wenn ein Gesetz gefunden wird, nach welchem es prinzipiell unmöglich erscheint, leere Intention und intuitive Darstellung als zwei Modi eines einzigen Phänomens aufzufassen. Mit anderen Worten, es muß jetzt nachgewiesen werden, daß leere Intentionen nicht „intuitiv schwache", sondern „nicht intuitive" Darstellungen sind, daß also eine noch so schwache Anschauung je immer intuitiver ist als die entsprechende Leervorstellung. Husserl findet dieses Gesetz darin, daß jede noch so schwache Anschauung eine Ergänzung durch einen Leerhorizont fordert, während dies für die Leervorstellung nicht der Fall ist. Das bedeutet: In der transzendenten Wahrnehmung ist das Gegebene immer nur perspektivisch gegeben; das bloß Gedachte ist dagegen als solches, d.h. in Einheit mit sich selbst, gedacht. In der Wahrnehmung etwa eines Hauses stellt sich ihrem Wesen nach immer nur eine Seite des Hauses dar: „Eine Seite aber ist nur eine Seite des vollen Gegenstandes. Sie ist nichts für sich, als ein Fürsichsein nicht denkbar. Diese Evidenz besagt: Die eigentliche Erscheinung ist nichts Abtrennbares. Sie fordert durch ihr Wesen eine Ergänzung durch ein Plus von Auffassungskomponenten [d.h. Leerintentionen]."[65] In dieser „Undenkbarkeit der Abtrennbarkeit" formuliert Husserl das Wesensgesetz der Gegenüberstellung zwischen Intention und Anschauung und dabei sowohl die Evidenz ihres Unterschieds als auch eine Regel der Subsumption aller Akte jeweils unter die Gattung Anschauung oder Leervorstellung.[66] Wie könnten wir z.B. eine Phantasieerscheinung verstehen?[67] Phantasieren wir ein Raumding, etwa ein Haus. Dabei können wir, wie Husserl zu Recht bemerkt, „auch in der Phantasie ein Haus nicht zugleich von der Vorderseite und Rückseite vorstellen".[68] Eine noch so schwache Phantasie stellt ihren Gegenstand einseitig dar, „genau so wie die perzeptive Erscheinung".[69] Das gilt aber für die entsprechende Leervorstellung nicht, welche das Haus zugleich in seiner Gesamtheit darstellt. Ferner könnten

[65] A.a.O., S. 51.
[66] Vgl. Hua XXIII, S. 304–305: „Also ist der stringente Beweis geführt, daß *Leer-Vergegenwärtigung als Dunkel-Modifikation einer klaren Vergegenwärtigung etwas prinzipiell anderes ist als* das in jeder transienten ‚Erscheinung' als beständige Komponente enthaltene ‚*Rückseitenbewußtsein*'."
[67] Zu dieser Frage mag hier zunächst eine Andeutung genügen.
[68] *Ding und Raum*, Hua XVI, S. 56.
[69] Ebd.

wir auch fragen: Ist nicht bei der Wahrnehmung eines Hauses die „uneigentlich erscheinende“[70] Rückseite „nur im perzeptiven Sinn“ nicht erscheinende, sehr wohl aber „in Form begleitender Phantasie“?[71] Das würde die Gegenüberstellung zwischen Anschauung und Intention in Frage stellen, bleibt aber „nicht denkbar“. Ist nämlich die Vorstellung der Rückseite eine begleitende Phantasie, d.h. wiederum eine Anschauungsform, so stellt sich wieder die Frage, was den Horizont dieser Anschauungsform ausmacht. Die Frage wäre nur verschoben und nicht aufgehoben. Oder es wäre damit ein unendlicher Regreß eingesetzt, welcher aber die Objektivierung, die in diesen Akten stattfindet, unverständlich macht.[72]

§ 24. Gliederung der Leerintentionen

Zu den Leerintentionen ist noch mit Husserl zu sagen, „daß nicht alle Leervorstellungen von einer und derselben Wesensart und Funktion sind“.[73] In einer etwas altmodischen Sprache könnten wir auch sagen, daß sich die Gattung „Leervorstellung“ in verschiedene Arten unterteilt.[74] Diese Aufteilung wird von Husserl schon in den *Logischen Untersuchungen* versucht. Dort unterscheidet er zwischen signitiven und imaginativen Intentionen. Die ersten seien „Intentionen durch Kontiguität“, die anderen „durch Analogie“.[75] Die Unterscheidung würde also auf dem Kennzeichen der bestehenden oder fehlenden Ähnlichkeit zwischen Intendiertem und entsprechender Erfüllung beruhen. Fehlt die Ähnlichkeit, so könnte sich eine Intention nur durch Kontiguität mit einer Anschauung erfüllen. Eine solche Unterscheidung ist aber nicht besonders fruchtbar, sowohl weil Husserl sie nicht ausführlich entwickelt, als auch weil sie aus einer grundlegenden Ungenauigkeit stammt. Husserl führt die Unterscheidung zwischen signitiven und intuitiven Intentionen am Anfang des Paragraphen 14 der sechsten Untersuchung ein. Dort möchte er aber eigentlich

---

[70] Ebd.
[71] A.a.O., S. 55.
[72] Vgl. a.a.O., S. 56; Hua XXIII, S. 304.
[73] *Analysen zur passiven Synthesis*, Hua XI, S. 73.
[74] Vgl. E. Tugendhat, a.a.O., S. 52.
[75] Hua XIX/2, S. 595.

nicht die Unterscheidung zwischen Anschauung und Leervorstellung einführen, sondern diejenige zwischen Erfüllung im Fall einer Bildwahrnehmung und Erfüllung im Fall einer auf einem Zeichen, z. B. auf einem geschriebenen Wort begründeten Wahrnehmung.[76] Die Ungenauigkeit Husserls ist hier eine doppelte. Erstens versucht er, das Phänomen der Erfüllung anhand zweier sehr komplizierter Fälle zu erklären, ohne zuerst den Elementarfall der direkten Wahrnehmung ausgelegt zu haben.[77] Außerdem hat er hier seine wichtige, später noch zu erörternde Interpretation der Bildwahrnehmung, besser: des Bildbewußtseins, und ihrer besonderen Intentionalität noch nicht entwickelt. So bleibt seine Gegenüberstellung von Bild und Zeichen dem Anschein nach klar, tatsächlich aber ungenau und vor allem ohne große Bedeutung für die Theorie der Erfüllung. Zweitens vollzieht sich in seiner Darstellung (im Laufe des Paragraphen 15) eine gewisse Abweichung, durch welche Husserl von der ursprünglichen Auslegung der signitiven Intentionen im Modus der Erfüllung zu derer Deutung als leeren Intentionen übergeht. So bezeichnet er jetzt die signitiven Intentionen als „‚leer' und ‚der Fülle *bedürftig*,"[78], als mitgemeinte, „aber nicht selbst in die Erscheinung fallende Bestimmtheiten".[79] Solche Abweichung mangelt im Text der nötigen Rechtfertigung, so daß schließlich die Ausdifferenzierung der Leerintentionen in signitive und imaginative keine innere Notwendigkeit ausweisen kann.[80] Nicht umsonst gibt Husserl in seiner nachfolgenden Forschung den Begriff der signitiven Intentionen völlig auf, indem er ihn „für mehr als bedenklich" hält.[81]

Eine neue, konsistentere Auffassung der Leervorstellungen führt Husserl im achzehnten Paragraphen der *Analysen zur passiven Synthesis* durch. Dort untersucht er alle möglichen Gestalten der Leervorstellung aufgrund „der Grundgesetzlichkeit der Konstitution des ursprünglichen Zeitbewußtseins"[82], also nach einem

[76] Vgl. a. a. O., S. 586–588.
[77] Das hängt offenbar auch davon ab, daß Husserl in den *Logischen Untersuchungen* keine ausgesprochene Erkenntnistheorie, sondern eher eine logische, auf der Erörterung des Ausdrucks beruhende Theorie entfalten will.
[78] Hua XIX/2, S. 607.
[79] A. a. O., S. 610.
[80] Für eine spezifische Erörterung dieser Schwierigkeiten vgl. R. Bernet – I. Kern – E. Marbach, a. a. O., S. 112–113.
[81] *Ding und Raum*, Hua XVI, S. 55.
[82] Hua XI, S. 72.

„transzendentalen Leitfaden“ ihrer Erfindung. Allgemein bekannt ist die Grundbedeutung des Zeitbewußtseins im Rahmen der Husserlschen Phänomenologie:[83] „Es besteht, wie wir sagen können, in einem universalen formalen Rahmen, in einer synthetisch konstituierten Form, an der alle anderen möglichen Synthesen Anteil haben müssen.“[84] Alle Bewußtseinsereignisse kommen in diesem universalen formalen Rahmen vor, welcher darum ihre Form grundsätzlich mitkonstituiert.

Die Grundgesetzlichkeit des Zeitbewußtseins hat drei „Seiten“: Vergangenheit, Gegenwart, Zukunft. Nach diesen drei Zeitdimensionen differenziert sich also die Gattung Leervorstellung aus. Denken wir an den Erfüllungsprozeß, so ist der Fall der Zukunft am einsichtigsten. Innerhalb meines gesamten Erfahrungsfeldes nehme ich ein Haus wahr. Ich sehe nur die Vorderseite. Die anderen Seiten sind leer vorgestellt. Im Erfüllungsprozeß „gehe“ ich gleichsam um das Haus herum, um alle Seiten „anzuschauen“. Die Leervorstellungen veranschaulichen sich allmählich durch entsprechende Erfüllungen bzw. Enttäuschungen. In diesem Prozeß kennzeichnet sich jede Leervorstellung als eine „Protention“[85], d.h. als ein Zukunftshorizont, der nach einer anschaulichen Enthüllung strebt. Leervorstellungen „protendieren“ vorwärts in die Zukunft, indem sie die Gegenständlichkeit der künftigen Veranschaulichungen vorwegnehmen. Neben die Protention stellt Husserl die in die Gegenwart gerichtete, eventuell durch eine „Mitgegenwärtigung“ zu veranschaulichende „passive Intention“.[86] Sie ist jene Leervorstellung oder jener Aspekt des Leerhorizontes, nach welchem die aktuelle Anschauung einen

---

83 Vgl. die Vorlesungen *Zur Phänomenologie des inneren Zeitbewußtseins*, Hua X. Für einen synthetischen Blick vgl. R. Bernet – I. Kern – E. Marbach, a.a.O., S. 96–107. Ausführlichere Untersuchungen sind: K. Held, *Lebendige Gegenwart. Die Frage nach der Seinsweise des transzendentalen Ich bei Edmund Husserl, entwickelt am Leitfaden der Zeitproblematik*, Nijhoff, Den Haag 1966; G. Granel, *Le sens du temps et de la perception chez E. Husserl*, Gallimard, Paris 1968; K. B. Beils, *Transzendenz und Zeitbewußtsein. Zur Grenzproblematik des transzendental-phänomenologischen Idealismus*, Bouvier, Bonn 1987.

84 Hua XI, S. 125.

85 Vgl. a.a.O., S. 73.

86 Vgl. a.a.O., S. 76. Die sich in der Gegenwart abspielende Leervorstellung heißt für Husserl „passive Intention“, um sie von der Intention als allgemeine Bezeichnung für das aktive und passive, leere und anschauliche Bewußtsein zu unterscheiden.

Hof von leerem Mitgemeintem hat, welches nicht unbedingt in Zukunft zu veranschaulichen sein wird. Innerhalb meines gesamten Erfahrungsfeldes nehme ich eine Tür wahr. Indem ich sie als Tür wahrgenommen habe, habe ich mir auch einen hinter der Tür stehenden Raum leer vorgestellt, obwohl meine Kinästhesen sich jetzt faktisch in eine ganz andere Richtung orientieren. Leervorstellungen „intendieren" also etwas in der Gegenwart, aber „passiv", ohne einen bewußten Akt zu vollziehen. Die dritte Leervorstellungsart ist endlich die „Retention".[87] Eine Anschauung verschwindet nach ihrem Ablauf nicht. Das soeben Angeschaute bleibt „in unanschaulicher Weise ‚noch' bewußt"[88], der „impressionalen Gegenwart" schließt sich ein Vergangenheitshorizont an, in welchem das soeben Gewesene zwar noch intendiert, aber nicht mehr angeschaut wird. Leervorstellungen „retinieren" das Vergangene in einem unanschaulichen „Noch-Bewußtsein".[89]

Protention, passive Intention und Retention sind also die drei Formen der Leervorstellung. Der Leerhorizont besteht aus Intentionen, welche jeweils eine Gegenständlichkeit der Zukunft, eine abwesend gegenwärtige Gegenständlichkeit oder eine schon angeschaute, jetzt aber „entgegenwärtigte" Gegenständlichkeit meinen. Ihre Unterscheidung betrifft darum hauptsächlich die zeitliche Orientierung. Husserl betont aber, daß die Retention sich von den anderen Leervorstellungen durch einen Wesenscharakter unterscheidet. Während passive Intentionen und Protentionen „intendierende" Leervorstellungen, also ursprünglich auf einen Gegenstand gerichtete, assoziative Synthesen sind, bleiben die Retentionen auch in dieser Hinsicht leer. Sie „entspringen nicht durch eine von der Impression her rückwärts gerichtete assoziative Weckung und haben also nicht in sich eine von dort ausstrahlende Richtung auf die leer vorstellige Vergangenheit. [...] Nur in der protentionalen Linie der ursprünglichen Zeitkonstitution waltet Assoziation."[90] Das heißt mit anderen Worten, daß Retentionen „keinen intentionalen Charakter" haben.[91] In ihnen gibt es

[87] Vgl. a.a.O., S. 72.
[88] Ebd.
[89] Der Retentionsbegriff ist bekanntlich viel komplizierter und bedeutungsvoller als hier angedeutet. Vgl. dazu unten, §§ 25b und 26.
[90] Hua XI, S. 77. Zur Assoziationslehre vgl. a.a.O., S. 117–191 und E. Holenstein, a.a.O.
[91] Hua XI, S. 77.

keine assoziative Synthese, keinen Richtungsstrahl; kein Ich-Blick ist auf den Gegenstand gerichtet. Erst durch die Umwandlung in eine Assoziation (passive Intention bzw. Protention) kann das retentional Vorstellige wieder als Gegenstand „intendiert“ werden. Darum sind Retentionen Leervorstellungen, die als solche, also ohne eine gewisse Umwandlung in entsprechende passive Intentionen bzw. Protentionen, keine Erfüllung haben können.

§25. Gliederung der Anschauungen

Wir haben in Paragraph 22 die Evidenz als Funktion der gegenseitigen Ausgedehntheit von anschaulichen und leeren Momenten im Gesamtakt bezeichnet. Jetzt soll dieser Gedanke ergänzt und vertieft werden.

Wie Husserl sagt, könnte hier ein mögliches Mißverständnis entstehen: „Erfüllung, möchte man denken, ist doch Veranschaulichung.“[92] Man könnte denken, daß es auf der Seite der Anschauungen keine weitere oder die Evidenzfunktion betreffende Gliederung gäbe. Husserl zeigt dagegen durch ausführliche Analysen, daß es mehrere Erlebnisweisen gibt, die zwar den Gegenstand veranschaulichen, indem sie ihn in seiner gegenständlichen Bestimmtheit vorstellen; die aber keine Erkenntnisfülle schaffen, da diese Bestimmtheitenvorstellung die volle Leibhaftigkeit des Selbstgegebenen noch nicht erreicht. Demnach hängen also *die Stufen in der Evidenzgewinnung nicht nur vom Anteil der anschaulichen Momente, sondern auch vom Selbstheitsgrad der Gebung ab*, welche die anschaulichen Momente vollziehen.

Der Grund dieser Vertiefung der Weisen des Anschauens liegt in der Unterscheidung zwischen dem „gegenständlichen Sinn“ und seinen „verschiedenartigen Vorstellungen“.[93] Wenn etwas erscheint, kann sich dasselbe Erscheinende gerade mit diesen und jenen identischen Charakteren als ihrem gegenständlichen Sinn nach sehr verschiedene Arten von Erfahrung geben. Ideell kann z. B. derselbe Baum vom selben Gesichtspunkt aus im selben Erscheinungsaugenblick wahrgenommen, eingebildet oder erinnert werden. „Einmal ist das Erscheinende charakterisiert als ‚leib-

---

92 *Analysen zur passiven Synthesis*, Hua XI, S. 68.
93 Vgl. *Ideen I*, Hua III/1, S. 210, 233.

hafte Wirklichkeit', das andere mal als Fiktum, dann wieder als Erinnerungsvergegenwärtigung usw."[94] Das bedeutet aber, daß derselbe intendierte Gegenstand in verschiedenen Weisen veranschaulicht werden und so zur Gegebenheit kommen kann: „Gegenüber dem identischen ‚erscheinenden Baum als solchen' mit dem identischen ‚objektiven' Wie des Erscheinens verbleiben die von Anschauungsart zu Anschauungsart und nach sonstiger Vorstellungsart wechselnden Unterschiede der *Gegebenheitsweise.*"[95]

Nun soll diese Gliederung der Anschauungen in Betracht genommen und näher charakterisiert werden.[96] In der Phänomenologie Husserls finden sich drei Grundrichtungen, nach welchen die anschaulichen Akte, genauer die anschaulichen Momente innerhalb des Gesamtflusses des Bewußtseins, in verschiedene „Reihen"[97] auszudifferenzieren sind. Es gibt erstens die „Modalisierung" der Setzungsqualitäten und ihre Modifikation in Quasi-Setzungsqualitäten, nach welcher sich die Anschauungen in setzende und neutralisierte gliedern. Es gibt zweitens die zeitliche Differenzierung der Gegebenheitsweisen, nach welcher sich die Anschauungen als Gegenwärtigung und Weisen der Vergegenwärtigung unterscheiden. Drittens gibt es die Gegenüberstellung zwischen Originarität und Nichtoriginarität der Gegebenheit, nach welcher sich die Anschauungen bezüglich Selbstgebung und bloßer Gebung unterscheiden. Diese drei Grundrichtungen stehen nicht bloß nebeneinander, sondern zeigen Verknüpfungen und Verflechtungen auf verschiedenen Ebenen.[98]

a) Setzung und Neutralisierung

Betrachten wir eine Anschauung, z. B. eine Wahrnehmung irgendeines gegenständlichen Moments im gesamten Wahrnehmungsfeld. Die in der Wahrnehmung angeschaute Gegenständlichkeit ist normalerweise als seiend „gesetzt". Wir glauben, daß sie da und so ist, wie sie sich uns gibt. Dessen sind wir gewiß, passiv zwar,

---

[94] A. a. O., S. 210.
[95] A. a. O., S. 233.
[96] Vgl. a. a. O., S. 211; *Analysen zur passiven Synthesis*, Hua XI, S. 68.
[97] Vgl. *Ideen I*, Hua III/1, S. 233.
[98] Vgl. a. a. O., S. 234; Hua XXIII, S. 289–290, 298, 311, 464–470.

ohne jede Mitbeteiligung irgendwelchen aktiven Urteilens.[99] Das ist der Normalfall der Wahrnehmung: der Fall der Gewißheit. Nicht jede Wahrnehmung setzt aber ihren Gegenstand als „mit Gewißheit da und so seiend". Oft nehmen wir etwas z. B. von weitem als nur „wahrscheinlich so" wahr. Ein Gegenstand gibt sich uns als „wahrscheinlich ein Baum" oder „möglicherweise ein Baum" usw.[100] Diese Sachlage wird von Husserl genau beschrieben: „Die Weise des *‚gewissen' Glaubens* kann übergehen in diejenige bloßer *Anmutung* oder *Vermutung* oder der *Frage* und des *Zweifels*; und je nachdem hat nun das Erscheinende [...] die *Seinsmodalitäten* des *‚möglich'*, des *‚wahrscheinlich'*, des *‚fraglich'*, des *‚zweifelhaft'* angenommen."[101] Nach der Husserlschen Phänomenologie ist dies die „Modalisierung", welche in den Anschauungen stattfindet. Jede Anschauung ist entweder eine Seinssetzung oder eine Modalisierung, die als Modifikation des Seinscharakters fungiert. Dies gilt unabhängig vom Anschauungstyp. Jede Wahrnehmung setzt ihren Gegenstand entweder als wirklich oder als wahrscheinlich usw. da und so seiend. Entsprechendes gilt aber auch für jede mögliche Erinnerung, Erwartung und Einbildung desselben Gegenstandes.[102] In jeder Anschauungsweise kann sich das Sein nach den Modi des „möglich", des „wahrscheinlich" usw. modifizieren. Für uns bedeutet das folgerichtig, daß die noch so wichtige Husserlsche Modalisierungslehre für die Gliederung der anschaulichen Akte nicht entscheidend ist. Wahrnehmung, Erinnerung und Imagination unterscheiden sich gegeneinander nicht aufgrund verschiedener Modalitäten in der Seinssetzung, sondern durch eine andere Modifikation, innerhalb derer die Möglichkeit

---

[99] Vgl. *Ideen I*, Hua III/1, S. 238–240; *Analysen zur passiven Synthesis*, Hua XI, S. 65.

[100] Vgl. *Ideen I*, Hua III/1, S. 239–240: „Zum Beispiel: ein wahrgenommener Gegenstand steht zunächst in schlichter Selbstverständlichkeit da, in Gewißheit. Plötzlich werden wir zweifelhaft, ob wir nicht einer bloßen ‚Illusion' zum Opfer gefallen sind, ob das Gesehene, Gehörte u. dgl. nicht ‚bloßer Schein' sei. Oder das erscheinende behält seine Seinsgewißheit, aber wir sind hinsichtlich irgendeines Beschaffenheitskomplexes unsicher. Das Ding ‚mutet sich' als Mensch ‚an'. Dann stellt sich eine Gegenanmutung ein, es könnte ein bewegter Baum sein, der im Waldesdunkel ähnlich wie ein sich bewegender Mensch aussieht. Aber nun wird das ‚Gewicht' der einen ‚Möglichkeit' erheblich größer, wir entscheiden uns für sie etwa in der Weise, daß wir bestimmt vermuten: ‚es war jedenfalls doch ein Baum'."

[101] *Ideen I*, Hua III/1, S. 239. Vgl. *Logik*, Hua XVII, S. 242.

[102] Vgl. *Analysen zur passiven Synthesis*, Hua XI, S. 65.

der Modalisierung wieder vorkommt und welche jetzt zu erörtern ist.[103]

Für unsere Problematik ist in diesem Zusammenhang der Begriff der Seinssetzung relevant. Alle Modifikationen der Seinssetzung sind eben Modifikationen, d.h. Modi einer allgemeinen Erlebnisform. Die Form „Setzung" hat die Glaubensgewißheit als „unmodalisierte Urform"[104] sowie mehrere Modifikationen derselben. Selbst die Verneinung ist eine Modalform der Setzung.[105] Jede Verneinung ist Verneinung von etwas. Als solche setzt sie etwas als „nicht da bzw. so seiend". Die Verneinung kann einen Charakter des gegenständlichen Sinnes, nämlich den Seinscharakter, erst durch die Setzung desselben Sinnes verneinen. Oder, was dasselbe ist, sie kann gewisse Inhaltsbestimmungen einer phänomenologischen Gegenständlichkeit erst dadurch verneinen, daß sie die „Existenz" der Gegenständlichkeit selber als gegebene „Existenz" setzt.[106] Allgemein gesagt geschieht in jeder Modifikation des Setzungscharakters eine Durchstreichung der Urgewißheit. Der Gegenstand ist nicht mehr „wirklich" da, sondern nur „wahrscheinlich", „vermutlich" usw. Die in den Modi der Ungewißheit modalisierte Setzung der Sinnesexistenz bleibt aber jetzt bestehen; der wahrscheinliche bzw. vermutliche usw. Gegenstand ist ohne weiteres da.[107] Modalisierungen sind also Modifikationen innerhalb der Setzungsqualität.

Der Setzungsqualität steht aber eine „Nichtsetzungsqualität" gegenüber. Modalisieren sich alle Anschauungen nach den verschiedenen Glaubensmodifikationen, so tun sie das entweder in

---

[103] Vgl. *Zeitbewußtsein*, Hua X, S. 103. Zur Modalisierungslehre in der Phänomenologie Husserls vgl. *Analysen zur passiven Synthesis*, Hua XI, S. 25–64 (bzw. EU, S. 93–112, 354–380); F. Belussi, *Die modaltheoretischen Grundlagen der Husserlschen Phänomenologie*, Alber, Freiburg/München 1990. Belussis Absicht ist eben zu beweisen, daß es zwischen anschaulichen Gegebenheitsweisen und doxischen (setzenden, positionalen, thetischen) Modalisierungen keine Wesensbeziehung gibt.

[104] *Ideen I*, Hua III/1, S. 240.

[105] Vgl. a.a.O., S. 243–244.

[106] Hier fällt auf, daß bei Husserl mindestens zwei Seinsbegriffe vorkommen. Ich versuche, beide Begriffe durch die Unterscheidung zwischen „Sein" und „Existenz" getrennt zu halten. Eine später zu vollziehende, genauere Erörterung der Unterscheidung zwischen Sein und Sinn wird sich in dieser Hinsicht für unsere Untersuchung als besonders fruchtbar erweisen. Vgl. dazu unten, §46.

[107] Vgl. *Ideen I*, Hua III/1, S. 242–243.

voller Kraft oder durch Aufhebung ihrer Geltung. Ein Baum kann als *wirklich* da und so *seiend* wahrgenommen werden. Dann sind wir davon überzeugt, erstens, daß der Baum wirklich da und so ist, und zweitens, daß der da und so wirklich seiende Baum wirklich uns gegeben ist. Derselbe Baum kann aber auch als *wahrscheinlich* da und so *seiend* wahrgenommen werden. Dann sind wir erstens davon überzeugt, daß der Baum bloß wahrscheinlich da und so ist, und schließlich, daß der da und so bloß wahrscheinlich seiende Baum wirklich uns als „wahrscheinlich da und so" gegeben ist. Ferner kann unser Baum als wirklich da und so seiend nicht wahrgenommen, sondern „bloß gedacht" werden. Auch dann sind wir davon überzeugt, daß der Baum wirklich da und so wäre, wenn wir ihn wahrnähmen, des weiteren aber, daß der da und so wirklich seiende Baum uns eigentlich nicht gegeben, sondern von uns eben nur „bloß gedacht" ist. Dieses „bloß denken" soll dennoch mit dem leer vorstelligen „Denken" nicht verwechselt werden. Dort handelte es sich um ein Denken ohne Veranschaulichung, um ein Gegenstandsbewußtsein, in dem alle gegenständlichen Bestimmtheiten fehlen; hier dagegen um eine Veranschaulichung des vollen Gegenstandes, die aber den Gegenstand nicht setzt, sondern dahingestellt sein läßt. Es geht hier eigentlich um ein Sich-denken, um eine anschauliche Vorstellung, die den gegenständlichen Sinn ohne entsprechende Setzung darstellt. Selbstverständlich kann darum der Gegenstand (unser Baum) auch als wahrscheinlich da und so seiend „bloß gedacht" werden. Auch hier sind wir zunächst davon überzeugt, erstens daß der Baum nur wahrscheinlich da und so wäre, wenn wir ihn wahrnähmen, sodann aber, daß der da und so wahrscheinlich seiende Baum uns eigentlich nicht gegeben, sondern von uns eben nur „bloß gedacht" ist. Die Modifikation des „bloßen Denkens" kann also auf alle Glaubensmodifikationen ausgedehnt werden. Der Baum könnte sogar als da bzw. so *nicht-seiend* „bloß gedacht" werden. Abermals wären wir überzeugt, daß entweder ein Baum nicht in dieser gegebenen Weise seiend wäre, wenn wir ihn wahrnähmen, oder daß dieser gegebene Baum in einer Wahrnehmung als nicht-seiend gesetzt werden sollte; und wiederum, daß der da oder so nicht-seiende Baum uns eigentlich nicht gegeben ist, sondern von uns eben nur „bloß gedacht".

Wir fassen diese Sachlage nur zusammen, wenn wir mit Husserl sagen, daß diese Modifikation des „bloßen Sich-denkens" eine „völlig isolierte Stellung einnimmt", also keineswegs mit den

Glaubensmodi „in eine Reihe“ gestellt werden darf.[108] Husserl gibt eine deutliche Beschreibung dieser Modifikation des bloßen Sich-denkens: „Es handelt sich uns jetzt um eine Modifikation, die jede doxische Modalität, auf die sie bezogen wird, in gewisser Weise völlig aufhebt, völlig entkräftet – aber in total anderem Sinne wie die Negation, die zudem, wie wir sahen, im Negat ihre positive Leistung hat, ein Nichtsein, das selbst wieder Sein ist. Sie durchstreicht nicht, sie ‚leistet‘ nichts, sie ist das bewußtseinsmäßige Gegenstück alles Leistens: dessen *Neutralisierung*.“[109]

Durch die Neutralitätsmodifikation entsteht eine Bewußtseinsweise, nämlich die „apositionale“[110] Vorstellung, in welcher der Gegenstand nur als Fiktum veranschaulicht wird. Sie ist eine von den setzenden Anschauungen prinzipiell verschiedene Anschauungsweise, so daß *alle Anschauungen wesensgemäß entweder setzende, positionale oder neutralisierte, apositionale Akte sind.*[111] In den *Logischen Untersuchungen* (1901) nannte Husserl die Neutralitätsmodifikation eine „qualitative“ und erörterte die Schwierigkeiten, die durch die übliche Betrachtungsweise entstehen, welche sie als eine den fürwahrhaltenden Akten gegenüberstehende, *einbildende* Modifikation zu deuten versucht.[112] In den Manuskripten der Jahre 1910–1912, die in den Veroffentlichungen über die Phänomenologie des inneren Zeitbewußtseins („Husserliana“ X) und über die Phänomenologie der Phantasie („Husserliana“ XXIII)

---

[108] Vgl. a.a.O., S. 247.

[109] A.a.O., S. 247–248. Vgl. EU, S. 361–362: „Stehen wir auf dem Boden der Erfahrungswirklichkeit, das heißt, erfahren wir wirklich und haben also eine Wirklichkeit im Modus der Gewißheit, und ergeben sich von da aus Widerstreite, Zweifel, Vermutlichkeiten und Wahrscheinlichkeiten, so sind das alles Wirklichkeiten, *wirkliche* Möglichkeiten, *wirkliche* Vermutlichkeiten usw. Leben wir aber in der Theateraufführung eines neuen Stückes, so ergeben sich ‚im Bilde‘, ‚im Stücke‘, in der Fiktion, die zur Darstellung kommt, Vermutlichkeiten für das künftige Handeln des Helden, Wahrscheinlichkeiten, Zweifel, die alle somit den modifizierten Charakter der Fiktion haben.“ Zur Neutralitätsmodifikation vgl. M. M. Saraiva, a.a.O., S. 175ff.; I. Kern, *Idee und Methode der Philosophie. Leitgedanken für eine Theorie der Vernunft*, de Gruyter, Berlin/New York 1975, S. 146–151.

[110] Das Wort „Apositionalität“ wurde unter anderen von Belussi in Bezug auf das Husserlsche Wort „Quasi-Positionalität“ (z.B. *Cartesianische Meditationen*, Hua I, S. 94) angewandt (vgl. F. Belussi, a.a.O., S. 251). Seine Unterscheidung zwischen Apositionalität und Quasi-Positionalität nehme ich aber nicht auf (vgl. unten, §40f).

[111] Vgl. *Ideen I*, Hua III/1, S. 261–262.

[112] Vgl. Hua XIX/1, S. 505–514.

aufgenommen wurden, machte Husserl dagegen von der Gegenüberstellung Aktualität/Inaktualität Gebrauch.[113] Mit dem ersten Buch der *Ideen* (1913) setzte sich der Gebrauch des Neutralitätsbegriffs durch.[114] In den *Cartesianischen Meditationen* (1929) findet sich schließlich die terminologische Anwendung des Wortes „Quasi-Positionalität".[115] In allen diesen Fällen ist aber immer dasselbe Phänomen Thema: „setzungslose Akte"[116], d.h. Akte, in welchen der Setzungscharakter zwar weiterhin besteht, aber „kraftlos" geworden ist.[117]

b) Gegenwärtigung und Vergegenwärtigung

Mit der Modalisierung von Positionalität und Apositionalität kreuzt sich nach Husserl eine zweite Grundweise der Aussonderung der Anschauungen. Wie im Falle der Leervorstellungen, gliedern und strukturieren sich auch Anschauungen nach der Grundgesetzlichkeit der Konstitution des Zeitbewußtseins. Betrachten wir die Sache von Seite des noematischen Korrelats aus: Eine Gegenständlichkeit kann zeitlich verschiedenartig veranschaulicht werden. Im aktuellen Erlebnis gibt sich die noematische Gegenständlichkeit entweder als jetzt gegenwärtige, als schon gewesene (vergangene), oder auch als noch nicht gewesene (zukünftige). Für die Erinnerung bedeutet dies etwa: Ein Gegenstand gibt sich anschaulich, ist nicht nur leer vorgestellt, sondern eben in einer „Perspektive" angeschaut und nach irgendeinem Seinsmodus gesetzt.

---

113 Vgl. Hua X, S. 101–107; Hua XXIII, S. 253–254, 287–288, 294–295, 298–299, 321, 333–334. Dazu auch das unveröffentlichte Manuskript A VI 5. Dieser Sprachgebrauch scheint vom Anfang Februar 1910 zu stammen (vgl. Hua XXIII, S. 263, 298). Später diente Husserl das Wortpaar Aktualität/Inaktualität dazu, ein ganz anderes Phänomen zu bezeichnen (vgl. *Ideen I*, Hua III/1, S. 72–73, 213).

114 Vgl. *Ideen I*, Hua III/1, S. 247–248; *Analysen zur passiven Synthesis*, Hua XI, S. 97; Hua XXIII, S. 504; EU, S. 200ff.

115 Vgl. Hua I, S. 94. Eine interessante Bemerkung dazu findet sich in Hua XXIX, S. 424–425.

116 *Logische Untersuchungen*, Hua XIX/1, S. 510.

117 Vgl. *Ideen I*, Hua III/1, S. 248, 254–255. Deswegen bin ich mit Belussi nicht einer Ansicht, wenn er „drei Ebenen in der Entwicklung des Husserlschen Neutralitätsbegriffs" unterscheidet (vgl. F. Belussi, a.a.O., S. 251 Anm.). Die Unterschiede, die er zwischen solchen „Ebenen" feststellt, sind meiner Meinung nach verschiedene Gesichtspunkte, von welchen aus dieselbe Sachlage beschrieben wird.

Trotzdem ist er ganz anders gegeben als in der Wahrnehmung desselben Gegenstandes. In der Wahrnehmung ist der Gegenstand da, er steht hier vor unseren Augen. „Wahrnehmung ist hier der Akt, der etwas als es selbst vor Augen stellt, der Akt, der das Objekt *ursprünglich konstituiert*."[118] In der Erinnerung ist der Gegenstand zwar da und in diesem Sinne gegenwärtig, steht aber nicht vor unseren Augen. Er ist ver-gegenwärtigt in der Gegenwart als ein nicht mehr Gegenwärtiges. Erinnerung ist eine „*Vergegenwärtigung*, Re-Präsentation, als der Akt, der ein Objekt nicht selbst vor Augen stellt, sondern eben *vergegenwärtigt*".[119]

Was nun von der Erinnerung gesagt wurde, gilt nach Husserl als allgemeines Gesetz für alle Anschauungen: „Jedem gegenwärtigen und gegenwärtigenden Bewußtsein entspricht die ideale Möglichkeit einer genau entsprechenden Vergegenwärtigung *von* diesem Bewußtsein. Dem impressionalen Wahrnehmen entspricht die Möglichkeit einer Vergegenwärtigung von ihm, dem impressionalen Wünschen eine Vergegenwärtigung von ihm usw."[120]

Man merkt sofort, daß „Gegenwart" hier mehrdeutig vorkommt[121], und daß die Rede von „Gegenwärtigung" eine Präzisierung benötigt. „Gegenwärtig" heißt in der alltäglichen Sprache „jetzt seiend". Gegenwärtig ist alles, was jetzt existiert, unabhängig davon, daß es wahrgenommen werde oder nicht. In der phänomenologischen Betrachtung sieht die Sache aber ganz anders aus. Hier ist streng genommen nur das aktuelle Erlebnis und das in ihm erlebte noematische Korrelat „gegenwärtig". Die hinter mir stehende Tür, die ich jetzt nicht sehe, ist zwar für mich in der natürlichen Einstellung da, obwohl ich sie eben nicht sehe, gehört aber meiner phänomenologischen Gegenwart nicht an, wenn sie sich nicht irgendwie gibt: Phänomenologisch gesehen könnte sie auch nicht mehr da sein, wenn ich sie nicht als Bewußtseinsobjekt habe. Wir haben also einerseits die Gegenüberstellung Gegenwart – nicht Gegenwart in der transzendenten Zeit, d.h. jetzt seiend – nicht jetzt seiend, die sich in der Phänomenologie als Inhalt des

---

118 *Zeitbewußtsein*, Hua X, S. 41.

119 Ebenda. Vgl. *Ideen I*, Hua III/1, S. 233–234; *Krisis*, Hua VI, S. 107–108; *Logische Untersuchungen*, Hua XIX/1, S. 44.

120 *Zeitbewußtsein*, Hua X, S. 88–89. Vgl. M.M. Saraiva, a.a.O., S. 116ff.; R. Bernet – I. Kern – E. Marbach, a.a.O., S. 134–136; E. Fink, *Studien zur Phänomenologie*, a.a.O., S. 19–45.

121 So auch E. Fink, *Studien zur Phänomenologie*, a.a.O., S. 51.

noematischen Sinnes zeigt, andererseits dieselbe Gegenüberstellung im Zeitbewußtsein. Beide Gegenüberstellungen weisen andere Bedeutungen auf. Im Fall des immanenten Zeitbewußtseins ist kein äußerer Gegenstand als solcher gegenwärtig, sondern nur das entsprechende Noema als Korrelat eines Bewußtseinsaktes. Gegenwärtige Akte können aber sowohl Wahrnehmungen als etwa auch Wiedererinnerungen sein. Diese letzten sind gegenwärtige Akte, die einen vergangenen Akt vergegenwärtigen. In beiden Fällen (Wahrnehmung und Wiedererinnerung) sind die noematischen Korrelate gegenwärtig, obwohl der Gegenstand im Fall der Wiedererinnerung mit dem Kennzeichen der Vergangenheit als transzendentes Nichtgegenwärtigsein erscheint. Mit anderen Worten könnten wir auch sagen, daß nicht Gegenwärtiges keine reelle, sondern nur eine intentionale Komponente des Bewußtseins ist. Demzufolge stellt sich ferner die Gegenwart im immanenten Zeitbewußtsein nicht der Vergangenheit bzw. Zukunft gegenüber, sondern einem „nicht vor Augen Stehen“, „nicht selbst Gegeben-Sein“. Statt „Gegenwart“ sollte man darum eher „Anwesenheit“ sagen – ein Wort, das bei Husserl kaum vorkommt.[122] Vergegenwärtigung heißt hingegen *„gegenwärtig machen“, ohne „anwesend zu machen“*. Das Vergegenwärtigte wird in der Gegenwart veranschaulicht, nicht aber anwesend gemacht. Nur aufgrund dieser Sachlage kann Husserl, wie wir bald sehen werden, von einer Gegenwarts-Vergegenwärtigung sprechen. Denn das nicht Anwesende, d.h. nicht vor Augen Stehende, kann trotzdem als eine in der Gegenwart stehende Gegenständlichkeit veranschaulicht werden: Ich kann die hinter mir stehende, nicht vor Augen anwesende Tür als eine eben nicht anwesende aber gegenwärtige Tür veranschaulichen. Oder phänomenologisch streng gefaßt: Das sich als gegenwärtig Gebende kann sich manchmal als anwesend, ein anderes Mal als abwesend geben. *Hierin gründet die Möglich-*

[122] Anwesenheit steht in diesem Zusammenhang für *hic et nunc*, Gegenwart bloß für *nunc*, wobei in der Phänomenologie der Raum ein rein intentionales Moment ist, die Zeit aber ein bewußtseinskonstituierendes – so daß aller Sinn gegenwärtig sein muß, wenn er überhaupt sein will, nicht aber unbedingt anwesend. Zum Anwesenheitsbegriff in Husserl vgl. R. Bernet, *Die ungegenwärtige Gegenwart. Anwesenheit und Abwesenheit in Husserls Analyse des Zeitbewußtseins*, in: *Zeit und Zeitlichkeit bei Husserl und Heidegger*, hrsg. von E. W. Orth, Alber, Freiburg/München 1983, S. 16–57.

keit, die Vergegenwärtigung nach den drei Zeitdimensionen weiter aufzugliedern.

Bevor wir aber zur Gliederung der Vergegenwärtigungen übergehen, versuchen wir, uns dieses Phänomen etwas genauer zu verdeutlichen. Aus den oben angeführten Stellen bei Husserl lassen sich für den Unterschied zwischen Gegenwärtigung und Vergegenwärtigung zwei Gründe anführen. Erstens fällt Gegenwärtigung mit Selbstgebung zusammen, während Vergegenwärtigung ein „nicht vor Augen stehen" darstellt. Zweitens bezeichnet Husserl die Vergegenwärtigung als eine Reproduktion und meint damit, daß die Vergegenwärtigung immer Wiederveranschaulichung eines schon vollzogenen Aktes ist. Beide Aussagen, welche die Husserlsche Auslegung in den Zeitvorlesungen und in *Ideen I* ausmachen, gehen zusammen. Beide sind aber bedenklich. Zunächst scheinen sie sehr deutlich: Gegenständlichkeiten geben sich ursprünglich dem Bewußtsein durch ihre Anwesenheit, d.h. aber durch eine originär gebende Wahrnehmung („originäre Konstitution"), aufgrund welcher die Vergegenwärtigung von nicht gegenwärtigen Gegenständlichkeiten erst möglich wird. Vergegenwärtigungen wären also ihrem Wesen nach Reproduktionen und von da her im strengen Sinne „Modifikationen" von originär gebenden Wahrnehmungen: „Die Vergegenwärtigung weist zurück auf Wahrnehmung in ihrem eigentlichen phänomenologischen Wesen: z.B. das Sich-erinnern an Vergangenes impliziert, wie wir schon früher bemerkt haben, das ‚Wahrgenommenhaben'; also in gewisser Weise ist die ‚entsprechende' Wahrnehmung (Wahrnehmung von demselben Sinneskern) in der Erinnerung bewußt, aber doch nicht wirklich in ihr enthalten."[123] Das mag für die Erinnerung sehr deutlich sein, ergibt aber Schwierigkeiten, wenn man denselben Grundsatz auf die anderen Formen der Vergegenwärtigung auszudehnen versucht. Wie kann man eine Gegenwarts-Vergegenwärtigung als eine Reproduktion verstehen? Was wird hier reproduziert; eine vorige Wahrnehmung derselben Gegenständlichkeit? Dann handelt es sich um eine Erinnerung. Eine aktuell mögliche Wahrnehmung? Dann handelt es sich um keine eigentliche Reproduktion eines Aktes.[124] Die Kennzeichnung der Verge-

---

[123] *Ideen I*, Hua III/1, S. 233. Vgl. auch P. Vandevelde, *Vergegenwärtigung et présence originale chez Husserl. Le rôle de l'articulation langagière*, in: „Recherches husserliennes", 1996, Nr. 6, S. 91–116.

[124] Dieser Schwierigkeit war Husserl selbst bewußt. Er faßte seine hier bespro-

genwärtigung als Reproduktion paßt zu der Wiedererinnerung, nicht aber zu den anderen Anschauungsformen, die ein nicht vor Augen Stehendes veranschaulichen. Der Zusammenhang der beiden Charaktere läßt sich nicht beweisen. Husserl selbst widerspricht implizit seiner eigenen Auffassung der Vergegenwärtigungen als Reproduktionen, wenn er in den zwanziger Jahren behauptet, daß neben der Wahrnehmung auch die Wiedererinnerung ein selbstgebendes Bewußtsein sein kann.[125] Diese Behauptung wäre in seine hier erörterte Theorie nicht einfügbar, da das Kennzeichen „Reproduktion" die Möglichkeit einer erfüllenden Selbstgebung wesentlich ausschließt.[126] Das soll aber unten (§ 25d) wieder in Betracht gezogen werden. Was unser gegenwärtiges Problem angeht, so besteht es darin, daß in dieser Hinsicht meine oben dargestellte Auslegung womöglich einen deskriptiven

---

chene Theorie in der Formel zusammen: $V_a=R(W_a)$. Die Vergegenwärtigung von (a) ist die Reproduktion der Wahrnehmung von (a) (dazu vgl. etwa R. Bernet – I. Kern – E. Marbach, a. a. O., S. 134–136). Diese Formel, die von Edith Stein und Martin Heidegger im Text der damals zu veröffentlichenden Vorlesungen über das innere Zeitbewußtsein als Beilage XII eingefügt wurde (vgl. Hua X, S. 126–130), stammt aus einem Forschungsmanuskript, das erst Eduard Marbach im Husserliana-Band über *Phantasie, Bildbewußtsein, Erinnerung* vollständig veröffentlicht hat (vgl. Hua XXIII, S. 301–312). Gerade der Zusammenhang dieser Theorie läßt aber ihre Bedenklichkeit erscheinen. Husserl bemerkt zunächst, daß Erinnerung „die merkwürdige Eigentumlichkeit" hat, „daß sie auch Vergegenwärtigung der Wahrnehmung ist, und nicht nur Vergegenwärtigung des Wahrgenommenen" (Hua XXIII, S. 305–306). Sofort fügt er aber ein: „Dagegen gilt das nicht von allen Reproduktionen [Vergegenwärtigungen]. Die Reproduktion meiner Umgebung (die ich jetzt nicht sehe) vergegenwärtigt diese Umgebung. Aber vergegenwärtigt sie auch die Wahrnehmung? […] Das ist schwer verständlich" (Hua XXIII, S. 306). Das alles macht für ihn eine gewisse Schwierigkeit aus, die er in diesem Text nicht zu lösen versucht. Im Gegenteil: Erst dank einer Einklammerung der Schwierigkeit kann er seine Auslegung der Vergegenwärtigung als Reproduktion durchführen. Er schreibt nämlich weiter: „Also da sind schon Schwierigkeiten. Denken wir sie voll geklärt. Dann haben wir also jeder Wahrnehmung entsprechende reproduktive Modifikationen, welche Vergegenwärtigungen ihres Gegenstandes und in gewisser Weise auch solche von ihr selbst ausmachen" (ebd.). Diese Aussetzung der Schwierigkeit spielt ständig in Husserls Darstellung seiner Reproduktionstheorie hinein.

125 Vgl. etwa *Analysen zur passiven Synthesis*, Hua XI, S. 365–383. In einem Manuskript der zwanziger Jahre schreibt Husserl paradoxerweise: „Jede Wiedererinnerung ist ebensogut eine Wahrnehmung des Zeitobjekts als die ursprüngliche Wahrnehmung desselben in seiner Präsenz" (Hua XXIII, S. 557).

126 Vgl. *Ideen I*, Hua III/1, S. 11: „Originäre Erfahrung haben wir von den physischen Dingen in der ‚äußeren Wahrnehmung', aber nicht mehr in der Erinnerung oder vorblickenden Erwartung."

Vorteil aufweist. Ich versuchte nämlich dieselbe Sachlage aufzufassen, indem ich soeben sagte, daß, sobald ein Gegenstand als *anwesend* erfaßt, der betreffende veranschaulichende Akt Wahrnehmung genannt wird. Wird dagegen ein Gegenstand als *abwesend* erfaßt, so ist der entsprechende Akt als Vergegenwärtigung bezeichnet. Das ist eine phänomenologische Deskription, da Anwesenheit bzw. Abwesenheit eines Gegenstandes einen rein deskriptiven Inhalt seiner noematischen Gegebenheit darstellt, wobei das eventuelle Vorausgehen einer Wahrnehmung noch völlig offen bleibt und der Selbstgebungscharakter einer anderen Modalisierungsreihe folgt.

Näher gesehen setzt dieser Versuch eine Umwandlung des Gesichtspunktes voraus. Wir müssen hier eine streng phänomenologische Haltung einnehmen und das Bewußtsein in seiner Flußstruktur berücksichtigen. Von Reproduktion im gewöhnlichen, noetischen Sinne darf also keine Rede sein, insofern je nur ein Akt gegenwärtig sein kann, es unmöglich ist, sich hierbei eines Reproduktionsverhältnisses bewußt zu werden. Wie kann sich die aktuelle Wiedererinnerung als Reproduktion einer vorigen Wahrnehmung erweisen, wenn die vorige Wahrnehmung nicht anders als durch dieselbe Wiedererinnerung gegeben sein kann? „Reproduktion" kann vielmehr nur heißen: Im jetzigen Bewußtseinsfluß charakterisiert sich ein Erscheinendes als „Vergangenes und damals Wahrgenommenes". Dann nennen wir die entsprechende Noesis eine Wiedererinnerung. Daß sie aber tatsächlich eine Vergegenwärtigung eines schon vollzogenen Aktes sei, bleibt eine unrechtfertigbare Annahme der natürlichen Einstellung.[127] Die Vergegenwärtigung der angeblich ursprünglichen Wahrnehmung bezieht sich also nicht auf die noetische Bestimmung „Wahrnehmung" als die Urquelle des noematischen Sinnes, sondern auf die noematische Bestimmung „Wahrgenommensein" als außerdem zeitlich modifizierten Charakter des Sinnes selbst. Das besagt: Nicht eine vorausgegangene Wahrnehmung wird jetzt tatsächlich

[127] Dies besagt aber kein Rückfall auf das Humeschen Problem der Existenz einer vergangenen Welt. Das sollte durch die hier und im Paragraphen 46 vorgestellte Erwägung deutlich werden. Daß die natürliche Einstellung die unrechtfertigbare Annahme einer vergangenen Welt unterstellt, heißt nicht, daß die Rechtfertigung dieser Annahme irgendeine phänomenologische Bedeutung gewinne. Im Gegenteil, meine These ist eben, daß Thema der Philosophie etwas völlig anderes als die *Existenz* jedweder Welt sein muß.

vergegenwärtigt, sondern ein aktuell aufgefaßter Sinn wird mit dem Charakter des „vorher wahrgenommen" dargestellt. Das soll erst im Paragraphen 46 völlig klar werden. Die Gegebenheitsweisen von Gegenwärtigung und Vergegenwärtigung sind jedenfalls nach dieser Auffassung nicht kraft des phänomenologisch unbeweisbaren Charakters der Reproduktion zu unterscheiden, sondern *an sich*: Anwesenheitsgebung gegenüber Abwesenheitsgebung. Und wie der späte Husserl bemerkt hat, deckt sich diese Unterscheidung mit derjenigen zwischen Selbstgebung (Erfüllung) und nicht Selbstgebung (Ausmalung) nicht. Es geht um zwei verschiedene Gliederungsgründe der anschaulichen Akte.

Vom phänomenologischen Gesichtspunkt her ist ferner die Wahrnehmung als Gesamtakt von der eigentlichen Gegenwärtigung zu unterscheiden. Bisher wurden Wahrnehmung und Gegenwärtigung gleichgesetzt. Wahrnehmung ist aber ein durch die Verflechtung von verschiedenen, teils leeren, vergegenwärtigenden, teils gegenwärtigenden oder neutralisierten Teilmomenten gebildeter Gesamtakt. Um den Gesamtakt von seinen *gegenwärtigenden Teilmomenten* zu unterscheiden, führt Husserl die Gegenüberstellung von Wahrnehmung und Perzeption ein: „Der ‚rein perzeptive' Gehalt in der ‚äußeren' Wahrnehmung ist das, was wir übrig behalten, nach Abstraktion von allen bloß imaginativen und symbolischen Komponenten; es ist also der ‚empfundene' Inhalt in der unmittelbar zu ihm gehörigen rein perzeptiven Auffassung, die alle seine Teile und Momente als Selbstabschattungen entsprechender Teile und Momente des Wahrnehmungsgegenstandes bewertet, und so dem ganzen Inhalt den Charakter des ‚Wahrnehmungsbildes', der *perzeptiven Abschattung* des Gegenstandes erteilt."[128] Perzeptive Momente der Wahrnehmung sind also jene, deren Gegenständlichkeit als eine anwesende gegeben wird. Sie sind die „originär gebenden" Momente im Bewußtseinsfluß, durch welche jene Bewußtseinsinhalte erscheinen, die sich leibhaft geben, vor Augen treten.

Indem aber das Bewußtsein sich als ein Bewußtseinsfluß erweist, aus welchem nur Momente hervorgehoben werden können, die wiederum Teile des Flusses sind, sind solche Momente näher

---

[128] *Logische Untersuchungen*, Hua XIX/2, S. 590. Vgl. auch S. 613. Etwas verschieden erscheint der Perzeptionsbegriff in der Dingvorlesung (vgl. Hua XVI, S. 16, 48–49).

gesehen Phasen desselben, zeitliche Ausdehnungen: „So sind Ding*wahrnehmungen* originäre Erlebnisse in Relation zu allen Erinnerungen Phantasievergegenwärtigungen usw. Sie sind so originär, wie konkrete Erlebnisse es überhaupt sein können. Denn genau betrachtet haben sie in ihrer Konkretion nur *eine*, aber immerfort eine kontinuierlich fließende *absolut originäre Phase*, das Moment des lebendigen *Jetzt*."[129] Die „Dingwahrnehmung", genauer aber die Perzeption besteht nach Husserl aus einer Urimpression und einer retentionalen Modifikation, deren Zusammensetzung die Bedingung der Konstitution eines Zeitobjekts ist.[130] In Abwesenheit einer solchen Struktur wäre das Bewußtsein der Dauer und der dauernden Gegenständlichkeiten unmöglich. Ein dauernder Ton ist eine Dauereinheit, die allmählich in die Vergangenheit zurücksinkt. Dieses Zurücksinkens kann man sich aber erst deswegen bewußt werden, weil der dauernde Ton in seinem Zurücksinken noch in der frischen Erinnerung festgehalten wird. Ohne diese Retention in der frischen Erinnerung wäre es dem Bewußtsein unmöglich, Bewußtsein eines dauernden Objekts zu sein. Es gäbe nur Jetzt-Punkte. In dieser Hinsicht muß man darauf aufmerksam machen, daß, während die Vergegenwärtigung eine Modifikation der Wahrnehmung, d.h. ein Moment in der Gliederung der Anschauung darstellt, dasselbe für die Retention überhaupt nicht gilt. Retention, in der Zeitvorlesung „primäre Erinnerung" genannt, ist keine eigentliche Modifikation, sondern ein Bestandstück der Wahrnehmung und jedes Aktes überhaupt. Sie bringt das „Soeben-gewesen" zu direkter Anschauung: „Nennen wir [...] Wahrnehmung den *Akt, in dem aller ‚Ursprung' liegt*, der *originär konstituiert*, so ist die *primäre Erinnerung Wahrnehmung*."[131] Als solche läßt sie sich von der ursprünglichen Anschaulichkeit nicht trennen, welche für alle Anschauungsweisen unumgänglich ist: „Der vergegenwärtigende Akt ist zeitlich genau so extendiert wie der frühere Wahrnehmungsakt, er reproduziert ihn, er läßt Tonphase für Tonphase und Intervall für Intervall ablaufen, er reproduziert dabei auch die Phase der primären Erinnerung."[132] Wie die schon erörterte Seinsmodalisierung, spielt zuletzt

[129] *Ideen I*, Hua III/1, S. 167–168.
[130] Vgl. *Zeitbewußtsein*, Hua X, S. 29–31.
[131] A. a. O., S. 41.
[132] A. a. O., S. 46.

auch die retentionale Modifikation keine Rolle in der Gliederung der Anschauung. Keine Anschauung ist ohne Mitvollzug einer Retention denkbar.

c) Gliederung der Vergegenwärtigungen

Vergegenwärtigung läßt sich mithin in verschiedenen Möglichkeiten darstellen: „Vergegenwärtigung kann […] Erinnerung, Erwartung sein, oder auch ‚bloße Phantasie': so daß nicht von *einer* Modifikation gesprochen werden kann."[133] Die Gliederung der Vergegenwärtigungen hat dabei ihren Leitfaden schon gefunden. Nach einem bestimmten Entsprechungssystem mit den Weisen der Leervorstellungen[134] besteht dieser Leitfaden in der Grundgesetzlichkeit der Zeitdimensionen.[135] Während die Gegenüberstellung Gegenwärtigung-Vergegenwärtigung eine solche der Gegebenheitsweise ist, indem sie denselben noematischen Sinn nach verschiedenen Gegebenheitsweisen erscheinen läßt (vor Augen bzw. nicht vor Augen, anwesend bzw. abwesend), erhebt sich die Gegenüberstellung der Zeitdimensionen (gegenwärtig, vergangen, zukünftig) als Kennzeichnung der transzendenten Zeit, d. h. in enger Verknüpfung mit der oben gesehenen Seinsmodalisierung. Derselbe Gegenstand kann zwar als wirklich bzw. wahrscheinlich usw., aber auch als „jetzt wirklich", „jetzt wahrscheinlich" usw. wahrgenommen werden. Noch wichtiger: Derselbe Gegenstand kann als wirklich, wahrscheinlich usw. *vergegenwärtigt* werden, er kann aber auch als „*jetzt* wirklich", „*in der Vergangenheit* wirklich", „*in Zukunft* wirklich", bzw. „jetzt wahrscheinlich", „in der Vergangenheit wahrscheinlich", „in Zukunft wahrscheinlich" usw. vergegenwärtigt werden. Trotz dieser Nähe zur in jedem Akt wiederkehrenden und daher die Gliederung der anschaulichen Akte nicht mitbestimmenden Seinsmodalisierung, ist aber die Grundgesetzlichkeit der Zeitdimensionen nicht überall gleich. In der Wahrnehmung spielt sie zum Beispiel keine Rolle, da in der Wahrnehmung nur das Gegenwärtige gegeben sein kann, oder, streng phänomenologisch gesagt, indem nur das Gegenwärtige sich in Anwesenheit gibt. Die Wahrnehmung, das An-

---

133 A. a. O., S. 107 (bzw. Hua XXIII, S. 289–290). Vgl. auch Hua XXIII, S. 305.
134 Vgl. *Analysen zur passiven Synthesis*, Hua XI, S. 71, 79, 97.
135 Dazu vgl. E. Fink, *Studien zur Phänomenologie*, a. a. O., S. 21–22.

wesend-machen, hat eine einzige zeitliche Dimension.[136] Drei Dimensionen hat dagegen die Vergegenwärtigung, wie Husserl sie darstellt: Vergangenheits-Vergegenwärtigung, Gegenwarts-Vergegenwärtigung, Zukunfts-Vergegenwärtigung. Vergangenheits-Vergegenwärtigungen sind „Vergangenheitserinnerungen“[137], ein gegenwärtiges Erlebnis, das „eine Wahrnehmung im Zeitmodus der vergangenen vergegenwärtigt und eben damit ihr früher Wahrgenommenes vergegenwärtigt als Gewesenes.“[138] Gegenwarts-Vergegenwärtigung ist nach Husserl „Gegenwartserinnerung“[139], d.h. Veranschaulichung einer gegenwärtigen aber schon, wenn auch nicht jetzt, wahrgenommenen Gegenständlichkeit: „So gibt es anschauliche Vorstellungen vom Gegenwärtigem, die doch nicht Wahrnehmungen desselben, sondern Vergegenwärtigungen von ihm sind. Z.B. wenn wir uns die aus früherer Wahrnehmung mehr oder minder bekannte Rückseite eines Dinges anschaulich machen“[140], wobei wir sie nicht als die in der Vergangenheit gesehene und vergangene, sondern als die jetzt wirkliche Rückseite vorstellen. Zukunfts-Vergegenwärtigung ist „Zukunftserinnerung“[141], Erwartung, anschauliche Vorstellung einer erwarteten Zukunft: „Das, was wir als künftige Dauer, das Fortdauernd-sein dieses Hörsaals, des Kollegienhauses, der Straßen, der Stadt u. dgl. voranschauen.“[142]

Mit der Vergegenwärtigung kreuzt sich übrigens der „universelle Bewußtseinsunterschied“[143] zwischen Positionalität und Neutralität, Setzung und Neutralisierung. Denn in seiner Universalität

---

136 Vgl. Hua XXIII, S. 290 (bzw. Hua X, S. 107): „Haben wir auch *Modi im gegenwärtigenden Bewußtsein*? Hier kämen nur die Unterschiede in Betracht zwischen Jetzt-Gegenwärtigung und Soeben-Gegenwärtigung, die zur Einheit des konkreten Gegenwärtigungsbewußtseins mitgehören.“

137 *Analysen zur passiven Synthesis*, Hua XI, S. 70.

138 A.a.O., S. 68.

139 A.a.O., S. 70.

140 A.a.O., S. 69.

141 A.a.O., S. 70. Diese merkwürdige Ausdrucksweise gründet auf der Husserlschen Terminologie, nach welcher alle Vergegenwärtigungen „Erinnerungen“ sind (vgl. *Ideen I*, Hua III/1, S. 250; Hua XXIII, S. 231, 246), gleichgültig in welche Zeitdimension das Vergegenwärtigte gestellt wird. Diese Terminologie hängt ihrerseits von der oben schon erwähnten, problematischen Theorie Husserls ab, nach welcher alle Vergegenwärtigungen als Reproduktionen bezeichnet werden. Vgl. dazu E. Tugendhat, a.a.O., S. 67 Anm.

142 *Analysen zur passiven Synthesis*, Hua XI, S. 69.

143 Vgl. *Ideen I*, Hua III/1, S. 262.

betrifft dieser Unterschied auch jede Form der Vergegenwärtigung. Die Vergegenwärtigung eines Vergangenen kann dies z. B. als wirklich bzw. wahrscheinlich usw. gewesen setzen, wie es in der Wiedererinnerung geschieht, oder sich dasselbe bloß denken, ohne mitzutun: „Wir gebrauchen die Ausdrücke so, daß wir, unseren Analysen Rechnung tragend, das allgemeine Wort Vergegenwärtigung ohne Andeutung lassen in der Hinsicht, ob die zugehörige ‚Setzung' eigentliche oder neutralisierte sei. Dann scheiden sich Vergegenwärtigungen überhaupt in die zwei Gruppen: *Erinnerungen* jeder Art und in *ihre Neutralitätsmodifikationen*."[144] Wie bei jedem artbildenden Unterschied, kann sich hier natürlich die Rangordnung umdrehen[145], so daß sich neutrale Akte überhaupt in zwei Gruppen scheiden: neutralisierte Gegenwärtigungen und neutralisierte Vergegenwärtigungen.[146] So gibt sich zuletzt bei Husserl ein folgendermaßen geartetes System der Anschauungsgliederung: „Wir haben somit als wesentliche Modi des Zeitbewußtseins ‚Empfindung' als Gegenwärtigung, die mit ihr wesentlich verflochtene, aber auch doch zur Selbständigkeit kommende Retention und die Vergegenwärtigung, welche in ‚setzender' Weise Wiedervergegenwärtigung (Erinnerung), Mitvergegenwärtigung und Vorvergegenwärtigung (Erwartung) sein kann. Dann die nichtsetzende Vergegenwärtigung: die pure Phantasie in ihren verschiedenen parallelen Modifikationen."[147]

d) Gebung und Selbstgebung

Die Erörterung der Neutralitäts- und Vergegenwärtigungsmodifikationen hat uns klar gemacht, daß die „Gattung" Anschauung eine Vielfalt von Phänomenen einschließt. Jetzt müssen wir uns die erkenntnistheoretische Grundfrage nach der Erkenntnisleistung dieser Phänomene stellen. Entsprechend dem in den Paragraphen 10 und 15 aufgrund der Husserlschen Betrachtungen entwickelten Evidenzbegriff entsteht echte, d. h. vernünftige und streng wissenschaftliche Erkenntnis, wenn das Erkennen von „Reden und Meinungen" auf die „Sachen selbst" zurückgeht. Auf die Sachen selbst

144 A. a. O., S. 250.
145 Vgl. U. Eco, *L'antiporfirio*, in: *Il pensiero debole*, hrsg. von G. Vattimo und P. A. Rovatti, Feltrinelli, Milano 1983, S. 52–80.
146 Vgl. *Ideen I*, Hua III/1, S. 250–252.
147 Hua XXIII, S. 290 (bzw. Hua X, S. 107).

zurückgehen heißt ferner, wie Husserl auch sagt, „sie in ihrer Selbstgegebenheit befragen".[148] Ich habe auch schon erwähnt, wie die Selbstgegebenheit der Sachen eine anschauliche sein muß, da nur im unmittelbaren Anschauen die Sache selbst die Bestimmtheit der eigentlichen Gebung gewinnt.[149] Jetzt wird aber klar, daß in dieser anschaulichen Gegebenheit das Selbst der Sache ein unterschiedliches Gewicht haben kann. Echte Selbstgegebenheit findet nur statt, wenn die Sache zu originärer Gegebenheit kommt. Originäre Gegebenheit heißt Anwesenheit, d.h. Gegebenheit in der Perzeption. Mit anderen Worten: Die allgemein als Wahrnehmungen bezeichneten Erlebnisse charakterisiert eine besondere Gegebenheitsweise, welche die Sache mit einer den anderen Gegebenheitsweisen wesentlich unumgänglichen Lebendigkeit gibt. Dies ist überhaupt die zweite Grundbehauptung jener „Allgemeinen Einführung in die Reine Phänomenologie", welche das erste Buch der *Ideen* darstellt:[150] „Die *originär* gebende Erfahrung ist die *Wahrnehmung*, das Wort in dem gewöhnlichen Sinne verstanden. Ein Reales originär gegeben haben, es schlicht anschauend ‚gewahren' und ‚wahrnehmen' ist einerlei. Originäre Erfahrung haben wir von den physischen Dingen in der ‚äußeren Wahrnehmung', aber nicht mehr in der Erinnerung oder vorblikkenden Erwartung; originäre Erfahrung haben wir von uns selbst und unseren Bewußtseinszuständen in der sog. inneren oder Selbstwahrnehmung, nicht aber von Anderen und von deren Erlebnissen in der ‚Einfühlung'."[151]

Diese Grundbehauptung führt dazu, Anschauungen in zwei Hauptgruppen zu scheiden. Auf der einen Seite stehen die selbstgebenden Akte, das ist die Wahrnehmung, genauer die perzeptiven Momente im Laufe des Bewußtseinsflusses, welche die im Evidenzbegriff zusammengefaßte Erkenntnisfunktion übernehmen, da sie „in Form der *synthetischen Adäquation* an die ‚Sachen selbst'"[152] Richtigkeit für alles andere Bewußtsein begründen. Auf der anderen Seite finden sich alle sonstigen Anschauungen, die

---

[148] Vgl. *Ideen I*, Hua III/1, S. 41.
[149] Vgl. oben, § 20.
[150] Wobei die erste Grundbehauptung in dem empiristischen Grundsatz besteht: „Natürliche Erkenntnis hebt an mit der Erfahrung und verbleibt in der Erfahrung" (*Ideen I*, Hua III/1, S. 10).
[151] A. a. O., S. 11. Vgl. auch S. 314–315.
[152] *Logik*, Hua XVII, S. 167.

rein sekundäre Erkenntnisweisen ausmachen, trotzdem Weisen der Gegenstandsgebung, d.h. der Erfüllung von leeren Intentionen[153], welche ihrerseits nur in uneigentlicher Weise gebende Akte genannt werden können.

Wie oben schon angedeutet, verläßt Husserl diese Auffassung nach den *Ideen I* zugunsten einer komplexeren Gliederung der Vernunftproblematik. In den zwanziger Jahren erfährt seine ganze Phänomenologie eine bedeutungsvolle Veränderung, die den Begriff der Evidenz betrifft. Die Grenzen der Evidenz werden jetzt erweitert, indem der Evidenzbegriff „funktional" verstanden wird, d.h. nach seiner teleologischen Funktion innerhalb des gesamten Bewußtseinslebens.[154] Evidenz ist hierin nicht mehr allein die absolute Einsicht, welche sich in einer adäquaten und apodiktischen Wahrnehmung vollzieht, sondern die ganze teleologische Bewegung, welche die ideale Möglichkeit einer solchen absoluten Einsicht leitet und führt: „*Intentionalität überhaupt* – Erlebnis eines Bewußthabens von irgend etwas – und *Evidenz, Intentionalität der Selbstgebung* sind *wesensmäßig zusammengehörige Begriffe.*"[155] Indem im Bewußtseinsfluß jede Anschauung von einem Horizont von Leervorstellungen ständig begleitet wird, dessen Veranschaulichung erst die echte Erfüllung, d.h. die Evidenz hervorbringen kann, eine Veranschaulichung aber, die als solche wiederum mit einem Leerhorizont verflochten ist; indem also nach der genetischen Phänomenologie *keine* Anschauung *für sich* vollständig sein kann, ist die selbstgebende Leistung nicht in jedwedem Einzelakt abzuschließen. Um uns eine „bedeutsame" Erkenntnis zuzueignen, müssen wir unseren Blick auf das gesamte Bewußtseinsleben lenken.[156] Von da her erklärt sich, inwiefern für Husserl die Evidenz verschiedene Modi der Originarität haben kann. Indem verschiedene Akttypen zum Aufbau einer erst ins Unendliche zu realisierenden Evidenz zusammen fungieren, stellen sie Gradualitäten der Evidenz selbst dar. So kann Husserl schreiben: „*Evidenz als Selbstgebung hat ihre Abwandlungsgestalten*, ihre *Gradualitäten in der Vollkommenheit der Selbstgebung*, hat vielerlei Unterschiede, die ihre *Wesenstypik* haben und er-

[153] Vgl. a.a.O., S. 213–214.
[154] Vgl. a.a.O., S. 168–169.
[155] A.a.O., S. 168.
[156] Vgl. ebenda. Dazu vgl. V. Costa, a.a.O., S. 561.

forscht sein müssen. Die Abwandlungsgestalten der Originalität heben die Selbstgebung nicht auf, wenngleich sie sie modifizieren. Die Evidenz der absoluten originalen *Gegenwart* des erklingenden Tones im jeweiligen Jetztpunkt (von mathematischem Punkt ist natürlich keine Rede) fungiert wesensmäßig in Zusammenhang mit einer Evidenz des ‚*soeben*‘ verklingenden und des ursprünglich ‚*kommenden*‘. Auch jede klare Wiedererinnerung ist Evidenz, Selbstgebung für die wiedererinnerte Vergangenheit als solche, nicht für das vergangene Original, das als Original Gegenwart wäre, aber für das *Vergangene als Vergangenes*.“[157]

Die Erweiterung des Selbstgebungscharakters zur Wiedererinnerung führt mit sich eine Umgestaltung der Teilung zwischen selbstgebenden und sonstigen Akten. Der eigentlichen Erfüllung der Intention stellt Husserl jetzt die „bloße Ausmalung“ gegenüber[158], nämlich eine bloße Veranschaulichung, durch welche die Sache zu einer reinen Enthüllung jener Komponenten kommt, welche die entsprechende Leerintention schon beinhaltete: „wie wenn wir uns eine zunächst leere Erwartung ausmalen.“[159] Ausmalung ist keine echte Erfüllung, denn in ihr vollzieht sich keine Näherbestimmung der Erkenntnis. Mit den Worten Husserls: „Bloße Ausmalung, das sagt doch: eine Veranschaulichung, deren Leistung ein bloßes Vor-Bild ist, in dem wir uns ausmalen, was voraussichtlich sein wird, oder [...] was voraussichtlich gewesen ist. Ein antizipierendes Bild einer Sache ist nicht die Sache selbst, bzw. ein bloß antizipierendes Anschauen nicht ein Selbstanschauen.“[160] Die Rede von Ausmalungen wurde von Husserl nach den jetzt in den *Analysen zur passiven Synthesis* veröffentlichten Vorlesungen über *Grundprobleme der Logik* (1925/26) aufgegeben, wahrscheinlich weil diese Rede dazu verleiten könnte, diese Anschauungen als bloße Phantasien den selbstgebenden Anschauungen gegenüberzustellen.[161] Eine solche Identifikation ist deswegen irreführend, weil nach Husserl, wie wir im nächsten Kapitel sehen werden, Phantasien keine positionalen Erlebnisse sind, sondern Neutralisierungen, während anschauliche Erwartungen

157 A. a. O., S. 293. Vgl. auch S. 166.
158 Vgl. *Analysen zur passiven Synthesis*, Hua XI, S. 79.
159 Ebd.
160 A. a. O., S. 81.
161 Vgl. a. a. O., S. 97.

für ihn „eben doch Erwartungen [sind], es ist in ihnen etwas geglaubt, als künftig seiend gesetzt".[162]

Immerhin bleibt die grundsätzliche Gegenüberstellung zwischen selbstgebenden und nicht selbstgebenden Anschauungen für Husserl gültig. Die Frage betrifft nur die Zweckmäßigkeit der Subsumption der Wiedererinnerung unter die Selbstgebungen. Man könnte sich etwa fragen, ob diese Erhebung der Wiedererinnerung zur Evidenzebene wirklich in den Sachen fundiert sei, ob nämlich die Wiedererinnerung eine für die Wahrnehmung wesentlich gleiche Erkenntnisfunktion tatsächlich ausübe oder nicht. Die Frage ist durchaus berechtigt und wurde von Husserl selbst weitgehend erörtert[163], da sie unmittelbar die große Problematik der Rechtfertigungsmöglichkeit eines Erkenntnisbestands betrifft, welcher notwendigerweise auf der Erinnerungsfähigkeit beruht, betrifft. Selbst in den hier berücksichtigten Vorlesungen, in denen Husserl dieser Subsumption gewiß zu sein scheint, ist er sich doch bewußt, daß sie nicht unmittelbar selbstverständlich ist: „Daß Wahrnehmungen selbstgebend sind [...] wird Ihnen keine Schwierigkeiten machen können. [...] Bedenken könnten Sie aber haben, Wiedererinnerungen als Selbstgebungen gelten zu lassen. Indessen, vertiefen Sie sich in diese Bewußtseinsart, so wird es klarwerden müssen, daß, nur in modifizierter Weise, auch hier von Selbstgebung gesprochen werden muß. [...] Leibhafte Gegenwart bietet die Wiedererinnerung nicht, aber in gutem Sinn ‚leibhafte Vergangenheit'."[164] Wir können die Frage hier offen lassen, da ihre Erörterung zur weiteren Bestimmung des Begriffspaars Selbstgebung-Ausmalung nichts beitrüge.[165] Unsere Aufgabe bezog sich nur auf die Auslegung der Grundbegriffe und -gesetze in der Gliederung der objektivierenden Akte.

Fassen wir nun zusammen. Alle anschaulichen Akte sind gebende Akte, so sie ihren Gegenstand dem Bewußtsein in Anschaulichkeit geben. Nicht alle lassen aber den Gegenstand in derselben Weise sehen. Es gibt hierbei mehrere Unterschiede, die entsprechende Unterschiede in der Vernünftigkeit der jeweils betreffenden Gegenstandskonstitution ausweisen. Fürs erste gibt es für

---

[162] Ebd.
[163] Vgl. etwa a. a. O., S. 112–116, 365–383.
[164] A. a. O., S. 96.
[165] Vgl. aber V. Costa, a. a. O., S. 544–547 und die dort angeführten Stellen.

Husserl „den Unterschied zwischen positionalen Erlebnissen, in denen das Gesetzte *zu originärer Gegebenheit* kommt, und solchen, in denen es *nicht* zu solcher Gegebenheit kommt".[166] Originäre Gegebenheit einer Gegenständlichkeit ist ihre Selbstgegebenheit. Echt vernünftige Setzung einer Gegenständlichkeit geschieht nur dank einer *Selbstgebung.* Nicht orignäre Gegebenheit ist aber noch Gegebenheit, obwohl eine bloß ausmalende. Der durch diese *einfache Gebung* konstituierte Sinn bezieht nicht alle im selbstkonstituierten Sinne daseienden Elemente ein; da er des Anwesenheit-Charakters mangelt. Die nicht selbst gegebene Gegenständlichkeit ist als hier bzw. als jetzt seiende gesetzt, nicht aber als hier und jetzt seiende. Darüber hinaus muß man zwischen der einfachen Gebung und der Gebung im Modus des Als-ob unterscheiden, welche in der Neutralisierung stattfindet. Bei dieser *Quasi-Gebung* fehlt dem Sinn nicht nur der hier-Charakter (bzw. jetzt-Charakter), sondern überhaupt der Seins-Charakter, aufgrund dessen erst das *hic et nunc* sein kann. Die in der Quasi-Gebung konstituierte Gegenständlichkeit ist eine quasi-konstituierte Gegenständlichkeit, eine solche, deren Seinscharakter neutralisiert wird. Es geht zwar um eine Veranschaulichung, d. h. um eine eigentliche Gebung eines *bestimmten* Gehalts; die gegebene Gegenständlichkeit darf aber nicht in voller Vernünftigkeit als eine „wirkliche" konstituiert werden. Wir werden erörtern müssen, ob dieser Wirklichkeitscharakter so relevant für die Erkenntnisproblematik ist, wie üblicherweise angenommen. Schließlich könnte man die Gebungsweise der Leervorstellungen eine *uneigentliche Gebung* nennen, da hier der Gegenstand bloß vorgestellt wird, ohne eigentlich gegeben zu sein. Trotzdem ist schon jede leere Intention eben Vorstellung von etwas, sie meint etwas und „gibt" es in diesem uneigentlichen Sinne dem Bewußtsein.

§ 26. Das Schema der objektivierenden Akte

Was ich im Laufe dieses Kapitels entfaltet habe, kann in einem Schema zusammengefaßt werden. Der Gebrauch von Schemata in der Philosophie ist stets gefährlich. Man läuft dabei Gefahr, das für die Sache selbst zu halten, was nur zur Verdeutlichung die-

[166] *Ideen I*, Hua III/1, S. 314.

Schema der objektivierenden Akte

<table>
<tr><td rowspan="3">a</td><td colspan="6">Anschauungen</td><td colspan="3" rowspan="2">Leervorstellungen</td></tr>
<tr><td colspan="4">Setzungen</td><td colspan="2">Neutralisierungen</td></tr>
<tr><td>Gegenwärtigung</td><td colspan="3">Vergegenwärtigung
von
Vergangenheit | Gegenwart | Zukunft</td><td>Neutralisierte Gegenwärtigung</td><td>Neutralisierte Vergegenwärtigung</td><td colspan="3">von
Vergangenheit | Gegenwart | Zukunft</td></tr>
<tr><td>b</td><td>Perzeption (Urimpression + Retention)</td><td>Wiedererinnerung</td><td>Gegenwarts-Vergegenwärtigung</td><td>Erwartung</td><td>(Bildbewußtsein)</td><td>(Phantasie)</td><td>Retention</td><td>Passive Intention</td><td>Protention</td></tr>
<tr><td>c</td><td>Selbstgebung</td><td colspan="3">Einfache Gebung</td><td colspan="2">Quasi-Gebung</td><td colspan="3">Uneigentliche Gebung</td></tr>
</table>

nen sollte. Ein Schema ist an sich vereinfachend. Da Philosophie das Reich der Vielfältigkeit, der ständigen Vertiefung, des ständigen Zweifels über bestehendes Wissen ist, stellt ein philosophisches Schema gleichsam eine *contradictio in adiecto* dar. Trotzdem wird das heuristische Mittel des Schemas öfters von Philosophen, nicht zuletzt von Husserl selbst, benutzt, um Theorien zu erklären. In dieser Richtung und mit den hier erwähnten Einschränkungen will ich versuchen, die phänomenologische Gliederung der objektivierenden Akte jetzt in ein Schema zu übertragen. Wichtig ist dabei, weder zu denken, daß die hier dargestellten Verhältnisse das Gesamtfeld der Aktverhältnisse erschöpfen, noch, daß ihre Darstellung die einzige mögliche sei. Ich versuche nur, einer Interpretation der Husserlschen Analysen visuelle Gestalt zu geben, um eine Basis für die Erörterung der Imaginationsphänomene im nächsten Kapitel zu gewinnen.

Allgemein gilt hierzu folgendes: Der Bewußtseinsfluß ist ein ständiges Strömen, in welchem jeweils (Augenblick für Augenblick) dem Bewußtsein etwas gegeben wird. Immer sind z. B. dem Bewußtsein neben Gedanken und Gefühlen auch Erscheinungen gegeben, d. h. anschauliche Gegebenheiten. Diese sind je durch ein bestimmtes Verhältnis zum Nullpunkt des Veranschaulichungsfeldes gekennzeichnet, das wir normalerweise „Leib" nennen. Leib ist das *organon* der Erfahrung, das Mittel, welches das Erscheinen von Gegebenheiten vermittelt und dadurch ermöglicht. Wie jedes Mittel setzt auch der Leib bei der Ermöglichung einer Handlung gewisse Grenzen. Näher gesehen sind es eben diese Grenzen, die das Mittel selbst erkennen lassen. Der Leib entdeckt sich als solcher erst dank der Grenzen, in welchen das Erscheinende nur erscheinen kann. Das jeweilige „Verhältnis zum Leib", das die Erscheinungen kennzeichnet, besteht aus allgemeinen Sinnesgesetzlichkeiten, z. B. daß die Gegebenheit Rot im akustischen Feld nicht erscheinen kann, und aus räumlichen Bestimmungen, daß etwa jede Gegebenheit eine wenn auch diffuse Aufstellung im Raum hat, da sie nur durch ein räumliches Verhältnis zum Leib Erfahrungsobjekt werden kann. Alle einzelnen Erscheinungen charakterisieren sich aber nicht nur durch das Leibverhältnis, sondern auch durch ihren Inhalt (Grün statt Rot) und ihre Gegebenheitsweise (erinnertes Rot statt wahrgenommenes). Während aber alle durch ein beliebiges Verhältnis zum Leib und jeglichen Inhalt gekennzeichneten Erscheinungen im Prinzip Erkenntnisse werden können, werden nicht alle tatsächlich und im gleichen Maß echte Erkenntnisse. Der Grund dieser Unterschiedlichkeit muß darum in den verschiedenen Gegebenheitsweisen liegen, die sich deswegen als ausschlaggebend für den Erkenntnischarakter jeglicher Erscheinung erweisen.

Das Schema der Gliederung der objektivierenden Akte zielt eben darauf, erstens die verschiedenen möglichen Gegebenheitsweisen und zweitens ihre Wesensunterschiede auszulegen, um drittens ihre Erkenntnismässigkeit aufzuweisen. Darum teilt sich das Schema in drei Gebiete. Von oben nach unten erscheinen im Schema

a) die in den Paragraphen 23 und 25 erörterten *Wesensunterschiede*,
b) die verschiedenen, von den Wesensunterschieden abgeleiteten *Gegebenheitsweisen* und
c) ihre unterschiedliche, im Paragraphen 25d erörterte *Erkenntnismäßigkeit*.

§ 27. Bemerkungen zum Schema der objektivierenden Akte

Einige Erklärungen sind für das Gebiet der Gegebenheitsweisen noch nützlich. Dieses ist deutlich von der Zeitgesetzlichkeit beherrscht. Alle möglichen aktuellen Erlebnisarten können ihren Gegenstand zuletzt in den verschiedenen Zeitdimensionen darstellen. Das gilt natürlich nicht für die Gegenwärtigung, welche, wie gesagt, allein die Gegenwartsdimension kennt. Es gilt aber entsprechend für neutralisierte Vergegenwärtigungen[167], obwohl dies im Schema nicht erscheint. Diesbezüglich mußte das Schema unvollkommen bleiben, sowohl, weil Husserl selbst die Modifikationen der Phantasie als neutralisierte Vergegenwärtigung normalerweise nicht betrachtet, als auch, weil alle unter „Bildbewußtsein" und „Phantasie" gemeinten Phänomene von uns erst im nächsten Kapitel zu erörtern sind. Merkwürdig ist schließlich die Iteration im Schema des Retentionsbegriffs. Retention ist sowohl die frische Erinnerung, welche zusammen mit der Urimpression jegliche Anschauung als solche mitausmacht, als auch die in die

---

[167] Vgl. Hua XXIII, S. 290 (bzw. Hua X, S. 107).

Vergangenheit gerichtete Leervorstellung. Diese unversöhnliche Zweideutigkeit des Wortes Retention stammt unmittelbar aus den Texten Husserls. Sie weist zugleich auf einen Schwerpunkt möglicher Kritik seiner Phänomenologie hin. So wäre die Erörterung dieser Zweideutigkeit Thema einer anderen und weitergehenden Untersuchung. Hier sei nur erwähnt, daß Husserl in den *Analysen zur Passiven Synthesis* zwei Retentionsbegriffe ausdrücklich unterscheidet, die zugleich zwei hintereinander folgende Momente des gesamten Herabsinkensprozesses der Wahrnehmung darstellen. Einerseits gibt es die „frische Retention", durch welche der soeben vergangene Gegenstand „wirklich als zeitlich extendiert" noch *angeschaut* wird: „Reduzieren wir einen lang hingezogenen Ton auf das wirklich anschaulich Gegebene, so finden wir nicht seine ganze Länge, aber doch ein kleines und immer gleichbleibendes extensives Stück in wirklicher Anschauung, wenn schon darin wieder als Höhenpunkt sozusagen intensiver Anschaulichkeit das Momentan–Urimpressionale ausgezeichnet ist."[168] Andererseits geht aber die Strecke der frischen Retention ständig in eine Strecke „leerer Retention" über. Diese behält noch jene Gegenständlichkeit, die in der entsprechenden Urimpression ihre ursprüngliche Stiftung fand, dabei aber in einer ständigen Entleerung der Bestimmtheiten. Sie wird darum als die „genetische Urform" aller Leervorstellungen bezeichnet: „Unaufhaltsam verarmt der gegenständliche Sinn an inneren Unterschieden, entleert sich also in gewisser Weise. Das Ende ist eine Leervorstellung, die ihr Vorgestelltes völlig unterschiedslos vorstellt."[169]

Zum Schluß ist noch zu bemerken, daß die eigentliche Bedeutung unseres Schemas sich im letzten Gebiet findet, nämlich jenem der *Vernunftproblematik*, wo die Erkenntnismäßigkeit aller Weisen der objektivierenden Akte dargestellt wird. Hier erscheint die erkenntnistheoretische Relevanz der Gliederung. Die Verschiebung von links nach rechts im Schema bedeutet nämlich eine stetige Schwächung der Erkenntnisleistung der Aktmomente. Diese Schwächung kann nun in sehr verschiedenen Weisen interpretiert werden. Im Schema wird hauptsächlich die Grundeinstellung dargestellt, welche Husserl im ersten Band der *Ideen* entwikkelt hat. Dort ist nach Husserl nur im Rahmen der Positionalität

---

[168] Hua XI, S. 169.

[169] A. a. O., S. 170. Vgl. auch S. 72–73.

die Rede von einem eigentlichen Vernunftcharakter der Akte berechtigt. Nur die setzenden Akte unterliegen ihrem Wesen nach einer „Rechtsprechung der Vernunft“[170], denn nur die Setzung erhebt einen Anspruch auf die Wirklichkeit des Gegebenen. Dagegen sind Neutralisierungen Akte, die sich eben durch die Ausschaltung des Seinsglaubens an die Wirklichkeit ihres Gegenstandes außerhalb der vollkommenen Vernunft stellen. Sie sind daher bloße Gebungen. Ihr Gegenstand gibt sich ja anschaulich, setzt sich aber nicht als wirklich seiender.[171] Schließlich sind Leervorstellungen uneigentliche Gebungen, da in ihnen der Gegenstand nur in einem übertragenen Sinne als gegeben bezeichnet werden kann. Die allgemeine Leere, in welcher der Gegenstand gegeben wird, hebt allen Wirklichkeitsansatz auf.[172]

Was Husserl in dieser Weise darstellt, ist eine Reihung der objektivierenden Akte nach ihrem Vernunftcharakter. Eine mögliche Auffassung dieser Reihung interpretiert sie als Ordnung der Erkenntnismäßigkeit der Akte. Die konstitutive Leistung der einzelnen Akte für die Erkenntnis hängt nach dieser Auffassung von ihrem Vernunftcharakter ab, so daß zum Beispiel den neutralisierten Akten, darunter den Imaginationen, keine echte Erkenntnisleistung zukommt. Grundlegend dafür ist die Identifikation der Evidenz mit der Adäquation. Mit grosser Klarheit hat K. Rosen diese Interpretation dargestellt. So schreibt er: „Wir haben bereits darauf hingewiesen, daß es hinsichtlich der Gegebenheit von Gegenständen Vollkommenheitsstufen gibt, für deren Unterschiede die Fülle des Aktes, präziser, die Form der Repräsentation verantwortlich ist. Die geringste Fülle besitzen die reinen Signifikationen, vollkommen erfüllt können Imaginationen sein, doch wird die Dignität ihrer Fülle noch von den präsentativ veranschaulichten Perzeptionen übertroffen. Zwischen diesen Stufen sind noch die verschiedensten Mischformen möglich.“[173]

Ob diese Auffassung nun zufriedenstellend ist, soll im letzten Kapitel erörtert werden. Dort will ich zu zeigen versuchen, daß eine nähere Bestimmung des Sinnes der Theorie Husserls ihre Folgerichtigkeit besser einsehen läßt und zugleich die echte er-

---

170 *Ideen I*, Hua III/1, S. 249.
171 Vgl. ebenda; *Phänomenologie und Erkenntnistheorie*, Hua XXV, S. 147–149.
172 Zur Vernunftproblematik vgl. *Ideen I*, Hua III/1, S. 310–337.
173 K. Rosen, a. a. O., S. 40.

kenntnistheoretische Leistung der Imagination hervorhebt. Zunächst müssen wir aufgrund der in den vorigen Paragraphen entfalteten Eidetik der objektivierenden Akte zur konkreten Analyse der Imaginationsvorstellungen übergehen.

Kapitel 2
Phänomenologische Deskription der Imaginationsvorstellungen

§ 28. Beispiele aus dem alltäglichen Imaginationsbewußtsein

Was ist das, Imagination? Sobald wir anfangen, darüber nachzudenken, stellt sich das Phänomen als sehr kompliziert dar. „Imagination“ ist ein aus dem Lateinischen abgeleitetes Wort, dessen allgemeine Bedeutung sehr geeignet ist zur Bezeichnung des Zusammenhanges der imaginativen Erlebnisse. Seit Paracelsus aber, und vor allem seit Kant, ist das philosophische Wort dafür im Deutschen „Einbildungskraft“. Husserl vermeidet absichtlich den Gebrauch eines solchen mit den Theorien des deutschen Idealismus zu eng verknüpften Wortes und verwendet vorzugsweise Wörter wie „Einbildung“ und „Bildvorstellung“. Auch im Rahmen unserer Arbeit kann es nützlich sein, das Wort Einbildungskraft ausschließlich zur philosophiegeschichtlichen Bezeichnung der Humeschen und Kantschen Theorien zu benutzen.

Außerhalb der philosophischen Sprache wird hingegen normalerweise ein Wort gebraucht, das in der Philosophie eine breitere Bedeutung hat: „Vorstellung“.[1] Wir stellen uns etwas vor; etwas stellt etwas anderes vor. Beidemal ist etwas da, das anderes repräsentiert. Im Sichvorstellen geschieht ein bildliches Sichdenken oder Sichausmalen, d. h., ein geistiges Bild repräsentiert etwas, das im Moment nicht da ist. Zum Beispiel stelle ich mir einen Klang oder ein Geräusch, eine mir bekannte Melodie oder einen mir unbekannten Vogelschrei vor.[2] Ich könnte aber mir auch den Verlauf des heute nachmittag mit meiner Beteiligung stattfindenden Seminars vorstellen.[3] Oder ich könnte mir vorstellen, daß

[1] Vgl. etwa *Logische Untersuchungen*, Hua XIX/1, S. 523.
[2] Vgl. E. S. Casey, *Imagining. A Phenomenological Study*, Indiana University Press, Bloomington/London 1976, S. 27–30.
[3] Vgl. a. a. O., S. 30–33.

irgend jemand mir schaden wolle.[4] Im direkten Vorstellen gibt hingegen ein physisches Bild etwas wieder, das im Moment nicht da ist. Zum Beispiel gibt ein Kupferstich Dürers eine imaginäre Szene wieder;[5] aber auch ein karikaturistisches[6] und ein höchst abstraktes, schematisches Zeichen[7] stellen ein Abwesendes vor – hier aber im ganz anderen Sinne als der Kupferstich. Dasselbe gilt ferner für sehr genaue Wiedergaben, wie z. B. für den Fall eines photographischen Bildes[8] oder einer Wachspuppe Napoleons in einem Panoptikum.[9] Wenn aber im Panoptikum eine Puppe uns als leibhaftige unbekannte Dame erscheint, gibt sie eigentlich die Dame nicht wieder; sie repräsentiert gar nicht, da wir sie nicht als Bild einer Dame, sondern als die Dame selbst wahrnehmen. Trotzdem könnte man auch sagen, man habe sich die Puppe als Dame vorgestellt: Die Puppe repräsentiere gleichsam eine Dame, wie ein Baum im dunklen Wald einen Menschen.[10] Bloße Vorstellung in diesem Sinne kann dann auch die rote Ratte sein, die ich jetzt in meinem Zimmer sehe, obwohl ich ganz sicher bin, daß es keine rote Ratte und erst recht nicht in meinem Zimmer gibt.[11] Ähnlich ist der Fall des Schwindels: Ich fürchte herunterzufallen, obwohl ich von der Schlucht noch weit entfernt bin.[12] Schließlich heißen in diesem weiten Sinne Vorstellungen auch Ereignisse, die andere mehr oder minder reale Ereignisse mehr oder minder genau wiedergeben: ein Theaterstück[13] oder eine Nachahmung eines Bekannten.[14]

Daß hingegen der Repräsentant ein Bild sei, ist nicht im Vorstellungsbegriff beschlossen. Wenn wir sagen „Ich habe mir das Wochenende aber ganz anders vorgestellt", weisen wir auf eine

---

[4] Vgl. a. a. O., S. 10.
[5] Vgl. *Ideen I*, Hua III/1, S. 252.
[6] Vgl. J.-P. Sartre, *L'imaginaire. Psychologie phénoménologique de l'imagination*, Gallimard, Paris 1940, S. 30–31.
[7] Vgl. a. a.O., S. 46–52.
[8] Vgl. a. a. O., S. 30–33.
[9] Vgl. *Logische Untersuchungen*, Hua XIX/1, S. 458–459.
[10] Vgl. E. S. Casey, a. a. O., S. 9: „My imagination was playing tricks on me when I mistook that tree over there for a man."
[11] Vgl. ebenda.
[12] Vgl. R. Ingarden, *Einführung in die Phänomenologie Edmund Husserls*, a. a. O., S. 107; aber auch I. Kant, *Anthropologie in pragmatischer Hinsicht*, B 86.
[13] Vgl. Hua XXIII, S. 514–524.
[14] Vgl. J.-P. Sartre, *L'imaginaire*, a. a. O., S. 40–45.

Erwartung hin, die auch unbildlich gewesen sein mag. Deswegen erscheint das Wort „Vorstellung“ auf philosophischer Ebene unangemessen, die imaginativen Erlebnisse zu bezeichnen. Denn Imagination heißt genau: Ein-*bild*-ung. Andererseits gibt es auch Phänomene, die „im Bilde“ geschehen, ohne auf etwas anderes hinzuweisen. Es sind die „geistigen Bilder“ der reinen Phantasie: Ich kann mir ein Zentaurenland[15] oder auf einer Insel landende weiße Delphine[16] einbilden. Schließlich kann ich unförmige Flekken auf der Wand als sich bewegende Bilder phantasievoll uminterpretieren.[17] Solche „Bilder“ sind nicht „Bilder von etwas“, Repräsentanten eines Abwesenden. Sie sind keine Abbilder, sondern autonome Bestände der Phantasie, deren „Inhalte“ nur als nichtseiende verstanden werden können. Alle diese Phänomene müssen jetzt phänomenologisch untersucht werden.

§ 29. Die Aufgabe der phänomenologischen Deskription der Imaginationsvorstellungen

An den oben angeführten Beispielen wird sofort deutlich, daß in der Alltagssprache Worten wie „Imagination“, „Bild“, „Einbildung“ eine Vielfalt von teilweise ganz verschiedenen Phänomenen bezeichnen.[18] Casey schreibt sogar in einer paradoxen Weise, daß „diese Vielfältigkeit uns annehmen läßt, daß es genau so viele Imaginationsbegriffe wie Beschreibungen und Auslegungen der Imagination gibt.“[19] Das Kernproblem der „Phänomenologie der Imagination“ ist eben, einen einheitlichen Begriff der Imaginationsvorstellungen zu gewinnen. Ein solcher Begriff erhält aber erst dann eine besondere Haltbarkeit und Glaubwürdigkeit, wenn seine Auslegung Wesensmerkmale zeigt. Es geht hier also darum zu

---

[15] Vgl. *Ideen I*, Hua III/1, S. 49–50; *Erste Philosophie*, Hua VIII, S. 114–116.

[16] Vgl. E. S. Casey, a. a. O., S. 26–27.

[17] Vgl. J.-P. Sartre, *L'imaginaire*, a. a. O., S. 53–55; aber auch I. Kant, *Anthropologie in pragmatischer Hinsicht*, B 78.

[18] Vgl. P. F. Strawson, *Imagination and Perception*, in: *Experience and Theory*, hrsg. von L. Foster und J. W. Swanson, Duckworth, London 1970, S. 31: „The uses, and applications, of the terms ‚image‘, ‚imagine‘, ‚imagination‘, and so forth make up a very diverse and scattered family.“

[19] „The very multiplicity of such accounts suggests that there are as many kinds of imagination as there are explanations or descriptions of it“ (E. S. Casey, a.a.O., S. 5).

beweisen, daß die meisten im Alltag als „imaginativ“ bezeichneten Erlebnisse sich wesensgemäß von den als „nicht imaginativ“ bezeichneten unterscheiden. Ein solcher Beweis ist aber aposteriorisch nicht zu erreichen. Man kann sich anhand der oben angeführten Beispiele einfach davon überzeugen, daß Imagination in der Alltagssprache vieldeutig ist. Wollen wir trotzdem den Grund für die Ordnung einer „Familie“ oder „Gattung“ der Imagination finden, so müssen wir gegenläufig zu dieser Alltagssprache vorgehen und zuerst kraft einer phänomenologischen Deskription ein Vorstellungsgebiet feststellen, für welches dann die Anwendung des Wortes „Imagination“ möglich und zutreffend sei. Der Imaginationsbegriff darf nicht von den Alltagsbeispielen allein, sondern nur durch ihre Betrachtung unter Berücksichtigung der im vorigen Kapitel aufgewiesenen Wesensunterschiede zwischen Bewußtseinserlebnissen gewonnen werden. Dank dieser Analyse wird sich zeigen, daß mehrere der angeführten Beispiele mit einem streng gefaßten Imaginationsbegriff nichts zu tun haben, daß ferner vielmehr von *Imaginationsbegriffen* die Rede sein muß, da einander kraft wesentlicher Unterschiede gegenübergestellte Erlebnisse mit ähnlicher Berechtigung als Imaginationsvorstellungen bezeichnet werden können.

Edmund Husserl hat keine vollständige und ausdrückliche Imaginationstheorie entwickelt.[20] Seine wertvollen Analysen der Imaginationsvorstellungen sind entweder kleinere Teile umfassenderer Erörterungen oder in „Forschungsmanuskripten“ enthaltene, unvollständige, manchmal widersprüchliche und jedenfalls vorläufige Versuche. Selbst die 1904/05 gehaltenen Vorlesungen über „Phantasie und Bildbewußtsein“[21] weisen einen deutlichen Forschungscharakter auf, da sie ihr Ergebnis erst am Ende einer erforschenden Überlegung erreichen. Husserl scheint seine Auffassung dort *während* der Vorlesung *allmählich* zu entwickeln.[22] Die 1980

[20] Vgl. M. M. Saraiva, a. a. O., S. 1. Diese auf einer ähnlichen Aussage Sartres (vgl. *L'imagination*, a. a. O., S. 143–151) aufbauende Grundthese wird nicht von der sonst das Buch Saraivas teilweise herabwürdigenden Entscheidung betroffen, sich ausschließlich an die veröffentlichten Schriften Husserls zu halten. Eine solche Entscheidung ist deswegen negativ zu bewerten, weil damals (1970) alle die Imaginationsvorstellungen eingehend betrachtenden Forschungsmanuskripte Husserls noch zu veröffentlichen waren.

[21] Vgl. Hua XXIII, S. 1–107.

[22] Derselben Meinung ist auch Eduard Marbach (vgl. E. Marbach, *Einleitung des Herausgebers*, in: Hua XXIII, S. LVII).

von Eduard Marbach veröffentlichten Manuskripte über Phantasie und sonstige imaginativen Akte (vgl. Hua XXIII) zeigen sehr deutlich, wie Husserl diese Akte in den Jahren zwischen 1905 und 1918 durch und durch erforscht hat, ohne eine verhältnismäßig „endgültige" Imaginationstheorie zu entwickeln.

Was Husserl ausführlich entfaltet hat, ist eine Eidetik der Bewußtseinserlebnisse. Wir versuchten im vorigen Kapitel diese Husserlsche Eidetik zu erläutern und dadurch Wesensunterschiede und allgemeine Erlebnisarten festzustellen, die nicht aufgrund bloß empirischer Beobachtungen, sondern in ihrer idealen Notwendigkeit entstanden sind. Insbesondere fanden wir drei Hauptgruppen der Bewußtseinserlebnisse, nämlich positionale Anschauungen, Neutralisierungen und Leervorstellungen. Jetzt muß sich unsere phänomenologische Untersuchung der Imagination den normalerweise „imaginativ" genannten Erlebnissen zuwenden, um ihre Stelle in diesem von Husserl entwickelten, eidetischen Bewußtseinsgefüge festzustellen. Die Eidetik der Bewußtseinserlebnisse ermöglicht eine eidetische Deskription der imaginativen Erlebnisse. Erst danach werden wir uns die erkenntnistheoretische Frage nach deren konstitutiver Leistung stellen.

§ 30. Imagination und Intentionalität

Berücksichtigen wir die angeführten Beispiele. Es geht immer um Akte, d. h. um Bewußtseinserlebnisse, die uns eines Gegenstandes bewußt werden lassen. Sei es ein vereinzelter Gegenstand wie ein Vogelschrei oder ein Ereignis wie ein Theaterstück, sei es die mentale Vorstellung der roten Ratte oder eine materielle wie der Kupferstich: Es geht immer um das Bewußtwerden von etwas. Etwas wird „imaginativ" erlebt. Fraglich ist, was hierbei „Imagination" heißen soll.

Nach Husserl sind alle Erlebnisse, die etwas dem Bewußtsein vorstellen, *intentionale* Akte.[23] Es sind Bewußtseinsvorkommnisse, die eine intentionale Beziehung auf einen Gegenstand vollziehen und ihn dadurch „gegenwärtig" machen.[24] Unter den vielfältigen Charakteren des Husserlschen Intentionalitätsbegriffes ist

---

[23] Vgl. *Logische Untersuchungen*, Hua XIX/1, S. 377.
[24] Vgl. a. a. O., S. 386.

einer für uns besonders wichtig. Die Gegenstände der intentionalen Akte sind *in einem gewissen Sinne* Bewußtseins*inhalte.*[25] Das soll genau verstanden werden. Jeder Bewußtseinsakt bezieht sich auf einen Gegenstand, welcher das Objekt der Erkenntnis ausmacht. Dieser Gegenstand ist weder ein äußeres, reales Ding, eine physikalische Sache, deren bewußtseinsmäßige Erkenntnis dann noch zu erklären wäre, noch ein echtes Bestandstück des Bewußtseins, ein „reeller" Inhalt, in dem Sinne, wie z. B. ein Urteilen oder ein Gefühl Bewußtseinsinhalte sind. Die Gegenstände des Bewußtseins sind intentionale Inhalte, d. h., sie sind nur als gegenständliche Beziehung der jeweiligen Bewußtseinsakte da. Sie sind also keineswegs „außerhalb" des Bewußtseins existierende Bestände, sondern „gehören" dem Bewußtsein „an", obwohl sie andererseits von jenen anderen Bewußtseinsvorkommnissen zu unterscheiden sind, welche reelle Bestandsstücke des Bewußtseins sind und gar nicht intendiert werden, wie z. B. die Empfindungen.[26] Sind aber die Gegenstände des Bewußtseins zugleich seine intentionalen Inhalte, so ist das Scheinproblem der Beziehung zwischen dem Bewußtsein und einer angeblichen Welt „draußen" schon überwunden. Bewußtsein ist an sich „Beziehung auf" seinen Gegenstand. Das ist ja ein Grundprinzip der Phänomenologie, dem wir schon begegnet sind. Hier müssen wir seine Auswirkung auf die Phänomenologie der Imagination berücksichtigen.[27]

§ 31. Die Widerlegung der Bildtheorie

Man könnte den Intentionalitätsbegriff auch so formulieren: Zur Erklärung der Erkenntnis ist jeder dazwischenliegende Bewußtseinsinhalt überflüssig und unnütz. Jede Vermittlung würde das Problem der Erkenntnis ihrer selbst wieder aufwerfen. Die Lö-

---

[25] Vgl. a. a. O., S. 384.

[26] Vgl. a. a. O., S. 387. Diese kürze Beschreibung des intentionalen Inhalts soll nicht meinen lassen, in der Husserlschen Phänomenologie gelte der Unterschied zwischen einem „wirklichen" und einem „intentionalen" Gegenstand als ein tatsächlich bestehender Unterschied. Ziel unserer Untersuchung ist vielmehr zu zeigen, daß Gegenstand der Phänomenologie allein ein intentionaler Inhalt in seiner verschiedenen Gegebenheitsweisen sein kann. Dazu vgl. unten, §§ 46–47.

[27] Vgl. dazu auch M. M. Saraiva, a. a. O., S. 24–63.

sung dieses neuen Problems der Erkenntnis einer Vermittlung durch eine neue Vermittlung würde das Problem selbst erneuern und einen unendlichen Regreß in die Wege leiten, der aber keine Erklärung der Erkenntnis ermöglichen würde. Eine andersartige Lösung würde aber die Erkenntnis als solche ohne Einsatz jeglichen Mittlers erklärbar machen, so daß selbst jene erste Vermittlung überflüssig wird. Allgemein gesprochen: Um den unendlichen Regreß zu vermeiden, muß man irgendwann den Begriff des intentionalen Inhaltes, d.h. der unmittelbaren Beziehung auf den Gegenstand einführen. Führt man aber diesen Begriff ein, so werden alle vorher schon angenommenen Vermittlungen zu für die Erklärung der Erkenntnis unnützen Voraussetzungen.

So bedeutet zuletzt die Intentionalitätstheorie, daß die Erkenntnisakte unmittelbar Bezug auf ihre Gegenstände nehmen und sie direkt im Bewußtsein vorstellen. Eine typische Anwendung dieser Theorie führt Husserl zur Widerlegung der sogenannten Bild- oder Abbildtheorie aus.[28] Die Bildtheorie ist eine durch die „Annahme einer Reproduktion der äußeren Realität im Bewußtsein"[29] gekennzeichnete Erkenntnistheorie. Husserl bezeichnet sie mit dem Satz: „‚Draußen' ist [...] das Ding selbst; im Bewußtsein ist als sein Stellvertreter ein Bild."[30] Mit diesem Satz will Husserl besonders alle Theorien des nachhegelschen deutschen Psychologismus kennzeichen, die sich das Problem der Übereinstimmung zwischen einem inneren, mentalen Bestand und der äußeren, realen Wirklichkeit stellten. Verschiedene Formen der Bildtheorie stammten schon aus der scholastischen Philosophie, wurden aber vor allem im klassischen Empirismus und im neuen Empirismus des neunzehnten Jahrhunderts vertreten, nämlich im Rahmen der Lockeschen und Humeschen Theorie, nach welcher Erkenntnis eine Verbindung von Vorstellungen innerhalb des Bewußtseins ist.[31]

---

28 Von „Widerlegung der Bildtheorie" spricht Husserl in *Ideen I*, Hua III/1, S. 112. Vgl. dazu auch a.a.O., S. 89–91, 110–116, 206–209; *Ding und Raum*, Hua XVI, S. 42–45, 55–57; *Logische Untersuchungen*, Hua XIX/1, S. 399, 436–438.

29 So W. Windelband, *Einleitung in die Philosophie*, Mohr, Tübingen [2]1920, S. 198.

30 *Logische Untersuchungen*, Hua XIX/1, S. 436.

31 Vgl. vor allem David Hume, nach welchem „an impression first strikes upon the senses, and makes us perceive heat or cold, thirst or hunger, pleasure or pain of some kind or other. Of this impression there is a copy taken by the

Ein in seiner Radikalität gutes Beispiel der Bildtheorie wird von Hermann von Helmholtz geboten, welcher einerseits die Bildtheorie durch eine Zeichentheorie zu überwinden versuchte, andererseits aber gerade dadurch ihre Grundhaltung weitgehend fortsetzte. Aus mehreren Ergebnissen der empirischen Forschung glaubte er „die überaus wichtige Folgerung“ ziehen zu können, „daß unsere Empfindungen nach ihrer Qualität nur *Zeichen* für die äusseren Objecte sind, und durchaus nicht *Abbilder* von irgend einem Grade der Ähnlichkeit“.[32] Hierdurch will von Helmholtz betonen, daß die Daten unserer Erfahrung keine qualitative Identität mit der realen Wirklichkeit haben, nicht einmal diejenige, die manche Aspekte einer Sache mit gewissen Aspekten ihres Bildes gleichsetzt. Die Erfahrung bietet uns eine Welt, welche aber zuletzt Ergebnis einer subjektiven, von der empirischen Psychologie nachgewiesenen Tätigkeit ist.[33] Die Welt in uns gibt nicht die Welt außer uns wieder, sondern ist Zeichen von ihr, indem bei ähnlichen Verhältnissen bzw. Ereignissen in der äußeren Welt ähnliche Verhältnisse bzw. Ereignisse in der inneren stattfinden: „Wenn unter gleichen Umständen in der Natur die gleiche Wirkung eintritt, so wird auch der unter gleichen Umständen beobachtende Mensch die gleiche Folge von Eindrücken sich gesetzmässig wiederholen sehen.“[34]

Diese Kritik der Bildtheorie wird nun eigentlich von einem bildtheoretischen Standpunkt aus geführt. Es ändert sich nicht viel an der Sache, wenn man das Bild durch ein Zeichen ersetzt.[35] Der

---

mind, which remains after the impression ceases; and this we call an idea“ (D. Hume, *Treatise of Human Nature*, I, I, 2; vgl. auch *Enquiry Concerning Human Understanding*, XII). B. Rang nennt diese Lehre eher einen „Cartesianismus“, weil sie in Descartes’ dualistischer Erkenntnistheorie ihre Grundlegung finde (vgl. B. Rang, *Husserls Phänomenologie der materiellen Natur*, a. a. O., S. 226 Anm. 168). Eine erste Widerlegung der Bildtheorie wurde schon, wenn auch nicht mit derselben Strenge, von Berkeley durchgeführt (vgl. G. Berkeley, a. a. O., Teil I, § 8).

32 H. von Helmholtz, *Vorträge und Reden*, Vieweg, Braunschweig 1884, Bd. I, S. 358.

33 Von Helmholtz fußt seine Theorie auf dem Lotzeschen Begriff der Lokalzeichen, nach welchem die Raumkonstitution wesentlich von der körperlichen Physiologie der Nerven abhängt (vgl. R. H. Lotze, *Medicinische Psychologie*, Hirzel, Leipzig 1852, S. 331- 333).

34 H. von Helmholtz, *Vorträge und Reden*, a. a. O., Bd. I, S. 360.

35 Ohne von Helmholtz zu nennen sagt Husserl noch schärfer: „Öfters wird die Bildtheorie eifrig bekämpft und dafür eine Zeichentheorie substituiert. Aber

Standpunkt bleibt weiterhin ein vorphänomenologischer. Die intentionale Struktur des Bewußtseins wird nicht erkannt. Einer Welt „draußen“ wird das Bewußtsein gegenübergestellt, in welchem ein „Stellvertreter“ der Welt, sei er ein Bild oder ein Zeichen, Platz findet. Es überrascht darum nicht, wenn von Helmholtz selbst unseren Sinnesempfindungen schließlich „in der Darstellung der zeitlichen Folge die Bedeutung von Bildern“[36] zuerkennt, so daß wir in unserer Anschauung zuletzt „ein räumliches Bild der uns umgebenden Welt“[37] vorfinden.

Husserl erkennt hingegen die Unhaltbarkeit der allgemeinen Bildtheorie dank seines Intentionalitätsbegriffs. Zunächst erscheint die Bildtheorie fraglich, weil sie das Bildverhältnis zwischen zwei Gegenständen bzw. zwischen einer Vorstellung und ihrem Gegenstand nicht erklärt. Nach der Bildtheorie wäre die Vorstellung, *an sich betrachtet*, Bild ihres Gegenstandes. „Bild“ ist aber etwas, das auf etwas anderes durch Ähnlichkeit hinweist. So wäre das Ähnlichkeitverhältnis nach der Bildtheorie hinreichend, um den Bezug zum Gegenstand zu schaffen. Eine Vorstellung würde ein Objekt dadurch vorstellen, daß sie ihm ähnlich, also sein Bild ist. Diese Auffassung ist nach Husserl verkehrt, weil sie den Grundsatz nicht erkennt, daß „erst durch die Fähigkeit eines vorstellenden Ich, sich des Ähnlichen als Bildrepräsentanten für ein Ähnliches zu bedienen, […] das Bild überhaupt zum Bilde [wird].“[38] Das bildliche Verhältnis zwischen zwei Sachen überhaupt, nach welchem die eine Bild der anderen ist, gehört nicht den Sachen selbst als ein innerer Charakter („reales Prädikat“[39]) zu, sondern wird ihnen vom Bewußtsein gegeben, wenn das Bewußtsein ihre Ähnlichkeit erkennt und sie als bildlichen Hinweis

---

die eine wie die andere ist nicht nur unrichtig, sondern widersinnig“ (*Ideen I*, Hua III/1, S. 89–90). In einem vermutlich 1894 geschriebenen Manuskript nennt Husserl auch K. Twardowski als Repräsentant der Bildtheorie (vgl. Hua XXII, S. 307–308 und K. Twardowski, *Zur Lehre vom Inhalt und Gegenstand der Vorstellungen. Eine psychologische Untersuchung*, Philosophia, München/Wien 1982).

[36] H. von Helmholtz, *Vorträge und Reden*, a. a. O., Bd. I, S. 360.

[37] A. a. O., Bd. I, S. 359. Vgl. auch H. von Helmholtz, *Handbuch der physiologischen Optik*, Voss, Leipzig ³1909–11, Bd. III, S. 22. Zum Gesamtproblem vgl. S. Poggi, *I sistemi dell'esperienza*, Il Mulino, Bologna 1977, besonders S. 515–518, 595–628; B. Rang, *Husserls Phänomenologie der materiellen Natur*, a. a. O., S. 184–189, 199–212.

[38] *Logische Untersuchungen*, Hua XIX/1, S. 436.

[39] Ebd.

konstituiert. Bloße Ähnlichkeit macht nicht eine Sache zum Bilde einer anderen. Dazu bedarf es einer bestimmten Vorstellung, welche die Ähnlichkeit als eine bildliche *intendiert.*[40] Hier liegt also das Fehler der Bildtheorie: Sie erkennt nicht, daß *alles Bild-Bewußtsein erst aufgrund eines Bewußtseins der Sache, die als Bild gelten will, entstehen kann.*[41] Wird dieser Grundsatz aber akzeptiert, so ist die Bildtheorie nicht mehr aufrechtzuerhalten. Denn, wenn das Bewußtsein einer Sache, wie im Fall der Bildtheorie, kraft eines „bildlichen Stellvertreters" erläutert wird, gerät die ganze Theorie in einen inneren Widerspruch. Husserl zeigt das deutlich: „Setzt darnach die Auffassung als Bild schon ein dem Bewußtsein intentional gegebenes Objekt voraus [da irgend etwas erst dann als Bild gelten kann, wenn es überhaupt „gilt", d.h. bewußt wird], so würde es offenbar auf einen unendlichen Regreß führen, dieses selbst und immer wieder durch ein Bild konstituiert sein zu lassen."[42] Wenn das Bildbewußtsein eben Bewußtsein ist, und kein „reales Prädikat" der Sachen, darf nicht das Bewußtsein wiederum als Bild aufgefaßt werden. Das würde in einen *circulus vitiosus* führen: Wenn sich ein Bild erst aufgrund des Bewußtseins konstituiert, kann nicht das Bewußtsein kraft eines Bildes entstehen. Husserl erwähnt hier den unendlichen Regreß[43], da er diese Kritik an der Bildtheorie in dem oben ausgelegten Intentionalitätsbegriff gründen läßt. Daß aber die Schwierigkeit, in welche sich die Bildtheorie verstrickt findet, noch größer ist, scheint mir vom Gesagten her deutlich zu werden. Die Bildtheorie kann nur dann entstehen, wenn der Intentionalitätsbegriff und dadurch auch der unendliche Regreß, zu welchem das Übersehen des Intentionalitätsbegriffes führt, nicht erkannt wird. Wird aber der Intentionalitätsbegriff erkannt, so gerät die Bildtheorie meiner Meinung nach nicht nur in einen unendlichen Regreß, sondern in einen echten Widerspruch.[44]

---

[40] Vgl. dazu auch unten, § 39.

[41] Vgl. B. Rang, *Husserls Phänomenologie der materiellen Natur*, a. a. O., S. 203: „Husserl will [...] sagen, daß nichts ein Bild *sein* kann, ohne auch *als* Bild *gewußt* oder *verstanden* zu werden."

[42] *Logische Untersuchungen*, Hua XIX/1, S. 437.

[43] Vgl. auch *Ideen I*, Hua III/1, S. 208: „Doch die Hauptsache ist hier, daß der Wahrnehmung und konsequenterweise dann jedem intentionalen Erlebnis eine Abbildungsfunktion zumuten, unausweichlich [...] einen unendlichen Regreß mit sich führt."

[44] Auch Heidegger meint, daß „die Substruktion eines Bildbewußtseins für das

Die Widerlegung der Bildtheorie steht und fällt also mit der Entdeckung der Intentionalität. Nur die Entdeckung der Intentionalität ermöglicht die Überwindung der Bildtheorie, und nur die Überwindung der Bildtheorie läßt die Intentionalität in ihrem vollen Sinne auftauchen. Sartre hat darauf hingewiesen, daß bei Husserl „die Idee selbst der Intentionalität den Einbildungsbegriff erneuert".[45] Man muß einsehen lernen, sagt Husserl in den *Logischen Untersuchungen*, „daß *im phänomenologischen Wesen* des Bewußtseins in sich selbst alle Beziehung auf seine Gegenständlichkeit beschlossen ist."[46] Nur hierdurch wird es möglich, „fundamentale und schier unausrottbare Irrtümer"[47] wie denjenigen der Bildtheorie aufzuheben. Diese Aufhebung bringt aber für Husserl eine weitere, wichtige Forderung mit sich: „Man muß sich zu der fundamentalen Einsicht erheben, daß einzig und allein durch eine phänomenologische *Wesens*analyse der hierhergehörigen Akte das gewünschte Verständnis zu erzielen ist."[48] Die Intentionalitätstheorie ermöglicht es zu erkennen, daß ein Bild kein vermittelndes Moment der Erfahrung und besonders der Wahrnehmung sein kann[49], weil ja umgekehrt die Erfahrung den Bildlichkeits-

---

Objekterfassen" nicht deshalb zurückzuweisen sei, „weil man in einem unendlichen Regreß kommt, d.h. nichts erklärt". Er glaubt aber zugleich, daß „das eigentliche Motiv", aus dem heraus jene Auffassung „abgelehnt werden muß", darin läge, daß sie „nicht dem schlichten phänomenologischen Befund" entspricht (vgl. *Prolegomena zur Geschichte des Zeitbegriffs*, a.a.O., S. 56–57). Heideggers Auslegung erweckt zwei Erwägungen. Einerseits scheint er unter „phänomenologischem Befund" ein empirisches Datum, eine Tatsache zu verstehen, d.h. nach Husserl eine rein assertorische Evidenz (dazu vgl. *Ideen I*, Hua III/1, S. 317–318). Für Husserl ist dagegen die phänomenologische Deskription eine eidetische und die phänomenologische Evidenz eine apodiktische, so daß „phänomenologischer Befund" für ihn die Wesensunterschiede und Wesensmerkmale sind. Andererseits und demzufolge erkennt Heidegger nicht, daß die Ablehnung der Bildtheorie auf keiner assertorischen, sondern auf einer apodiktischen Evidenz beruht, nämlich auf der Evidenz ihrer Widersprüchlichkeit.

[45] J.-P. Sartre, *L'imagination*, a.a.O., S. 144: „La conception même de l'*intentionnalité* est appelée à renouveler la notion d'image." Vgl. auch F. Caeymaex, *Questions sur la phénoménologie de l'image de Husserl*, in: „Recherches husserliennes" 1996, Nr. 6, S. 5–23, besonders S. 5–9.

[46] Hua XIX/1, S. 437.

[47] A.a.O., S. 436.

[48] A.a.O., S. 438.

[49] Vgl. *Ideen I*, Hua III/1, S. 208: „Der Wahrnehmung von Physischem Abbildungsfunktionen einlegen, heißt ihr ein Bildbewußtsein unterschieben, das deskriptiv betrachtet ein wesentlich andersartig konstituiertes ist."

charakter allererst fundiert.[50] Um aber zu verstehen, was dann „Bild" eigentlich sei, muß man nach Husserl einen zweiten Charakter der Phänomenologie anwenden, nämlich die Wesensanalyse. Erst eine Eidetik der Imaginationsakte läßt uns wirklich erkennen, was unter Imagination zu verstehen ist. Das wurde oben schon erklärt. Wir werden in den nächsten Paragraphen diesem Hinweis Husserls folgen und sehen, in welchem Sinne „zwischen *Wahrnehmung* einerseits und *bildlich-symbolischer* oder *signitiv-symbolischer Vorstellung* andererseits [...] ein unüberbrückbarer Wesensunterschied [ist]."[51]

§ 32. Erinnerung und Bildlichkeit

Einstweilen sei ein solcher Wesensunterschied nur für den Fall der Erinnerung nachgewiesen, was zugleich die Bedeutung der Widerlegung der Bildtheorie in ihrem ganzen Umfang erscheinen läßt. Das Argument, welches die Ablehnung der Bildtheorie ermöglicht, impliziert nicht nur, daß man keine Beteiligung der Bildlichkeit im Wahrnehmungsprozeß annehmen darf, sondern auch, daß überhaupt kein intentionaler Akt sich auf die Vermittlung durch Bilder stützen kann. Hierin liegt ja die allgemeine Bedeutung der Intentionalitätstheorie. Man könnte fragen, ob im Fall der Erinnerung die Erscheinung nicht derart gegeben sei, daß sie ein Bild darstellt, welches das Vergangene repräsentiert. Husserl stellt diese Frage ausdrücklich in einem Manuskript, das wohl aus der Zeit der Widerlegung der Bildtheorie in den *Logischen Untersuchungen* stammt.[52] Die Antwort ist auch hier ganz klar: „In gewisser Weise findet sicher Repräsentation statt. Aber es ist kein Bildlichkeitsbewußtsein im echten Sinn."[53] Der Grund dafür ist uns bekannt. Wir könnten allgemein sagen: *Erscheinung ist kein Bild*, da Bildbewußtsein erst durch Erscheinungen entstehen kann.

---

[50] Vgl. *Logische Untersuchungen*, Hua XIX/1, S. 438.

[51] *Ideen I*, Hua III/1, S. 90. Aufgrund dieser Erwägungen scheint mir der Versuch Fellmanns unannehmbar, die phänomenologische Reduktion als eine Reduktion auf das Bild zu deuten (vgl. F. Fellmann, a. a. O., S. 111, 139–140).

[52] Das Manuskript wurde als Nr. 18 in den „Husserliana", Band X (*Zur Phänomenologie des inneren Zeitbewußtseins*), veröffentlicht. Manche seiner Teile wurden in den Paragraphen 27 und 28 desselben Textes aufgenommen.

[53] Hua X, S. 179–180 (hier wie im folgenden Zitat habe ich die Eingriffe des Herausgebers nicht aufgenommen).

Hier gebraucht Husserl dieses Argument allerdings nicht, sondern dasjenige der eidetischen Unterscheidung. Er schreibt: „Es ist nicht so wie im Falle einer *Photographie*, wo ein Ähnliches, aber doch inhaltlich Verschiedenes, für ein Ähnliches als Repräsentant dient; [...] [so daß] ein Gegenwärtiges, oder als gegenwärtig Erscheinendes, Repräsentant also für ein *nicht* Gegenwärtiges [ist]. Aber das ‚Erinnerungsbild' erscheint *nicht* als gegenwärtig, obschon es gegenwärtig ist."[54] Hier weist Husserl auf einen Wesensunterschied hin. Im Falle der bildlichen Repräsentation ist das Erscheinende eben Repräsentant für etwas anderes: Es ist ein Gegenwärtiges, das als Bild eines nicht gegenwärtigen, ihm ähnlichen aber gerade deswegen nicht identischen Gegenstandes erfaßt wird. Eine solche Repräsentation geschieht in der Erinnerung gar nicht, weil hier die Erscheinung keineswegs dem Gegenstand ähnlich, sondern vielmehr mit ihm ein und dasselbe ist.[55] *Verbildlichen wir uns etwas, so intendieren wir ein Bild des Gegenstandes. Vergegenwärtigen wir uns aber etwas in der Erinnerung, so intendieren wir kein Bild, sondern den Gegenstand selbst.*[56] Darin liegt eben ein Wesensunterschied. Er hängt besonders damit zusammen, daß die Intentionalität verschiedene Formen annimmt. Ist Bildbewußtsein ein intentionaler Akt und kein vermittelndes Moment der Erfahrung, so ist es zugleich ein Akt, der seinen Gegenstand in eigentümlicher Weise gibt; dessen Intentionalität also von derjenigen anderer Akte, wie z.B. der Erinnerung, streng zu unterscheiden ist.

§ 33. Husserls Kritik der Brentanoschen Auffassung des immanenten Zeitbewußtseins

Schließlich ist eine weitere Anwendung des Intentionalitätsbegriffs auf der Imaginationsebene zu erörtern. Die Husserlsche Widerlegung der Bildtheorie beruht auf Begriffen, die schon bei Brentano zu finden sind.[57] Selbst den Intentionalitätsbegriff hat

---

54 A.a.O., S. 180.
55 Vgl. a.a.O., S. 184.
56 Vgl. a.a.O., S. 31–32. So auch E. Fink, *Studien zur Phänomenologie*, a.a.O., S. 29.
57 Vgl. R. Lanfredini, *Husserl. La teoria dell'intenzionalità*, Laterza, Roma/Bari 1994, S. 24–26.

Husserl bekanntermaßen von Brentano geerbt. Die Entdeckung des intentionalen Charakters der Bildvorstellungen und die entsprechende Überwindung der Auffassung des Bildes als vermittelndem Moment der Erfahrung führen aber Husserl dazu, Brentanos Zeittheorie zu kritisieren und dadurch die letzte Verallgemeinerung der Intentionalitätsstruktur auf die imaginativen Vorstellungen zu gewinnen.

Die von Brentano in seinen Vorlesungen entwickelte Zeittheorie ist uns nur durch Husserls Bericht bekannt.[58] Das ist für unser Thema nicht besonders abträglich, da unsere Aufgabe nicht darin besteht, Brentanos eigentliche Theorie festzustellen, sondern vielmehr ein bestimmtes Verständnis der intentionalen Leistung der imaginativen Vorstellungen zu gewinnen. Dazu bietet Husserls Kritik an Brentanos (angeblicher) Zeittheorie einen wichtigen Beitrag.

Husserl stellt Brentanos Theorie folgendermaßen dar:[59] Zunächst impliziert die Analyse irgendeines Zeitgegenstandes, d.h. eines dauernden Wahrnehmungsobjektes, als Bedingung ihrer Möglichkeit die Mitwirkung mehrerer Momente dieser Dauer selbst. Das Beispiel einer Melodie ist hier maßgebend. Einer Melodie zuhören heißt nicht, bloß einen Ton nach dem anderen zu hören, sondern jeden Ton in seinen Verbindungen mit den anderen zu vernehmen. „Wenn der neue Ton erklingt, ist der vorangegangene nicht spurlos verschwunden, sonst wären wir ja auch unfähig, die Verhältnisse aufeinanderfolgender Töne zu bemerken, wir hätten in jedem Augenblick einen Ton […], niemals aber die Vorstellung einer Melodie.“[60] Die Frage nach der Möglichkeit, daß eine Vorstellung auch nach ihrer Auflösung im Bewußtsein irgendwie gegenwärtig bleibt, ist die Frage nach der inneren Konstitution der Zeit. Angenommen, daß ein solches „Verbleiben“ der

---

[58] Die im Buch *Philosophische Untersuchungen zu Raum, Zeit und Kontinuum* (hrsg. von S. Körner und R.M. Chisholm, Meiner, Hamburg 1976) enthaltene Zeittheorie Brentanos, in welcher jeglicher Bezug auf die Phantasie verschwunden ist, wurde in den Jahren 1914–1917 niedergeschrieben, sie ist also später als Husserls Darstellung. Dort erklärt Brentano die Möglichkeit der Zeiterfahrung ausschließlich mit Bezug auf den Wahrnehmungsverlauf (vgl. vor allem S. 156–157). Die Herausgeber berichten in ihrer *Einleitung*, daß Brentano schon 1894 die Unhaltbarkeit seines früheren Phantasie-Ansatzes erkannt hatte (vgl. S. XXVII).

[59] Vgl. *Zeitbewußtsein*, Hua X, S. 10–15.

[60] A. a. O., S. 11.

Vorstellung unentbehrlich ist, muß man sich fragen, wie es zu erklären ist. Husserl erläutert das bekanntlich mit der Theorie der frischen Erinnerung (Retention). Gemäß seiner Darstellung versuchte Brentano dagegen, dieses „Verbleiben" durch die Modifikation der Phantasie zu erklären. Im Sinne dieser Theorie würde sich jede Empfindung eine ihr identische, durch den zeitlichen Charakter allein modifizierte Vorstellung aufgrund des Gesetzes der „ursprünglichen Assoziation" erzeugen.[61] Da Brentano die Empfindung als Wirkung eines Reizes auf dem Leib versteht, kann sie für ihn nach dem Ausbleiben des Reizes gar nicht erhalten werden. Darum können ihre Inhalte erst dann verbleiben, wenn die Empfindung selbst durch Assoziation eine entsprechende Vorstellung erweckt, welche sich eigentlich nur wegen des Zeitcharakters „vergangen" von der ursprünglichen Empfindung differenziert. Diese neue Vorstellung ist also eine Reproduktion der Empfindung, und Brentano nennt sie eine Phantasie. Die Zeitlichkeit eines dauernden Gegenstandes wäre dann nicht wahrgenommen, sondern gleichsam phantasiert.

Hier geht es nun nicht darum, ob diese Brentanosche Auffassung das innere Zeitbewußtsein verdeutlicht oder nicht, sondern vielmehr darum, ob der Gebrauch des Wortes Phantasie und somit des Phantasiebegriffs hier angemessen ist.[62]

Die Zeitlichkeit ist nach dieser Auffassung Produkt der Phantasie. Phantasie wäre damit eine „produktive" Vorstellung, die eine Stelle in der ursprünglichen Konstitution des Zeitgegenstandes besitzt. Phantasie ist aber zugleich ein eigener Akt, nämlich jener, einen abwesenden Gegenstand zu vergegenwärtigen – etwa wenn wir einen Zentauren phantasieren. Dieser Gedanke soll erst im Laufe des Paragraphen 42 erklärt werden. Wir können ihn aber ohne weiteres als eine offene Möglichkeit annehmen, die später zu erörtern ist. Jedenfalls würde Brentano selbst diese Auffassung nicht bestreiten, weil er die Phantasie in das Vorstellungsgebiet einbezieht und sie als eine der Wahrnehmungsvorstellung ähnliche Vorstellung auffaßt.[63] Dann wäre aber Phantasie Vergegen-

[61] Vgl. a. a. O., S. 13.

[62] Gérard Granel macht deutlich, wie Husserls Kritik beide Aspekte des Problems, Zeitfrage und Phantasiefrage, betrifft (vgl. G. Granel, a. a. O., S. 38–44). Die Zeitfrage geht aber weit über unser Thema hinaus.

[63] Vgl. F. Brentano, *Grundzüge der Ästhetik*, hrsg. von F. Mayer-Hillebrand, Meiner, Hamburg 1957, S. 36–87.

wärtigung eines zeitlich schon konstituierten Gegenstandes. Als Vergegenwärtigung ist Phantasie nun eine Reproduktion des Zeitgegenstandes, als zeitschaffende Vorstellung eine Produktion desselben. Ist dieser Ausdruck bei Brentano zweideutig, so daß in der Zeitkonstitution eigentlich von Phantasie in unechtem Sinne gesprochen wird? Oder ist er eindeutig, so daß eine Deckung dieser zwei dann nur scheinbar verschiedenen Phänomene eingeschlossen ist (die Zeitlichkeit der Zeitgegenstände wäre also gerade von demjenigen anschaulichen Akt erzeugt, der unser gewöhnliches Phantasieren ausmacht)? Und letztlich: Ist der Gebrauch eines und desselben Namens für zwei zumindest teilweise verschiedene Akttypen hier berechtigt? Dies ist die Frage, welche die Zeittheorie beantworten muß, um den eigenen Gebrauch des Phantasiebegriffs zu rechtfertigen.

Auf diese Frage antwortet Husserl selbstverständlich in negativer Weise. Die Intentionalitätstheorie fordert auch hier, daß erstens kein vermittelndes Moment im Erfahrungsprozeß eingefügt wird, und zweitens Erlebnisweisen, die unter sich Wesensunterschiede zeigen, eben als wesentlich verschiedene Erlebnisweisen betrachtet werden. Werden diese zwei Gesetze verletzt, so gerät man wieder in den unendlichen Regreß. Denn Vergegenwärtigung einer gewissen Sukzession heißt Vergegenwärtigung eines originär erlebten Zeitfeldes; wenn dieses sich nun selbst schon als ein Kontinuum von ursprünglich assoziierten Phantasien darstellt, und die Vergegenwärtigung wiederum als eine Phantasie verstanden werden kann, dann sollte jede Phantasie eigentlich Phantasie von Phantasien sein, was eben zu einem unendliche Regreß führen würde.[64]

Dieses Ergebnis führt Husserl zu einer anderen Fragestellung: „Ist schon die originäre Zeitanschauung ein Geschöpf der Phantasie, was unterscheidet dann diese Phantasie von Zeitlichem von derjenigen, in welcher ein früher vergangenes Zeitliches bewußt ist […]?“[65] Mit anderen Worten: Wenn wir ein und dasselbe Wort benutzen, wie können wir den wesentlichen Unterschied zwischen Produktion und Reproduktion eines Zeitgegenstandes auffassen? Handelt es sich um zwei verschiedene Phänomene, so muß der Unterschied auch sprachlich sichtbar werden. Husserls Antwort

---

[64] Vgl. *Zeitbewußtsein*, Hua X, S. 16.
[65] Ebd.

in dieser Richtung wurde von Edith Stein in ihre Überarbeitung der Husserlschen Zeitvorlesungen merkwürdigerweise nicht aufgenommen.[66] Husserl schreibt: „So scheint es, daß wir eine *produktive und reproduktive Phantasie* unterscheiden müssen, die erste, ursprünglich der Wahrnehmung anhaftend, die Zeitausbreitung produzierend, die letztere die einmal produzierte wieder vergegenwärtigend."[67] Erkennen wir, daß *ein intentionaler Akt keineswegs Moment eines anderen sein kann*, so müssen wir annehmen, das Wort Phantasie werde in beiden Fällen nicht strenger als analog gebraucht. So führt Husserl die Gegenüberstellung produktiv-reproduktiv ein und fragt sich, ob durch diese Bestimmung die Sache deutlicher wird.

Es zeigt sich, „daß diese Auffassung nicht durchführbar ist und daß wir jene ‚primäre' Erinnerung, die unaufheblich zur Wahrnehmung gehört, und die reproduktive Erinnerung nicht in gleichem Sinne als Phantasie bezeichnen können."[68] Husserl hält es also für unmöglich („nicht durchführbar"), die Konstitution des dauernden Gegenstandes als Zeitgegenstand mit Hilfe eines mehr oder minder analogen Hinweises auf die Phantasie zu erläutern. Die Konstitution eines Zeitgegenstandes ist für ihn Wirkung einer intentionalen Struktur, die unselbständiger Teil der Wahrnehmung des Gegenstandes ist. Man kann nun diese intentionale Struktur verschiedenartig benennen: „primäre Erinnerung", „frische Erinnerung" oder „produktive Phantasie". Wichtig ist aber, daß sie eine unselbständige Struktur der Wahrnehmung ist, ohne welche die Wahrnehmung selbst unmöglich wäre, soweit sie Wahrnehmung eines Zeitgegenstandes ist – was aber die Wahrnehmung eigentlich immer ist. Als solche kann diese Struktur mit keinem selbständigen Akt identifiziert werden. Deswegen kritisiert Husserl den Gebrauch des Wortes „Phantasie", gibt später (nämlich 1908–1909)[69] auch den Ausdruck „frische Erinnerung" auf und nennt diese intentionale Struktur der Wahrnehmung „Retention".

---

[66] Das Manuskript wurde von Rudolf Boehm in seiner Ausgabe der Zeitvorlesungen („Husserliana" X) unter den textkritischen Anmerkungen herausgegeben (vgl. Hua X, S. 408–410).

[67] A. a. O., S. 409.

[68] Ebd. Außerdem ist diese von der reproduktiven Phantasie streng zu trennende „primäre Erinnerung" keineswegs mit einem Bildlichen zu identifizieren (vgl. a. a. O., S. 34: „Retention ist nicht Bildbewußtsein").

[69] Wie von Rudolf Boehm in seiner Ausgabe dokumentiert.

Wir haben schon bemerkt, daß selbst das Wort Retention zweideutig ist, indem Husserl in seinen Analysen der Zwanziger Jahre auf die Idee einer Retention als Leervorstellung kommt. Gerade die Auslegung der Husserlschen Intentionalitätstheorie in Bezug auf die imaginativen Akte läßt die Bedeutung einer eventuellen, hier nicht durchführbaren Erörterung der Zweideutigkeit des Retentionsbegriffs spüren.

§ 34. Ergebnisse der Erörterung des Intentionalitätsbegriffs

Durch diese Analysen hat Husserl einige unannehmbare Auffassungen der imaginativen Vorstellungen erörtert und abgelehnt. Wir wissen jetzt, was Imagination nicht sein kann: Wir brauchen keine imaginative Vorstellung, um die Wahrnehmungserscheinung eines Gegenstandes zu erklären – da die Wahrnehmung ihren Gegenstand direkt intendiert und die Wahrnehmungserscheinung kein Bild des Objekts ist, sondern das Objekt selbst als wahrgenommenes. Darüber hinaus brauchen wir keine imaginative Vorstellung, um die Erinnerungserscheinung eines Gegenstandes zu erklären – da auch die Erinnerung ihren Gegenstand direkt und durch kein Bild intendiert. Schließlich dienen die imaginativen Vorstellungen auch nicht dazu, die zeitliche Konstitution eines Zeitgegenstandes zu erklären – da diese Konstitution nur in der Wahrnehmung stattfinden kann, welche andererseits nicht als einfache, punkthafte Impression zu verstehen ist. Allgemein gilt also, daß Imagination nur dann unselbständiges Moment der Erfahrung sein kann, wenn die Möglichkeit geleugnet wird, eigenständige Imaginationsvorstellungen zu haben. Dann kann man z.B. die Bedeutung von „Bild“ mit der Bedeutung von „Erscheinung“ einfach identifizieren, bzw. die Bedeutung von „Phantasie“ mit derjenigen von „innerer Zeitkonstitution“. Alle imaginativen Phänomene aber, die wir etwa im Paragraphen 30 erwähnt haben, würden dadurch die Möglichkeit einer philosophischen Auffassung unter dem Titel Imagination verlieren.

Wir können diese Ergebnisse in einem einzigen Grundsatz der Phänomenologie zusammenfassen: *Kein intentionaler Akt kann reeller Inhalt eines anderen Aktes sein.* Sind die imaginativen Vorstellungen intentionale Akte, so können sie kein reeller Inhalt anderer Akte sein. Gibt es andererseits reelle Inhalte der intentionalen Akte, so können sie nicht terminologisch mit anderen intentionalen Akten identifiziert werden.

Hierdurch scheint unsere Frage nach der erkenntnistheoretischen Leistung der Imagination eine erste Antwort zu gewinnen. Wenn Husserl der Brentanoschen Phantasie die Eigenschaft „produktiv“ zuschreibt, stellt er zugleich Brentanos Auffassung implizit mit derjenigen Kants gleich. In beiden Fällen würde eine Einbildungskraft den Aufbau der Erkenntnis ermöglichen und zwar als Teilmoment der Wahrnehmung oder der Subsumption der Wahrnehmung unter eine wissenschaftliche Erkenntnis. Wie bei Kant die Tätigkeit der transzendentalen Einbildungskraft Bedingung der Möglichkeit der erkenntnismäßigen Erfassung der sinnlichen Daten ist, so ist auch bei Brentano die Phantasie Bedingung der Möglichkeit der erkenntnismäßigen Konstitution der Zeitgegenstände. Durch seine Kritik an Brentano scheint Husserl also die Kantsche Theorie der transzendentalen Einbildungskraft zu treffen. Erst recht trifft er aber dadurch die Theorie Humes, welcher sich der „Empirist“ Brentano nicht umsonst nahe fühlte. Bei Hume finden sich nämlich beide von Husserl hier kritisierten „Irrtümer“: die Bezeichnung der Einbildungskraft als Bedingung der Möglichkeit unserer Erkenntnis überhaupt (also in allen ihren Weisen) und die Beschreibung des Unterschieds zwischen Wahrnehmung und Einbildungskraft durch eine Variation der Intensität, d. h. durch einen quantitativen Unterschied, welcher kein Wesensunterschied ist.[70] Durch seine Kritik an der Brentanoschen Theorie kritisiert Husserl diese zwei Grundsätze des gesamten empiristischen Denkens. Damit scheint er aber zuletzt der Imagination keine erkenntnistheoretische Leistung zuzugestehen. Imaginative Vorstellungen würden keine neue Erkenntnis produzieren, da das Erkennen durch eine in sich selbst geschlossene Wahrnehmung stattfinden würde. Der Begriff der Intentionalität, besonders einer durch das retentionale Gefüge zeitlich ausgedehnten Intentionalität, scheint der produktiven Leistung einer Einbildungskraft keinen Raum zu lassen. Ich will versuchen zu zeigen, daß durch eine tiefere Berücksichtigung der phänomenologischen Einstellung und eine bestimmte Interpretation ihres Sinnes die Möglichkeit einer solchen erkenntnistheoretischen Leistung in einem ganz neuen Sinne wieder auftaucht.

[70] Vgl. oben, Paragraph 3.

§ 35. Echte und scheinbare Imaginationsvorstellungen

Die Widerlegung der vielfältigen Formen der Bildtheorie durch den Intentionalitätsbegriff ist zwar wichtig und bekannt, da sie eine Grundthese der Husserlschen Phänomenologie darstellt. Für Sartre liegt hierin, wie erwähnt, die Hauptbedeutung der Husserlschen Imaginationstheorie.[71] Sie erschöpft aber die Phänomenologie der Imagination nicht, sondern eröffnet ein neues Gebiet, das Tugendhat als eigentlichen „Hauptpunkt der intentionalen Psychologie“[72] bezeichnet hat: Das Gebiet der verschiedenen Weisen der Intentionalität. Sind die imaginativen Vorstellungen genau in demselben Sinne intentionale Akte wie die entsprechenden Wahrnehmungen, so stellt sich die Frage, worin diese beiderseits vorkommende Intentionalität sich jeweils wesentlich unterscheidet. Unsere Aufgabe ist jetzt die Herausstellung eben dieser Wesensunterschiede. Dabei ist uns schon aufgefallen, daß mehrere Termini in Frage kommen, wenn es um die imaginativen Vorstellungen geht. Ist Phantasie dasselbe wie Imagination? Und was ist ein Bildbewußtsein? Die Untersuchung der Wesensunterschiede zwischen imaginativen und sonstigen Vorstellungen soll dann auch eventuelle Wesensunterschiede innerhalb des Gebiets der imaginativen Vorstellungen aufklären.

Müssen wir nun die *„einheitliche und wesentlich einheitliche Auffassungsart“*[73] untersuchen, die sich Imagination nennt, so müssen wir zunächst das imaginative Vorstellen allem sonstigen Vorstellen, und besonders der Wahrnehmung, entgegensetzen. Nach Husserl erstreckt sich der Begriff der Wahrnehmung „so weit, als das markante Phänomen des als *selbst gegenwärtig Erscheinens* reicht.“[74] Wahrnehmung ist demnach, mit den Worten der im vorigen Kapitel ausgelegten Eidetik, eine setzende Gegenwärtigung. Alle imaginativen Vorstellungen müssen darum den Gegensatz zur setzenden Gegenwärtigung gemeinsam haben. Denn stellt sich etwas der Wahrnehmung nicht gegenüber, so ist es von der Wahrnehmung selbst nicht wesentlich zu unterscheiden und gehört folgerichtig ihrem Gebiet an. Die nicht wahrneh-

[71] Vgl. J.-P. Sartre, *L'imagination*, a. a. O., S. 146–148.
[72] E. Tugendhat, a. a. O., S. 27.
[73] Hua XXIII, S. 6.
[74] A. a. O., S. 5.

mungsmäßigen Vorstellungen haben dementsprechend dieses gemeinsam: daß sie entweder nicht setzend oder keine Gegenwärtigung sind. In der Sprache Husserls, die wir in unser Schema im vorigen Kapitel aufgenommen haben, heißt es: Sie sind entweder Neutralisierungen oder Vergegenwärtigungen oder beides zusammen. Wo wir dieses Gemeinsame bei irgendeinem objektivierenden Akt nicht finden, handelt es sich um Wahrnehmung. „Dieses Gemeinsame finden wir aber nicht im Fall der Halluzinationen, der Illusionen und der Traumerscheinungen"[75], sagt Husserl. Für ihn sind also die letztgenannten Vorstellungen Wahrnehmungsauffassungen. Versuchen wir, uns das zu verdeutlichen.

§ 36. Die Illusion

In der normalen Erfahrung wird das Gegebene einfach als Wirklichkeit hingenommen, ohne die Frage nach dieser Wirklichkeit selbst zu stellen.[76] Im Umgang mit der Welt ist die Welt für mich selbstverständlich als wirklich da, so daß ihre Wirklichkeit gar nicht in Frage steht. Diese Einstimmigkeit der Erfahrung kann aber auch gebrochen werden, nämlich wenn das Erfahren in Widerstreit „zerfällt".[77] Dann entstehen die verschiedenen, im Paragraphen 25a schon erwähnten Modalisierungsformen des Zweifels, der Anmutung, Vermutung, Negation usw. Alle Modalisierung geht also irgendwie aus einem Widerstreit hervor, nämlich aus dem Widerstreit zwischen zwei verschiedenen Auffassungen derselben sinnlichen Daten.[78] Die Sache, die ich jetzt sehe, gibt sich manchmal als Mensch, manchmal als Wachspuppe. Die Auffassung Mensch streitet gegen die Auffassung Wachspuppe. Jetzt gewinnt die erste eine stärkere Motivation, welche aber noch un-

---

[75] Ebd.

[76] Vgl. EU, S. 359–360.

[77] Vgl. *Logik*, Hua XVII, S. 242.

[78] Vgl. *Analysen zur passiven Synthesis*, Hua XI, S. 34: „Ein und derselbe Bestand an hyletischen Daten ist die gemeinsame Unterlage von zwei übereinandergelagerten Auffassungen. […] Sie stehen hier in wechselseitigem Streit, jede hat gewissermaßen ihre Kraft, ist durch die bisherige Wahrnehmungslage und ihren intentionalen Gehalt motiviert, gleichsam gefordert." Das bei Husserl ständig wiederkehrende Beispiel der Wachspuppe im Panoptikum ist kennzeichnend für die Bedeutung des Widerstreitsthema in seiner Phänomenologie der Wahrnehmung.

genügend ist, die Motivation der zweiten völlig auszulöschen. So habe ich die Wahrnehmung *wahrscheinlich* eines Menschen. In einem zweiten Moment gewinnen aber beide Motivationen ein gleiches Gewicht. Ich kann mich nicht entscheiden; ich bin in *Zweifel* geraten. Endlich gewinnt eine Auffassung eine so starke Motivation, daß die Gegenmotivation durchgestrichen wird: Es war ja eine Wachspuppe, die Wahrnehmung eines Menschen war eine bloße *Täuschung*, eine Illusion.[79]

Die allgemeine Kraft des Widerstreits im Erkenntnisverlauf ist deutlich von Husserl in der folgenden Weise dargestellt: „Wo immer eine Wahrnehmungsauffassung mit einer zweiten in Widerstreit tritt – was voraussetzt, daß sie im ganzen oder einem Teil nach dieselbe Empfindungsunterlage haben –, da bestimmt diejenige Auffassung, die mit der Einheit der gesamten aktuellen Wahrnehmung sich zu einer umfassenden Gesamtwahrnehmung zusammenfügt und an der Kraft der sich wechselseitig fundierenden Glaubensintentionen partizipiert, das wirklich Gegenwärtige. Die andere Auffassung aber, wofern sie sich des sinnlichen Inhalts bemächtigt [...] und eine Erscheinung ergibt, konstituiert ein bloßes *Fiktum*, ein *Scheinobjekt*."[80] Hier wird ein allgemeines Prinzip ausgelegt: Wo immer wir einen Widerstreit, eine Inkonsequenz in unserer Umwelt wahrnehmen, sind wir dazu getrieben, den störenden Bestandteil dadurch aufzuheben, daß wir ihn in die Täuschungs- und Halluzinationswelt versetzen. Dieses Konsequenzprinzip ist eine äußerst starke Motivation in der Konstitution unserer Erfahrungswelt. Zum Beispiel wird die hyletische Konstellation „Mensch-oder-Puppe" wahrscheinlich als Mensch wahrgenommen, wenn sie im Zusammenhang einer lebendigen Stadtstraße, als Puppe aber, wenn sie im Zusammenhang eines Panoptikums erscheint. Beginnt aber der als Panoptikum-Puppe aufgefaßte Gegenstand zu sprechen, so gewinnt die Auffassung „Mensch" trotz des Panoptikumszusammenhangs noch einmal an Motivation. Es kann also geschehen, daß der störende Bestandteil sich als wirklich bestätigt oder, phänomenologisch gesagt, eine stärkere Motivation gewinnt. In diesem Fall müssen wir unsere

[79] Das ist für den Fall der Wachspuppe besonders deutlich, gilt aber zugleich für allen Modalisierungen. Jede Glaubensstufe beruht auf dem Motivationenwiderstreit, so sehr die Auffassungen auch verschieden sein können (z. B. „rote Ratte" gegenüber „weiße Wand").

[80] Hua XXIII, S. 48.

vorige Wahrnehmung berichtigen: Das Illusionäre gibt sich als wirklich, das Wirkliche als illusionär. Maßgebend bleibt immerhin das Konsequenzprinzip. Jeder Widerstreit fordert eine Umdeutung, will er zugunsten des einen oder des anderen Pols aufgrund der im Paragraphen 22 dargestellten Erfüllungsdynamik aufgehoben werden. Eine Landschaft inmitten einer Wand gibt ein Widerstreitsbewußtsein. Sie wird darum als Bild erfahren, als „Fenster in einer phantastischen Welt" inmitten der Wahrnehmung aufgefaßt. Behauptet sie sich aber als gegenwärtig, verstärkt sich also die Motivation, welche ihre Auffassung als wahrgenommene Landschaft stützt, so kehrt der Widerstreit zwischen Wandwahrnehmung und Landschaftswahrnehmung wieder. Der Widerstreit will nun noch einmal aufgehoben werden. Wir suchen sofort nach der Erklärung, die den Widerstreit lösen und damit eine der streitenden Möglichkeiten endgültig motivieren kann („was als Bild erscheint ist in Wahrheit ein Fenster", bzw. „die scheinbar wahrgenommene Wand ist eine Halluzination", usw.). Inwieweit dieses Konsequenzprinzip gerechtfertigt ist, warum wir Streit und Widerspruch nicht ertragen können, das ist ein grundsätzliches philosophisches Rätsel, das Husserl selbst nicht lösen konnte.[81]

Was ist nun diese Illusion? Wichtig für das Verständnis des illusionären Scheins ist meines Erachtens, seine zwei Momente getrennt zu halten. Eine Illusion ist eben eine Täuschung: Man nimmt etwas wahr und glaubt, daß es wirklich da ist. Es ist eigent-

[81] Vgl. Hua XXIII, S. 77: Die Frage „Warum muß aber Kontinuität statt Diskontinuität gelten?" bleibt hier unbeantwortet. Das unsere Erfahrung beherrschende Konsequenzprinzip ist genau so stark wie das schon erwähnten Evidenzprinzip. Beide beruhen auf demselben Ablaufschema. Das Konsequenzprinzip sagt etwa: „Alles, was mit der gesamten positionalen Umwelt konsequent ist, d. h. mit dem in der Umwelt aktuell sowie dem in der Vergangenheit und Zukunft Gesetzten nicht widerstreitet, ist gesetzt. Alles Sonstige ist neutralisiert." Seine Kraft liegt darin, daß nur eine auf dem Konsequenzprinzip begründete Erfahrung die Konsequenz der bestehenden Erfahrung aufheben kann. Das Konsequente wird im Prinzip als gegenwärtig gesetzt. Nachher kann sich dasselbe Konsequente als nicht eigentlich gegenwärtig, als ein Abwesendes erweisen, etwa als ein illusionärer Schein. Das kann aber nur dann geschehen, wenn eine umfangreichere Konsequenz die vorher bestehende aufhebt, wenn sich also der anfänglich als mit der positionalen Welt konsequent erfahrene Sinn in einen Zusammenhang einfügt, wo er als nur scheinbar konsequent erfaßt wird, in einen Zusammenhang aber, der sich darüber hinaus auf gewichtigeren Motivationen als der anfängliche stützt. Die universelle Gültigkeit des Konsequenzprinzips liegt eben darin, daß die Konsequenz nur von der Konsequenz aufgehoben werden kann.

lich nicht da, scheint aber während der Täuschung da zu sein. *Täuschung ist* also *eine setzende Anschauung* eines leibhaftig Gegenwärtigen; als solche ist sie *eine Wahrnehmung*. Worin liegt ihr Unterschied zur schlichten Wahrnehmung? Darin, daß der Gegenstand eigentlich nicht da ist. Diese Abwesenheit des Gegenstandes ist aber kein phänomenologisches Datum. Sie gehört nicht zum deskriptiven Bestand des Phänomens. Nach dem phänomenologischen Evidenzprinzip kann nur folgendes gesagt werden: Während der Täuschung sehe ich einen Menschen und bin dessen gewiß, daß er ein Mensch ist. Ich könnte ihn sogar ansprechen, würde ihn selbstverständlich nicht willkürlich berühren, usw. Ich setze ihn als anwesenden Mensch gerade wie in einer entsprechenden schlichten Wahrnehmung. Mein Akt *ist an sich eine schlichte Wahrnehmung und keine Imaginationsvorstellung*.[82] Andererseits ist folgerichtig die Wahrnehmung keine endgültige Versicherung der Anwesenheit des Gegenstandes. Jede Wahrnehmung kann sich im nachhinein, soweit sie auf Motivationen gründet, durch einen Widerstreit als Illusion erweisen. Erweist sie sich nicht als Illusion, so könnte sie, wie wir sehen werden, noch eine Halluzination sein.

In der phänomenologischen Analyse enthüllt sich also die Illusion erst durch ein zweites Moment als Illusion. Dank einer Reflexion wird deutlich, daß das einst so und so Wahrgenommene dasselbe ist wie dieses jetzt durch einen Widerstreit Durchgestrichene.[83] Die aktuelle Durchstreichung streicht allerdings nicht die vorige Wahrnehmung durch, sondern nur den aktuellen Glauben an jenes Wahrgenommene. Die Wahrnehmung aber, die jetzt Illusion genannt wird, war und bleibt eine echte Wahrnehmung – eine echte setzende Gegenwärtigung.

Man muß kurz gesagt die Illusion als Akt von der Illusion als

---

[82] Natürlich gilt dieser Satz für jene Fälle nicht, wo Husserl das Wort Illusion zur Bezeichnung von nichtsetzenden Akten benutzt (vgl. etwa *Analysen zur passiven Synthesis*, Hua XI, S. 103; *Logische Untersuchungen*, Hua XIX/1, S. 483 – aber nur in der Formulierung der zweiten Ausgabe). Dann handelt es sich bloß um eine Zweideutigkeit.

[83] Vgl. etwa *Phänomenologie und Erkenntnistheorie*, Hua XXV, S. 148: „Scheine sind vielleicht erfahren, stehen als wirkliche Dinge da: aber im Fortgang der Erfahrung wird die Einstimmigkeit durchbrochen, der Seinscharakter der empirischen Doxa nimmt die Form der Durchstrichenheit, des ‚nichtig' an."

Objekt einer Reflexion getrennt halten.[84] Als Akt, also „an sich", ist sie nichts anderes als Wahrnehmung. Als Objekt einer Reflexion erweist sich diese Wahrnehmung als eine illusionäre, wobei „illusionär" bloß heißt, daß inzwischen ein Widerstreit entstanden ist, nach welchem jene vorherige Auffassung der hyletischen Daten aufgehoben wird.[85]

§ 37. Die Halluzination

Während die Illusion durch die Zusammensetzung von zwei getrennten Momenten gekennzeichnet ist, sprechen wir von Halluzination, wenn das zweite Moment entfällt und der illusionäre Charakter der Wahrnehmung verdeckt bleibt. Eine Wahrnehmung erweist sich als Illusion infolge eines Widerstreits, welcher die prätendierte Wahrnehmung eben als Prätention enthüllt. Dieser Widerstreit kann aber auch nicht stattfinden: Das Fehlen des Widerstreits ist dennoch kein Beweis dafür, daß überhaupt kein Widerstreit, keine Gegenmotivation möglich ist. Bei der transzendenten Wahrnehmung besteht immer die prinzipielle Möglichkeit, daß ein Wahrgenommenes eigentlich Schein sei und die Wahrneh-

[84] Die tiefe Analyse des illusionären Scheins, welche Belussi in seinem Buch über die Modallehre Husserls entwickelt hat (vgl. F. Belussi, a. a. O., S. 139–197), leidet meiner Meinung nach unter dem Fehlen dieser Trennung. Er schreibt ja ausdrücklich: „Nichts ist der Beschreibung des Wahrnehmungstäuschungs-Phänomens wohl abträglicher als die Meinung, daß während der Phase, in der die Täuschung zwar bewußt, jedoch nicht durch eine eindeutige Sinnentscheidung aufgehoben wird, irgend eine Form von Wirklichkeitssetzung relevant wird" (a. a. O., S. 153). Wegen dieser Position scheint sich Belussis Auslegung dann in großen Schwierigkeiten zu befinden.

[85] Das bedeutet wiederum, daß „Illusion" hier irreführend ist und nicht gebraucht werden sollte. In der phänomenologischen Einstellung sollte man dieses Phänomen eher als Spezialfall der Wahrnehmung auslegen, nämlich als eine bestimmte Konstellation im ständigen Widerstreit der Motivationen. Dies liegt offenbar Husserl vor Augen, wenn er schreibt: „Nennen wir die Wahrnehmungserscheinung unabhängig vom Modus der ‚Stellungnahme' *Apparenz*, und deutlicher *perzeptive* Apparenz, wenn sie in einer Wahrnehmung (Modus des Glaubens) auftritt, *illusionäre*, wenn sie in einer Illusion auftritt" (*Zeitbewußtsein*, Hua X, S. 102–103). Außerdem sollte eine tiefere Analyse des illusionären Scheins folgende, scheinbar paradoxe Frage erörtern: Da die Erinnerung eines Vergangenen allgemein eine mindere Leibhaftigkeit (wenn überhaupt) als die Wahrnehmung hat, ist die Illusion als vollzogener Akt, d. h. als schlichte Wahrnehmung, deshalb evidenter und wahrhafter als die nachfolgende Durchstreichung ihres Gehalts durch eine Reflexion?

mung Illusion. Dieser Sachverhalt ist bei Husserl dadurch betont, daß die Wahrnehmung eben als Prätention und das Urteilen als bloßes Vermeinen gekennzeichnet wird.[86] Derselbe Sachverhalt kann aber weiter verallgemeinert werden: Alle Wahrnehmung kann schließlich Realitätsillusion sein[87], Halluzination.[88]

Gegen diese Auffassung der Halluzination wendet sich Roman Ingarden, indem er meint, daß im ganzen Wahrnehmungsverlauf die Täuschung ihre endgültige Berichtigung erfahren könne. Nicht nur meint er, „daß man das Illusionserlebnis, um es in seinem Illusionscharakter zu entlarven, nicht aus dem ganzen Wahrnehmungsverlauf isolieren darf."[89] Das ist kaum zu bestreiten. Alle Täuschung kann nicht anders denn als Wahrnehmung erscheinen, wenn sie isoliert betrachtet wird. Ingarden schreibt aber unmittelbar danach: „Und nicht eine solche isolierte ‚Illusionswahrnehmung' hat ihr unbedingtes Geltungsrecht; vielmehr hat sie eben nur als Glied eines komplizierten Wahrnehmungsprozesses ein in bestimmten Schranken bedingtes Recht."[90] Ingarden meint demzufolge, daß der gesamte Wahrnehmungsverlauf eine Steigerung des Evidenzwertes der einzelnen Wahrnehmungen bewirken könne, so daß es zuletzt „trotz allem" zu einer „Selbstgegebenheit" kommt, die „das letzte Wort" hat.[91]

Hingegen zeigt nach meiner Auffassung der Fall der Halluzination, daß nicht einmal der ganze Wahrnehmungsverlauf die Gewinnung einer endgültigen, wissenschaftlichen Evidenz versichern kann, wenn es sich um transzendente, sinnliche Erfahrung han-

---

86 Vgl. *Cartesianische Meditationen*, Hua I, S. 51; *Ideen I*, Hua III/2, S. 498–499; *Analysen zur passiven Synthesis*, Hua XI, S. 3; *Logische Untersuchungen*, Hua XIX/2, S. 589.

87 Vgl. *Ding und Raum*, Hua XVI, S. 287–291.

88 Husserl benutzt das Wort „Halluzination" immer nur nebenbei und weist auf das damit gemeinte Phänomen nur durch Andeutungen hin, die jeweils ziemlich gelegentlich erscheinen. Mein Versuch ist hier, im Rahmen der Husserlschen Analyse eine einheitliche phänomenologische Beschreibung für diese Erlebnisart zu geben.

89 R. Ingarden, *Einführung in die Phänomenologie Edmund Husserls*, a. a. O., S. 87.

90 A. a. O., S. 87–88.

91 Vergleich a. a. O., S. 88: „Husserl sagt dazu: Jede dieser Wahrnehmungen hat ihr beschränktes Gewicht, ihr Geltungsrecht, und sie wiegen sich gegenseitig aus. Es kommt da zum Ausgleich, in welchem es trotz allem zu einer Selbstgegebenheit kommt, die im Rahmen dieses Erkenntniszusammenhanges dann das letzte Wort hat."

delt. Halluzination heißt, das Ich nimmt eine ganze Welt für wahr, welche eigentlich nicht existiert – wobei „eigentlich“ bedeutet: für alle anderen „gesunden“ Menschen.[92] Phänomenologisch betrachtet existiert so etwas wie eine „Halluzination“ gar nicht. Sie ist kein phänomenologischer Bestand. Keine Erfahrung gibt sich deskriptiv als „Halluzination“. Wenn wir aber für einen Augenblick und nur um des Verständnisses willen aus der phänomenologischen Einstellung in die natürliche zurückkehren, gibt sich die Halluzination als mögliches Phänomen der empirischen Psychologie, nämlich als ein Phänomen, das sich in der Intersubjektivität offenbart: Ein in sich geschlossener Wahrnehmungsverlauf eines Menschen wird dann als Halluzination ausgelegt, wenn alle anderen Menschen ihn für illusionär halten, obwohl er sich selbst als eine perzeptive Auffassung deutet. Da aber in der Phänomenologie die Erkenntnis der Erlebnisse des anderen gar keine Evidenz gewinnen kann[93], gibt sich dem phänomenologischen Bewußtsein die betreffende wirkliche Halluzination immer nur als schlichte Wahrnehmung, als normale Selbstgebung eines Gegenstandes. „Die Rede von ‚Erscheinung des Gegenstandes‘“, schreibt Husserl, „will nicht präjudizieren, ob das Erscheinende ist oder nicht ist; wir haben auch in der Halluzination eine Erscheinung.“[94] Die Gegebenheit der Erscheinung ist zwar evident, das Sein des Erscheinenden hingegen nicht. Bei einer als gegenwärtig gegebenen Erscheinung kann darum der gegebene Gegenstand eigentlich gegenwärtig oder vergegenwärtigt sein. Das heißt nichts anderes, als daß der noematische Sinn gleich bleibt, ob er in der Halluzination oder in einer echten Wahrnehmung konstituiert wird. So wurde deutlich, daß durch eine phänomenologische Deskription des noe-

---

[92] Für eine allgemeine, wenn auch psychologische Darstellung dieses Halluzinationsbegriffs vgl. H. Taine, *De l'intelligence*, Hachette, Paris [8]1897, Bd. I, S. 75–128. Mit dieser Auffassung der Halluzination ist die psychologische Analyse Merleau-Pontys nicht einig; er schreibt: „Le fait capital est que les malades distinguent la plupart du temps leurs hallucinations et leurs perceptions“ (M. Merleau-Ponty, *Phénoménologie de la perception*, a. a. O., S. 385); „Les malades ne croient pas à l'hallucination dans le même sens où l'on croit aux objets perçus […]. Mais justement les fous ne *croient* pas *voir* ou, pour peu qu'on les interroge, ils rectifient sur ce point leurs déclarations“ (a. a. O., S. 386). Der Streit zwischen diesen beiden Auffassungen scheint zuletzt ein Begriffsstreit zu sein, welcher also die philosophische Auslegung nicht bestimmen darf.

[93] Vgl. *Cartesianische Meditationen*, Hua I, S. 139; *Ideen I*, Hua III/1, S. 11.

[94] *Ding und Raum*, Hua XVI, S. 49.

matischen Sinnes unentschieden bleibt, ob die vermutliche Wahrnehmung echte Wahrnehmung oder Halluzination sei.

Sind Wahrnehmung und Halluzination phänomenologisch nicht zu unterscheiden, so stellt sich folgerichtig die Halluzination der eigentlichen Phantasie gegenüber. Halluzinationen drängen sich ohne Widerstreit in das Wahrnehmungsfeld hinein und behaupten sich darin wie echte Wahrnehmungserscheinungen. Phantasien und Imaginationsvorstellungen überhaupt kennzeichnen sich dagegen nicht nur als Nicht-Gegenwärtigungen (Nicht-Wahrnehmungen), sondern sogar durch einen gewissen Widerstreit gegen die Wahrnehmung. Gibt sich etwas als Phantasiertes, so gibt sich es nicht als Gegenstand einer Halluzination.[95]

§ 38. Ausschluß der scheinbaren Imaginationsvorstellungen

Es ist einfach zu sehen, wie die Traumerscheinung den Phänomenen der Illusion und Halluzination eng verwandt ist. Allgemein müssen wir feststellen, daß nicht alle angeblichen Imaginationsvorstellungen echte Imagination sind. Wenn ich im dunklen Wald einen Baum mit einem Mensch verwechsle, stelle ich mir nicht den Baum als Mensch vor, habe kein Bildbewußtsein, Phantasie oder allgemein Einbildung, welche durch den Baum den Menschen vergegenwärtigt. Ich nehme dagegen einen Menschen wahr und während der Menschwahrnehmung ist der Baum nicht da. Daß aufgrund derselben hyletischen Daten auch ein Baum aufgefaßt werden könnte, ist hier gar nicht relevant. Dasselbe gilt für die

---

[95] Vgl. Hua XXIII, S. 58: „Mitunter, bei den meisten Personen nur ganz ausnahmsweise, treten die Phantasieerscheinungen in einer Weise auf, die sich derjenigen der Wahrnehmungserscheinung annähert, ja bis zur phänomenologischen Gleichheit anzunähern scheint. […] In diesen Grenzfällen ⟨ist⟩ auch zweifelhaft, ob dann nicht Halluzination oder eine darauf gegründete physische Bildauffassung die eigentliche Phantasieauffassung ablöst. Ausschließen müssen wir natürlich diejenigen Fälle, wo Halluzinationen sich in das Wahrnehmungsfeld hineindrängen und sich darin behaupten wie echte Wahrnehmungserscheinungen. Dann ist von Phantasie überhaupt nicht mehr die Rede.“ Vgl. dazu auch *Phänomenologie und Erkenntnistheorie*, Hua XXV, S. 148. Aufgrund seiner eigenen Auffassung der Halluzination vertritt Merleau-Ponty natürlich die Gegenposition, daß nämlich das Halluzinationsfeld nicht dasselbe wie das Wahrnehmungsfeld sei: „Les hallucinations se jouent sur une autre scène que celle du monde perçu“ (M. Merleau-Ponty, *Phénoménologie de la perception*, a. a. O., S. 390).

rote Ratte, die ich in meinem Zimmer gesehen habe. Ich habe die Ratte echt gesehen, wahrgenommen, sie war durch meinen Akt positional gegenwärtig und deshalb nicht eingebildet.

Ähnliche Erwägungen betreffen diejenigen Beispiele, bei denen Gefühle und Haltungen im Spiel sind, etwa der Schwindel und die Vorstellung, daß jemand mir schaden wolle. Alle diese Fälle bleiben nach der phänomenologischen Terminologie außerhalb des Gebietes der Imaginationsvorstellungen, indem sie entweder keine Vergegenwärtigung und keine Neutralisierung sind, oder keine einfache Vorstellung, sondern auf Vorstellungen gegründete Akte. In diesem letzten Fall können sie durchaus auf imaginativen Vorstellungen gegründet sein[96], die darunterliegende Vorstellung muß aber unter einen der folgenden, echt imaginativen Vorstellungstypen fallen.

§ 39. Das Bildbewußtsein

Die Widerlegung der Bildtheorie im Sinne Husserls hat in Paragraph 31 gezeigt, daß kein Bildbewußtsein der Erfahrung als ihr innerer, unselbständiger Teil zugehört. Das heißt selbstverständlich nicht, daß es überhaupt kein Bildbewußtsein gibt. Gerade die Widerlegung der Bildtheorie ermöglicht die eigentliche Auffassung des Bildbewußtseins, nämlich seine Erwägung als selbständiges Erlebnis, als Bildvorstellung. Die Bildtheorie läßt sich gerade deswegen nicht durchführen, weil sie dem Bild eine ihm unangemessene Funktion zuschreibt. Das zu erkennen heißt nun, den Weg zur echten Bezeichnung des Bildbewußtseins zu eröffnen.[97]

Diese erste Kennzeichnung des Bildbewußtseins und, allgemein gesagt, der Imagination als selbständige und der Wahrnehmung gegenübergestellte Vorstellung führte in Paragraph 35 zur Bezeichnung der als Imaginationsvorstellungen verschleierten perzeptiven Akte als bloß „scheinbare Imaginationsvorstellungen". Das Bildbewußtsein, wenn es nach seiner richtigen intentionalen

[96] Wenn ich mir zum Beispiel vorstelle, daß jemand mir schaden wolle, kann ich diese unbestimmte Angst mit der Vorstellung desjenigen, der mir schaden will, verbinden. Meine Angst beruht dann auf einer Phantasievorstellung.

[97] Nicht umsonst gründet für Husserl die Widerlegung der Bildtheorie auf der Anerkennung der intentionalen Struktur der Bildvorstellung (vgl. *Logische Untersuchungen*, Hua XIX/1, S. 436).

Struktur aufgefaßt wird, bietet nun ein gutes Beispiel eines zugleich perzeptiven und echt imaginativen Aktes an.

Bildbewußtsein heißt nach Husserl, daß etwas nicht direkt an sich, sondern durch einen bildlichen Repräsentanten vorgestellt wird. Zum Beispiel wird ein Mensch nicht leibhaftig wahrgenommen, sondern durch ein photographisches Bild vorgestellt. Ein Gegenstand steht für einen anderen und stellt ihn vor. Er wird nicht als für sich wahrgenommen, sondern nur als Repräsentant für den anderen, mitintendierten Gegenstand. Mit Husserls Worten: „Das eine im Anschauungsfeld habend, sind wir nicht darauf, sondern durch das Medium eines fundierten Auffassens auf das andere, das Abgebildete [...] gerichtet"[98] Der repräsentierende Gegenstand kann dabei sowohl ein reales als auch ein mentales Objekt sein. Cäsar kann ich nicht an sich wahrnehmen, da er an sich mir nicht gegenwärtig ist. Ich kann ihn aber durch einen physischen Repräsentanten vergegenwärtigen, etwa durch eine Statue. Dann ist die Statue für mich Bild des Cäsar. Ebenso könnte ich mir ein mentales Bild machen. Das wäre keine direkte Vorstellung von Cäsar, keine Phantasie von ihm. Wir wissen ja schon, daß Bild und direkte Intentionalität sich gegenseitig ausschließen. Wenn ich mir Cäsar in der Phantasie direkt vorstelle, etwa wie ein Künstler, der ein ganz neues, von keinem anderen abgebildetes Porträt von Cäsar schaffen will, stelle ich mir kein mentales Bild von Cäsar vor. In der Phantasie aber kann ich mir Cäsar auch mittelbar vorstellen. Dann stelle ich mir nicht Cäsar selbst vor, sondern seine Statue, und erst durch die Statue ihn selbst. Vorstellig wird somit ein Gegenstand (die Statue), der seinerseits Cäsar bildlich wiedergibt. Gegenstand der Phantasievorstellung ist die Statue, welche darüber hinaus auch Bild eines zweiten Gegenstandes ist. Es wäre eine echte Bildvorstellung durch ein mentales Bild oder, was dasselbe ist, eine Bildvorstellung in der Phantasie.[99]

Hierdurch vervollständigt sich zuletzt die streng phänomenologische Begründung der Widerlegung der Bildtheorie: Daß ein Bild immer an sich Gegenstand der Intentionalität ist, besagt, daß es „ein für sich konstituiertes Objekt" ist.[100] Die Erscheinung ist dagegen Mittel der Konstitution des Objekts. Als solche kann sie

---

[98] *Ideen I*, Hua III/1, S. 90.
[99] Dazu vgl. a. a. O., S. 234; Hua XXIII, S. 153.
[100] Hua XXIII, S. 161.

keineswegs Bild sein, wenn nicht in einer nur ganz indirekten und analogen Weise.[101]

Ist das Bild konstituiertes Objekt, so ist es trotzdem auch Analogon eines zweiten Objektes, das eben durch das erste konstituiert wird. Die Statue ist zwar ein konstituierter Gegenstand. Durch sie wird allerdings Cäsar als Bewußtseinsobjekt selbst konstituiert. Die vorgestellte Statue ist eine Vorstellung von Cäsar.[102] Was damit entsteht, ist eine *doppelte Gegenständlichkeit.* Das Bildbewußtsein ist also dadurch charakterisiert, daß in ihm zwei Gegenstände zusammen konstituiert werden; daß zwei Auffassungen koexistieren und sich aufeinander aufbauen.

Husserl hat die doppelte Gegenständlichkeit, welche im Bildbewußtsein vorkommt, durchleuchtet und weitgehend ausgelegt, so daß die Erörterung dieses Gebiets eine eigenständige Untersuchung fordern würde. Bei der Phänomenbeschreibung halten wir uns darum an das für unsere Frage Fundamentale. Wie ist nun diese doppelte Gegenständlichkeit möglich? Laut Husserl ist dies durch die Zusammensetzung von drei Momenten zu erklären.[103] Die Bildvorstellung macht etwas durch ein Bild vorstellig. Das Vorgestellte ist hier also eine abgebildete Sache; nämlich jene Sache, von welcher das Bild Abbild ist. Stellt das Bild einen Menschen vor, so ist die abgebildete Sache der intendierte Mensch. Husserl nennt sie *Bildsujet.* Als Bild gibt sich darüber hinaus ein Doppeltes. Einerseits ist das Bild ein *physisches Bild*, und das unabhängig davon, daß es echt physisch oder mental sei. Die phantasierte Statue von Cäsar ist nämlich ebenso „physisch" wie eine entsprechend wahrgenommene Statue – nur nicht gegenwärtig da, sondern vergegenwärtigt. Das physische Bild ist also das wirk-

---

[101] Vgl. ebenda und EU, S. 88. Von diesem Standpunkt aus werden manche Stellen Husserls sehr problematisch, wie z. B. der Paragraph 18 der Vorlesungen über Phantasie und Bildbewußtsein (Hua XXIII, S. 38–39) und mehrere Betrachtungen im Rahmen der Dingvorlesung (Hua XVI, z. B. § 56). Bezüglich solcher Stellen spricht Sepp von einer „Bildmetaphorik" Husserls und meint, sie bedeute „keinen Rückfall" in die Bildtheorie (vgl. H. R. Sepp, *Intentionalität und Schein*, in: *Intentionalität – Werte – Kunst (Husserl – Ingarden – Patočka*), hrsg. von J. Bloss, W. Stròzewski und J. Zumr, Filosofia, Prag 1995, S. 56).

[102] Wie Husserl in einem anderen Zusammenhang ausführt, besagt hier „Vorstellung" nicht Vorstellungserlebnis. „*Es ist gleichsam eine noematische Intentionalität gegenüber der noetischen*" (*Ideen I*, Hua III/1, S. 236–237).

[103] Zum Folgenden vgl. a. a. O., S. 252; *Erste Philosophie*, Hua VIII, S. 111–112; Hua XXIII, S. 18–20, 29.

liche Objekt, welches in der Wahrnehmung, Erinnerung oder Phantasievorstellung eines Bildes angenommen wird: eine bemalte Leinwand, ein bedrucktes Papier, ein Marmorstück. Als solches aber, als Leinwand oder Marmorstück, ist dieses physische Ding noch nicht Abbild des intendierten Gegenstandes. Neben dem physischen Bild gibt sich das *Bildobjekt*, das geistige, nicht reale Bild der Sache. Das physische Bild ist durch bestimmte Aspekte gekennzeichnet, die seinen Bildcharakter nicht betreffen. So können z. B. ein Marmorstück und ein Stück Gips trotz ihrer unverkennbaren Unterschiede dasselbe Bild einer gleichen Sache darstellen. Das Bildobjekt ist eben dieses selbe Bild, der eigentliche Repräsentant des Bildsujets. Es ist ein konstituiertes Objekt, welches aber nicht rein für sich wahrgenommen wird, sondern zugleich eben als Bild eines anderen.

Husserl faßt das so zusammen: „Drei Objekte haben wir: 1) Das physische Bild, das Ding aus Leinwand, aus Marmor usw. 2) Das repräsentierende oder abbildende Objekt, und 3) das repräsentierte oder abgebildete Objekt. Für das letztere wollen wir am liebsten einfach *Bildsujet* sagen."[104] Vergegenwärtigen wir uns das anhand eines Beispiels, etwa der Schwarzweißphotographie des Bundeskanzlers, so haben wir dem Gesagten zufolge Folgendes: 1) ein Stück bedrucktes Papier; 2) ein Bild des Bundeskanzlers, d. h. ein Objekt, welches den Bundeskanzler wiedergibt, nur nicht in seiner Größe und mit seinen Farben (so daß es mit ihm nicht identifiziert wird); 3) den Bundeskanzler selbst.

Diese Beschreibung ist sehr bekannt und oft erwähnt[105]; von Husserl selbst immer wieder benutzt. Man muß sich aber nach der phänomenologischen Haltbarkeit dieser Beschreibung fragen, nach der Strenge ihrer Durchführung. Bei einer näheren Analyse stellt sich heraus, daß sie keine echt phänomenologische Deskription ist. Schon der Gebrauch von Begriffen wie „reales Objekt" macht das deutlich. Während des Bildobjektbewußtseins gibt es phänomenologisch gesehen überhaupt kein physisches Bild, und selbst das Bildsujet darf nicht als realer Gegenstand verstanden werden, sondern nur als Moment des Bildobjektsinnes, als inten-

---

[104] Hua XXIII, S. 19.

[105] Vgl. R. Bernet – I. Kern – E. Marbach, a. a. O., S. 140; M. M. Saraiva, a. a. O., S. 93–95; H. R. Sepp, *Bildbewußtsein und Seinsglauben*, in: „Recherches husserliennes" 1996, Nr. 6, S. 117–137.

tionaler Gegenstand. Wir können annehmen, daß Husserl seine Beschreibung nur zugunsten der Festlegung der Terminologie und dank ihrer Klarheit angewandt hat. Zugleich hat er allerdings auch die Mittel zur Entwicklung einer eigentlichen phänomenologischen Deskription dieses Phänomens geboten. Wir müssen jetzt unsere Aufmerksamkeit auf die Versuche richten, das Phänomen des Bildbewußtseins echt phänomenologisch zu deskribieren.

a) Erster Versuch: der Widerstreit

Wie kann man also dieselbe Sachlage phänomenologisch genau beschreiben? Die von Husserl in den 1905 gehaltenen Vorlesungen über „Phantasie und Bildbewußtsein"[106] entwickelte Analyse bietet hierzu einen guten Leitfaden. Zunächst gibt es gar keinen realen Gegenstand, in dem Sinne, wie das Sujet und das physische Bild bisher betrachtet wurden. In der phänomenologischen Einstellung haben wir nur das Bewußtsein mit seinen Erlebnissen. Darunter findet sich ein eigentümliches Erlebnis, in welchem zwei Gegenständlichkeiten dadurch mitintendiert werden, daß die eine als gegenwärtig aufgefaßt wird, die andere hingegen als durch die erstere vergegenwärtigt. Für Husserl scheint dieses Erlebnis zunächst auf einem Widerstreitsbewußtsein zu beruhen.[107] Widerstreitsbewußtsein heißt, daß dieselbe hyletische Konstellation jeweils nach der gewichtigeren Motivation zu verschiedenen Auffassungen führen kann: Baum oder Mensch, Mensch oder Wachspuppe, usw. Genau wie im Falle der Wachspuppe (Täuschung), besteht bei dem Bildbewußtsein ein Widerstreit zwischen gegenseitigen Auffassungen.[108] Dieselbe hyletische Konstellation kann z.B. jeweils als Farbkruste auf einer Leinwand oder als Bild einer

---

[106] Hua XXIII, S. 1–108.

[107] Vgl. a.a.O., S. 152: „Beim physischen Bild habe ich eine Ineinanderwirkung von zwei Wahrnehmungsauffassungen, eine Durchdringung mit Widerstreit." Dazu vgl. H. R. Sepp, *Bildbewußtsein und Seinsglauben*, a.a.O., S. 119–122.

[108] Vgl. Hua XXIII, S. 40: „Daß die Umwandlung eines Bildphänomens durch Fortfallen der imaginativen Funktion eine gewöhnliche Wahrnehmungsauffassung, evtl. sogar eine volle, mit dem normalen Glauben ausgestattete Wahrnehmung hervorgehen läßt, zeigen die schon öfters erwähnten Täuschungen à la Panoptikum, Panorama etc. Hier mag es zunächst sein, daß wir die Puppe als Mensch sehen. Wir haben da eine, wenn auch nachträglich als Irrtum sich herausstellende normale Wahrnehmung. Werden wir uns plötzlich der Täuschung bewußt, dann tritt das Bildlichkeitsbewußtsein ein."

Frau aufgefaßt werden. Von der realen Existenz des Bildes oder der Kruste ist in der Phänomenologie keine Rede. Der Widerstreit zwischen der Auffassung als Bild oder als Kruste ist aber ein phänomenologisches Datum, Bestand einer phänomenologischen Deskription.

Um was für einen Widerstreit handelt es sich hierbei? Die sich widerstreitenden Auffassungen sind nach Husserl Wahrnehmungsauffassungen.[109] Sie können natürlich auch Phantasieauffassungen sein; nicht aber an sich, sondern nur soweit das Widerstreitsbewußtsein in einer Phantasie iteriert wird (ich phantasiere, ein Widerstreitsbewußtsein zu haben). Der Widerstreit ist kein unbestimmtes Phänomen, kein Allgemeinwort für miteinander unvereinbaren Tatsachen. Wie schon in Paragraph 36 gezeigt, ist der Motivationenwiderstreit Bedingung der Modalisierung, welche in allen Akten möglich ist.[110] *Die Modalisierung ist aber eine Modifikation, welche innerhalb einer und derselben Gegebenheitsweise stattfindet.* Das hat Husserl unter anderem dadurch klar gemacht, daß er die Modi der Wahrnehmung „Setzung", „Zweifel" usw. genannt hat, diejenigen der Phantasie „Quasi-Setzung", „Quasi-Zweifel" usw.[111] Der Widerstreit ist also jener Motivationenstreit, welcher innerhalb einer homogenen Gegebenheitsweise die Modalisierungsmöglichkeit eröffnet. Er bestimmt darum den Übergang von einem Glaubensmodus zu einem anderen, nicht den Übergang von einer Gegebenheitsweise zu einer anderen. Deswegen streiten im Bildbewußtsein zwei Wahrnehmungsauffassungen, eventuell zwei Phantasieauffassungen, gegeneinander, nicht aber eine Wahrnehmungs- gegen eine Phantasieauffassung.

Nehmen wir das an[112], so müssen wir folgerichtig sagen: *Nicht*

---

[109] Vgl. ebenda.

[110] Über Widerstreit und Modalisierung vgl. *Analysen zur passiven Synthesis*, Hua XI, S. 25–64.

[111] Besonders deutlich ist unter anderem EU, S. 362–363: „Daß die Unterscheidung von Existenz und Nichtexistenz auf einer ganz anderen Ebene liegt als die von Wirklichkeit und Phantasie, zeigt sich darin, daß *auch auf dem Boden eines einheitlichen Phantasiezusammenhangs solche Durchstreichungen* vorgenommen werden können. […] Es gibt eine *Quasi-Existenz* […] und ebenso eine *Quasi-Nichtexistenz*."

[112] Anderer Meinung ist F. Belussi, nach dem die Verwendung der Widerstreit-Kategorie in Zusammenhang mit der Bildbewußtseinsfrage nichts mit der Verwendung derselben Kategorie in der Modaltheorie zu tun hätte (vgl. F. Belussi, a. a. O., S. 141–150). Unbestritten ist, daß Husserl oft das Wort „Widerstreit" nicht in dem hier erwähnten, spezifisch modaltheoretischen Sinne benutzt.

der Widerstreit ist für das Bildbewußtsein kennzeichnend, sondern *im Bildbewußtsein taucht* – wie in der Wahrnehmung und allen anderen Anschauungen, und gerade als in der Wahrnehmung fundierter Akt – *die Möglichkeit des Widerstreits auf.* Man könnte weiter behaupten, daß im Bildbewußtsein der Widerstreit sogar unausbleiblich sei, daß also der Widerstreit zwar keine Operation der Gegenüberstellung von Bildbewußtsein und anderen Vorstellungstypen, daß aber seine Unentbehrlichkeit ein Wesensmerkmal des Bildbewußtseins sei. Indessen ist der Widerstreit für das Bildbewußtsein auch in diesem Sinne nicht entscheidend. Wenn eine Photographie als Bildobjekt wahrgenommen wird, ist sie als physisches Bild gar nicht „mitinbegriffen", „latent", sondern durchgestrichen, genau wie im Fall eines sonstigen gelösten Widerstreits. Die Auffassung des Bildes als physischen Objekts bleibt während des Bildbewußtseins ja möglich, nicht anders aber als die Weise, wie bei einer Wahrnehmung, z. B. eines Gesichts, die Möglichkeit offen bleibt, aufgrund derselben hyletischen Daten etwa eine Birne wahrzunehmen.[113] Es handelt sich um die prinzipielle Möglichkeit, eine gewisse hyletische Konstellation in verschiedenen Weisen aufzufassen, und das unabhängig davon, ob eine der widerstreitenden Auffassungen Wahrnehmung eines Bildobjekts ist oder nicht.

So müssen wir schließen: Zwischen physischem Bild und Bildobjekt gibt es keine Umwandlung der Gegebenheitsweise, so daß von diesem Standpunkt gesehen das Bildbewußtsein nur als ein Sonderfall der Wahrnehmung auszulegen ist. Wie das physische Bild ein wahrgenommenes Objekt ist, so ist auch das Bildobjekt wahrgenommen, nämlich aufgrund derselben hyletischen Konstellation. Beide sind gegenwärtig, in der Weise der Leibhaftigkeit dastehend. Das ist für das physische Bild nach dem Gesagten völlig klar, gilt aber in gleicher Weise für das Bildobjekt. Das geistige Bild ist schließlich Gegenstand einer Wahrnehmung und gewiß nicht einer Phantasie oder Erinnerung. Eines ist es, etwas in einem Bild zu sehen, ein anderes, sich dasselbe Bild in der Phantasie vorzustellen. Eine Phantasie eines Bildobjekts ist zwar möglich, gibt

---

Das gilt aber gerade in der fraglichen Gegenüberstellung von physischem Bild und Bildobjekt meiner Meinung nach nicht.

[113] Erst diese Möglichkeit läßt die besondere Tätigkeit eines Karikaturisten verstehen.

sich aber als eine von der direkten Erfassung desselben Bildobjekts verschiedene, gerade deswegen die Möglichkeit jener direkten Erfassung bestätigende Vorstellung. Mit den Worten Husserls ist die Phantasie eines Bildobjekts „Modifikation“ der entsprechenden Wahrnehmung.

b) Zweiter Versuch: die Ähnlichkeit (Identität und Differenz)

Das Bildobjekt hat darüber hinaus einen eigentümlichen Charakter: Es weist auf etwas anderes hin. Hätte es keinen solchen Charakter, so hätten wir kein Bildbewußtsein.[114] Bildbewußtsein entsteht, wenn der Wahrnehmungsgegenstand mit oder ohne Widerstreit auf etwas anderes hinweist. Aber nicht jedes Hinweis-Verhältnis ist für ein Bildbewußtsein kennzeichnend. Gibt es zwischen Objekt und Sujet keine Ähnlichkeit, so ist der Akt keine Bildvorstellung, sondern eine Zeichenvorstellung.[115]

Was heißt das – fragt sich Husserl –, „im Bild die Sache vergegenwärtigt haben?“ Und er antwortet: „Im Ähnlichkeitsbewußtsein leben“.[116] Die Bildvorstellung ist für ihn durch „die Erfüllung des Ähnlichen durch Ähnliches“[117] gekennzeichnet. Was heißt aber Ähnlichkeit? Ähnlichkeitsbewußtsein schließt nach Husserls Erwägung zwei Aspekte ein:

„a) Das im Bild innerlich Vergegenwärtigtsein hinsichtlich der analogen Momente.

b) Das über das Bild Hinausweisen durch die nichtanalogen Momente.“[118]

Das für das Bild kennzeichnende Über-sich-Hinausweisen ist durch ein Analogieverhältnis zwischen Bildobjekt und Sujet ermöglicht. Analogieverhältnis besagt hier eine auf identischen Momenten begründete Ähnlichkeit in einem Kontext von nicht-

---

114 Vgl. Hua XXIII, S. 141: „Würde ich das Bildobjekt nehmen, so wie es erscheint, so hätte ich kein Bildobjekt. Ich würde das Bildobjekt betrachten wie irgendeinen sinnlichen Schein sonst. Wie irgendein erscheinendes Objekt, das mit einem Widerstreit behaftet ist.“

115 Vgl. *Ideen I*, Hua III/1, S. 90; *Logische Untersuchungen*, Hua XIX/2, S. 586–588; Hua XXIII, S. 82–83.

116 Hua XXIII, S. 141.

117 *Logische Untersuchungen*, Hua XIX/2, S. 588. Vgl. M. M. Saraiva, a. a. O., S. 93–94.

118 Hua XXIII, S. 141. Zum Folgenden vgl. H. R. Sepp, *Bildbewußtsein und Seinsglauben*, a. a. O., S. 122–124.

identischen, widerstreitenden Momenten. Das Bildobjekt veranschaulicht das ihm Ähnliche. Es gibt dabei verwandte und abweichende Züge. In den verwandten Zügen vollzieht sich die eigentliche Veranschaulichung des Sujets. Dieses letzte ist nicht Gegenstand einer hinzutretenden Vorstellung, sondern erscheint durch seine in der Bildobjekterscheinung vorkommenden Züge. In ihnen stellt sich uns das Sujet dar.[119] Würde aber die Bildobjekterscheinung der als Bildsujet geltenden Sache völlig gleich sein, dann hätten wir normale Wahrnehmung ohne Widerstreit.[120] Wir würden das Bildsujet *direkt* wahrnehmen (Sacherscheinung), statt es durch ein Bild zu vergegenwärtigen (Bilderscheinung). Es würde hier zu gar keinem Bildbewußtsein kommen, genauso wie wenn etwa ein Poster einer Lithographie so ähnlich ist, daß es kaum mehr als Repräsentant der Lithographie, sondern als die Lithographie selbst gilt.[121] Es ist darum nötig, daß neben identischen Momenten auch nicht-identische bestehen. Ähnlichkeit ergibt sich für Husserl aus dem Zusammenspiel von Identität und Differenz. Er nennt oft diese unentbehrliche Differenz selbst „Widerstreit“[122], obwohl eine solche Redeweise zu großen Mißverständnissen Anlaß gibt. Dieser Widerstreit zwischen Bildobjekt und Bildsujet hat mit dem der Modalisierung zugrundeliegenden Widerstreit nichts zu tun. Hier geht es eher um eine solche Differenz zwischen zwei Objekten, die beide als nicht identische und darum ähnliche erkennen läßt. Es gibt dabei keinen Widerstreit zwischen verschieden motivierten Auffassungen desselben hyletischen Bestandes, sondern zwei verschiedene hyletische Konstellationen, welche eigentlich zu keinem Widerstreitsbewußtsein, sondern einem „Andersseins-Bewußtsein“ Anlaß geben.

Ist diese Differenz nun ein Wesensmerkmal des Bildobjektbewußtseins? Auch das muß meiner Meinung nach bestritten werden. Das Bildobjekt weist auf das Sujet hin; dieser Hinweis hängt aber nicht unbedingt mit einer gewissen Ähnlichkeit zusammen.

---

[119] Vgl. a. a. O., S. 29–32.

[120] Vgl. a. a. O., S. 20, 40–41, 138.

[121] Vgl. a. a. O., S. 41: „Wachsfiguren, aufs genaueste die Wirklichkeit nachahmend, mit wirklichen Kleidern behängt, mit echten Haaren ausgestattet usw. geben Wahrnehmungserscheinungen von Menschen, die sich mit den abgebildeten so vollkommen decken, daß die Momente der Differenz ein reinliches und klares Differenzbewußtsein, d. h. ein sicheres Bildlichkeitsbewußtsein nicht erzeugen können.“

[122] Vgl. etwa a. a. O., S. 51.

Zwar hilft die Ähnlichkeit bei der Konstitution eines Bildobjekts[123], sie ist aber keine Bedingung der Möglichkeit dafür, sondern eine bloße, wenn auch starke Motivation.

Ähnlichkeitszüge motivieren zur Auffassung der betreffenden hyletischen Konstellation als „Bildobjekt für …“, müssen als solche aber dem Kampf der Motivationen unterliegen. Im Kampf der Motivationen ist das Ähnlichkeitsverhältnis zwar sehr stark motivierend: Je ähnlicher die Farb- und Formverhältnisse auf der Leinwand mit denen eines anderen Gegenstandes sind, desto gewichtiger ist die Motivation „Bild“ gegenüber „Farbenkruste“. Ist aber die Motivation „Bild“ überlegen, so wird die betreffende Gegenständlichkeit nicht nur als irgendwie an sich organisierte, strukturierte, mit der Wahrnehmungswelt einstimmige Gegenständlichkeit erfaßt, was auch auf die chaotische Farbenkruste auf der Leinwand zutrifft, sondern vor allem als repräsentierende Gegenständlichkeit. Allgemein gesagt, wird durch den Widerstreit normalerweise eine besondere, mit unserer Erfahrungswelt kongruente, sagen wir konsequente Strukturierung der hyletischen Daten einer anderen überlegen. Wenn aber die Strukturierung „Bild“ sich gegen die Strukturierung „Kruste“ durchsetzt, verdankt sie ihre Überlegenheit der Ähnlichkeit mit einem anderen Gefüge, nämlich demjenigen des Bildsujets. Das Ähnlichkeitsverhältnis ist daher Beweis einer bestehenden Konsequenz; hierin liegt seine starke Motivationskraft.

Wenn wir sagen, das Ähnlichkeitsverhältnis sei für die Auffassung und somit für die Sinngebung „Bild“ *motivierend*, so sagen wir damit auch, daß es *nicht entscheidend* ist. Nicht jede „sachliche“ Ähnlichkeit führt zum Bildbewußtsein, und nicht jedes Bildbewußtsein wird von einer starken Ähnlichkeit erweckt. Wie Husserl selbst sagt, wird erst durch das Vorstellen des Ich das Bild überhaupt zum Bilde.[124] Eine ungeduldige Erwartung kann sogar eine später sich als Illusion enthüllende Wahrnehmung erwecken; eine starke Phantasiekraft ein Bildbewußtsein, wo es an „sach-

[123] Vgl. a. a. O., S. 30.

[124] Vgl. oben, § 31. Vgl. auch Hua XXIII, S. 17: Man muß sich zu Bewußtsein bringen, „daß die Bildlichkeit erst Sinn hat durch ein eigenes Bewußtsein, daß einen ähnlichen Inhalt haben nicht soviel heißt wie ein Bild auffassen, sondern daß Ähnliches für Ähnliches zum Bild erst wird durch das eigenartige und schlechthin primitive Bildlichkeitsbewußtsein, ein primitives und letztes so wie das Wahrnehmungs- oder Gegenwartsbewußtsein.“

licher“ Ähnlichkeit fehlt. Andererseits kann eine sehr starke Ähnlichkeitsmotivation einer gegenläufigen Motivation unterliegen, etwa wenn wir als Fachleute die chemikalische Zusammensetzung eines Porträts untersuchen. Selbst die totale Gleichheit zweier Sachen könnte das Bildbewußtsein bei stärkeren Gegenmotivationen nicht aufheben, wenn zum Beispiel eine der anderen vorausgegangen ist. Weiß ich, daß diese gewisse Sache ein Poster und keine echte Lithographie ist, so bin ich motiviert, sie als Bild entgegen aller Identität der gesamten Merkmale zu bewerten. Das Ähnlichkeitsverhältnis hat also ein großes Gewicht im Spiel der Motivationen, kann aber immer von Gegenmotivationen durchgestrichen werden.[125] Ebenfalls kann sich ein Bildbewußtsein auch bei teilweise oder völlig fehlenden Ähnlichkeiten durchsetzen. Ähnlichkeit allein schafft darum keine Bildlichkeit.

c) Dritter Versuch: die Verdeckung

Was schafft also Bildlichkeit? Husserls dritter Versuch, eine phänomenologische Deskription des Bildbewußtseins zu geben, kreist um einen dritten Widerstreitsbegriff. Er sagt, das Bildobjekt sei in einer Wahrnehmungsauffassung gegeben.[126] Schlichte Wahrnehmung gibt aber eine Sache und kein Bildverhältnis. Es muß sich darum um eine durch den Charakter der Imagination modifizierte Wahrnehmung handeln. Von diesem Standpunkt her gewinnt eine Wahrnehmung für Husserl den Charakter der Imagination, wenn in ihr ein gewisser Widerstreit erscheint, welcher aber nicht zur Modalisierung führt, sondern eben zur Heraushebung als Bildvorstellung von einer der gegeneinander streitenden Auffassungen: „Die Erscheinung des Bildobjekts unterscheidet sich in einem Punkt von der normalen Wahrnehmungserscheinung, in einem wesentlichen Punkt, der es uns unmöglich macht, sie als normale Wahrnehmung anzusehen: Sie trägt in sich den Charakter der *Unwirklichkeit*, des *Widerstreits mit der aktuellen Gegenwart*.“[127] Dieser neue „Widerstreit mit der Gegenwart“ fällt offenbar weder mit

[125] Es macht nur ein Teil der „von außen kommenden Kraftfülle“ aus, welche einer Auffassung „zugute kommt“ und sie gegen die andere motiviert (vgl. a. a. O., S. 483, wo diese Sachlage ohne Anwendung der Motivationslehre erklärt wird).

[126] Vgl. a. a. O., S. 47.

[127] Ebenda. Vgl. dazu auch E. Fink, *Studien zur Phänomenologie*, a. a. O., S. 75.

dem eigentlichen Widerstreit noch mit der in der Ähnlichkeit spielenden Differenz zusammen. Es ist ein Widerstreit, welcher in dem eigentlichen Widerstreit fundiert ist, aber darüber hinaus ein neues Verhältnis zwischen den gegenseitig möglichen Auffassungen hervorbringt. Husserl nennt ihn manchmal einen „potentiellen Widerstreit" gegen den „wirklichen".[128] Wir können auf ihn am besten ein anderes und allgemeineres Husserlsches Wort anwenden, nämlich „Verdeckung".[129]

Versuchen wir, den Sinn dieser Verdeckung zu verdeutlichen. Bildbewußtsein ist nach dem schon Gesagten „Erscheinung eines Nicht-Jetzt im Jetzt".[130] Erscheint etwas ohne Hinweis auf dieses Nicht-Jetzt-Sein, so erscheint es als gegenwärtig seiend, als Wahrnehmungsobjekt. Gibt es sich hingegen als Nicht-Jetzt-Seiendes, aber außerhalb einer Wahrnehmungserscheinung, so ist es erinnert oder phantasiert, nicht im Bilde vorgestellt. Zum Bildbewußtsein gehört darum *wesentlich*, daß etwas einerseits im Wahrnehmungsfeld erscheint, andererseits sich im Rahmen des Wahrnehmungsfeldes dadurch abhebt, daß es mit ihm den Charakter des aktuellen Daseins nicht gemeinsam hat. Das Wahrnehmungsfeld (Gegenwärtigungsfeld) wird von einem Vergegenwärtigungsfeld verdeckt. Diese Verdeckung besagt also einen Konflikt mit der aktuellen Gegenwart, sofern das Vergegenwärtigte sich nicht einstimmig in sie einfügt. Eine Alpenlandschaft läßt sich nicht so einfach in mein aktuelles Wahrnehmungsfeld einfügen, in dem in allgemeiner Einstimmigkeit eine Stadtwohnung erscheint. Wenn ich darum eine Alpenlandschaft inmitten der Wand meiner Stadtwohnung wahrnehme, erfahre ich einen gewissen („potentiellen") Widerstreit zwischen der Landschaftserscheinung und ihrer Umgebung. Dieser Widerstreit ist normalerweise eine Motivation zur Durchstreichung der Landschaftserscheinung, welche nun zur Illusion wird, zugunsten einer gegenläufigen Auffassung derselben hyletischen Daten, etwa der Auffassung „Fleck auf der Wand". Derselbe Widerstreit läßt sich aber auch durch eine Unwirklichkeitsmodifikation lösen. Das Bewußtsein, die wahrgenommene Landschaft sei nicht wirklich gegenwärtig, sie

---

[128] Vgl. Hua XXIII, S. 510.
[129] Vgl. a. a. O., S. 482–485. So auch E. Fink, *Studien zur Phänomenologie*, a. a. O., S. 76–77.
[130] Hua XXIII, S. 47.

trage eben den Charakter der „Unwirklichkeit", ermöglicht ihre Bewahrung in Einstimmigkeit mit dem sonstigen Wahrnehmungsfeld. Hiermit prätendiert die Landschaft nicht mehr, wirklich gegenwärtig zu sein, sondern nur „im Bilde", also durch etwas, das seinerseits dem aktuellen Wahrnehmungsfeld einstimmig angehört. *Eine Unstimmigkeit innerhalb des Wahrnehmungsfeldes schafft schließlich Bildlichkeit als Mittel der eigenen Lösung.* Das ist übrigens ein phänomenologisches Wesensmerkmal. Denn es ist irrelevant, ob das Ding in Wirklichkeit Bild eines anderen ist. Die gegebene Gegenständlichkeit erscheint als Bild, wenn es ein Verdeckungsbewußtsein gibt und dadurch das Wahrgenommene den Charakter der Unwirklichkeit gewinnt. Verdeckung ist aber ein rein deskriptiver Gehalt, der keineswegs davon abhängt, ob an sich das Ding Sache oder Bild ist.

Husserls eigentlich ungeschickter Ausdruck eines „Widerstreits mit der Gegenwart" bezeichnet eben diese Sachlage. Im Bildbewußtsein, so Husserl, „besteht Widerstreit", aber „in eigener Art". Die Auffassung der hyletischen Konstellation als Bildobjekt „siegt", „aber die andere Auffassung ist noch da, hat ihren normalen, festen Zusammenhang mit der Umgebungserscheinung."[131] Deswegen kann es geschehen, daß eine „siegende" Auffassung sich anders als schlichte Wahrnehmungsauffassung gibt. Das Bild erscheint, „aber es streitet mit der wirklichen Gegenwart."[132] Seine Umgebung ist also eine wirkliche, gegenwärtig gegebene Umgebung. In diese Umgebung fügt sich das Bildobjekt an sich nicht ein. Es paßt nicht dazu. Es ist mit ihr im „Widerstreit" verflochten. Darum ist es „bloß Bild". Darum ist es, „wie sehr es erscheint", ein reines „Nichts".[133]

d) Das Bildbewußtsein als neutralisierte Gegenwärtigung

Was ist nun diese „Unwirklichkeit"? Hier kommt Husserls Erwägung an ihren Kern. Es gibt in seiner Auslegung zwei Hauptpunkte, die festgehalten werden müssen. Einerseits ist die Bildobjekterscheinung perzeptiv, und zwar „sofern sie Empfindungs-

[131] A. a. O., S. 46.
[132] Ebd.
[133] Ebenda. Vgl. dazu auch a. a. O., S. 512.

sinnlichkeit hat, die Auffassung erfährt".[134] Andererseits ist sie keine Wahrnehmungserscheinung im eigentlichen Sinne, weil sie den umstehenden Wahrnehmungserscheinungen widerstreitet. Dieser Widerstreit schafft nicht unmittelbar das Bildbewußtsein, sondern nur dadurch, daß dank ihm die Bildobjekterscheinung „nicht das Seinsbewußtsein und näher das Bewußtsein des Gegenwärtigseins mit sich [führt]. Im Gegenteil, so, wie sie [dasteht], [gilt] sie uns als *nichtseiend*."[135] Das Nichtseinsbewußtsein schafft nämlich das Bildbewußtsein.

Dieses Nichtsein des Bildobjekts ist aber nicht mit der gleichnamigen Setzungsmodalität zu verwechseln.[136] Das Bildobjekt wird eigentlich nicht als nichtseiend *gesetzt*, was es wiederum als Gegenwarts-Prätention darstellen würde, sondern überhaupt *nicht gesetzt*. Mit anderen Worten: Wenn Husserl schreibt, hier fehle das „*Seinsbewußtsein*", meint er, daß hierbei die *Seinssetzung* fehlt. Das heißt aber: Dieser Akt setzt seinen Gegenstand nicht. Er ist darum kein positionaler Akt, wie im letzten Kapitel schon deutlich wurde.

All das kann nun in das allgemeine Prinzip umformuliert werden, daß *die Bildobjekterscheinung deswegen keine Wahrnehmungserscheinung ist, weil in ihr der „Glaube", d.h. der Wirklichkeitscharakter fehlt.*[137] Mit anderen Worten kann man sagen, die Bildobjekterscheinung sei *neutralisiert*. Hierüber erreicht Husserl im ersten Band der *Ideen* die größtmögliche Klarheit: „Dieses *abbildende Bildobjekt* steht *weder als seiend, noch als nichtseiend*, noch in irgendeiner *sonstigen Setzungsmodalität* vor uns; oder vielmehr, es ist bewußt als seiend, aber als gleichsam-seiend in der Neutralitätsmodifikation des Seins."[138] Das Bildobjekt steht jetzt da, wird aber trotzdem nicht als Dastehendes gesetzt. Es ist zwar Objekt einer Gegenwärtigung, muß sich aber in der Gegenwärtigung als Abwesendes geben. *Das Bildbewußtsein ist also nach der phänomenologischen Deskription eine neutralisierte Gegenwärtigung*: „ein Beispiel für die Neutralitätsmodifikation der Wahrnehmung."[139]

---

[134] A. a. O., S. 489.
[135] A. a. O., S. 66.
[136] Vgl. a. a. O., S. 489.
[137] Vgl. *Ideen I*, Hua III/1, S. 247–248; Hua XXIII, S. 508.
[138] *Ideen I*, Hua III/1, S. 252.
[139] Ebd.

Eine Zusammenfassung unserer bisherigen Ergebnisse könnte hier hilfreich sein. Ein Bildbewußtsein ist ein durchaus kompliziertes Erlebnis. Rein deskriptiv haben wir drei aufeinander aufbauende Momente. Als *Bildding-Bewußtsein* handelt es sich um eine schlichte *Wahrnehmung*. Gibt sich das Ding als Bild, so wandelt sich die Wahrnehmung in eine *neutralisierte Gegenwärtigung*, die das *Bildobjekt-Bewußtsein* ausmacht. Als Gegenwärtigung enthält sie noch einen perzeptiven Charakter; als Neutralisierung ist sie dagegen Imagination. Darüber hinaus vergegenwärtigt das Bildbewußtsein im Bilde einen nicht gegenwärtigen Gegenstand. Als *Bildsujet-Bewußtsein* ist es also eine *neutralisierte Vergegenwärtigung*.[140]

Hiermit unterscheidet sich das Bildbewußtsein wesentlich von der Wahrnehmung, besonders von jener eigentümlichen Wahrnehmung, welche die Illusion ist.[141] Wie die Illusion beruht auch das Bildbewußtsein auf einem Widerstreit im eigentlichen Sinne. Wie ist es zu verstehen, daß hier der Widerstreit sich nicht wie bei der Illusion und allen sonstigen Wahrnehmungen in die einfache Durchstreichung einer Auffassung auflöst? Das Ähnlichkeitsverhältnis ist dafür motivierend, nicht aber entscheidend. Es wird erst dann entscheidend, wenn seine Motivationskraft überwiegt. Das geschieht aber, wenn das Ähnlichkeitsverhältnis, d.h. der Hinweis auf andere, den der vorher unterliegenden Auffassung anhaftenden Streit mit der gegenwärtigen Umgebung lösen kann.

Mit Recht sagt also Husserl, daß der Unterschied zwischen Illusion und Bildbewußtsein darin liegt, „daß das echte Fiktum in der Einheit der Wirklichkeit direkt erscheint (Wachsfigur), während das Bild […] in einem eigenen Raum“[142], d.h. im Raum der Neutralität, zur Geltung kommt. Das ist jedoch nur eine Seite des Problems und gilt nicht unmittelbar. Denn das Erscheinen in einem eigenen Raum wäre an sich Motivation zur Durchstreichung der Bildauffassung, nicht zu ihrer Annahme. Erst das Ähnlichkeitsverhältnis läßt die Bildauffassung gegenüber der gegenläufigen „siegen“. Es kann sich aber nur durchsetzen, weil die Neutralitätsmodifikation den Streit zwischen Bild- und Wahrnehmungsräum-

140 Vgl. Hua XXIII, S. 474–475, wobei das dort veröffentlichte Forschungsmanuskript wegen Ungenauigkeiten im begrifflichen Ausdruck mit gewisser Vorsicht gelesen werden muß.

141 Vgl. a.a.O., S. 479–480; 486–491.

142 A.a.O., S. 480.

lichkeit aufhebt. Nur die Kombination der Neutralitätsmodifikation mit einem Ähnlichkeitsverhältnis ermöglicht also die Rettung einer Auffassung, d.h. eines Sinnes, der sonst zur Durchstreichung verurteilt wäre. In der funktionellen Betrachtung erweist sich also das Bildbewußtsein als Funktion der Einstimmigkeit der Erfahrung. Solche Einstimmigkeit ist vom Bildobjekt mit seiner eigenen Räumlichkeit her bestritten. Erst ein Bildbewußtsein als neutralisierte Gegenwärtigung kann die Einstimmigkeit der Erfahrung wiederherstellen, ohne daß der Bildobjektsinn verloren geht. Erst das Bildbewußtsein konstituiert einen Sinn, dessen Schicksal andernfalls die Durchstreichung aus dem Bewußtseinsfeld wäre.

§ 40. Die Phantasie

Die Betrachtung des Bildbewußtseins hat schon gezeigt, daß neben den mentalen Bildern auch die Möglichkeit besteht, daß das Bewußtsein direkten Bezug auf einen nicht seienden, besser nicht gesetzten Gegenstand nimmt. Es geht hier allgemein gesagt um das Erlebnis der Phantasie. Bei der Erörterung der Phantasie als Bewußtseinsweise will ich einem chronologischen Faden folgen und die Entwicklung der Husserlschen Theorie im Laufe der Zeit, besonders aber in der Entfaltung der 1905 gehaltenen Vorlesungen über Phantasie und Bildbewußtsein darstellen.[143]

a) Versuch der Ableitung der Phantasie aus dem Bildbewußtsein

Husserl war bekanntlich davon überzeugt, daß die Idee der Intentionalität eine Gliederung im Rahmen der intentionalen Akte impliziert, daß also eine phänomenologische Deskription Wesensunterschiede zwischen den verschiedenen intentionalen Akten auffinden läßt. Die Widerlegung der Bildtheorie hat diese Forderung deutlich gemacht.[144]

---

[143] Eine gute Darstellung der Problementwicklung bei Husserl findet sich in E. Marbach, a.a.O., S. L-LXXVI.

[144] Gerade von diesem Standpunkt her kritisiert Husserl in seinen Vorlesungen über Phantasie und Bildbewußtsein Brentanos Lehre vom „Vorstellen": Sie macht die Unterschiede zwischen Wahrnehmungsvorstellung und Phantasievorstellung nicht deutlich erkennbar, sondern verhüllt (vgl. Hua XXIII, S. 8–10).

Die Frage, die Husserl mit seiner Analyse der Phantasievorstellung beantworten will, ist also diejenige des Wesensunterschieds, welcher eine endgültige, unentbehrliche Unterscheidung zwischen Wahrnehmung und Phantasie desselben Gegenstandes festlegen läßt.[145] Diese Frage ist auch unsere Frage, sofern erst eine wesentliche Abhebung der Phantasie gegenüber der Wahrnehmung ihre eventuelle erkenntnistheoretische Leistung erkennbar macht.

Die erste Antwort, die Husserl dieser Frage in seiner 1905 gehaltenen Vorlesung gibt, gibt nun vollkommen seine eigene Einsicht in den Jahren um die Jahrhundertwende wieder, die schon in den *Logischen Untersuchungen* Ausdruck gefunden hatte.[146] Husserl schreibt: „Die Wahrnehmung charakterisieren wir als einen Akt, in dem uns das Gegenständliche als in eigener Person gleichsam, als selbst gegenwärtig erscheint. In der Phantasie erscheint der Gegenstand zwar insofern selbst, als eben *er* es ist, der da erscheint, aber er erscheint nicht als gegenwärtig, er ist nur vergegenwärtigt, er ist gleichsam so, als wäre er da, aber nur gleichsam, er erscheint uns im *Bilde*."[147] Die Stelle ist wichtig und bezeichnend. Zuerst gilt es auf eine gewisse Unsicherheit in der Sprache zu achten. In der Wahrnehmung erscheint zwar der Gegenstand als selbst gegenwärtig, aber nur „gleichsam" in eigener Person, wobei „gleichsam" für Husserl ein spezielles Wort für die Neutralitätsmodifikation sein sollte. In der Phantasie erscheint der Gegenstand zugleich „selbst" und „im Bilde", also in zwei gegenübergestellten Weisen.[148] Gerade diese zweite sprachliche Ungenauigkeit ist für uns bedeutungsvoll. Sie betont Husserls Versuch, den Charakter der Phantasie von demjenigen des Bildbewußtseins herzuleiten, und nimmt zugleich die Schwierigkeiten vorweg, denen Husserl begegnen wird. Die Stelle findet sich am Anfang des Vorlesungsstück über Phantasie und Bildbewußtsein, nach den tiefgehenden Analysen, die Husserl im Laufe des vorhergehenden Vorlesungsstücks der Wahrnehmung gewidmet hatte. Ihm geht es hier also um eine vorläufige aber klare Unterscheidung der Imagination gegenüber der Wahrnehmung. Ist Wahrnehmung Gegen-

145 Vgl. a.a.O., S. 10.
146 Vgl. Hua XIX/2, S. 589–591, 607–610.
147 Vgl. Hua XXIII, S. 16.
148 Ursprünglich hatte Husserl sogar geschrieben: „In der Phantasie erscheint der Gegenstand zwar insofern selbst, als *er* es ist, der da erscheint, aber er erscheint nicht als selbst" (vgl. a.a.O., S. 617).

wärtigung eines Gegenstandes in Leibhaftigkeit, so sind die Imaginationen *Ver*gegenwärtigungen. Sie stellen den Gegenstand, als ob er gegenwärtig wäre, tatsächlich aber vergegenwärtigen sie ihn, nämlich durch ein Bild. Imaginationen sind also nach dieser ersten Bezeichnung Akte der „Verbildlichung“[149] und unterscheiden sich von der Wahrnehmung eben durch den Vergegenwärtigungscharakter. Unsere Analyse der Bildvorstellung hat schon deutlich gemacht, daß diese Bezeichnung nur sehr beschränkt auf das Bildbewußtsein, welches eigentlich neutralisierte Gegenwärtigung ist, angewandt werden kann. Wir werden bald sehen, daß auch für Husserl diese Bezeichnung nur vorläufig ist. Wichtig ist hier, zunächst einer von Husserl zum Vorlesungsmanuskript hinzugeschriebenen Randbemerkung Rechnung zu tragen, in welcher er bekennt, daß bei der Interpretation der Phantasievorstellung als Bildlichkeitsvorstellung „es an Bedenken nicht fehlt“.[150] Diese Randbemerkung ist ein gutes Indiz dafür, daß Husserl die eigene Lehre der Phantasievorstellung im Laufe der Vorlesung entwikkelt hat. Er ist dabei von einer Auffassung ausgegangen, die er zumindest schon seit 1898 verarbeitet hatte.[151] Weil er dann auf ihre Unhaltbarkeit gestoßen ist, hat er eine andere Lösung gesucht.

Imagination ist also nach dieser ersten Auffassung eine „eigene Gattung von Vorstellung“, welche „innere“ (Phantasie) und „äußere“ (Bildbewußtsein) Bildvorstellungen beinhaltet.[152] In diesem Zusammenhang beschreibt Husserl eine Phantasievorstellung wie folgt: „Wenn das Berliner Schloß uns im Phantasiebild vorschwebt, so ist eben das Schloß zu Berlin die gemeinte, die vorgestellte Sache. Davon unterscheiden wir aber das vorschwebende Bild, das natürlich kein wirkliches Ding und nicht zu Berlin ist. Das Bild macht die Sache vorstellig, ist aber nicht sie selbst.“[153] Die Lehre, nach welcher Bild- und Phantasievorstellung zusammenhängen, bringt Husserl dazu, die Phantasievorstellung durch ein mentales Bild zu erläutern und in sie jene doppelte Gegenständlichkeit[154] eintreten zu lassen, die wir als für das Bildbewußtsein kennzeichnend gesehen haben. In der Phantasievorstellung

---

149 A. a. O., S. 16.
150 Ebenda, Anm. 1.
151 Vgl. a. a. O., S. 108 ff.
152 Vgl. a. a. O., S. 17.
153 A. a. O., S. 18.
154 Vgl. a. a. O., S. 25.

hätten wir dann „zwei Auffassungen aufeinander gebaut", welche „zwei Gegenstände" konstituieren würden, „nämlich das Phantasiebild, das erscheint, und das bildlich dargestellte Objekt".[155]

b) Scheitern dieses Versuchs

Aufgrund der im letzten Paragraphen entfalteten Analysen wissen wir schon, daß eine bildliche Vorstellung durchaus durch mentale Bilder stattfinden kann, daß sie aber nur ein Spezialfall des Bildbewußtseins ist. Stellen wir uns das Berliner Schloß durch ein mentales Bild vor, so haben wir eine Bildvorstellung in der Phantasie. Husserl geht es aber um etwas anderes, und zwar um die Möglichkeit, ein Unwirkliches an sich vorstellig zu machen. Husserls frühe Lehre ist in diesem Hinsicht höchst problematisch, weil sie gerade jene Bildtheorie wieder einzuführen scheint, welche Husserl schon in den *Logischen Untersuchungen* bestritten hatte. So schreibt er etwa, daß die Phantasie einen Gegenstand dadurch vorstellt, „daß sie zunächst einen anderen, ihm ähnlichen Gegenstand zur Erscheinung bringt und ihn als Stellvertreter oder besser, das einzige Wort ist hier doch Bild, ihn als Bild für den eigentlich gemeinten nimmt."[156] Damit taucht wieder die Auslegung des Bildes als „Stellvertreter" auf, gegen welche Husserl viel gekämpft hatte. Der Phantasie wird keine direkte Anschaulichkeit zuerkannt, keine Möglichkeit, die Sache selbst, obschon ohne die setzende Kraft der Wahrnehmung, vorstellig zu machen. Der in der Phantasie erscheinende Gegenstand ist somit nicht der vorgestellte selbst, sondern sein Bildobjekt.

Diese Husserlsche Auslegung ist nun für die Bildvorstellung in der Phantasie zutreffend, läßt aber keinen Raum für die eigentliche, „bloße" Phantasie offen. Sie erläutert ohne weiteres die Vorstellung etwa des Cäsar durch seine im Bewußtsein vergegenwärtigte Statue, nicht aber die Vorstellung des Cäsar an sich, als direkt phantasierter Gegenstand.[157] Indem aber Husserl die Auslegung der Phantasievorstellung als eine Verbildlichung verallgemeinern

[155] A. a. O., S. 24.

[156] Ebd.

[157] Vgl. a. a. O., S. 29: „Was uns da erscheint, ist ein Gegenständliches, aber nicht so, wie es in der Tat erscheint, gilt es uns als phantasiertes Objekt. Phantasierend meinen wir ein anderes, für das dieses erscheinende und fühlbar von ihm verschiedene bildlich repräsentiert."

will[158], gerät er unvermeidlich in der zur Bildtheorie gehörenden Auffassung, nach welcher die Erfahrung die Vermittlung eines Stellvertreters benötigt. *Husserls Lehre ist also deswegen bedenklich, weil in ihr die Phantasieerscheinung mit einem Bild, das ist mit einem konstituierten Gegenstand gleichgesetzt wird*, was aber nach der Intentionalitätstheorie unannehmbar ist. Wenn wir das „Bildobjekt der Phantasie" beschreiben, sagt Husserl ausdrücklich, „achten wir auf die Erscheinung selbst und vergleichen ihren Inhalt mit dem intendierten Sujet."[159] Ist aber das Bildobjekt dasselbe wie die Erscheinung, so sollten wir den Schluß ziehen, daß auch die Wahrnehmung sich auf ein Bild stützt. Denn wie kann sich eine Wahrnehmung ohne Erscheinung geben? Das wäre sinnlos, wie es sinnlos wäre, zu sagen, daß die Erscheinung in der Wahrnehmung anders als in der Phantasie sei. Wir würden damit die Bildtheorie völlig annehmen müssen, was aber für Husserl unmöglich ist.[160]

Dieser Bedenken wurde auch Husserl sich im Rahmen seiner Darstellung bewußt[161], die nicht umsonst allmählich unentschlossener wird, bis er schließlich feststellt, daß „das Wort ‚Imagination', die Rede von Phantasiebildern u. dgl. […] uns hier so wenig täuschen [darf,] wie bei der Wahrnehmung die Rede von ‚Wahrnehmungs-Bildern'."[162] Das „Phantasiebild" ist also kein Bild im selben Sinne wie das Bild einer Bildvorstellung, weil es kein konstituiertes Objekt des Wahrnehmungsfelds sein kann. Es ist kein

---

[158] Vgl. etwa *Logische Untersuchungen*, Hua XIX/2, S. 621: „Ob uns z.B. die Phantasieerscheinung als die Vergegenwärtigung eines wirklichen Objektes gilt, oder als bloße Einbildung, ändert daran nichts, daß sie Bildvorstellung ist, daß ihr Inhalt also die Funktion eines Bildinhalts trägt."

[159] Hua XXIII, S. 38–39.

[160] Daß Husserl der Tragweite der Widerlegung der Bildtheorie anfänglich nicht völlig bewußt war, zeigen unter anderem die Forschungsmanuskripte aus der Zeit um die Jahrhundertswende, wo er auch die Erinnerung durch den Charakter der Bildlichkeit aufzufassen versucht (vgl. etwa *Zeitbewußtsein*, Hua X, S. 178–186).

[161] Vgl. *Ideen I*, Hua III/1, S. 90, Anm. 1: „In meinen Göttinger Vorlesungen habe ich […] die unzureichende Darstellung, die ich […] in den ‚Logischen Untersuchungen' […] gegeben hatte, durch eine verbesserte ersetzt"; Hua XXIII, S. 54: „Wir fühlten, die Sachlage ist bei der Phantasievorstellung sicher nicht dieselbe wie bei der physischen Bildvorstellung"; S. 55: „Ich muß gestehen, daß ich hier immer wieder von ernstem Zweifel ergriffen wurde"; S. 68: „Freilich wäre auch die Möglichkeit zu erwägen, daß es [nämlich das Fiktum] vielleicht gar nichts weiter repräsentiert, sondern einfach genommen wird, wie es ist, nichts außer sich darstellend"; S. 70: „Hier kommt ein Zweifel".

[162] Hua XXIII, S. 85.

Bild, „das sich inmitten der aktuellen Gegenwarts-Wirklichkeit festsetzte.“[163] Und „im allgemeinen“ ist darum die Phantasieerscheinung „gar nicht in das Blickfeld hineinzuversetzen“, denn im Gegensatz zur Bildvorstellung hat sie „einen auffällig anderen Charakter als jede Wahrnehmungserscheinung“.[164] Haben wir beim Bildbewußtsein „eine Ineinanderwirkung von zwei Wahrnehmungsauffassungen“, die gegeneinander streiten, so ist das nicht der Fall bei der Phantasie: „Hier haben wir nichts von Durchdringung, nicht dasselbe Empfindungsmaterial, das mehrfache Auffassung erfährt.“[165] Zuletzt fehlt zwischen Phantasie und Wahrnehmung jener Widerstreit, der für die Möglichkeit des Bildbewußtseins grundlegend war. Das zu erkennen heißt aber zugleich, der Phantasie eine eigenständige Intentionalität zuzuerkennen. Anders als bei dem Bildbewußtsein geht bei der Phantasie die Intention auf den Gegenstand in direkter Weise, es ist keine mittelbare Intentionalität. Husserl verdeutlicht es im folgenden, „bemerkenswert und gut beobachteten“[166] Text: „Man betrachtet nicht das Bild [nämlich Phantasiebild] als ein für sich konstituiertes Objekt, das man als so seiend nimmt und dann als Bild gelten läßt. Vielmehr, durch dies sonderbar Flüchtige hindurch geht die Intention auf die Sache, ähnlich wie man die unklare Wahrnehmung im Dämmerschein nicht für sich nimmt und zum Bild macht, sondern in ihm den Gegenstand faßt.“[167]

c) Die Verdeckung zwischen Phantasie und Wahrnehmung

Ist die Phantasie nicht durch den Bildlichkeitscharakter erklärbar, so bleibt die Aufgabe, den eigentlichen Charakter der Phantasieerscheinung festzustellen. Das Bildbewußtsein hat sich als eine Neutralitätsmodifikation enthüllt, welche inmitten des Wahrnehmungsfelds stattfindet und von einer Unstimmigkeit mit ihm verursacht wird. Das der Bildvorstellung anhaftende Nichtigkeitsbewußtsein ist Neutralisierung der Gegenwärtigung zugunsten der

---

163 A. a. O., S. 54; vgl. S. 49.
164 A. a. O., S. 64; vgl. S. 72, 151–152.
165 A. a. O., S. 152; vgl. S. 67.
166 Nach einer Randbemerkung auf dem Manuskript: Vgl. a. a. O., S. 161, Anm. 1.
167 A. a. O., S. 161; vgl. auch S. 83, 150; *Ideen I*, Hua III/1, S. 90; *Erste Philosophie*, Hua VIII, S. 112–113; *Zeitbewußtsein*, Hua X, S. 59 (bzw. S. 183).

Erhaltung ihres noematischen Sinnes. Würde sich nun eine Phantasieerscheinung in das Wahrnehmungsfeld hineinsetzen, dann wäre auch hierbei das Nichtigkeitsbewußtsein erklärt. Das Scheitern des Versuchs, die Phantasievorstellung als Weise der Bildlichkeit zu erläutern, hat aber schon deutlich gemacht, daß die Phantasieerscheinung sich nicht in das Wahrnehmungsfeld hineinsetzt. Sie hat vielmehr, wie Husserl betont, „ihr eigenes Feld, ein völlig von dem der Wahrnehmung getrenntes."[168] Mit anderen Worten meint Husserl, daß Wahrnehmungserscheinung und Phantasieerscheinung in einem und demselben Feld unvereinbar sind. Das ist natürlich keine selbstverständliche Aussage. Ich kann z.B. etwas auf das weiße Papier hinphantasieren, wie Husserl selbst bemerkt.[169] Er meint aber offenbar, daß diese Einfügung eines Phantasierten in das Wahrnehmungsfeld eine bloß scheinbare ist. Tatsächlich bleibt immer bei solcher Einfügung das Bewußtsein, daß das Hineinphantasierte der wahrgenommenen Wirklichkeit nicht angehört: „Das sich hineinsetzende Bild gibt sich [...] niemals als perzeptive Erscheinung, als Stück des Wahrnehmungsfeldes."[170] Und der Grund dafür liegt einfach darin, daß, wenn sich etwas als Stück des Wahrnehmungsfeldes gibt, es gar kein Phantasieobjekt ist, sondern ein Wahrnehmungsobjekt, sei es ein echtes Wahrnehmungsobjekt, ein Illusionsobjekt oder ein Bildobjekt. Wenn ich jetzt etwas auf das weiße Papier hinphantasiere, bin ich mir entweder dessen bewußt, daß es nur phantasiert ist; dann vollziehe ich gleichsam eine Überlagerung des Phantasiefeldes über das Wahrnehmungsfeld, wobei das erste mit dem zweiten identisch ist mit Ausnahme derjenigen Merkmale, welche das als phantasiert aufgefaßte Objekt ausmachen. Oder ich bin mir dessen nicht bewußt, dann nehme ich das Erfahrene für wahr, „glaube" ich, das eigentlich Phantasierte wahrzunehmen, oder besser, phänomenologisch gesagt, ist das Erfahrene *in allen Hinsichten* ein *Wahrgenommenes*.[171]

Der Übergang von der Phantasiewelt zur Wahrnehmungswelt,

---

[168] Hua XXIII, S. 66.

[169] Vgl. a. a. O., S. 67 Anm. 1.

[170] A. a. O., S. 76.

[171] Husserls Schluß ist eindeutig: „Natürlich gibt es im wahren Sinn kein Hineinphantasieren in die Wahrnehmung, als ob da wahrlich eine Mischung entspringen könnte. [...] Die Synthesis bringt die entsprechenden Teile der Felder zur synthetischen Einheit [...] aber diese Einheit im intellektiven Übergan-

bzw. umgekehrt, ergibt darum eine Diskontinuität. Es sind zwei getrennte, miteinander unvereinbare Welten, die gegeneinander streiten und sich verdecken. Wir kommen also zu einem neuen Widerstreit, wie Husserl selbst betont: „Es ist auch hier ein Widerstreitsverhältnis, nur ein solches ganz anderer Art als inmitten des Blickfeldes. Hier streitet das ganze Phantasiefeld mit dem ganzen Wahrnehmungsfeld und ohne jede Durchdringung.“[172] Das Phantasierte gibt sich als Teil einer Welt, welche neben der Wahrnehmungswelt Platz findet und sich gegen sie behauptet, sich mit ihr aber niemals mischt. Die Wahrnehmungswelt zeigt eine eigene, „absolute“ Einheit, die auf einer verbindenden Zeitform gründet: Alle ihre Gegenstände besetzen eine bestimmte und einzige Zeitlage, eine feste Stelle in der einen objektiven Zeit. Das gilt für die Phantasiewelt nicht, da den Phantasiegegenständen diese absolute Zeitlage fehlt.[173] Da ferner die Wahrnehmung die „Erscheinung der aktuellen Gegenwart“ konstituiert, *ist „was gegen sie streitet“ nicht gegenwärtig*.[174] Das phantasiemäßig Erscheinende ist ein Nichtgegenwärtiges, die Phantasie eine Nicht-Gegenwärtigung.

d) Nichtigkeitsbewußtsein und Bewußtsein des Als-ob

Das Gesagte führt schließlich zur Erwägung der schon in bezug auf das Bildbewußtsein erörterten Frage: Was schafft demnach die Auffassung der sich gegeneinander verdeckenden Sinne als Phantasie? Husserls Antwort entspricht dem, was wir für das Bildbewußtsein schon gesehen haben: „Kehren wir zurück zu dem Vollzug der […] gehemmten Apperzeption, so kämen wir also nicht über ein […] Nichtigkeitsbewußtsein, nicht über die Stufe

---

gsbewußtsein ist nicht die Einheit der Erscheinung“ (ebd.; vgl. auch S. 67–68, 74, 86).

172 A. a. O., S. 67. Vgl. auch Ms. C 13 III, S. 4: „Das Phantasiefeld in seiner Quasigeltung als Phantasieansatz (schließlich so wie jeder Ansatz) verdeckt; hier verdeckt es das Ernstfeld der betreffenden Wahrnehmungsgegenwart oder Erinnerungsgegenwart.“

173 Vgl. EU, §§ 36–39 und das hierzu ursprüngliche, aber nicht vollkommen in der Veröffentlichung aufgenommene Manuskript M III 3 VII, besonders M III 3 VII/33–43. Vgl. auch die gelungene Zusammenfassung von M. M. Saraiva: „Tous les vécus sans exception possédent leur emplacement dans le temps immanent de la conscience. Mais le vécus positionnels appellent une autre détermination temporelle, du fait que leurs objets sont localisés dans le temps du monde“ (M. M. Saraiva, a. a. O., S. 223).

174 Vgl. Hua XXIII, S. 67.

der gehemmten oder betroffenen Wirklichkeit hinaus, wenn nicht eine neue Einstellung möglich wäre, die die bestreitende Erfahrung nicht zur Geltung […] kommen läßt, und damit auch nicht das, was der Charakter der Hemmung anzeigt. Die Änderung der Einstellung ist nun gerade der Übergang von der Erfahrung bzw. der Negation der Erfahrung in die *Phantasie*, in das eigentümliche Bewußtsein des Als-ob."[175] Die „gehemmte Apperzeption" ist, im Verdeckungswiderstreit, die Phantasieapperzeption. Die „bestreitende Erfahrung" ist die Gegenapperzeption, nämlich diejenige, die in Einstimmigkeit mit der Wahrnehmungswelt ist. Diese Stelle Husserls besagt also nichts anderes, als daß *die Phantasie, wie das Bildbewußtsein, den Sinn einer Bewahrung von noematischen Sinnen hat, die andernfalls vernichtet würden*. Erst der Übergang in die Phantasieauffassung rettet die „an sich" ungenügend motivierten Sinne vor der Durchstreichung. Erst die Phantasie eröffnet die Möglichkeit einer Vielfalt von möglichen Sinnen und möglichen Welten.

e) Phantasie als Vergegenwärtigung

Wahrnehmung heißen jene Akte, welche die aktuelle Gegenwart konstituieren. Unter Phantasie sind darum jene Akte zu verstehen, die gegen die aktuelle Gegenwart streiten, indem sie die homogene Kontinuität der aktuellen Gegenwart durchbrechen. Was aber gegen die Gegenwart streitet, ist folgerichtig nicht gegenwärtig. Phantasien sind also nach dieser Erwägung alle Erlebnisse, die ihren Sinngehalt nicht gegenwärtigen. Was aber nicht gegenwärtig und trotzdem bewußt ist, ist notwendigerweise *vergegenwärtigt*. Es ist in der Gegenwart, nicht aber als anwesend dargestellt.

In Husserls phänomenologischer Eidetik der objektivierenden Akte ist Phantasie schließlich eine Vergegenwärtigung.[176] Er stellt somit einen Wesensunterschied zwischen Wahrnehmung und Phantasie fest. Der Unterschied liegt nicht „in der beiderseits ja gemeinsamen Objektivierung, in der sich die ‚Erscheinung' des Gegenstandes vollzieht, sondern in jener *Charakterisierung*, die die Differenz zwischen gegenwärtig und vergegenwärtigt konsti-

[175] A. a. O., S. 513.
[176] Vgl. a. a. O., S. 85–87; M. M. Saraiva, a. a. O., S. 130–133.

tuiert."[177] Dabei ist zuletzt nicht relevant, ob die Phantasie eine klare oder unklare ist. Husserl will beide Fälle getrennt halten und betrachten. Es wird aber sofort deutlich, daß die unklare Phantasie eigentlich nur ein komplexer Akt ist, in welchem sich Vergegenwärtigungen und Leervorstellungen zusammensetzen.[178] Die Zusammensetzung von intuitivem und signitivem (leerem) Gehalt ist aber, wie wir wissen, ein allgemeiner Charakter der objektivierenden Akte[179], so daß schließlich alle Phantasien mit Leervorstellungen gemischt sind. Die eventuelle Änderung der Gewichtung zwischen intuitiven und leeren Momenten würde den Wesenscharakter dieser Akte als Phantasien nicht modifizieren.

f) Phantasie als neutralisierte Vergegenwärtigung

Husserls Phantasievorlesung des Jahres 1905 schließt also mit der Bezeichnung der Phantasie als Vergegenwärtigung. Das Ergebnis dieser Vorlesung ist wichtig, weil Husserl hier die Grundunterschiede der Phantasie gegenüber dem Bildbewußtsein und der Wahrnehmung gewonnen hat. Die Bezeichnung der Phantasie als schlichte Vergegenwärtigung läßt aber noch die Frage nach ihrem Verhältnis zur Erinnerung offen, da diese letzte ihrerseits zweifellos den Charakter der Vergegenwärtigung hat. Von Bedeutung ist die Tatsache, daß Husserl in diesen Vorlesungen und in den Manuskripten dieser Zeit Erinnerung und Phantasie ständig als zusammengehörende Akte betrachtet.[180] Eduard Marbach hat in seiner *Einleitung* zum Band XXIII der Reihe „Husserliana" auf die Husserlschen Versuchen hingewiesen, Erinnerung und Phantasie als zwei aufeinander fundierte Fälle einer einzigen Gegebenheitsweise zu interpretieren.[181] Ich will diesen Erwägungen Husserls nicht in die Einzelheiten nachfolgen. Bedeutungsvoll für uns ist aber das Ergebnis, das Husserl 1909–1910 in seinen Forschungsmanuskripten erreicht und 1913 im ersten Band der *Ideen* mit der Veröffentlichung bestätigt.

Bezeichnend ist in dieser Hinsicht das mit der Nummer 13 im

177 Hua XXIII, S. 100.
178 Vgl. a. a. O., S. 85–89.
179 Vgl. *Logische Untersuchungen*, Hua XIX/2, S. 611.
180 Vgl. etwa Hua XXIII, S. 191: „Statt Einbildung auch Erinnerung".
181 Vgl. E. Marbach, a. a. O., S. LXIII-LXV.

Band XXIII der „Husserliana“ publizierte Manuskript, dessen Fragestellung bezüglich der Gliederung der anschaulichen Akte eben die Möglichkeit betrifft, „daß wir wirklich nicht mit *einer* Modifikation auskommen“.[182] Husserl wird sich hier bewußt, daß Erinnerung und Phantasie wesentlich verschiedene Weisen der Intentionalität sind, genauso wie Erinnerung und Wahrnehmung bzw. Phantasie und Wahrnehmung. Erinnerung ist für ihn keine „beliebige Bewußtseinscharakterisierung“ mit der Materie „Phantasieerscheinung“[183], und Phantasie umgekehrt keine Modifikation einer Erinnerung. Sowohl Erinnertes als auch Phantasiertes sind *nichtoriginäre* Gegebenheiten, die sich darum dem Wahrgenommenen gegenüberstellen. Als solche sind sie vergegenwärtigte Gegebenheiten. „Nichtoriginär“ heißt aber in beiden Fällen etwas verschiedenes. Das Erinnerte ist zwar nichtoriginär gegeben, trotzdem als ein in der Vergangenheit Existentes. Sein Sein wird gesetzt. Es wird in der Wahrnehmungswelt als abwesende Gegenständlichkeit in Einstimmigkeit eingesetzt. Das Phantasierte streitet dagegen mit der Wahrnehmungswelt; es ist nicht nur jetzt abwesend, sondern immer und notwendig einer ganz anderen Welt angehörend. Sein Sein wird neutralisiert, seine Nichtoriginarität heißt nicht nur Nichtgegenwärtigkeit, sondern auch Nichtgewißheit (noch Ungewißheit): „Das ‚nichtoriginär‘ besagt einmal *aktuelle* Vergegenwärtigung […], das andere Mal *Inaktualität*: bloße Vorstellung.“[184]

Mit dieser Entdeckung gibt Husserl dem Problem der Gliederung der objektivierenden Akte eine für ihn endgültige Lösung. Die im vorigen Kapitel dargestellte Eidetik konnte nur aufgrund dieser Entdeckung entfaltet werden. Achten wir auf die Anwendung der Eidetik bezüglich der imaginativen Akte, so ergeben sich

---

182 Hua XXIII, S. 294.

183 A. a. O., S. 296.

184 A. a. O., S. 298, wobei hier „Aktualität“ dasselbe wie „Setzung“ und „Inaktualität“ dasselbe wie „Neutralität“ heißt (vgl. oben, § 25). Dazu vgl. auch G. Piana, *Elementi di una dottrina dell'esperienza*, Il Saggiatore, Milano 1979, S. 114: „L'oggetto immaginativo si situa in linea di principio al di fuori del terreno in cui hanno senso le posizioni relative all'essere e al non essere. Ogni *posizione d'essere* viene *neutralizzata*: questa è la condizione espressa dal come-se. Se un oggetto dell'immaginazione viene determinato come rosso, non possiamo certo dire: ma in realtà non è rosso. Non possiamo dire che non lo è, come non possiamo dire che lo sia veramente. E' il problema stesso che non può essere posto. La domanda sulla posizione d'essere è priva di senso.“

hier drei negative Bestimmungen. Einerseits gegenwärtigen die gewöhnlich als „Phantasie" gedeuteten Akte ihre Gegenstände nicht, da z.B. der phantasierte Zentaur nicht als hier und jetzt seiender erfahren wird. Andererseits sind sie auch keine einfache Neutralisierung einer Gegenwärtigung, da sie andernfalls Bildvorstellungen ihrer Gegenstände wären, wie z.B. wenn der Zentaur durch ein entsprechendes Bildobjekt erfahren wird. Und schließlich sind sie auch keine einfache Vergegenwärtigung, da eine positionale Vergegenwärtigung ihren Gegenstand ja nicht hier und jetzt, trotzdem in irgendeinen Zeit- und Raumpunkt der als wirklich erfahrenen Welt setzt, während der phantasierte Zentaur nicht nur jetzt abwesend ist, sondern auch *nie in meiner Wahrnehmung* als leibhaftig dastehender erfahren wurde. Sonst handelte es sich um einen erinnerten Zentaur. Phantasie kann von daher nichts anderes als eine *neutralisierte Vergegenwärtigung* sein.[185]

Dagegen erhebt der bekannte Husserlsche Hinweis keinen Einwand, Phantasie sei nicht mit der Neutralitätsmodifikation zu verwechseln.[186] Denn die Aussage Husserls will nur betonen, daß, obwohl Phantasie eine Neutralitätsmodifikation ist, sie nicht alle Neutralisierungsmöglichkeiten erschöpft. Das Verwirrende liege einfach darin, „daß die Phantasie selbst in der Tat eine Neutralitätsmodifikation ist [...] und dabei doch von der allgemeinen Neutralitätsmodifikation mit ihren mannigfaltigen, allen Setzungsarten folgenden Gestaltungen [nämlich hauptsächlich dem Bildbewußtsein] unterschieden werden muß."[187] Wichtig ist also

---

185 Vgl. *Ideen I*, Hua III/1, S. 250; *Erste Philosophie*, Hua VIII, S. 112–113; Hua XXIII, S. 322. Vgl. auch R. Bernet - I. Kern - E. Marbach, a. a. O., S. 137–138; M. M. Saraiva, a. a. O., S. 204–216. Zum Entstehungsprozeß dieser Auffassung vgl. Hua XXIII, S. 217, 245–248, 253–255, 277, 281–282. Die Bezeichnung der Phantasie als neutralisierte Vergegenwärtigung stellt sie auf die Ebene des Bildbewußtseins als neutralisierter Gegenwärtigung. Die von Belussi angeführte Unterscheidung zwischen einer Apositionalität des Bildbewußtseins und einer Quasi-Positionalität der Phantasie ist also nach dieser Auslegung unzutreffend (vgl. F. Belussi, a. a. O., S. 251–260). Zwar nennt Husserl die Phantasie eine Quasi-Positionalität, er will aber damit keinen weiteren Unterschied zur einfachen Neutralität (Apositionalität) einführen. Das Wort „Quasi-Positionalität" kennzeichnet nicht eine der Apositionalität gegenübergestellte Gegebenheitsweise, sondern den Charakter der doxischen Modalitäten, sofern sie unter der Gegebenheitsweise Apositionalität erscheinen.

186 Vgl. *Ideen I*, Hua III/1, S. 250. Diese Stelle wird manchmal mißverstanden: Vgl. A. Guaraldi, *La modificazione di neutralità come epoché naturale*, in: „Revue internationale de Philosophie", 71–72 (1965), S. 77, 92.

187 *Ideen I*, Hua III/1, S. 250.

festzuhalten, daß einerseits die Phantasie eine Neutralisierung von Vergegenwärtigung, andererseits aber Neutralität kein ausschließliches Synonym für Phantasie ist. Und das besagt wiederum: Die verschiedenen Erlebnisse unterscheiden sich nicht nach Wahrnehmungs- und Einbildungsgebiet, sondern nach den umfassenderen Charakteren der Positionalität und Neutralität, Gegenwärtigung und Vergegenwärtigung.

Hierin liegt die wesentliche Bedeutung dieser Husserlschen Theorie. Husserl erläutert die Gliederung des Bewußtseins durch manche „Operationen"[188], deren Zusammensetzungsmöglichkeiten die Mannigfaltigkeit der Bewußtseinsakttypen herstellen. Er überträgt somit auf die allgemeine Erkenntnislehre die Grundmethode der Urteilslogik, welche darin besteht, die ideelle Unendlichkeit der Urteilsformen aus der Aufweisung der ihr zugrundeliegenden Grundoperationen herzuleiten.[189] Die darauf resultierende Neugestaltung der Bewußtseinsstruktur führt Husserl jedoch nur langsam durch, da anfänglich die traditionelle Gliederung des Bewußtseins nach Bewußtseinsvermögen sich bei ihm gleichsam wehrt. Das wird in den Paragraphen 39 und 40 der fünften *Logischen Untersuchung* besonders deutlich[190], in denen Husserl die sogenannte qualitative Modifikation im Vergleich mit der einbildenden erörtert. Die Modifikation der Aktqualität[191] wird von ihm folgendermaßen gekennzeichnet: „*Zu jedem setzenden Akte gehört ein möglicher nichtsetzender Akt von derselben Materie, und umgekehrt.*"[192] Jede bestimmte Materie, d.h. jeder Gegenstand im Wie seines Erscheinens, kann genau als solche im Prinzip kraft eines positionalen oder kraft eines neutralisierten Aktes gegeben werden. Wie Husserl selbst ausdrücklich be-

---

[188] A.a.O., S. 253; vgl. *Logische Untersuchungen*, Hua XIX/1, S. 506.

[189] Vgl. *Logik*, Hua XVII, S. 57.

[190] Vgl. Hua XIX/1, S. 505–514.

[191] Auch in diesem Falle überträgt Husserl einen Begriff der Urteilslogik in die allgemeine Sphäre der Erlebnisse. Vgl. etwa I. Kant, *Logik*, §§ 17–21; *Kritik der reinen Vernunft*, A 72–73.

[192] Hua XIX/1, S. 483. Vgl. auch a.a.O., S. 507: „Jedem Akte des *belief* entspricht als Gegenstück eine ‚bloße' Vorstellung, welche dieselbe Gegenständlichkeit und in genau gleicher Weise, d.i. auf Grund einer identischen Materie vorstellig macht wie jener Akt des *belief*, und welche sich von ihm nur dadurch unterscheidet, daß sie die vorgestellte Gegenständlichkeit, statt sie in der Weise der Seinsmeinung zu setzen, vielmehr *dahingestellt* sein läßt." Ich zitiere aus der ersten Auflage (1901).

merkt[193], entspricht also im Grunde diese Modifikation jener anderen, die er später Neutralitätmodifikation genannt hat. Die Einführung des „operativen“ Prinzips der Qualitäts- bzw. Neutralitätsmodifikation sollte die traditionelle Aufteilung des sinnlichen Bewußtseins in wahrnehmende und bildliche Akte aufheben. Wahrnehmungen und Einbildungen sind nicht zwei Vermögen des Bewußtseins, sondern zwei verschiedene Wirkungen der „Operationen“, die bei der Auffassung von einer Materie möglich sind. Berücksichtigt man die „modifizierenden Operationen“, so können alle Akte, d.h. Wahrnehmung wie Einbildung, aber auch Erinnerung, Erwartung, Bildvorstellung und alle sonstigen, eventuell in keine der genannten Erlebnisweisen aufnehmbaren Akte, einfach als Auswirkungen der Weise, wie sich die Auffassung modifiziert, verstanden werden.

In der Tat zeigt Husserl in der fünften *Logischen Untersuchung*, daß, obwohl die Einbildung oft als ein nichtsetzender Akt bezeichnet wird, die Qualitätsmodifikation mit der Einbildung nicht gleichzusetzen ist, da sie ein umfangreicherer Begriff ist: „Der Name Einbildung ist eben mit einer Unzuträglichkeit behaftet, die seiner terminologischen Einführung ernstlich im Wege steht: Er weist auf eine imaginative Auffassung hin, während wir doch keineswegs sagen können, *alle nichtsetzenden Akte seien imaginierende, alle setzenden nicht imaginierende.*“[194] Was ist aber eine „imaginative Auffassung“? In der zweiten Auflage seines Werkes verdeutlicht Husserl sie als „eine Phantasieauffassung oder eine im eigentlicheren Sinne bildliche“.[195] Das ist irreführend, wenn man daran denkt, daß Husserl zur Zeit der zweiten Auflage (1913) die Gleichsetzung der Phantasie mit dem Bildbewußtsein aufgegeben hatte. Dieser Satz fügt sich aber sehr gut in die von Husserl zur Zeit der ersten Auflage vertretenen Theorie ein. Wir müssen uns hier auf jenes „im eigentlicheren Sinne“ aufmerksam machen und die imaginative Auffassung als eine im engeren Sinne „bildliche“ verstehen. Imaginativ ist jene Auffassung, in welcher der Gegenstand als Bild, d.h. als Repräsentant für einen anderen aufgefaßt wird.[196]

---

193 Vgl. *Ideen I*, Hua III/1, S. 253 Anm. 1.
194 Hua XIX/1, S. 510–511. Ich zitiere aus der ersten Auflage.
195 Ebd.
196 Vgl. etwa a.a.O., S. 512, wo Husserl in der zweiten Auflage „repräsentative“ Modifikation eben mit „imaginative“ ersetzt.

Wir wissen schon, daß in der Phantasie keine bildliche Auffassung vollzogen wird und *eben darum* die Neutralitätsmodifikation keine Einbildungsoperation ist. Auch Husserl will schon in den *Logischen Untersuchungen* Neutralität (Qualitätsmodifikation) und Einbildung streng getrennt halten; er faßt aber die Phantasie als einen bildlichen Akt auf – und dies merkwürdigerweise noch in der zweiten Auflage – so daß er zuletzt der „qualitativen" Modifikation eine „imaginative" gegenüberstellt.[197] In den *Logischen Untersuchungen* ist für ihn die Imagination noch nicht die Auswirkung der „Operationen" der Neutralisierung und Vergegenwärtigung in ihren möglichen Zusammensetzungen (neutralisierte Gegenwärtigung, neutralisierte Vergegenwärtigung und, wie wir bald sehen werden, positionale Gegenwarts-Vergegenwärtigung), sondern eine eigene Modifikation, die zu den anderen hinzukommt, damit die Materie als Repräsentant für einen anderen Gegenstand aufgefaßt werden kann.[198] Wenn Husserl schließlich bemerkt, daß der Charakter der Bildlichkeit eigentlich der Phantasie nicht angemessen ist, muß er folgerichtig auch diese Auslegung aufgeben. Er schreibt dann in einem Manuskript: „Allgemein habe ich schon in den *Logischen Untersuchungen* zu scheiden gesucht zwischen ‚qualitativer Modifikation' und ‚imaginativer Modifikation'. Der letztere Titel erweist sich als unpassend, da ich zu erkennen meinte, daß Phantasieauffassung und eigentliche Bildauffassung we-

---

[197] Vgl. ebenda.

[198] Unhaltbar ist meiner Meinung nach die Interpretation Saraivas, nach welcher die von Husserl erörterte imaginative Modifikation einfach die Vergegenwärtigungsmodifikation wäre: „*Le processus de présentification est le processus de base qui intervient nécessairement dans toute forme de conscience imageante. Mais cette présentification peut être positionelle ou neutre.*

Quand elle est neutre, c'est qu'intervient *une seconde modification imageante (eingebildeter)* – mais imageante à un autre titre. Il s'agit de la *neutralisation esthétique.* De cette analyse on peut conclure que l'*acte d'imagination est toujours présentification mais qu'il n'est pas toujours neutralisation*" (M. M. Saraiva, a. a. O., S. 207). Diese Interpretation ist nach dem Husserlschen Text schon deswegen unhaltbar, weil Husserl mehrmals die Imagination als Gattungsbegriff für Phantasie und Bildbewußtsein betrachtet, welches letzte prinzipiell keine Vergegenwärtigung ist. Darüber hinaus ist aber Saraivas Interpretation auch *an sich* unhaltbar, weil sie einerseits die Imagination als Neutralitätsmodifikation auslegt, andererseits die Neutralitätsmodifikation völlig überflüssig macht. Denn ist die Imagination immer Vergegenwärtigung und nur manchmal Neutralisierung der Vergegenwärtigung, so ist sie wesentlich Vergegenwärtigung und nur akzidentell Neutralisierung.

sentlich zu scheiden sind.“[199] Husserl identifiziert dann „Imagination“ bzw. „Phantasie“, als Titel für die in der Alltagssprache normalerweise als imaginative bezeichneten Akte, nicht mehr mit „Bildlichkeit“, sondern gelegentlich sogar mit „Neutralität“.[200]

§ 41. Die Gegenwarts-Vergegenwärtigung

Die Identifikation der imaginativen Akte mit den neutralisierten reizt, weil man dadurch die Klasse der imaginativen Vorstellungen als eine eigene Gattung begründen könnte. Und tatsächlich erscheinen in unserem Schema[201] unter Neutralisierung ausschließlich Akte wie Bildbewußtsein und Phantasie, die in der Alltagssprache als imaginative bezeichnet werden. Indessen ist Imagination ein kompliziertes Phänomen. Nicht nur, weil sowohl Gegenwärtigungen als auch Vergegenwärtigungen, wenn neutralisiert, zu imaginativen Vorstellungen werden. Es fragt sich jetzt vielmehr, ob nicht auch eine positionale Imagination existiert.

Dessen scheint sich Husserl in den *Logischen Untersuchungen* gewiß zu sein, wenn er etwa schreibt: „Ob uns z. B. die Phantasieerscheinung als die Vergegenwärtigung eines wirklichen Objektes gilt, oder als bloße Einbildung, ändert daran nichts, daß sie Bildvorstellung ist, daß ihr Inhalt also die Funktion eines Bildinhalts trägt.“[202] In der Sprache der *Logischen Untersuchungen* ist „bloße Einbildung“, wie wir wissen, ein Name für die Qualitätsmodifikation. Für Husserl einigt also die Bildlichkeit alle imaginativen Vorstellungen unabhängig davon, ob sie setzende oder nichtsetzende sind. Das hängt aber stark von der damals vertretenen Theorie ab. Fraglich ist nun, ob es nach der Eidetik der objektivierenden Akte auch im Feld der positionalen Vergegenwärtigungen Raum für die Anwendung des Wortes Imagination gibt.

Ein solcher Raum wird meiner Meinung nach von der Gegenwarts-Vergegenwärtigung[203], vielleicht auch von der Zukunft-

---

199 Hua XXIII, S. 276.

200 Vgl. a. a. O., S. 281, 480, 504.

201 Vgl. oben, § 26.

202 Hua XIX/2, S. 621; vgl. Hua XIX/1, S. 433, 511; *Zeitbewußtsein*, Hua X, S. 173.

203 „Z. B. wenn wir […] etwa den Bertholds-Brunnen anschaulich vergegenwärtigen, wobei wir ihn nicht bloß als den gestern gesehenen in seinem bloßen

Vergegenwärtigung[204] eröffnet. Husserl wendet in diesem Bezug Worte wie Phantasie und Imagination nicht an;[205] trotzdem entspricht das hier gemeinte Phänomen manchen Charakteren der imaginativen Vorstellungen. Einen gegenwärtigen aber abwesenden Gegenstand zu vergegenwärtigen heißt, das Abwesende zu veranschaulichen. Das ist genau, was die Philosophie jahrhundertelang Imagination genannt hat. Daß nun das Abwesende gesetzt werde oder nicht, ist zwar von wesentlicher Bedeutung für eine richtige Auffassung der Bewußtseinsstruktur, kann aber als irrelevant betrachtet werden, um einen jedenfalls gemischten Begriff wie den Imaginationsbegriff zu beschreiben. Daß diese Phänomene eigentlich verwandt sind, ist durch die Tatsache erwiesen, daß Husserl selbst, wenn auch unter strenger Scheidung von der Phantasie als neutralisierter Vergegenwärtigung, die Erfüllung durch positionale Vergegenwärtigung (mit Ausschluß der Wiedererinnerung) als Ausmalung bezeichnet.[206] Die Vergegenwärtigung eines Gegenwärtigen ist zwar kein echtes Bild-Bewußtsein, das den Gegenstand durch ein Bildobjekt repräsentiert, da sie ihren Gegenstand direkt intendiert; sie ist ebenfalls keine echte Phantasie, die den Gegenstand direkt vorstellt, ohne ihn aber zu setzen, da sie ihren Gegenstand als seienden setzt.[207] Trotzdem „imaginieren"

Vergangensein, sondern als jetzt wirklichen ⟨vorstellen⟩" (*Analysen zur passiven Synthesis*, Hua XI, S. 69). Wichtig ist, das Spezifische der Gegenwarts-Vergegenwärtigung gegenüber der Wiedererinnerung festzuhalten. Die folgende Stelle ist hierzu ziemlich deutlich: „Die anschauliche Vorstellung des gegenwärtig nicht wahrgenommenen Gegenwärtigen ist nicht eine bloße Wiedererinnerung, obschon eine Wiedererinnerung die Funktion einer Vergegenwärtigung von Gegenwärtigem annehmen kann und jede solche Vorstellung Wiedererinnerungsgehalte notwendig besitzt. In ihr liegt die Erreichbarkeit als Wahrnehmung von der gegenwärtig lebendigen Wahrnehmung aus" (Ms. A VII 13/21b). Zur Gegenwartserinnerung vgl. E. Fink, *Studien zur Phänomenologie*, a. a. O., S. 44–46.

[204] Vgl. dazu etwa das Ms. C 4, wo die Zukunftserwartung als eine „Vorverbildlichung" bezeichnet wird. Statt Selbstgebung zu sein, „entwirft" sie ein „Bild" „nach der Urbildlichkeit, die in Gegenwart und Vergangenheit liegt", ohne „über ein Ausmalen hinaus" zu kommen.

[205] Vgl. jedoch das Ms. A VII 13/21a, wo die Gegenwarts-Vergegenwärtigung eine „Quasi-Wahrnehmung" genannt, obwohl sie zugleich als eine „Doxa der unwahrgenommenen Gegenwart" bezeichnet wird.

[206] Vgl. *Analysen zur passiven Synthesis*, Hua XI, S. 78–83, 93, 95–97.

[207] „Ich kann mir auch ein Gegenwärtiges als jetzt seiend vorstellen, ohne es jetzt leibhaft vor mir zu haben, sei es aufgrund früherer Wahrnehmungen, sei es nach einer Beschreibung oder dgl." (*Zeitbewußtsein*, Hua X, S. 60).

wir gleichsam unseren Gegenstand in der Gegenwarts-Vergegenwärtigung, indem wir ihn nicht „sehen“ oder direkt „wahrnehmen“, sondern eben vergegenwärtigen als abwesendes Seiendes.

§ 42. Zur Einheit und Mannigfaltigkeit der imaginativen Vorstellungen

Nach den einzelnen Analysen gilt es jetzt, in einer einheitlichen Zusammenfassung die Ergebnisse dieser Husserlschen Phänomenologie der Imagination darzustellen. Eines ist bislang klar: Die sogenannten imaginativen Vorstellungen zeigen sehr unterschiedliche Merkmale, die ihre Aufnahme unter eine einzige Gattung bedenklich erscheinen lassen, so daß Husserl nur ganz selten wagt, dem Wort Imagination eine Bezeichnung zu geben. Gemeinsam haben sie nur folgendes: Es handelt sich um Anschauungen, d.h. um intentionale Erfüllungsakte, um Akte nämlich, die ihren Gegenstand in Bestimmtheit geben. Es handelt sich aber niemals um originär gebende Anschauungen, da der im allgemeinen Sinne „imaginierte“ Gegenstand nie dem Bewußtsein leibhaftig gegenwärtig ist. Von daher charakterisiert sich die Imagination einerseits durch den Gegensatz gegen das leere Denken, andererseits durch denjenigen gegen die Perzeption.[208]

Stimmt diese unsere Auslegung, dann sind wir nicht weit über das klassische Denken hinaus gegangen. Imagination scheint einfach Anschauung des Abwesenden zu sein, und in diesem Sinne der Wahrnehmung gegenüber eine ungeprüfte Erkenntnis der Gegenständlichkeit. Daß dieses nur ein scheinbares Ergebnis der Husserlschen Phänomenologie der Imagination ist, welche im Gegensatz zur traditionellen Auffassung eine grosse Erneuerung darstellt, soll im nächsten Kapitel gezeigt werden. Zunächst ist aber wichtig, dem Begriff der Imagination nicht zuviel Wert beizumessen. Da die Einzelanalysen gezeigt haben, daß die verschiedenen imaginativen Vorstellungen eigentlich durch ganz verschiedene „Operationen“ und Operationszusammenhänge entstehen, so

[208] Selbst diese ganz allgemeine Kennzeichnung ist eigentlich eine Vereinfachung, indem sie das Problem einer eventuell leeren Imagination unerörtert läßt (vgl. dazu F. Brentano, *Grundzüge der Ästhetik*, a.a.O., S. 85–87; E.S. Casey, a.a.O., S. 43).

daß ihre Einordnung unter einen einheitlichen Begriff unmöglich wird, haben wir vom klassischen Denken die Bezeichnung der Imagination als Anschauung eines abwesenden Gegenstandes entliehen, um dadurch eine einzige aber gemischte Klasse der imaginativen Akte zu bilden. Das ist keine streng philosophische Begriffsbildung, sondern ein heuristisches Mittel, um die Husserlsche Phänomenologie der objektivierenden Akte mit der klassischen Erkenntnistheorie vergleichbar zu machen. Die Husserlsche Theorie hebt eigentlich aber die klassische Bewußtseinsaufteilung in Wahrnehmung, Imagination, eventuell Erinnerung und Denken auf, indem sie dank der phänomenologischen Methode diese oberen Begriffe durch die letzten Wesensunterschiede zwischen den intentionalen Akten zu ersetzen vermag. Das wird erst durch das neue Verständnis unserer Erkenntnis möglich, welches die phänomenologische Einstellung ermöglicht.

Kapitel 3
Phantasie und Erkenntnis

§ 43. Die Erkenntnisfrage nach den oben geführten Untersuchungen

Aufgrund der in den vorigen Kapiteln entwickelten Erörterung der Phänomenologie der Imagination, nämlich sowohl hinsichtlich der *Phänomenologie* (Abschnitt 1, Kapitel 2) als auch der *Imagination* (Abschnitt 2, Kapitel 1–2), sind wir jetzt in der Lage, die erkenntnistheoretische Kernfrage[1] dieser Untersuchung zu erörtern. Welche Erkenntnisfunktion kommt der Imagination zu? Ich habe schon gezeigt, wie sehr die imaginativen Vorstellungen eigentlich voneinander unterschieden sind, so daß die Rede von „imaginativen Vorstellungen" eigentlich nur in übertragener Weise gelten kann. Die erkenntnistheoretische Frage sollte darum jeweils für jede Art der imaginativen Akte erneut gestellt werden.

Beispielshalber beschränken wir uns demnach auf die Phantasie, da die hier zu stellenden Erwägungen einerseits als maßgebend für alle imaginativen Akte angenommen werden können, andererseits die interessantesten Resultate erwarten lassen.

Dabei sind die Ergebnisse der vorigen Kapitel aufrechtzuerhalten. Nach dem Gesagten beruht Edmund Husserls Erkenntnistheorie in erster Annäherung auf zwei Grundmomenten: der Unentbehrlichkeit des durch die phänomenologische Reduktion durchgeführten und in dem oben erörterten Rahmen gültigen Evidenzprinzips für die philosophische Forschung (Abschnitt 1, Kapitel 2) und der Konkretisierung dieses formalen Prinzips durch eine Phänomenologie der Erfahrung, in welcher die Perzeption als Ort für die Evidenz erscheint (Abschnitt 2, Kapitel 1). Denn die phänomenologische Deskription der objektivierenden Akte hat uns eben dies zunächst gezeigt: Eigentliche Evidenz gibt sich nur bei

[1] Vgl. oben, § 5.

der in der Perzeption stattfindenden Selbstgebung.[2] Diese Aussage hat sich aus der folgenden Erwägung ergeben. Nur die Wahrnehmung konstituiert in originärer Weise ihre Gegenständlichkeit.[3] Wahrnehmung kann aber adäquat oder inadäquat sein.[4] Adäquate Wahrnehmung konstituiert ihre Gegenständlichkeit in vollkommener Evidenz. Adäquate Wahrnehmung ist aber Wahrnehmung, sofern sie von allen nicht-perzeptiven Momenten gereinigt wird.[5] Adäquate, d. h. evidente Wahrnehmung ist also, was oben als Perzeption bezeichnet wurde.[6]

Die Stichhaltigkeit dieser Erwägung führt manchmal dazu, ihre Ergebnisse zu verabsolutieren. Dagegen soll jetzt gezeigt werden, daß ihre Geltung einzig für das Gebiet der transzendenten Erfahrung eingeschränkt werden muß, daß sie also eine streng *phänomenologische* Deskription des Erkenntniserwerbs in der *natürlichen* Einstellung darstellt, welche aber durch die Erörterung des „absoluten" Erkenntniserwerbs in der Immanenz ergänzt werden muß. Dazu müssen wir nun die Evidenzfrage erneut sorgfältig berücksichtigen.

§ 44. Selbstgebung und adäquate Evidenz; Wahrnehmung als potentielle Halluzination

Bisher wurde der allgemeine Begriff der Evidenz bzw. Selbstgegebenheit mit demjenigen der adäquaten Wahrnehmung identifiziert. Evidenz sei Selbstgebung, und zwar Selbstgebung in Originarität. Die Leibhaftigkeit des perzeptiv Gegebenen wäre jene Klarheit und Distinktheit, welche dem Evidenzbegriff zugrundeliegt, so daß die Wahrnehmung das einzig echte Evidenz schaffende Erlebnis wäre, zumindest sofern sie aus perzeptiven Momenten besteht.

Vergegenwärtigen wir uns aber hierbei das Ergebnis des Paragraphen über die Halluzination.[7] Halluzination gibt sich dem Be-

---

[2] Vgl. *Cartesianische Meditationen*, Hua I, § 24; *Logik*, Hua XVII, § 59.
[3] Vgl. *Ideen I*, Hua III/1, § 136.
[4] Vgl. a. a. O., § 137.
[5] Vgl. a. a. O., § 138.
[6] Vgl. oben, § 25b, aber auch z. B. K. Rosen, a. a. O., S. 40 (zitiert oben, § 27 Anm. 173).
[7] Vgl. oben, § 37.

wußtsein immer als schlichte Wahrnehmung und darum als Selbstgebung einer Gegenständlichkeit. Das bedeutet aber, und hierauf ist besonderes Gewicht zu legen, daß keine angebliche Wahrnehmung, soweit sie transzendente Wahrnehmung ist, die Selbstgegebenheit ihres Gegenstandes versichern kann, daß also *jede Selbstgegebenheit eines transzendenten Gegenstandes eigentlich nur angebliche Selbstgegebenheit ist.*[8] Jeder in sich kohärente Wahrnehmungsverlauf könnte immer noch Halluzination sein. Darüber ist Husserl selbst sich in einer aus den *Cartesianischen Meditationen* schon zitierten Stelle sehr klar: Die sinnliche Erfahrung, „in deren Evidenz uns die Welt beständig vorgegeben ist, [ist] offenbar nicht so ohne weiteres als eine apodiktische Evidenz in Anspruch zu nehmen, die also die Möglichkeit eines Zweifelhaftwerdens, ob die Welt wirklich sei, bzw. die ihres Nichtseins absolut ausschließen würde. Nicht nur daß Einzelerfahrenes die Entwertung als Sinnenschein erleiden kann, auch der jeweils ganze, einheitlich überschaubare Erfahrungszusammenhang kann sich als Schein erweisen, unter dem Titel *zusammenhängender Traum*."[9]

Alle Wahrnehmung kann prinzipiell ein zusammenhängender, kohärenter Traum sein, auch wenn kein Beweis dafür gewonnen werden kann.[10] Selbst die vollkommene Adäquation in der Gegebenheit des Gegebenen hebt diese prinzipielle Möglichkeit nicht auf. Der theoretische Grund dafür wird von Husserl ebenfalls in den *Cartesianischen Meditationen* aufgezeigt, und liegt darin, daß die sinnliche Erfahrung keine apodiktische Evidenz erweisen kann. Sie kann zwar im Wahrnehmungsverlauf eine gewisse Adä-

---

[8] So z.B. auch Merleau-Ponty: „Si nous pouvons perdre nos repères *à notre insu* nous ne sommes jamais sûrs de les *avoir* quand nous croyons les avoir" (M. Merleau-Ponty, *Le visible et l'invisible*, Gallimard, Paris 1964, S. 20). Dieses Ergebnis wird hier hinsichtlich des Phänomens der Halluzination erzielt, ist aber an sich schon rein analytisch evident, indem die transzendente Erfahrung ihrer Definition nach eine nicht evidente ist. Es liegt an der Idee der Transzendenz selbst, daß alle Selbstgegebenheit in ihr eine nur angebliche sein darf. Zu verdeutlichen bleibt aber noch das Verhältnis zwischen angeblicher und eigentlicher Selbstgegebenheit.

[9] *Cartesianische Meditationen*, Hua I, S. 57. Vgl. dazu auch *Phänomenologie und Erkenntnistheorie*, Hua XXV, S. 142. Die Unmöglichkeit, Wachsein vom Träumen zu unterscheiden und getrennt zu halten, hatte schon Descartes betont (vgl. R. Descartes, *Meditationes de Prima Philosophia*, I; a.a.O., S. 19). Die Weise aber, wie er das Problem in der VI Meditation zu lösen versucht, ist merkwürdigerweise flüchtig und ungenau (vgl. a.a.O., S. 89).

[10] Dazu vgl. etwa auch *Zeitbewußtsein*, Hua X, S. 33–34, 49–50.

quation gewinnen (das sei der Ingardenschen Halluzinationsauffassung zugestanden, obwohl Husserl noch offen läßt, ob die vollkommene Adäquation in Wirklichkeit erreichbar sei[11]), ihr fehlt aber die Eigenschaft der Notwendigkeit einer solchen Selbstgebung. Adäquation heißt Veranschaulichung der Leervorstellungen und dadurch Ausschluß jeglicher Komponente unerfüllter Vormeinungen. Als solche ist sie Selbsterfassung des Seienden in völliger Gewißheit seiner leibhaftigen und so gestalteten Gegebenheit. Als Erfüllungserlebnis läßt sie sich in keiner Wahrnehmung als Einzelakt erreichen. Wo aber Adäquation erreicht wird, zum Beispiel und hypothetisch am Ende eines Wahrnehmungsverlaufs, hat jedoch das Gegebene noch keine endgültige Evidenz gewonnen, wenn die *Erkenntnis der Notwendigkeit* eines so und so Gegebenen fehlt.[12] Adäquate Evidenz kann immer durch neue Evidenz in Zweifel verwandelt werden. Die Selbstgebung in ihr erweist sich als eine vorläufige.

Das Verhältnis zwischen adäquater und apodiktischer Evidenz (Evidenz der Notwendigkeit) bedarf jetzt einer eingehenden Betrachtung.

§ 45. Adäquation und Apodiktizität

Husserl hat im Laufe seines Lebens gegenüber der Lehre der apodiktischen Evidenz mehrmals seine Haltung geändert.[13]

In den *Logischen Untersuchungen* betont er die Berechtigung, von Graden und Stufen der Evidenz zu sprechen, er wendet aber nicht den Begriff der Apodiktizität an, so daß die vollkommene Evidenz für ihn mit der „Erfüllung durch Wahrnehmungen“ einsetzt, also mit der „setzenden Erfüllung“, mit welcher „das Ideal der Adäquation“ zusammenfällt.[14] Zu bemerken ist dabei, daß Husserl eigentlich von zwei Weisen der Adäquation spricht, nämlich jeweils als „Anpassung an die Anschauung“ und als „letzte Erfüllung“.[15] Anpassung an die Anschauung gibt sich, wenn keine leere Vormeinung bleibt, welche keine Veranschaulichung erfah-

---

[11] Vgl. *Cartesianische Meditationen*, Hua I, S. 55.
[12] Vgl. *Ideen I*, Hua III/1, S. 318.
[13] Dazu vgl. auch V. Costa, a. a. O., und K. Held, a. a. O., S. 71–78.
[14] Hua XIX/2, S. 651.
[15] A. a. O., S. 648; vgl. K. Rosen, a. a. O., S. 40–41.

ren hat. Alle vollkommene Veranschaulichung ist demnach eine Erfüllung einer entsprechenden Intention und schafft darum eine adäquate Evidenz. Nichts ist dabei gemeint, das die erfüllende Anschauung nicht schon vollständig vorstellig gemacht hätte. Darüber hinaus besagt aber Adäquation nicht nur Ausschluß von Leerintentionen, sondern letzte, unüberwindbare Erfüllung dieser Intentionen und dadurch „Adäquation an die Sache selbst“.[16] Eine solche Adäquation kann sich nicht bei jeder Wahrnehmung, sondern nur bei der immanenten geben, wenn also das Gegenständliche „ein innerlich Erlebtes und in reflektiver Wahrnehmung, so wie es ist, Erfaßtes“ ist.[17] Husserl fügt zur Erklärung dieser Unterscheidung nichts weiteres hinzu, er scheint allerdings ziemlich deutlich zwischen Adäquation als vollkommener Objektivierung eines Gegenstandes, d.h. als seinem leibhaftigen „Gegenwärtigsein“ vor dem Bewußtsein, und Adäquation als Unüberwindbarkeit, also Unbezweifelbarkeit jener Objektivierung selbst, unterscheiden zu wollen. Allein die erst in der Immanenz erreichbare Unüberwindbarkeit des Gegebenen läßt das Gegebene als das Selbst wahrhaftig erscheinen.

Ist dies richtig, dann ist Husserls Einführung des Begriffs der apodiktischen Evidenz im ersten Band der *Ideen zu einer reinen Phänomenologie und phänomenologischen Philosophie* nur ein Versuch, diese Theorie näher zu bestimmen.[18] In den *Ideen I* un-

---

16 Hua XIX/2, S. 648.

17 Ebd.

18 Die erst in *Ideen I* eingeführte Unterscheidung zwischen apodiktischer und adäquater Evidenz hebt die in den *Logischen Untersuchungen* anwesende Identifikation der Wesenserschauung mit einer Wahrnehmung, ja sogar mit einer Perzeption auf. Diese letzte Identifikation ist im Husserlschen Werk nicht ausdrücklich erläutert, rührt aber direkt von der Zusammensetzung der Paragraphen 23 und 45 der sechsten Untersuchung her. Im Paragraphen 23 unterscheidet Husserl zwischen imaginativen und perzeptiven Komponenten einer Anschauung, wobei die Summe der Komponenten beider Arten immer gleich 1 ist. Obwohl er später diese Theorie aufgegeben hat, bleibt in seiner Phänomenologie die Grundthese gültig, daß eine Anschauung immer aus perzeptiven und sonstigen Inhalten besteht, so daß jeder Inhalt entweder perzeptiv oder nicht perzeptiv ist. Reine Wahrnehmung, „oder besser *reine Perzeption*“ (Hua XIX/2, S. 613), ist jene Anschauung, die von allen nicht perzeptiven, in der Sprache der *Logischen Untersuchungen* „imaginativen“ Inhalten frei ist. Wenn nun Husserl im Paragraphen 45 der sechsten *Logischen Untersuchung* die Notwendigkeit der Erweiterung der Begriffe Wahrnehmung und Imagination zum Gebiet der kategorialen Anschauungen betont, kann er nur meinen, daß es auch bei der kategorialen Erfahrung die Anschauung jeweils das Resultat 1

terscheidet Husserl zwischen einer apodiktischen und einer assertorischen Evidenz und zeigt, wie sich dieser Unterschied mit demjenigen zwischen adäquater und inadäquater Evidenz kreuzt. „Assertorische" Evidenz wäre dabei das „*Sehen eines Individuellen*", „apodiktische" dagegen das „*Einsehen eines Wesens oder Wesensverhaltes*".[19] Trotz dieser Bezeichnung, welche auf die Wesenserschauung Bezug nimmt, entspricht es meiner Meinung nach der Theorie Husserl nicht, daß in *Ideen I*, wie es manchmal vertreten wird, der Name „Apodiktizität" speziell für die Evidenz der Wesenserkenntnis gebraucht werden soll, während das Zweifellose mit der adäquaten Evidenz zusammenfalle.[20] Husserl entwickelt hier keine ausdrückliche Lehre der Apodiktizität. Aber implizit identifiziert er die apodiktische Evidenz primär nicht mit der Erkenntnis eines Wesens, sondern mit der Erkenntnis der Notwendigkeit. Notwendigkeit ist die echte Grundlage der Apodiktizität, so daß *die Wesenserkenntnis erst als Erkenntnis einer Notwendigkeit eine apodiktische ist*, und nicht umgekehrt.[21] Nur so kann übrigens der Gebrauch dieses Wortes in diesem Zusammenhang einen Sinn gewinnen, da eben „Erkenntnis der Notwendigkeit" die historische Bedeutung des Wortes „Apodiktizität" ist.[22]

Die Idee einer möglichen apodiktischen Evidenz läßt Husserl in der *Formalen und transzendentalen Logik* fallen, wo er „den Begriff der *Evidenz im Sinne einer absoluten Apodiktizität*, einer absoluten Sicherheit gegen Täuschungen" als eine „grundverkehrte

der Zusammensetzung von imaginativen und perzeptiven Komponenten, in den Extremfällen aber eine reine Imagination oder reine Wahrnehmung, besser reine Perzeption sein kann. Ist nun die Perzeption keine ausschließliche Bedingung der vollkommenen Evidenz, so ist es nicht mehr nötig, alle evidente Anschauung als eine perzeptive zu kennzeichnen. Husserl wird demnach hinsichtlich der eidetischen Anschauung meistens von Wesensschau oder Wesenserschauung und nur in zweiter Linie von Wahrnehmung sprechen.

[19] Hua III/1, S. 317–318.

[20] So E. Tugendhat, a. a. O., S. 207 Anm. 20.

[21] Vgl. dazu sehr deutlich: „Das Bewußtsein einer Notwendigkeit, näher, ein Urteilsbewußtsein, in dem ein Sachverhalt als Besonderung einer eidetischen Allgemeinheit bewußt ist, heißt ein *apodiktisches*" (Hua III/1, S. 19; vgl. auch S. 318). Hier wird zuerst gesagt: Apodiktisch ist das Bewußtsein einer Notwendigkeit. Sodann wird näher bestimmt: Bewußtsein einer Notwendigkeit haben wir, wenn ein Sachverhalt als Besonderung einer eidetischen Allgemeinheit bewußt ist, d. h. wenn die seinem individuellen Sein anhaftende Bezweifelbarkeit aufgehoben wird.

[22] Vgl. etwa I. Kant, *Kritik der reinen Vernunft*, A XV; A 75–76 (B 100–101). Zur Frage der eidetischen Apodiktizität vgl. auch unten, § 55.

Interpretation" der Evidenz bezeichnet.[23] In diesem Werk faßt Husserl die Evidenz als Leistung eines ins Unendliche zu vollziehenden Wahrnehmungsverlaufs, erkennt er also dem Einzelakt, selbst dem Akt der immanenten Wahrnehmung, keinen möglichen Evidenzgewinn zu.[24] Fraglich bleibt meines Erachtens, wie mittels dieser Auffassung die Notwendigkeit der Methode der phänomenologischen Reduktion zu rechtfertigen ist.

Zur Lehre der apodiktischen Evidenz kehrt Husserl aber in den *Cartesianischen Meditationen* mit der Absicht zurück, die Methode der phänomenologischen Untersuchung in strenger Weise darzustellen. Gerade in diesem Buch findet sich die ausführlichste Husserlsche Erörterung des Apodiktizitätsbegriffs und die klarste Erläuterung seiner Verknüpfung mit der Methodenfrage. Berücksichtigen wir hierzu eine Stelle Husserls: „Jede Evidenz ist Selbsterfassung eines Seienden oder Soseienden in dem Modus ‚es selbst' in völliger Gewißheit dieses Seins, die also jeden Zweifel ausschließt. Nicht schließt sie darum aus die Möglichkeit, daß das Evidente nachher zweifelhaft werden könnte, das Sein als Schein sich herausstellen könnte, wofür ja die sinnliche Erfahrung uns Beispiele liefert. Diese offene Möglichkeit des Zweifelhaftwerdens bzw. des möglichen Nichtseins *trotz der Evidenz* ist durch eine kritische Reflexion auf ihre Leistung auch jederzeit im voraus zu erkennen. Eine apodiktische Evidenz aber hat die ausgezeichnete Eigenheit, daß sie nicht bloß überhaupt Seinsgewißheit der in ihr evidenten Sachen oder Sachverhalte ist, sondern sich durch eine kritische Reflexion zugleich als schlechthinnige Unausdenkbarkeit des Nichtseins derselben enthüllt; daß sie also im voraus jeden vorstellbaren Zweifel als gegenstandslos ausschließt."[25] Diese Stelle ist nur schwer zu überschätzen. Einerseits stellt sie die Evidenz als Selbstgebung einer Gegenständlichkeit im Modus „es selbst" dar. Evidenz in diesem Sinne ist das Grundprinzip aller Wissenschaft, weil sie *jeden Zweifel ausschließt.* Das Gegebene ist in völliger Gewißheit da, nichts an ihm erscheint zweifelhaft. Darin liegt aber: *Unzweifelhaft zu sein heißt nicht, unbezweifelbar zu sein.* Gegenüber der adäquaten, zweifellosen Evidenz gibt sich im Prinzip die Möglichkeit einer Evidenz der Unausdenkbarkeit des

[23] Hua XVII, S. 165.
[24] Dazu etwas mehr oben in Paragraph 25d.
[25] Hua I, S. 56.

Nichtseins bzw. Andersseins[26] des Gegebenen. Eine gegebene Gegenständlichkeit gewinnt eine apodiktische Evidenz, wenn ihr Anderssein unausdenkbar, d.h. ausschließbar ist. Das besagt wiederum, daß eine gegebene Gegenständlichkeit eine apodiktische Evidenz gewinnt, wenn sich ihr Sein, so wie sie sich zeigt, mit Notwendigkeit durchsetzt. Durch die Apodiktizität – hierin liegt die These der *Cartesianischen Meditationen* – wird die Erkenntnis nicht nur zu einer scheinbar evidenten, sondern zu einer geradezu gesicherten. Die Möglichkeit der Täuschung wird ausgeschlossen.

Sehen wir von der *Logik* ab, so müssen wir aus der vorigen Übersicht schließen, daß für Husserl die adäquate Evidenz zwar die Sache selbst zu geben *scheint* und von daher eine gewisse erkenntnistheoretische Überlegenheit gegenüber allen anderen Erkenntnisweisen hat, welche die Sache selbst audrücklich *nicht* geben. Sie *kann* aber in Wahrheit die Selbstgegebenheit der Sache *nicht* versichern, so daß echte, wissenschaftliche Erkenntnis erst durch eine Evidenz „höherer Dignität"[27] entsteht, nämlich durch jene apodiktische Evidenz, welche die Sache selbst nicht nur scheinbar, sondern *in unbestrittener und unbestreitbarer Weise* gibt.[28]

Um die Bedeutung dieser Bemerkung völlig zu erfassen, soll hier auf meine Auslegung der phänomenologischen Methode im ersten Abschnitt dieser Arbeit zurückgegriffen werden. Dort erwies sich, daß Philosophie als strenge Wissenschaft erst durch eine radikale Anwendung des sonst jedenfalls lebensweltlich fungierenden Evidenzprinzips zustande kommt. Wissenschaft entsteht, wenn das Evidenzprinzip „durch und durch" angewandt wird. Das Evidenzprinzip besagt aber, alles Selbstverständliche durch den radikalen Zweifel zu prüfen und somit nur das Unbezweifelbare gelten zu lassen. Nach dem Evidenzprinzip ist echte Evidenz nur diejenige, welche die Unbezweifelbarkeit, d.h. die Notwen-

---

[26] So in *Ideen I*, Hua III/1, S. 317.

[27] Vgl. Hua I, S. 55: „Obschon diese Idee [der Adäquation] das Absehen des Wissenschaftlers auch beständig leitet, so hat für ihn doch [...] eine andersartige Vollkommenheit der Evidenz eine höhere Dignität, nämlich die der *Apodiktizität*."

[28] Um der Vollständigkeit willen soll hier hinzugefügt werden, daß in den Vorlesungen über *Erste Philosophie* Husserl zwar die Idee der apodiktischen Evidenz auslegt, sie aber vollkommen mit derjenigen der adäquaten Evidenz identifiziert und beide als „Unmöglichkeit des Nichtseins" des Evidenten interpretiert (vgl. Hua VIII, S. 35).

digkeit des Erkannten erweisen kann.[29] Die phänomenologische Reduktion als Anwendung des Evidenzprinzips besteht eben darin, alle ungesicherte Erkenntnis trotz aller scheinbaren Evidenz außer Geltung zu lassen.[30]

Wenn wir also die phänomenologische Reduktion üben, müssen wir alle Erkenntnis einklammern, welche den Charakter der Notwendigkeit nicht auszuweisen vermag. Deswegen (und nur deswegen) ist die Reduktion scheinbar eine Rückführung in das Bewußtsein. Wie ich zu zeigen versuchte[31], erfaßt Husserl die Reduktion als Rückführung nicht in das Bewußtsein, sondern in die Evidenz, und zwar in die versicherte Evidenz dessen, was Unbezweifelbar ist. Da aber diese Versicherung der Unbezweifelbarkeit sich hinsichtlich der sinnlichen Erfahrung erst durch den Bezug auf das erfahrende Ich durchsetzen kann, scheint die Reduktion die Welt zu subjektivieren. Tatsächlich wird durch die Reduktion aller Erkenntnisbestand auf das Bewußtsein rückbezogen. In welchem Sinne dies aber geschieht, soll jetzt erklärt werden.

§ 46. Sein und Sinn in der Phänomenologie der Erfahrung. Erkenntnis als Sinnkonstitution

Dieser Paragraph soll eher eine eigenständige Interpretation der Phänomenologie Husserls vorstellen, als dessen „originalen" Gedanken. Als solche kann diese Interpretation neben anderen möglichen Interpretationen ihr Recht erhalten. Zwar geht sie teilweise über das, was Husserl tatsächlich schrieb und vermutlich dachte

---

[29] Vgl. etwa *Erste Philosophie*, Hua VIII, S. 366: „*Wenn ich keine Erschauung von einer besonderen Art haben könnte ⟨als Einsicht⟩ in ein ⟨un⟩zerbrechliches Sein, das ich erschaute als ein für allemal unzerbrechlich, als apodiktisch ‚absolut' gegeben, als absolut unbezweifelbar, als absolute Norm für alle entsprechend gerichteten Meinungen – so hätte alle Rede von an sich gültiger Wahrheit und alles Wahrheitsstreben seinen Sinn verloren.*" Aufgrund dieser Erwägung bin ich anderer Meinung als Alphonse de Waelhens, welcher meint, die Apodiktizität stelle eigentlich eine Abweichung vom echten Sinn der Evidenz dar (vgl. A. de Waelhens, *Phénoménologie et vérité. Essai sur l'évolution de l'idée de la vérité chez Husserl et Heidegger*, Presses Universitaires de France, Paris 1953, S. 30–36).

[30] Kein Zufall also, daß in *Formale und transzendentale Logik*, wo Husserl die Möglichkeit der Apodiktizität bestreitet, keine Reduktion eingeführt wird.

[31] Vgl. oben, § 15.

hinaus, sie gibt aber meiner Meinung nach Sinn und Geist der Husserlschen Phänomenologie wieder und stützt sich auf mehrere Thesen und Aussagen Husserls, die in dieselbe Richtung gehen. In diesem Paragraphen möchte ich meine Interpretation des phänomenologischen Ansatzes erörtern und im nächsten die dazu bei Husserl auffindbaren Anhaltspunkte darstellen.

In der natürlichen Einstellung sprechen wir normalerweise von Gegenständen mit Bezug auf die Dinge, die in unserer Welt vorkommen. Gegenstände sind Realitäten, und besonders in Einheit fortdauernde Realitäten. Wir sehen und behandeln sie als sich im Raum selbständig befindende Dinge. Als Phänomenologen begnügen wir uns aber mit den Vorkomnissen der natürlichen Einstellung nicht, weil sie an sich zweifelhaft erscheinen. Der Bestand der natürlichen Einstellung muß im Übergang zur phänomenologischen reduziert werden. Reduktion ist keine Vernichtung, sondern eine Einstellungsänderung, die Anwendung des Evidenzprinzips, welche das Gegebene nicht vernichtet, sondern in seiner Unbezweifelbarkeit, aber auch nur in den Schranken seiner Unbezweifelbarkeit, fortgelten läßt. Das Sein des zunächst Gegebenen ist bezweifelbar. Sein Erfahrensein jedoch nicht. Daß der wahrgenommene Baum wirklich und in der Weise existiert, wie er sich gibt, kann bezweifelt werden. Es kann aber nicht bezweifelt werden, daß der wahrgenommene Baum eben wahrgenommen wird, besser, daß er sich als ein wahrgenommener Baum gibt. Jedes Urteil über die wahrgenommene Wirklichkeit soll als zweifelhaftes eingeklammert werden; kein Urteil über die Wahrnehmung als Bewußtsein von dieser Wirklichkeit ist zweifelhaft und darum reduzierbar. Das heißt wiederum: Ist der wahrgenommene Baum als solcher in keiner vollkommenen Evidenz gegeben, so ist hingegen sein Wahrgenommensein eine apodiktische, unbezweifelbare Evidenz. Der Baum als Gegenstand der realen Welt wird eingeklammert; der Baum als Sinn für das Bewußtsein nicht. Sinn ist das Erfahrene als solches, z.B. ist das Wahrgenommene als solches Wahrnehmungssinn, das Phantasierte als solches Phantasiesinn usw. Der Sinn ist also, was Husserl auch „Noema" nennt.[32]

---

[32] Noch einmal zeigt sich hier die Umkehrung, die in den *Ideen I* stattfindet. Statt das Noema als Residuum der phänomenologischen Reduktion auszulegen und so in der Sphäre der Apodiktizität zu versichern, stellt Husserl es zuerst als Korrelat der „reellen Inhalte" des Bewußtseins dar (vgl. Hua III/1, S. 200ff.) – als ob wir von „reellen Inhalten" sprechen könnten, ohne daß diese

Das ist schließlich das Ergebnis der phänomenologischen Reduktion: Die Gegenstände als existierende Dinge sind keine evidenten Gegebenheiten; evident sind einzig und allein jene Gegebenheiten, welche mit dem Sinn zusammenfallen, den die vermutlichen Gegenstände für das Bewußtsein gewinnen. Man könnte hier die Worte Husserls übernehmen und sagen: „*Alle realen Einheiten sind ‚Einheiten des Sinnes*'."[33] In der phänomenologischen Einstellung gibt es keine dingliche Einheit mehr, da das Sein der Dinge bezweifelbar ist, sondern jede phänomenologische Einheit ist nur noch Einheit eines bewußtseinsmäßig Gegebenen. Und das ist es, was man unter „Sinn" versteht. So ist ein Baum in der natürlichen Einstellung eben das Ding Baum, das ich jetzt wahrnehme, er ist aber in der phänomenologischen Einstellung die Einheit „Wahrnehmung-eines-Baumes", oder genauer: „Auffassung des Gegebenen als wahrgenommener Baum". Das Wort „Auffassung" ist hier entscheidend: Das Gegebene gilt nicht mehr für sich, sondern nur sofern es aufgefaßt wird, sofern es Gegenstand-für-ein-Bewußtsein ist.[34] „Gegenstand" heißt aber nicht einfach „Objekt", sofern hier das Wort „Gegenstand" durch die Wörter „für ein Bewußtsein" modifiziert wird.[35] Ist der Gegenstand der natürlichen Einstellung der Baum als solcher, so ist „Gegenstand" der phänomenologischen Einstellung kein individuelles, an sich seiendes Ding, sondern ein Gegebenes als Ergebnis einer bestimmten Auffassung einer gewissen Konstellation von hyletischen Daten, welche im Prinzip auch andere, wenn auch schwächer motivierte Auffassungen offen läßt. Im Prinzip gibt es also in der Phänomenologie keine Gegenstände, sondern nur „Auffassungen des Gegebenen als so und so gegeben". Jede solcher Auf-

---

Inhalte selber zu „intentionalen Gegenständen", also zu Noemata werden. So ist Husserl gleichsam dazu gezwungen, den Noemabegriff noch einmal kraft der phänomenologischen Reduktion zu begründen, wenn er dessen Stichhaltigkeit beweisen will (vgl. a. a. O., S. 208–209).

[33] A. a. O., S. 120.

[34] So auch Husserl, etwa in *Ideen I*, a. a. O., S. 106: „Andererseits ist die ganze *räumlich-zeitliche Welt*, der sich Mensch und menschliches Ich als untergeordnete Einzelrealitäten zurechnen, *ihrem Sinne nach bloßes intentionales Sein*, also ein solches, das den bloßen sekundären, relativen Sinn eines Seins *für* ein Bewußtsein hat."

[35] In der Phänomenologie werden „formal-ontologische" Ausdrücke verwendet, wie z. B. „Gegenstand", alle aber in Anführungszeichen, und das heißt in einem „noematisch-modifizierten Sinn" (vgl. a. a. O., S. 205, 300; Hua XXII, S. 206–207).

fassungen ist eine Sinnauffassung, da sie das Gegebene nach einem bestimmten Sinn konstituiert. Natürlich könnte sie auch „Gegenstandauffassung“ genannt werden, dies aber nur durch eine starke Änderung der Wortbedeutung. Denn Auffassung ist „Auffassung des Gegebenen *als so und so gegeben*“. Das heißt: „Gegenstand“ für das Bewußtsein ist nicht nur dieser Baum da (welcher vielmehr eine Art durch die natürliche Einstellung vollzogener Abstraktion ist), sondern dieser Gegenstand mit dieser Form, dieser Größe, diesen Farben, von diesem Standpunkt her gesehen, als wahrgenommen bzw. phantasiert gegeben, mit dieser Gewißheit bzw. Wahrscheinlichkeit aufgefaßt, diese und diese Gefühle erweckend, diese und diese Gedanken auslösend usw., welchem ich natürlich eingestellt den Namen Baum gebe. All dies gehört zum „Gegenstand“ im phänomenologischen Sinne, denn all dies gehört zum deskriptiven Gehalt einer Auffassung von gegebenen hyletischen Daten, so daß es in der phänomenologischen Einstellung eigentlich nicht mehr um einen Gegenstand, sondern um einen *Sinn* geht.[36] So sagt auch Ernst Tugendhat: „Zwar richtet sich jeder Akt ‚durch‘ seinen Sinn immer auch auf einen oder mehrere Gegenstände (Ideen 316), aber das volle Korrelat der Intentionalität, das, ‚wovon‘ der Akt ein ‚Bewußtsein‘ hat, ist nicht ein Gegenstand, sondern *Sinn* (Ideen 218f.).“[37] Hält man diese

---

[36] Schwierig ist es natürlich, eine präzise Bezeichnung des Wortes „Sinn“ zu geben. Almeida bezeichnet den Sinn als „was vom Gegenstand selbst erkannt wird“ und betont, wie „der Sinnbegriff sich aus dem Unterschied zwischen der Weise, wie ein Gegenstand intendiert wird, und dem Gegenstand selbst ergibt“ (G. A. de Almeida, *Sinn und Inhalt in der Genetischen Phänomenologie E. Husserls*, Nijhoff, Den Haag 1972, S. 74). Husserl selbst definiert den Sinn als das, „von dem wir sagen, daß sich in ihm oder durch ihn das Bewußtsein auf ein Gegenständliches als das ‚seine‘ bezieht“ (*Ideen I*, Hua III/1, S. 297). Diese Bezeichnungen haben gemeinsam, daß sie den Sinn in bezug auf den Gegenstand definieren. Meine Absicht ist aber zu zeigen, daß der Gegenstandsbegriff in der Phänomenologie eigentlich überflüssig ist (dazu vgl. unten, § 47). Im allgemeinen können wir Sinn als Wort für das nicht sprachliche Äquivalent von Bedeutung verstehen. Die Bedeutung eines Ausdrucks für mich ist der Sinn-für-mich der entsprechenden Sachlage. Da der Bedeutungsbegriff Thema sehr unterschiedlicher Interpretationen ist, unterliegt auch der Sinnbegriff derselben schwankenden Ungenauigkeit.

[37] E. Tugendhat, a.a.O., S. 36. Vgl. auch E. Lévinas, *En découvrant l'existence avec Husserl et Heidegger*, a.a.O., S. 27: „Ce n'est pas par le fait de se refléter que se définit la relation entre l'objet et la pensée, mais par le sens de l'objet et de son existence. Dès lors il ne s'agit pas de savoir si l'objet est fidèlement reflété dans la conscience, mais quel est le sens dans lequel il apparaît.“

Unterscheidung nicht fest, so ist man immer wieder geneigt, zu denken, daß Gegenstände wie Bäume, Menschen oder Wachspuppen, seien sie auch nicht als reale Dinge gemeint, wirklich Thema der Phänomenologie sein können. Folgendes soll aber ständig fest bleiben: Bäume, Menschen und Wachspuppen sind immer zweifelbare Gegebenheiten, da sie bestenfalls eine adäquate, keine apodiktische Evidenz gewinnen können. Erst die „*so und so* als Baum (bzw. Mensch oder Wachspuppe) aufgefaßte" Gegebenheit, d.h. der Baumsinn (bzw. Menschsinn oder Wachspuppesinn), weist die in der Phänomenologie geforderte Apodiktizität auf.

Gerät man dadurch jedoch nicht in einen radikalen Idealismus? Daß dies nicht der Fall ist, soll sich meiner Meinung nach aus dem Folgenden ergeben. Dadurch will ich aber nicht – dies sei im voraus gesagt – Stellung nehmen im Streit über den idealistischen Ansatz der Husserlschen transzendentalen Phänomenologie. Was ich vielmehr glaube, ist, daß die vorliegende Interpretation der Phänomenologie, welche zwar über das von Husserl selbst Gesagte teilweise hinausgeht, sich aber in den Fundamenten der Husserlschen Phänomenologie gründet und diese zu ihrer meines Erachtens radikalen Durchführung zu bringen versucht, einen Weg zeigen kann, auf welchem eben beide Kategorien, Realismus und Idealismus, überwunden werden können.

Fällt nun der sogenannte „Gegenstand" in der phänomenologischen Einstellung mit dem Sinn zusammen, so befreit er sich von der *natürlichen* Gebundenheit an eine Substanz oder an Existenz. Substanz, Existenz, Sein sind in dieser Hinsicht keine *phänomenologischen* Begriffe. Was zum phänomenologischen „Gegenstand" als Sinn notwendigerweise zugehört, ist nicht der Charakter der Existenz eines Dinges in einer realen Welt, sondern nur das Aufgefaßtsein von einem Bewußtsein her, d.h. das Bedeutungsvoll-Sein für das Bewußtsein, das Vor-dem-Bewußtsein-Sinn-Gewinnen. Die Existenz eines Dinges in einer realen Welt *kann* Bestand irgendeines Sinnes werden (dann heißt sie „Setzung"), *muß* es jedoch *nicht*. Jedenfalls *schafft nicht die Existenz des Gegenstandes sein Sinnvollsein für das Bewußtsein*, da auch nicht existierende Gegenständlichkeiten offenbar (wie wir bald sehen werden) einen Sinn haben, sondern umgekehrt enthält der Sinn das Sein als einen möglichen Sinncharakter. Die philosophische Frage betrifft in der Phänomenologie nicht mehr das Sein der Gegenstände, sondern den Sinn des Gegebenen, und zwar den Sinn-für-mich dessen, was mir begegnet. Natürlich gehört das Sein bzw. Nichtsein des Gegebenen zu seinem Sinne, es trägt dazu bei, den Sinn zu bestimmen – aber eben nur als ein Charakter, als eine Sinnbestimmung neben anderen. Sein ist ein Name für eine bestimmte Art des Sinnes-für-mich. Es *ist ein Charakter des Sinnes* so sehr wie Ausdehnung oder Farbe.[38]

Dementsprechend ist die Konstitution, welche nach Husserl die Erkenntnisleistung des Bewußtseins ausmacht, keine Seinskonstitution, sondern Sinnkonstitution.[39] Sein als endgültiges Erkenntnisobjekt wird in der natürlichen Einstellung konstituiert. Sobald aber der Forscher durch die Reduktion in die phänomenologische Einstellung übergeht, d.h. sich zur apodiktischen Selbstheit der

---

38 Das wurde von Asemissen deutlich erfaßt: „Ist der ‚Sinn' bestimmt als der ‚Gegenstand in seinem Wie', und ist das Wie die Einheit von allem, was die jeweilige Beschaffenheit des Gegenstandes ausmacht, so gehört, sofern der Gegenstand ein seiender ist, auch sein Sein zu seinem Wie und damit zu seinem Sinn. Der Sinn konstituiert sich aber durch entsprechende intentionale Leistungen. Also konstituiert sich auch das Sein des Gegenstandes durch eben diese Leistungen" (H. U. Asemissen, a. a. O., S. 69–70). Asemissen sieht sehr deutlich die grundlegende intentionale Leistung der Sinngebung, faßt sie aber nicht in ihrer letzten Radikalität. Er sieht nicht, daß der Sinn prinzipiell nur Sinn-für-mich, das mit dem Sinn konstituierte Sein daher Sein-für-mich sein kann. Darum meint er, daß die Konstitutionslehre eine gewisse Verschiebung von der phänomenologischen zur metaphysischen Bedeutung vollziehe: „Der Gegenstand ist ‚seiend durch Sinngebung', er verdankt sein ganzes Sein den sinnkonstituierenden Leistungen der Intentionalität. Aus der Konstitution des phänomenalen Gegenstandes ist die Konstitution des ontischen Gegenstandes geworden – genauer: Gegenstandskonstitution bedeutet nun ebensosehr das eine wie das andere. Der Übergang vom Phänomenologischen zum Metaphysischen ist eben unter dem Begriff der Gegenstandskonstitution zugleich vollzogen und verdeckt" (a. a. O.). Asemissen interpretiert wiederum die phänomenologische Sinnfrage aus einem ontologischen Standpunkt. So übersieht er, daß in der Sinngebung konstituiertes Sein keineswegs das An-sich-Sein des Gegebenen sein will und kann, sondern nur das für mich Sinn habende Sein, das Sein-für-mich.

Auch Lévinas deutet in ähnlicher Weise auf die hier erörterte Möglichkeit hin, ohne sie zu entfalten. Er schreibt: „La valeur de la méthode transcendentale et sa part de vérité éternelle repose sur la possibilité universelle de réduction du représenté à son sens, de l'étant au noème, sur la possibilité la plus étonnante de réduire au noème l'être même de l'étant" (E. Lévinas, *Totalité et Infini*, a. a. O., S. 100). Trotzdem entfaltet Lévinas die in dieser Aussage implizierte Auffassung der Phänomenologie als Sinnphilosophie nicht, sondern interpretiert immer noch die Konstitution als eine „idealistische Schöpfung" (a. a. O., S. 99).

39 Die Konstitution ist „der Weg des Verstehens all dessen, was als Sinn gelten soll" (so H. G. Gadamer, *Die phänomenologische Bewegung*, a. a. O., S. 135).

Sache wendet, enthüllt sich ihm diese Selbstheit als ein Sinn-für-ihn, indem *alles an einer Sache reduziert werden kann, nicht aber ihr Sinn für den Reduzierenden.* Dies ist eben die Bedeutung des phänomenologischen Residuums: *Das in der natürlichen Einstellung als an sich seiend erfaßte Gegebene offenbart sich einfach als ein Sinn für den Reduzierenden.* Die Welt ist nicht an sich, was sie zu sein scheint. Sie ist aber auch *nicht* einfach *aufgehoben.* Unbestreitbar ist: Es gibt eine Welt. „Es gibt" heißt aber nach der phänomenologischen Reduktion „es gibt für das Bewußtsein", d.h. wiederum „es besteht der Sinn". *Die Welt enthüllt sich als Sinn-für-den-Erkennenden. Das ist seine einzige Unbezweifelbarkeit.* Alles, was über den Sinn hinausgeht, ist eine potentielle Täuschung und von daher keine echte Erkenntnis. Umgekehrt ist alles, was ist und unbezweifelbar ist, ein Bewußt-Sein, ein Sinn-für-jemanden, wobei „jemand" notwendigerweise mit dem reinen, konstituierenden Ich, welches ich selbst, der Phänomenologe, bin, zusammenfällt.[40]

Für die Phänomenologie (wie ich sie hier dargestellt habe) *wird zuletzt die Seinsfrage sinnlos, indem in ihr nur die Sinnfrage gerechtfertigt ist.* Husserl schreibt etwa: „Der Widersinn erwächst erst, wenn man philosophiert und, über den Sinn der Welt letzte Auskunft suchend, gar nicht merkt, daß die Welt selbst ihr ganzes Sein als einen gewissen ‚Sinn' hat, der absolutes Bewußtsein, als Feld der Sinngebung, voraussetzt".[41] Man könnte einwenden, daß, wenn in der Phänomenologie ein absolutes Bewußtsein als Feld der Sinngebung vorausgesetzt wird, der Idealismus sich schon durchgesetzt habe. Dies wäre unbestreitbar, wenn Begriffe wie Bewußtsein, Akt, Subjekt als *ontologische Begriffe* betrachtet würden. Dann gäbe es ein subjektives Sein, welches Quelle des „objektiven", intentionalen Seins wäre. Ich glaube aber, daß für den phänomenologischen Ansatz die Interpretation solcher Begriffe passender ist, die sie als *deskriptive Begriffe* versteht.[42] Wann kön-

[40] Natürlich könnte man auch einwenden, daß selbst der Sinn, welchen „es gibt", gerade deswegen „ist". Das ist aber nur eine leere Selbstverständlichkeit, die auf Nichts führt. Daß es etwas gibt, ist die unmittelbarste, aber auch die rein formale Evidenz. Die gerade darauf folgende Evidenz ist aber, daß alles, was es gibt, Sinn-für-den-Erkennenden ist, so daß alle sachliche Seinsfrage näher gesehen nichts anderes als Sinnfrage sein kann.

[41] *Ideen I*, Hua III/1, S. 120–121. Dazu vgl. K. Schuhmann, a. a. O., S. 146.

[42] Hierin öffnet sich die Möglichkeit einer viel radikaleren Auffassung der Phänomenologie, die aber in dieser Arbeit nicht erörtert werden kann. Wie

nen wir von einem Akt, von einer Noesis, von einer Wahrnehmung sprechen? Erst indem die Noesis zu Noema, die Wahrnehmung zum „Gegenstand“ eines Aktes der immanenten Erfahrung wird. Das besagt, daß es gar keine Noesis „an sich“, so gut wie kein Ding „an sich“ gibt. Ist alles „an sich sein“ zu reduzieren, so auch „Dinge“ wie Subjekt „an sich“ und Bewußtsein „an sich“. Dem gegenüber gibt sich wieder ein Bewußtsein, genauer Erlebnisse und Erlebnisweisen, als *noematische Gehalte*, d.h. wiederum als Charaktere des Sinnes. Wahrnehmungen und Erinnerungen gibt es für den Phänomenologen nur, indem sie zum Sinn „Wahrnehmung“ bzw. „Erinnerung“ werden und das genau in derselben Weise, wie ein Baum nur als Sinn „Baum“ phänomenologische Evidenz gewinnt. So kann letztlich auch in der Wahrnehmung eines Gegenstandes das Erlebnis Wahrnehmung erst als deskriptiver Teil des nomatischen Sinnes zu einem evidenten Erkenntnisgehalt werden. Rein deskriptiv gibt sich der Baum nicht „in einer Wahrnehmung“, sondern „als wahrgenommener Baum“.

Sagt also der Idealismus, daß die Welt das ist, was nur kraft einer konstitutiven Leistung des Ich Sinn gewinnt, so folgt dagegen aus der hier entwickelten phänomenologischen Erwägung, daß die Welt, wenn sie jemandem gegeben ist, *in analytischer Notwendigkeit* als schon konstituierter Sinn-für-ihn gegeben ist. *Es gibt keine Welt, die von einem Ich einen Sinn erhält, weil alles, was es gibt,*

---

die Begriffe Substanz, Existenz, Sein, so werden auch Begriffe wie Subjekt und selbst Noesis fraglich, wenn man beachtet, daß Sinne (Noemata) deskriptiv betrachtbar sind, sodaß man hinsichtlich der Sinne eine Wissenschaft entwickeln kann, während in der Betrachtung von Noesen und Subjekten dasselbe wissenschaftliche, rein deskriptive Fortgehen nicht mehr möglich ist. Erst als Noemata, d.h. als Sinne, werden Noesen und Subjekte „Gegenstände“ einer Erkenntnis. In dieser Richtung kann hier gelten, was Lévinas über Husserlsche Begriffe wie „Bewußtsein“ schreibt: „Ce serait donc méconnaître la vraie inspiration de la phénoménologie que de voir en elle une espèce de positivisme transcendental. Il y a certes possibilité de méprise en raison de certaines formules de Husserl lui même. La conscience est présentée comme une réalité, objet d'une science eidétique. […] Tout cela peut nous pousser à prendre à la lettre un langage qu'il convient d'interpréter. Ce qui ne peut tromper cependant sur le véritable sens de la pensée husserlienne, c'est la subordination du monde de la sensation à la phénoménologie des intentions et l'apparition du jeu des intentions et des identifications au sein de la sensation elle-même. La conscience pour Husserl c'est le phénomène même du sens. Elle ne pèse pas comme réalité, elle signifie par l'intention qu'elle contient“ (E. Lévinas, *En découvrant l'existence avec Husserl et Heidegger*, a.a.O., S. 31).

schon Sinn ist.[43] In dieser Hinsicht kann das Wort „Konstitution" irreführend sein, wenn sie als Sinn*gebung* gefaßt wird. Daß es eine „an sich seiende" Sinn*gebung* tatsächlich gibt, kann in der phänomenologischen Einstellung nicht bewiesen werden. Es kann „nur" darauf hingewiesen werden, daß zum jeweiligen Sinn manche Charaktere gehören, die man als Auffassungsleistung eines Bewußtseins beschreiben kann. Das ist zwar sehr wichtig und für die philosophische Analyse sehr fruchtbar. Aber alles ist, und zwar notwendigerweise, noematischer Sinn.[44] Die Phänomenologie besteht eben in der Erörterung des letzten, unüberwindbaren Sinnes-für-mich der Welt als des schon immer gegebenen Sinnes.

Dies gilt für die phänomenologische Einstellung. Die phänomenologische Einstellung ist aber nichts anderes – so sagten wir[45] – als eine Radikalisierung der in der natürlichen Einstellung schon fungierenden Erkenntnisgesetze. Vom Gesichtspunkt der Phänomenologie her kann man nun die Gegebenheiten der natürlichen Einstellung wieder in Betracht nehmen, und schließen, daß auch in dieser Sphäre nur dank einer gewissen Abstraktion von „Dingen" gesprochen werden kann, während das, was uns in der Welt begegnet, für uns immer schon ein Sinn ist. Unsere Welt ist nicht von Häusern, Autos, Büchern gefüllt, sondern von mehr oder minder gemütlichen Häusern, von Autos, die sich in einer bestimmten Richtung mit einer bestimmten Geschwindigkeit bewegen, von Büchern, die zu einem bestimmten Zweck dienen oder ein bestimmtes Gefühl erwecken. Eine Speise hat einen anderen Sinn, wenn wir seit zwei Tagen nichts essen bzw. wenn wir gerade an einem Hochzeitsmahl teilgenommen haben. Und einen Sinn hat die Gegebenheit „Wolf", wenn sie als Bild auf einer Wand er-

---

[43] Idealismus heißt, daß die uns gegebene Welt aus idealen Gegenständen besteht; bzw. daß alles, was von uns erkannt werden kann, idealer Gegenstand ist; bzw. daß alles, was existiert, idealer Gegenstand ist. Realismus heißt, daß die uns gegebene Welt aus realen Gegenstände besteht; bzw. daß von uns sowohl ideale als auch reale Gegenstände erkannt werden können; bzw. daß das Existente sowohl idealer als auch realer Gegenstand sein kann. Beidenfalls geht es aber um den Gegenstand als ein an sich bestimmtes X, das der Mensch zu erkennen hat. Mein Versuch will hingegen gerade auf dieser Voraussetzung der Existenz von (idealen bzw. realen) Gegenständen Kritik üben.

[44] Meiner Meinung nach verfehlt also der Streit über die Deutung der Konstitution als Schöpfung oder als Selbsterhellung den eigentlichen Sinn der Phänomenologie. Dazu vgl. K. Schuhmann, a. a. O., S. 135–142.

[45] Vgl. oben, § 15g.

scheint, einen anderen, wenn sie sich mit dem Charakter der Anwesenheit gibt.[46] In allgemeinen Zügen hat Lothar Eley dies bemerkt: „In der transzendentalen Einstellung zeigt sich das Vermeinte als Vermeintes des Vermeinens, als ‚Sinn', hingegen leben wir alltäglich in diesem Vermeinen, dem Vermeinten zugewandt; wir können auch sagen: Wir leben alltäglich in diesem Sinnbezug – dem Sinn zugewandt. Wir müssen also in beiden Fällen von Sinn sprechen, wiewohl er in beiden Fällen unterschieden ist; Husserl spricht von einer ‚radikalen Sinnesmodifikation'."[47]

In der Sinnphilosophie wird also meiner Meinung nach kein neuer „Idealismus" geschaffen, zumindest *nicht mehr als in der Einstellung des Käufers, welcher über ein Haus zum Kauf ausreichende Kenntnis erlangen will.*[48] Für den Phänomenologen, ja für den Philosophen und den Menschen überhaupt sollte es zuletzt gleichgültig sein, ob der Gegenstand ein *an sich* existierender ist oder nicht. Menschlich und erst recht philosophisch ist aber die Frage durchaus relevant, was für einen Sinn die eventuelle Existenz des Gegebenen für mich hat. Stimmt das, dann ist das Sein des Seienden nur als Moment des Sinnes relevant. Wir schenken ihm unsere Aufmerksamkeit, erst wenn es den Sinn mitbestimmt, wenn z.B. das Existieren oder nicht Existieren eines Gegenstandes im Zusammenhang des erfahrenen Sinnes eine gewisse Bedeutung erhält. Sinn ist alles, was gedacht und worüber gesprochen wird. Alles sonstige, nämlich Seinsfrage, Individuationsfrage, Bewußtseinsfrage usw. ist nicht aufgehoben, kann jedoch nur als Teil der Sinnfrage Thema eines Denkens und eines Gesprächs, einer Philosophie als strenger Wissenschaft werden. Die Bedingungen der Möglichkeit der Erfahrung – so könnten wir uns auch ausdrücken – sind Bedingungen der Möglichkeit der Gegenstände der Erfahrung.[49] Man sollte schließlich die Bemerkung Merleau-Pontys ernst nehmen, daß nicht die Gründe für die Existenz oder Nicht-Existenz der Welt für uns bedeutend sind – als ob man

---

[46] Diese ist natürlich keine neue Erfindung. Vgl. Aristoteles, *De anima*, 427 b 23–25.

[47] L. Eley, *Die Krise des Apriori in der transzendentalen Phänomenologie Edmund Husserls*, Nijhoff, Den Haag 1962, S. 88.

[48] Vgl. dazu oben, § 15d.

[49] Der Satz stammt bekanntlich aus I. Kant, *Kritik der reinen Vernunft*, A 158 (B 197).

schon wüßte, was Existieren heißt – sondern eben der Sinn der uns gegebenen Welt.[50]

§ 47. Sein und Sinn in den Texten Husserls

Das soeben Gesagte findet in den Schriften Husserls einige Anhaltspunkte aber keine ausdrückliche und radikale Formulierung. Zuerst soll auf eine gewisse Mehrdeutigkeit des Wortes „Sinn" hingewiesen werden. Beschränken wir uns hauptsächlich auf den ersten Band der *Ideen*. „Sinn" hat dort zunächst eine begrenzte Bedeutung. Vom Sinnbegriff ausgeschlossen bleiben alle Charaktere, die nicht zu dem „Gegenständlichen", „*das* bewußt", sondern zu der Weise, „*wie es bewußt* ist", gehören.[51] Sinn ist in diesem Hinsicht dem Satz gegenübergestellt. Er definiert die „Materie" des Aktes, während Satz „die Einheit von Sinn und thetischem Charakter" heißt.[52] Die Gegebenheitsweise des Gegebenen, darunter auch ihre Seinsmodalisierung, würde daher entgegen meiner Auffassung dem Sinne nicht zugehören. Darüber hinaus kann aber nach Husserl auch in einer erweiterten Weise von noematischem Sinn gesprochen werden. So schreibt er noch in *Ideen I*, daß „das volle Noema in einem Komplex noematischer Momente besteht, daß darin das spezifische Sinnesmoment nur eine Art notwendiger *Kernsicht* bildet, in der weitere Momente wesentlich fundiert sind, die wir nur darum ebenfalls, aber in extendiertem Sinn, als Sinnesmomente bezeichnen durften."[53] Die Einheit vom engeren Sinnbegriff und seinem thetischen Charakter macht also „einen weiteren Begriff von ‚Sinn' des Urteils aus".[54] Und es ist gerade durch

---

50 Vgl. M. Merleau-Ponty, *Le visible et l'invisible*, a. a. O., S. 21.

51 Hua III/1, S. 300. Mit anderen Worten: Sinn heißt der „Gegenstand im Wie seiner Bestimmtheiten" (a. a. O., S. 303), nicht der „Gegenstand im Wie seiner Gegebenheitsweisen" (a. a. O., S. 304).

52 A. a. O., S. 305. Husserl schreibt ausdrücklich in *Erfahrung und Urteil* (S. 345): „Ursprünglich ist der Begriff des Sinnes, wie es in seiner Kontrastierung mit dem ‚Satz' zum Ausdruck kommt, gewonnen durch die Verallgemeinerung der Unterscheidung von Qualität und Materie des Urteils in den Logischen Untersuchungen."

53 Hua III/1, S. 206.

54 So in EU, S. 345; vgl. aber auch *Ideen I*, Hua III/1, S. 203; *Analysen zur passiven Synthesis*, Hua XI, S. 352. Dieser erweiterte Sinnbegriff hat dann auch eine Auswirkung auf der Ebene der Gegebenheitsweisen, welche demzufolge selber dem Sinn zugehören. Der Sinn ist nicht ein und derselbe, ob er wirklich

diese „außerordentliche und doch in ihrer Art zulässige"[55] Erweiterung des Sinnbegriffes, daß Husserl die oben erwähnte Identifizierung aller realen Einheiten mit Einheiten des Sinnes in *Ideen I* vollzieht.

Diese Erweiterung des Sinnbegriffes bringt Husserl auch dazu, seine Unterscheidung zwischen Gegenstand und gegenständlichem Sinn tendenziell zu beseitigen.[56] Diese Unterscheidung, die schon in den *Logischen Untersuchungen* eine bedeutende Rolle spielt, wird von Husserl am ausführlichsten im letzten Abschnitt von *Ideen I* erläutert. Dort bezeichnet er als „Titel und Ziel" der Erörterung den folgenden Satz: „Jedes Noema hat einen ‚*Inhalt*', nämlich einen ‚Sinn', und bezieht sich durch ihn auf ‚seinen' *Gegenstand*."[57] Dies gilt, weil der sogenannte Inhalt des Noema ein geschlossener Inbegriff von Prädikaten ist.[58] Die Prädikate sind ferner Prädikate von etwas, sie implizieren also ein „etwas", das als ihr zentraler Einheitspunkt fungiert. Man gewinnt damit den Begriff des Gegenstandes: „Es ist der Verknüpfungspunkt oder ‚Träger' der Prädikate"[59], als solches *„das pure X in Abstraktion von allen Prädikaten"*.[60] Diese dem Anschein nach sehr deutliche Husserlsche Lehre beruht jedoch auf einer gewissen Zweideutigkeit, welche der erwähnten Zweideutigkeit des Sinnbegriffes entspricht. Anfänglich bestimmt Husserl das hier betreffende Problemfeld als Feld der transzendenten Gegenständen. Er sagt nämlich, wir stünden hier „vor den großen *Problemen der Vernunft*", d.h. vor den Problemen der „gültigen" oder „ungültigen" gegenständlichen Beziehung, vor der Frage nach der „Triftigkeit" der „‚Prätention' des Bewußtseins, sich wirklich auf ein Gegen-

---

erfahren oder phantasiert ist, sondern *ein wirklicher Gegenstand und derselbe als phantasierter sind deskriptiv betrachtet zwei verschiedene Sinne.* Von daher kritisiert der späte Husserl seine eigene Auffassung des Sinnes als Wesen, wie sie in den *Logischen Untersuchungen* vertreten wurde. Denn ist der wirkliche Sinn und der phantasierte nicht ein und derselbe in zwei verschiedenen Modi, sondern zwei ganz verschiedene, so darf nicht der Sinn das gemeinsame Wesen zwischen wahrgenommenem und phantasiertem Gegenstand sein (vgl. Ms. M III 3 VII, S. 26–28).

[55] *Ideen I*, Hua III/1, S. 121 Anm. 1.

[56] Dies wurde von B. Rang im schon erwähnten Buch *Husserls Phänomenologie der materiellen Natur* klar gemacht (vgl. S. 140–152).

[57] Hua III/1, S. 297.

[58] Vgl. a. a. O., S. 301.

[59] Ebd.

[60] A. a. O., S. 302.

ständliches zu ,beziehen'."[61] Der Hinweis auf die „Prätention" des Bewußtseins zeigt, daß hier Husserl an der Konstitution von transzendenten Gegenständen denkt, denn das Bewußtsein „prätendiert" etwas, erst wenn es über das deskriptiv Gegebene hinausgehen und räumliche Gegenstände als erkannte Gegebenheiten konstituieren will. Damit geht aber das Bewußtsein auch über das Evidente hinaus und baut die Welt der natürlichen Einstellung auf.[62] Demzufolge wäre dieses Problemfeld kein rein innerlich phänomenologisches Feld, sondern das Feld der Anwendung der phänomenologischen Analysen auf die Gegebenheiten des natürlich eingestellten Bewußtseins. Die Gegenüberstellung zwischen Gegenstand und gegenständlichem Sinn und die betreffende Anwendung des Gegenstandsbegriffs würden sich nicht auf unsere Erörterung der phänomenologischen Einstellung beziehen.

Aber gegen diese Interpretation streitet, was Husserl im Paragraphen 131 hinzufügt: „Sowie wir darauf genauer eingehen, werden wir dessen inne, daß in der Tat nicht nur für das ,Bewußtsein', für das intentionale Erlebnis [d.h. für das Erlebnis eines transzendenten Gegenstandes], sondern auch für das *Noema in sich genommen* der Unterschied zwischen ,Inhalt' und ,Gegenstand' zu machen ist. Also auch das Noema bezieht sich auf einen Gegenstand und besitzt einen ,Inhalt', ,mittels' dessen es sich auf den Gegenstand bezieht."[63] Diese letzte Aussage ist im Rahmen der transzendentalen Phänomenologie meiner Meinung nach schwer zu verstehen. In der Immanenz, d.h. hinsichtlich des „Noema in sich genommen", prätendiert das Bewußtsein auf nichts. Durch die Unterscheidung zwischen Gegenstand und gegenständlichem Sinn („Inhalt") will Husserl den „Gegenstand schlechthin" (den Sinnesträger als ein pures X) vom „Gegenstand im Wie seiner Bestimmtheiten" trennen.[64] In der Immanenz ist aber das Gegebene immer schon ein Gegenstand im Wie seiner Bestimmtheiten. Nichts kann sich deskriptiv in Abstraktion seiner Bestimmtheiten geben: Da gibt es kein Buch, welches blau ist, sondern nur ein als blau aufgefaßtes Buch.[65] So kann der Begriff des Gegenstandes

[61] A.a.O., S. 297.
[62] Dazu vgl. oben, § 15j.
[63] Hua III/1, S. 299.
[64] Vgl. a.a.O., S. 303.
[65] Vgl. den guten, von Rang geführten Beispiel: „Das Verhältnis der ,Farbenperspektive' oder der ,Gestaltperspektive' zu ihrem hyletischen Gegenstück ist

schlechthin nicht auf das rein immanent genommene Noema angewandt werden. Ich glaube, daß Husserl eine ähnliche Überlegung bewegt, wenn er – wie von Rang gezeigt – den Unterschied zwischen Gegenstand und gegenständlichem Sinn nicht als Unterschied zwischen Gegenstand schlechthin und Gegenstand im Wie seiner Bestimmtheiten, sondern als Unterschied zwischen Gegenstand im Wie seiner Bestimmtheiten und Gegenstand im Wie seiner Gegebenheitsweisen interpretiert.[66] Denn durch diese Abweichung wird klar, daß auch für ihn diese Unterscheidung immer im Inneren der Sinnproblematik bleibt, daß es also, wie Almeida betont hat, auch bei dem „‚identischen Gegenstand' immer um Sinn geht".[67]

Sein – habe ich oben behauptet – ist Charakter des Sinnes, Sinnbestimung wie alle primären und sekundären Eigenschaften. Wie kann man dafür Anhaltspunkte bei Husserl finden? Hat Husserl nicht geradezu behauptet, es gebe zwei Seinsgebiete, nämlich das relative Sein der Welt und das absolute des Bewußtseins? Wir müssen hier unbedingt eine kurze Erwägung dem Husserlschen Seinsbegriff widmen.

Mit Recht hat Heidegger bemerkt, daß es bei Husserl zwei Seinsbegriffe gibt.[68] Heidegger scheint aber diese Verdoppelung des Seinsbegriffes als eine platonische Zweiteilung der Wirklichkeit in eine absolut seiende Bewußtseins- und eine relativ seiende Dingwelt zu deuten. Diese Akzentuierung findet an manchen Stellen Husserls Anhaltspunkte[69] und ist vor allem für die Heraushebung der Heideggerschen Seinsfrage besonders nützlich. Sie

---

nicht mehr das Verhältnis einer Einheit zu einer Mannigfaltigkeit von ihr zugehörigen Erscheinungen, sondern das Verhältnis *einer* Einheit zu einer ihre korrespondierenden *anderen* Einheit" (B. Rang, *Husserls Phänomenologie der materiellen Natur*, a. a. O., S. 245).

[66] Vgl. a. a. O., S. 142, 230–231.

[67] G. A. de Almeida, a. a. O., S. 80. Ich bin aber nicht derselben Meinung Almeidas, wenn er schreibt: „Sei es als das ‚transzendentale Objekt = X', sei es als Gegenstand-worüber, gibt es den Gegenstand streng genommen nur als *Sinn*; man könnte daher sagen, alles (Gegenständliches) ist *Bestimmung* und insofern Leistung eines (transzendentalen) Bewußtseins" (a. a. O., S. 81). Zuerst glaube ich nicht, daß im Husserlschen Text der Gegenstand = X sich wirklich nur als Sinn gibt. Außerdem bin ich wie schon angedeutet der Meinung, daß die Beschränkung der Phänomenologie auf eine Sinnauslegung keine Beschränkung auf die Leistung eines Bewußtseins bedeutet.

[68] Vgl. oben, §§ 13–14.

[69] Vgl. vor allem *Ideen I*, Hua III/1, § 49.

zwingt uns aber, wenn wir der transzendentalen Phänomenologie eine Möglichkeit zu bewahren versuchen wollen, die Husserlsche Unterscheidung zweier Seinsebenen eher als eine heuristische denn als eine ontologische zu interpretieren. In dieser Hinsicht dient sie hauptsächlich zum Verständnis des neuen Status der Welt als phänomenologisches Residuum. Wenn also Husserl zwischen dem immanenten als absoluten und dem transzendenten als relativen Sein unterscheidet, soll meines Erachtens diese Unterscheidung, um verständlich zu werden, rein in ihrem phänomenologischen Sinne folgendermaßen verstanden werden.

Die phänomenologische Analyse der gegebenen Welt zeigt, daß sie sich nach zwei verschiedenen Gegebenheitsweisen aufgliedert: Es gibt unevidente Gegebenheiten, die „transzendente" genannt werden, und evidente, die „immanente" heißen. *Husserls Unterscheidung der zwei Seinsweisen entspricht eben dieser Unterscheidung in zwei Gegebenheitsweisen.* Absolutes Sein ist das apodiktisch gegebene, relatives das bloß adäquat oder inadäquat gegebene. *Der Unterschied zwischen absolutem und relativem Sein ist kein ontologischer Unterschied, sondern nur ein Unterschied in der Weise der Gegebenheit.* Sein ist beiderseits dasselbe wie Gegebensein, wie auch Husserl in einem Manuskript der zwanziger Jahre betont: „Kein Reales, kein individueller Gegenstand als in möglicher Wahrheit seiender ist denkbar, der nicht möglicherweise erfahrbar, und letzlich, der nicht wahrnehmbar wäre."[70] Diese „Undenkbarkeit" ist aber auch prinzipieller Grund der „Unaussprechbarkeit", des für-uns Nichtseins. Mit den Worten Husserls: „Schreibt nun die Erfahrung ihrem Sinn durch ihre Wesensart Gesetze vor, so würde die Verletzung dieser Gesetze durch einen prätendierten Gegenstand besagen, daß er kein möglicher Erfahrungsgegenstand sein, also prinzipiell auch nicht existieren könnte. In der Tat sind also noematische Gesetze präjudizierend für Gesetze wahren Seins, für ont⟨ologische⟩ Gesetze."[71] Wollen wir uns diese Stelle klar machen, ohne in einen Berkleyschen Idealismus[72] zu geraten, so müssen wir wiederum festhalten, daß etwas

[70] Jetzt in Hua XVII, S. 457.

[71] Ebd.

[72] Vgl. *Ideen I*, Hua III/1, S. 120: „Wer angesichts unserer Erörterungen einwendet, das hieße alle Welt in subjektiven Schein verwandeln und sich einem ‚Berkleyschen Idealismus' in die Arme werfen, dem können wir nur erwidern, daß er den *Sinn* dieser Erörterung nicht erfaßt hat." Ernst Tugendhat klagt,

für uns erst dann sein kann, wenn es sinnvoll wird, wenn es für uns einen Sinn hat.[73] Nochmal: *„Es gibt" heißt und kann nur heissen „es besteht der Sinn"*, indem „es gibt" immer nur „es gibt für mich" bedeuten kann.[74] So würde ein angeblicher Gegenstand, der die Gesetze der Erfahrung verletzt, *ein Sinn* sein, *welcher prinzipiell keinen Sinn hat* – was offenbar *widersprüchlich* ist. Und folgerichtig wird von Husserl ein solcher Gegenstand als etwas gekennzeichnet, das „nicht existieren könnte". Sein heißt Sinn sein; Gegenstand wird nur das, was einen Sinn für uns gewinnt. Deshalb „präjudizieren" die noematische Gesetze alle Seinsgesetze. Was nicht Sinn ist, ist für uns gar nicht.

Diese Husserlschen Hinweise werden offenbar dort übersehen, wo der von Paul Janssen vorgebrachte Einwand erhoben wird: „Ließe sich nicht aus der unvollkommenen Gegebenheitsweise der Dinge folgern, daß ihr Sein nicht darin aufgehe, gegeben zu sein; anstatt umgekehrt, ihr Sein durch die Weise ihres Gegebenseins zu bestimmen?"[75] Dieselbe Frage heißt mit anderen Worten: Ist etwas inadäquat gegeben, so sollte daraus folgen, das Seiende

---

daß man oft „den Sinn der Konstitution aus Husserls […] idealistischer Position […] verstehen will, statt umgekehrt den Sinn von Husserls Idealismus aus seiner Lehre von der Konstitution aufzuklären" (E. Tugendhat, a. a. O., S. 175). Ein maßgebendes Beispiel solcher nach Tugendhat verkehrten Einstellung wird von Rudolf Bernet geboten, welcher schreibt: „L'idée d'une constitution transcendantale des objets par la conscience, résulte, en vérité, de l'interprétation de l'intentionnalité dans la cadre d'une ontologie idéaliste" (R. Bernet, *Transcendance et intentionnalité*, a. a. O., S. 207). Leider gelingt es Husserl nicht, die Ursache dieses vielverbreiteten Mißverständnisses wegzuräumen und die schwierige, hier implizierte Auffassung zur vollen Klarheit zu bringen.

[73] Natürlich hat diese Behauptung erst dann Recht, wenn „Sinn" nicht nach der Heideggerschen Lehre verstanden wird. Für Heidegger ist Sinn ein Moment des Verstehens, welches seinerseits ein Existenzial ist. Sinn ist für ihn nicht das Sichgeben der Sache, sondern die Bedingung der Möglichkeit dieses Sichgebens, die Erschlossenheit, die das Dasein ist (vgl. M. Heidegger, *Sein und Zeit*, a. a. O., S. 151–152). Der von John Sallis durchgeführte Versuch, unter diese Begriffe die Phänomenologie Husserls einzutragen und von daher den Husserlschen Imaginationsbegriff mit der Erschlossenheit des Daseins zu identifizieren, scheint mir also ziemlich unberechtigt (vgl. J. Sallis, *Imagination and the Meaning of Being*, in: *Heidegger et l'idée de la phénoménologie*, a. a. O., S. 127–144).

[74] So drückt sich auch Husserl in den *Cartesianischen Meditationen* aus, wenn er hinsichtlich des phänomenologischen Residuums schreibt: „Alles Weltliche, alles raum-zeitliche Sein ist für mich – das heißt gilt für mich" (Hua I, S. 60).

[75] P. Janssen, *Edmund Husserl. Einführung in seine Phänomenologie*, Alber, Freiburg/München 1976, S. 73.

sei umfassender als das mir Gegebene. Diese Denkweise impliziert eine Interpretation der Phänomenologie, welche sich in immense Schwierigkeiten verwickelt. Ein nicht gegebener Teil des Seienden ist entweder sinnlos, dann ist für uns gar nicht; oder er ist als Nicht-Gegebenes in der Erfahrung des Seienden schon mitgemeint, dann ist er nur in dem Sinne nicht gegeben, daß er unanschaulich ist. Er gehört aber durchaus zum Sinne, nämlich als Leerintention. Wiederum ist das Sein bzw. Nichtsein des Seienden eigentlich ein Charakter des Sinnes.[76] Die verschiedenen Gegebenheitsweisen sind also keineswegs verschiedene Weisen der *adaequatio* an ein mehr oder minder verdecktes Sein, sondern verschiedene Weisen des Seins selbst, welches an sich Immer-schon-aufgedecktes-Sein ist.[77]

Zum Schluß ist diese unsere Interpretation der Phänomenologie Husserls weiter dadurch bestätigt, daß für ihn der Seinsbegriff in einem anderen Zusammenhang eben als Sinncharakter wieder auftaucht, nämlich im Rahmen der Modalisierungsfrage. Der noematische Sinn ist nicht nur durch eine bestimmte, sinnkonstituierende Auffassung bestimmter hyletischer Daten charakterisiert, sondern auch durch gewisse, ihn charakterisierende Seinsweisen. Mit anderen Worten: Jede Gegenständlichkeit gibt sich für Husserl nicht nur im Wie seiner Bestimmtheiten, sondern auch im Wie seiner Seinsweise: als gesetzte, als neutralisierte oder als modalisierte in der Positionalität bzw. Neutralität. Denn Korrelat

---

[76] Mit Husserl: „Die Gegenstände der Bestimmung ‚seiend' und ‚nicht seiend' sind Gegenstandssinne" (Ms. M III 3 VII, S. 17). Von da her kann ich nicht mit Ingarden meinen, das reine Bewußtsein könne entweder „als bloß sinnbestimmend" oder „als bildend, produktiv, ins Sein rufend" aufgefaßt werden (vgl. R. Ingarden, *Über den transzendentalen Idealismus bei E. Husserl*, in: *Husserl und das Denken der Neuzeit*, hrsg. von H. L. Van Breda und J. Taminiaux, Nijhoff, Den Haag 1959, S. 197). Beides ist näher gesehen dasselbe.

[77] Dieses Ergebnis könnte auch folgendermaßen zusammengefaßt werden, wenn die angewandte Sprache nicht so einfach als eine idealistische mißverstanden werden könnte: Wo Husserl zwei Seinsebenen einander gegenüberstellt, nämlich die absolute (Bewußtsein) und die relative (Welt), ist diese Gegenüberstellung nicht als gleichsam platonische Aufspaltung der Wirklichkeit in zwei getrennte Bereiche zu verstehen, sondern als die Unterscheidung zwischen dem Unzweifelhaften und dem Bezweifelbaren, d. h. der Weise, wie das, was ist, von uns normalerweise aufgefaßt wird. Es gibt nicht zwei Seinssphären. Sein ist ein und dasselbe: Bewußt-Sein. Alles Sonstige, nämlich das Intentionale, ist nur unsere Auslegung dieses einzigen Seins.

jedes Glaubensmodus ist ein Seinsmodus.[78] Mit unseren Worten: Jeder Glaubensmodus gibt sich ursprünglich als ein Geglaubtseinsmodus. Die Gewißheit einer bestimmten Gegenständlichkeit hat als Korrelat ihr Sein, die Anmutung derselben Gegenständlichkeit ihr Möglichsein usf. Sein oder Nichtsein, sowie wahrscheinlich-Sein, zweifelhaft-Sein usw. sind also Charaktere des noematischen Sinnes.[79] Das heißt aber wiederum, daß das Sein des Seienden erst als Sinncharakter für uns sinnvoll wird – was freilich eine Tautologie ist. Das Nichtsein eines Gegenstandes heißt in diesem Zusammenhang eigentlich: Diese gegebenen hyletischen Daten ermöglichen die Sinnauffassung „Nichtsein jenes Gegenstandes". Das Nichtsein eines Gegenstandes ist nichts anderes als eine *positive Sinngebung*. Wenn aber das Nichtsein ein „keinen Sinn Haben" bedeutet, dann ist es ein bloßer Unsinn, ein reines Nichts, ein Vakuum. Wir müssen somit die Mehrdeutigkeit des Husserlschen Seinsbegriffes wieder betonen und sagen: Absolut ist einzig das Sein des Sinnes. Alles sonstige Sein, etwa das Sein bzw. Nichtsein des Sinnhaften, ist für Husserl nur ein Moment des noematischen Sinnes. Die Seinsfrage, sofern sie hinsichtlich des Gegebenen gestellt wird, kann nur im Rahmen der Sinnfrage eine Antwort bekommen.

Wir haben uns mit der Idee der Phänomenologie und letztlich mit den von ihr gestatteten Seins- und Sinnbegriffen beschäftigt. Das ist keine Abweichung, sondern ein Kernpunkt unserer Untersuchung, weil nach meiner Meinung *nur aufgrund dieser bestimmten Auffassung der Phänomenologie als Sinnphilosophie die konstitutive Leistung der Imagination für die Erkenntnis völlig verstehbar wird*. Dazu müssen wir jetzt übergehen.

---

[78] Vgl. *Ideen I*, Hua III/1, S. 239; *Analysen zur passiven Synthesis*, Hua XI, S. 33–44 (bzw. EU, S. 101–104).

[79] Vgl. *Ideen I*, Hua III/1, S. 237–239. Vgl. auch *Cartesianische Meditationen*, Hua I, S. 91: „Durch die *epoché* reduzieren wir auf pure Meinung (*cogito*) und Vermeintes rein als Vermeintes. Auf letzteres – also nicht auf Gegenstände schlechthin, sondern auf *gegenständlichen Sinn* – beziehen sich die Prädikate Sein und Nichtsein und ihre modalen Abwandlungen."

§ 48. Phänomenologisches und traditionelles Verständnis der Erkenntnisfrage

Traditionell hieß die erkenntnistheoretische Frage: Was können wir prinzipiell erkennen, und nach welchen Bedingungen? Diese Frage setzte zweierlei voraus: erstens, daß etwas „draußen" existiert oder existieren könnte, dessen Eintreten in das Denken, in die Sprache und in die Kommunikation problematisch wäre; zweitens, daß es für uns wirklich relevant ist zu wissen, ob die jeweils zu erkennende Sache eigentlich „draußen" existiert oder nicht. Dabei ist zu betonen, daß „draußen" hier nicht bloß „außerhalb des Bewußtseins" bedeutet. Andernfalls würde unsere Kennzeichnung der traditionellen Erkenntnistheorie allein den Cartesianismus betreffen. „Draußen" heißt vielmehr „außerhalb des Bewußten". Die traditionelle Erkenntnisfrage lautet demnach: Wie ist das Erscheinende „an sich", nämlich unabhängig davon, daß es bewußt ist? Wir wären nach dieser Einstellung wie Gefangene in einer Höhle, die zunächst nur ein sich auf der Höhlenwand bewegendes Schattenspiel sehen und es für die Wirklichkeit halten, während es eben nur ein durch die Sonne verursachtes Schattenspiel von der „echten", außerhalb der Höhle stattfindenden Wirklichkeit wäre. Und tatsächlich ist für diese überlieferte erkenntnistheoretische Einstellung der platonische Mythos der Höhle maßgebend.[80] Die ganze Tradition des abendländischen Denkens, und nicht nur das neuzeitliche Denken, ist von dieser Idee einer verdeckten Wirklichkeit, die durch eine eigentliche, das Erscheinende überwindende Erkenntnis entdeckt wird, durchzogen.[81] Die Neuzeit führt nur zu ihrer theoretischen Letztbegründung. Natürlich stellt die Transzendentalphilosophie Kants und des deutschen Idealismus in diesem Zusammenhang eine deutliche Vertiefung der erkenntnistheoretischen Problematik dar. Trotzdem ändert auch die Kantsche Kritik die überlieferte Grundauffassung nicht, sondern sie stellt vielmehr ihr innerlich kritisches Moment dar. Kant zeigt, daß das Erscheinende nicht über sich hinaus, auf seine vermutlich dingliche Existenz weisen kann. Er be-

---

80 Vgl. Plato, *Politeia* VII, 514A–521C.

81 Kennzeichnend dazu ist das Gedicht des Parmenides, wo zum ersten Mal in der Geschichte der abendländischen Philosophie der Rechtsanspruch der Vernunft gegen die bloße Meinung in voller Deutlichkeit erhoben wird. Er wird jedoch eben *gegen* denjenigen der Meinung, und nicht *daneben*, erhoben.

zweifelt aber nie, daß so etwas wie ein wahres Sein erkenntnismäßig relevant sei. Nur daß für ihn diese Relevanz außerhalb der theoretischen Erkenntnis vorkommt, nämlich entweder als bloß regulative Idee der reinen oder als Postulat der praktischen Vernunft.[82] Und selbst die Systeme des deutschen Idealismus verzichten nicht – indem sie auf das „Ding an sich" verzichten und sich auf die Rationalität des Erscheinenden beschränken – auf die reale Existenz des Seienden, sondern identifizieren sie mit der Subjektivität des Geistes und seines Lebens.

Die phänomenologische Konstitutionslehre könnte nun nach unserem Auffassungsversuch in Richtung einer Überwindung der überlieferten Erkenntnistheorie hinweisen, indem sie die fundierende Rolle der Existenzfrage in Frage stellt. Im Alltag gibt es – genau gesehen – keine Existenzfrage. Genauer: Im Alltag fragen wir uns nach der Existenz einer Sache erst, um den Sinn jener Sache besser zu verstehen, um der Relevanz der Sache für uns und für unser Leben innezuwerden. Ich bin gar nicht daran interessiert, ob das jetzt fahrende Auto wirklich existiert oder nicht, sondern nur daran, ob es mein Leben in Gefahr bringt. Und nur weil dies relevant ist für diese Frage (z. B. indem ein inexistierendes Auto mir nicht weh tun kann), wird die Existenz des Autos für mich bedeutungsvoll. Warum sollten wir dann als Philosophen Interesse für die „Existenz an sich" einer Sache zeigen? Warum sollte die Selbstheit der Sache, welcher wir als Philosophen zugewandt sind, mit ihrem Sein identifiziert werden? Natürlich bestimmt die Existenz den Sinn der Sache mit, sodaß die Existenzfrage weiterhin relevant bleibt. Sie vermag das aber eben nur als Bestandteil einer Sinnfrage. Wenn nun der Sinn der eigentliche Zweck des menschlichen Fragens ist, hängt die erkenntnismässige Relevanz oder Irrelevanz einer Gegenständlichkeit nicht von ihrem Existieren oder Nichtexistieren, sondern von ihrem Sinnvoll- oder Sinnlossein ab. So sind die Schatten auf der Höhlenwand genau so erkenntniswürdig wie die angeblich „eigentlichen" Wirklichkeiten draußen, da beide sinnvoll sind. Nur, daß der Sinn jeweils sehr verschieden ist. Daß die Erkenntnis der Wirklichkeit

---

[82] Hier soll natürlich die Frage unerörtert bleiben, ob bei Kant die Ideen der Vernunft tatsächlich unfähig sind, die Erkenntnis zu erweitern. Dazu vgl. etwa V. Melchiorre, *Analogia e analisi trascendentale. Linee per una nuova lettura di Kant*, Mursia, Milano 1991.

außerhalb der Höhle den Sinn der Schattenerscheinung zuletzt modifiziert, besagt nun nicht, daß sie ihn aufhebt, sondern eben, daß sie ihn verwandelt. Eben darin liegt die Rechtfertigung der Philosophie als Beruf, der „gute Grund" für die Annahme einer phänomenologischen Einstellung, von dem in Paragraph 15e die Rede war. Erst die in der phänomenologischen Einstellung bezweckte Selbstheit der Sache, d. h. aber die völlig adäquate Entfaltung eines Sinnes, läßt davon bewußt werden, daß die vorher als Selbstheit aufgefaßte Gegebenheit der Sache aus einer vorzeitigen Unterbrechung des Erfüllungsprozesses stammte (vgl. dazu oben, § 15d). Dieses Bewußtwerden hebt aber die vorige Gegebenheit der Sache, d. h. den vorigen Sinn nicht auf. Es modifiziert ihn vielmehr durch den Charakter der Nicht-Selbstheit jener selben Sache bzw. der Selbstheit einer anderen Sache. Der Sinn wird umgewandelt.

§ 49. Der phänomenologische Sinn der traditionellen Bezeichnung der Imagination als Anschauung des Abwesenden

Die klassische Bezeichnung der Imagination als Anschauung des Abwesenden soll nun aufgrund des Gesagten phänomenologisch interpretiert werden. In der klassischen Bezeichnung ist der Begriff der Abwesenheit gleichsam ontologisch gemeint. In der Imagination veranschaulichen wir uns einen Gegenstand, der aktuell nicht da ist, dessen reales *hic et nunc* verschieden vom realen *hic et nunc* meines Erfahrungsleibes ist. In der Phänomenologie ist die Abwesenheit hingegen keine ontologische, sondern eine deskriptive. Das Abwesende ist jener Gegenstand, *der mit dem Sinncharakter der Abwesenheit erfahren wird.* Ein jeglicher Gegenstand ist entweder intendiert, dann ist er auch als abwesender Gegenstand ein Sinn für das Bewußtsein, oder er ist nicht intendiert, dann ist er ein reines Nichts, über das gar keine Rede, selbst keine Nichtigkeitsbehauptung möglich ist. In der Phänomenologie kann darum „abwesend" nur besagen: mit dem Sinn eines nicht hier und jetzt in meiner konsequenten Welt als Daseiendes Gegebenen. *Neben dem als in Leibhaftigkeit gesetzt Gegebenen gibt es das als in anderer Zeit und anderem Raum und das als nicht gesetzt Gegebene.* Wahrnehmung und Imagination sind nicht Zeichen einer verschiedenen ontologischen Lage, sondern Namen für verschiedene Gegebenheitsweisen. Diesen Gegebenheitsweisen entsprechen die phänomenologischen Begriffe der positionalen Gegenwärtigung, positionalen Vergegenwärtigung und Neutralisierung.

Die ontologische Frage ist darüber hinaus und folgerichtig keine phänomenologische. Das ist vor allem von Seiten der Gegenwärtigung, d.h. der Wahrnehmung deutlich geworden. Die leibhaftige Gegebenheit irgendeiner Gegenständlichkeit gewährleistet nicht das ontologische Sein der in diesem Wie gegebenen Gegenständlichkeit. Mit phänomenologischen Worten: Die originäre Gegebenheit eines gewissen Sinnes gewährleistet nicht, daß jener Sinn in Allgemeinheit *wahr* und darum *ein für allemal* gegeben ist (vgl. oben, § 44). Sie gewährleistet nur den Sinn-für-mich der „Gegenständlichkeit", d.h. ihr Gelten für mich als hier und jetzt seiend.

In diesem Zusammenhang sollte die Husserlsche Unterscheidung zwischen Wahrnehmungs- und Imaginationsakten verstanden werden. Die Husserlsche Theorie überwindet vor allem die empiristische Interpretation des Verhältnisses zwischen Wahrnehmung und Imagination als eines bloßen graduellen Unterschieds. Wie Ingarden betont, sieht Husserl keinen Übergang von der einen zur anderen Erfahrungsweise.[83] Das ist aber näher zu bestimmen. Ingarden erklärt seine Aussage folgendermaßen: „Es kann also, wie man sagt, nicht sein, daß, wenn ich mir z.B. meine durch den Mantel und meinen Anzug verdeckte Uhr sehr lebhaft vorstelle und noch lebhafter und immer lebhafter, ich dann plötzlich meine Uhr sehe, daß also, wenn ich im Vorstellen eine gewisse Intensität erreicht habe, ich dann die Uhr wirklich wahrnehme".[84] *Hierin liegt meines Erachtens nicht der eigentliche Sinn der Frage.* Denn die Möglichkeit ist kaum auszuschliessen, daß ein bloßer Schein als Wahrgenommenes aufgefaßt werde – wie im Fall der Illusion. Wenn man von „Sachen" und in diesem Sinne von „Gegenständen" spricht, läuft man Gefahr, sich die Möglichkeit eines echt phänomenologischen Verständnisses zu verstellen. Hingegen läßt sich die Sachlage so erklären: Wir nennen „Wahrnehmung" alle Akte, in welchen wir „meinen", etwas als gegenwärtig zu vernehmen, „Imagination" dagegen alle Akte, in welchen wir „mei-

[83] Vgl. R. Ingarden, *Einführung in die Phänomenologie Edmund Husserls*, a.a.O., S. 104.
[84] Ebd.

nen“, das Gegebene in Abwesenheit zu vernehmen. Oder auch: Wir nennen „Wahrnehmung“ alle Akte, in welchen das Gegebene *für uns* als leibhaftig da *gilt*, „Imagination“ dagegen alle Akte, in welchen das Gegebene *für uns* als nicht leibhaftig da und niemals leibhaftig da *gilt*. Dieser Unterschied ist nun durchaus kein Unterschied des Grades, sondern der Qualität, da jede der beiden Möglichkeiten die andere prinzipiell ausschließt: Ich kann nicht *gleichzeitig glauben*, daß ich wahrnehme *und* imaginiere. Zugleich bestreitet diese Auffassung die Tatsache nicht, daß zwischen Wahrgenommenem und Imaginiertem keine „ontologische“ Trennung besteht, da beide ineinander übergehen können.

§ 50. Übergang zur Phantasie als Durchbrechung der Kontinuität

Beschränken wir uns auf den Fall der Phantasie. Es wurde oben gezeigt (§ 42c-d), daß Husserl die Phantasie durch die Kontrastierung zur Wahrnehmung bezeichnet, nämlich durch den Hinweis auf den Streit zwischen der Welt des Gegenwärtigen (Wahrnehmungswelt) und derjenigen des nicht Gegenwärtigen (Phantasiewelt). Phantasien sind in dieser Hinsicht Akte, welche die homogene Kontinuität der aktuellen Gegenwart durchbrechen. Beide Welten sind nach Husserl unvereinbar. Im Übergang von der einen zur anderen erleben wir gegenständliche Diskontinuität.[85] Hier können wir versuchen, auf eine oben erwähnte aber nicht erörterte Frage einzugehen. Warum wird die eine Welt Wahrnehmung, die andere Phantasie genannt und nicht umgekehrt? Oder wie Husserl sagt: Warum „wird nicht einmal dies und einmal jenes als aktuelle Gegenwart genommen?“[86] Und weiter: Warum müssen wir eine Kontinuitätswelt einer Diskontinuitätswelt gegenüberstellen und die eine als Welt des Gegenwärtigen, die andere als Welt des Nichtgegenwärtigen auffassen? Angenommen, daß es tatsächlich um zwei Welten geht, wobei die eine die Kontinuität der anderen bricht, „warum gilt das Durchbrechende als Phantasie?“[87]

Diese Fragen bezeichnen ein erhebliches und zu erörterndes

---

[85] Vgl. Hua XXIII, S. 77.
[86] Ebd.
[87] Ebd.

Problem. Gehen wir von der deskriptiv gesicherten Tatsache aus: Es gibt Erfahrenes, das sich in eine als wahrgenommene und wirklich seiend gesetzte Welt einschreibt, und Erfahrenes, das gegen das erstere streitet und als Teil einer oder mehrerer Gegenwelten der Phantasie aufgefaßt wird. Erfahrung hat also mit zwei gegeneinander streitenden Welten zu tun. Solche Welten sind einander aber nicht unbedingt fremd, sondern haben Schnittpunkte, wo alles sich aufhebt, um sich dann wieder aufzubauen. Es sind besondere Momente wie das Einschlafen, das Aufwachen, das in Trance Fallen und überhaupt alle Momente, wo sich die strenge Folgerichtigkeit der wirklichen Welt augenblicklich auflöst, so daß beide parallelen Verläufe der perzeptiven und phantastischen Welt sich kreuzen und augenscheinlich austauschen können (etwa im Traum).

Unsere Frage stellt sich angesichts dieser Tatsache; sie kann aber zweifach formuliert werden. Von der *Ontologie* her formulieren wir sie in der schon erwähnten Weise: Warum soll das Konsequenzprinzip gelten? Es gibt zwei Welten, die eine konsequent, die andere inkonsequent. Wir nennen die konsequente Welt Wahrnehmungswelt und meinen damit, daß sie die ontologisch wirkliche, nach der natürlichen Einstellung sogar reale Welt ist. Warum soll aber die konsequente Welt auch wirklich sein? Warum muß Kontinuität statt Diskontinuität gelten?[88] Wir bemerkten schon, daß Husserl diese Frage nicht beantwortet. Jetzt können wir auch den Grund dafür verstehen. Husserl interessiert die ontologische Formulierung der Frage nicht, weil sein Denken sich in der phänomenologischen Einstellung bewegt.

Von der in der von uns erörterten Auffassung gemeinten *Phänomenologie* her stellt sich die ontologische Frage nicht. Es ist eben die phänomenologische Frage *immer eine Sinnfrage*, und in der Phänomenologie *die Seinsfrage nur ein Moment der Sinnfrage*. Darum hat es hier keinen Sinn sich zu fragen, warum das Konsequenzprinzip gelten sollte. Die phänomenologische Frage ist vielmehr eine ursprünglichere: Was motiviert die Bezeichnung einer Welt als Wahrnehmungswelt, der anderen als Phantasiewelt? Warum erkennen wir gerade der einen Welt den Wirklichkeitsglauben zu? Die phänomenologische Antwort muß auf den deskriptiven

[88] Einige Hinweise zur Erörterung dieser Frage versuchte ich schon in § 36 zu geben.

Bestand der Erfahrung Bezug nehmen. Dem deskriptiven Bestand einer einzelnen Erfahrung gehört ihre größere oder geringere Konsequenz mit dem bezogenen Erfahrungszusammenhang an. Das Erfahrene gewinnt aber je nach seiner Konsequenz mit dem vorliegenden Erfahrungsbestand einen ganz anderen Sinn-für-mich. Der Sinn-für-mich des sich konsequent in den Wahrnehmungsverlauf Hineinsetzenden ist wesentlich verschieden vom Sinn-für-mich dessen, was mit der konsequenten Welt streitet. Und das wenigstens darum, weil nur das erste voraussehbar, fähig einer geregelten Wechselwirkung mit der Umwelt und deswegen für mein Dasein nutzbar und sinnvoll ist. *Phantasie- und Wahrnehmungsobjekte unterscheiden sich darin, daß ihr Sinn-für-mich wesentlich verschieden ist.* Eine Bedeutung hat der noematische Sinn „anwesender Wolf", wenn er mit dem Wahrnehmungszusammenhang konsequent ist, eine ganz andere, wenn er mit ihm streitet. Nur im ersten Fall erweckt er z. B. in uns eine lebhafte Angst, weil nur im ersten Fall die Wirkungen seiner Existenz wirklich zu fürchten sind. Der inkonsequenterweise daseiende Wolf kann mich mit keiner Konsequenz zerreißen.[89]

So dreht auch hier die Phänomenologie die natürliche Einstellung um. Sind wir daran gewöhnt zu denken, daß der wahrgenommene Wolf uns deswegen ängstigt, weil er wirklich existiert, so lehrt uns die Phänomenologie zu sehen, daß wir den Wolf erst deswegen als wirklich existierenden setzen, weil er für uns einen gewissen Sinn gewonnen hat, welcher unter anderem die Angst beinhaltet – nicht aber zufällig, sondern eben deshalb, weil er eine sich bestätigende Konsequenz zeigt.

---

[89] Vgl. dazu Husserl selbst: „In genetischer Hinsicht ist eine solche Diskreditierung [scil. Neutralisierung] außerordentlich bedeutsam. Ein Phantasiewille, ein diskreditierter, löst keine Handlungen aus, ein Phantasieurteil löst keine Wollungen aus, usw." (Hua XXIII, S. 104). Diese These ist offenbar nicht mit derjenigen Sartres zu verwechseln, die im Rahmen einer anderen Theorie entwickelt wird: „La pensée prend la forme imagée lorsqu'elle veut être intuitive, lorsqu'elle veut fonder ses affirmations sur la *vue* d'un objet. En ce cas, elle tente de faire comparaître l'objet devant elle, pour le *voir*, ou mieux encore pour le *posséder*. Mais cette tentative où toute pensée risquerait d'ailleurs de s'enliser est toujours un échec: les objets sont affectés du caractère d'irréalité. Il en résulte que notre attitude en face de l'image sera radicalement différente de notre attitude en face des choses. L'amour, la haine, le désir, la volonté seront quasi-amour, quasi-haine, etc., comme l'observation de l'objet irréel est une quasi-observation" (J.-P. Sartre, *L'imaginaire*, a. a. O., S. 158).

§ 51. Die erkenntnistheoretische Leistung der Phantasie als die Rettung des sonst Durchgestrichenen

Diese ganze erkenntnistheoretische Auffassung, die nach der vorliegenden Untersuchung eine berechtigte, wenn auch spezifische Interpretation der Phänomenologie Edmund Husserls sein will, wird völlig übersehen, wenn man sich die traditionelle Frage stellt, ob die Imagination zur Erkenntnis der Wiklichkeit und erst recht der Realität etwas beiträgt. In der phänomenologischen Einstellung ist nicht die Wirklichkeit oder Realität einer Sache relevant, sondern der Sinn für mich des jeweiligen Sinnes-für-mich. Die Erkenntnisfrage ist nicht aus dem „Gegensatz zwischen *Sein* und *Bewußtsein*, sondern aus dem Gegensatz zwischen *Dasein* und *Sosein* zu verstehen [...], und zwar aus dem Gegensatz von Dasein und Sosein *für* das Bewußtsein selbst.“[90] Wenn man diesen Grundsatz nicht festhält, bleibt die jetzt zu erörternde Erkenntnisleistung der Phantasie schwierig zu verstehen.

Unsere Frage ist also nicht, ob Phantasie zur Erkenntnis der Realität, sondern, ob sie zur Erkenntnis des Sinnes-für-mich des Gegebenen etwas beiträgt. *So gestellt*, hat diese Frage eine erste, allgemeine Antwort im letzten Kapitel schon gefunden. Phantasie und Bildbewußtsein sind Neutralitätsmodifikationen. Als solche sind sie Unwirklichkeitsmodifikationen. Was phantasiert wird, wird in einer Unwirklichkeitswelt konstituiert, wo die Seinsfrage neutralisiert ist. Im Fall des Bildbewußtseins wurde deutlich, daß die Zusammensetzung von Bildlichkeits- und Unwirklichkeitscharakter Bedingung der Bewährung einer Sinnauffassung ist, die sonst wegen Unstimmigkeit mit dem umgebenden Wahrnehmungsfeld durchzustreichen wäre. Ähnlicherweise hat sich die Phantasie als ein Unwirklichkeitsbewußtsein, als ein Bewußtsein im Modus des Als-ob erwiesen, das erst durch diese Unwirklichkeitsmodifikation eine bestrittene, gehemmte Apperzeption zu bewahren vermag. Beide Male wird dasselbe Ergebnis erreicht: *Phantasie und Bildbewußtsein sind gleichsam Rettungsoperationen von noematischen Sinnen, die andernfalls verloren wären.*[91]

Wir können die Tatsache verallgemeinern und sagen: Imagina-

---

[90] So B. Rang, *Husserls Phänomenologie der materiellen Natur*, a. a. O., S. 226.
[91] Um diese selbe Auffassung kreist offenbar Sartre, wenn er das „imaginative Leben“ beschreibt (vgl. J.-P. Sartre, *L'imaginaire*, a. a. O., S. 161–175).

tion ist jene besondere Modifikation im Bewußtseinsauffassen, durch welche das Bewußtsein Auffassungen von hyletischen Daten bewahrt, die „an sich“ so ungenügend motiviert sind, daß sie ohne diesen bestimmten Bewußtseinseingriff anderen, sie verdekkenden wahrnehmungsmäßigen Auffassungen erliegen, also „an sich“ vernichtet und durchgestrichen würden. Sie werden dabei nicht nur im „leeren Denken“ bewahrt, sondern mit der Bestimmungskraft der Veranschaulichung. Jede solche Auffassung ist aber eine Sinngebung. Jede Auffassung einer gewissen Konstellation von hyletischen Daten ist die Konstitution eines Sinnes-für-mich jener hyletischen Daten. Jede Bewahrung von möglichen Auffassungen ist also die Konstitution eines möglichen Sinnes. Erst im Rahmen einer Sinnphilosophie gewinnt von daher die Bewahrungskraft der Imagination ihre erkenntniskonstituierende Funktion. Erst als Sinn kann ein „Gegenstand“, welcher als gesetzter durchzustreichen wäre und nur dank der Als-ob Modifikation bewahrt wird, erkenntnismäßig noch relevant sein. Ist die Erkenntnis Auslegung des Sinnes-für-mich, so ist das Imaginierte mit vollem Recht ein Erkenntnisbestand. Andererseits aber: Soll das Imaginierte mit vollem Recht ein Erkenntnisbestand sein, so kann Erkenntnis nichts anderes als Auslegung des Sinnes-für-mich sein.

Demzufolge sollten wir also den imaginativen Vorstellungen eine *grundsätzlich konstitutive Funktion* zuerkennen. Die imaginativen Vorstellungen sind so sehr sinnkonstituierende Akte wie die Wahrnehmung. Sie konstituieren aber einen Sinn, welcher der Wahrnehmung verwehrt würde, indem er wahrnehmungsmäßig keine genügende Motivation erhalten könnte. *Imagination ist also Konstitution jener „Wirklichkeit“, die der Wahrnehmung verwehrt würde.* Es ist zwar eine „Wirklichkeit“, die hinsichtlich des noematischen Merkmals „Sein“ mangelhaft ist, trotzdem einen eigenen Sinn besitzt und darum Bestand des Sinnes für mich der Gesamtwirklichkeit ist.

Daß übrigens die Phantasie nicht seinskonstitutiv ist, also das Seinsmerkmal in der Konstitution des phantasierten Sinnes unbedeutend bleibt, scheint hierbei keine Rolle zu spielen. Denn die Phantasie konstituiert immerhin einen Sinn, also das, was erkenntnistheoretisch relevant ist. Und dieser Phantasiesinn ist sicher nicht von minderem Erkenntniswert als der wahrgenommene. Daß ein Sinn mit Seinscharakter ausgestattet ist oder nicht, ändert zwar den Sinngehalt selbst, nicht aber seine Fähigkeit, zu unserer

Gesamterkenntnis, d.h. zu dem Gesamtsinn-für-uns unserer Welt beizutragen. Was für eine Welt wäre sie, wenn alle in der Phantasie zu rettenden Sinne durchgestrichen würden? Hätte sie dann einen gleichsam „tieferen" Sinn? Einen „besseren" oder einen „schöneren"? Das ist offenbar bezüglich einer Welt ohne Märchen und Träume, ohne Bilder, Vorstellungen von Tatsachen und Phantasiemodifikationen der Wirklichkeit zu verneinen. Eines ist sicher: Es wäre eine an Sinn viel ärmere Welt, in welcher jedwede Möglichkeit einer Sinnvervielfachung fehlen würde.

§ 52. Die konstitutive Leistung der Phantasie nach Husserl

Diese Auffassung der erkenntnistheoretischen Rolle der Phantasie nach der phänomenologischen Einstellung wurzelt in der oben erörterten Interpretation der transzendentalen Phänomenologie Edmund Husserls. Da sie aber in den Texten Husserls nicht ausdrücklich entfaltet wird, müssen wir jetzt untersuchen, inwieweit sie für ein umfassendes Verständnis der ausdrücklichen Phantasielehre Husserls nutzbar und hilfreich sein kann. In den zwanziger Jahren, d.h. mit der sogenannten genetischen Phänomenologie, entwickelt Husserl eine Interpretation der Phantasie,[92] die meiner Meinung nach das hier Gesagte impliziert. Diese neue Husserlsche Auffassung soll nun ausgelegt werden. Da in den veröffentlichten Texten des späten Husserls die Phantasie nur gelegentlich betrachtet wird, bin ich gezwungen, diese letzte Erörterung auch anhand mancher unveröffentlichter Manuskripte Husserls durchzuführen.

Zentral hierfür ist das Manuskript D 19.[93] Dort betrachtet Hus-

---

[92] Unrichtig ist also die Behauptung Saraivas, nach welcher die Imagination in Husserl „se trouve traitée exclusivement selon la perspective structurelle" (M. M. Saraiva, a.a.O., S. 18 Anm. 30). Eine Behauptung, die nicht einmal für die veröffentlichten Schriften Husserls gilt. Etwas Ähnliches hat jedoch auch Sallis behauptet (vgl. J. Sallis, *Spacing Imagination. Husserl and the Phenomenology of Imagination*, in: *Eros and Eris*, hrsg. von P. Van Tongeren, P. Sars, C. Bremmers und K. Boey, Kluwer, Dordrecht/Boston/London 1992, S. 204).

[93] Das Manuskript D 19 („Beilagen zu den Vorlesungen 1922/23") besteht aus einer Vielzahl von in einem einzigen Konvolut gesammelten kürzeren Manuskripten, die zum größten Teil in „Husserliana" Bd. XI und Bd. XXIII veröffentlicht wurden. Die die Phantasieproblematik betreffenden Manuskripte finden sich auf den Seiten 91–120 des Konvoluts. Die Seiten 92–108 wurden

serl unter anderem die „konstitutive Leistung“ der verschiedenen Akttypen. Die Wahrnehmung konstituiert ursprünglich den Gegenstand in seinem Sinn und individuiert ihn als diesen einen Gegenstand. Die Wiedererinnerung gibt sich dann für Husserl als Wiederholung einer Wahrnehmung und ist deshalb prinzipiell in der Lage, wie er sagt, sich „als Kenntnisnahme im vollen adäquaten Sinn“ zu charakterisieren.[94] Wiedererinnerung und Wahrnehmung gehören demnach zur Konstitution des in Identität dauernden Gegenstandes. *Sie konstituieren die Wirklichkeit*, machen also das „System der thetisch *unmodifizierten* Intentionalität“, das „*unmodifizierte Bewußtsein selbst*“ aus.[95] Wenn aber Wahrnehmung und Wiedererinnerung in dieser Weise charakterisiert werden und die Phantasie ihnen als Neutralitätsmodifikation, nämlich als Neutralisierung des konstitutiven Glaubens, gegenübersteht, dann liegt es nahe zu fragen: Wie kann Phantasie etwas konstituieren? Wie könnte sie etwa, nach unserer Interpretation, ein Durchzustreichendes konstituieren? Müssen wir nicht vielmehr sagen, daß der Phantasie prinzipiell keine konstitutive Leistung zukommt? Husserl hat sich offenbar diese Frage gestellt, wenn er schreibt: „Betrachten wir das ‚*phantasiemäßig*‘ *modifizierte* Bewußtsein, so ist für es im Gegensatz dazu charakteristisch, daß es zu keinen konstitutiven Leistungen befähigt ist.“[96]

Diese erste Stellungnahme Husserls scheint also der Phantasie keinen Raum in der Erkenntniskonstitution offen zu lassen. Bei näherer Erörterung der Sachlage wird sich aber diese Position Husserls als eine vorläufige erweisen. Vor allem soll folgendes festgestellt werden: Die zitierte Frage stellt sich nur, sofern die phänomenologische Umdeutung von Sein und Sinn noch unberücksichtigt bleibt. Denn sie ist nur dann sinnvoll, wenn die Konstitution als eine Seinskonstitution verstanden wird, welche also den Seinsglauben betrifft. Das zeigt sich unter anderem darin,

---

von E. Marbach in Hua XXIII (*Phantasie, Bildbewußtsein, Erinnerung*) schon publiziert. Die Seiten 109–120 sind hingegen noch unveröffentlicht. Da beide Teile sachlich zusammenhängen, zitiere ich im folgenden für die von Marbach veröffentlichten Stellen mit den „Husserliana“- und Manuskriptseitenangaben.

[94] Hua XXIII, S. 555 (bzw. Ms. D 19/98b-99a). Vgl. auch a.a.O., S. 557 (bzw. Ms. D 19/100a): „Die adäquaten Wiedererinnerungen geben sich als eine Art Wahrnehmungen“. Zur Frage nach der Adäquation in der Wiedererinnerung vgl. oben § 25.

[95] A.a.O., S. 557–558 (bzw. Ms. D 19/100b).

[96] A.a.O., S. 558 (bzw. Ms. D 19/100b).

daß sie von Husserl an der zitierten Stelle als Konstitution des *seienden Individuums* gemeint wird. Hier fragt Husserl also nicht nach dem sich im Erkenntnisverlauf konstituierenden Sinn-für-mich des überhaupt Gegebenen, sondern nach der Konstitution des Gegebenen als einer Welt von nebeneinander stehenden, voneinander trennbaren und für sich individuierten Gegenständen. Kann das überhaupt Gegebene eine Mannigfaltigkeit von Sinnen für mich gewinnen, so fragt Husserl hier nicht nach der Konstitution des letztbegründeten, unbezweifelbaren Sinnes, sondern nach der Konstitution des Sinnes „seiende Gegenstände in einer selbständigen Welt". Die Frage Husserls betrifft mit anderen Worten nicht die Konstitution des Immanenten, des Unbezweifelbaren, sondern die Konstitution des Individuums, das aber als Gegenstand der „äußeren" Welt das Transzendente ist. Eine solche Frage ist durchaus berechtigt und bedeutungsvoll, muß aber in der ursprünglicheren Frage nach der Sinnkonstitution in der Immanenz gründen.[97]

Ist nun die Konstitution (das besagt aber: die Erkenntnis schlechthin) Seinskonstitution, dann konstituiert die Phantasie *im Prinzip* überhaupt nicht, denn, wie Husserl auch sagt, sie *modifiziert* allen Glauben, *modalisiert* ihn nicht.[98] Das besagt: In der Phantasie wird die Seinssetzung neutralisiert, so daß kein phantasierter Gegenstand als ein seiender gesetzt wird. *Wenn das Erkenntnisobjekt hauptsächlich das Existierende ist, läßt Phantasie nichts erkennen.* Husserl bemerkt aber sofort die Grenzen einer solchen Deutung des Konstitutionsprinzips. Nach der zitierten These, daß Phantasie zu keinen konstitutiven Leistungen befähigt sei, fügt er hinzu: „wenigstens nicht direkt".[99] Und gerade danach schreibt er nochmals: „Es gibt keine Phantasiegegenstände – als seiende."[100]

Husserls These ist also eindeutig: Es gibt keine Phantasiegegenstände. Zugleich beschränkt sie sich aber auf das Gebiet des Seienden: Phantasie trägt nicht zur Konstitution der Gegenstände bei – wenn sie als *seiende* Gegenstände gemeint werden. Das ist aber

---

[97] Zur wichtigen Problematik der Individuation vgl. *Zeitbewußtsein*, Hua X, § 41, Beilage XI, Nr. 35, 39, 51; EU, S. 200–203.
[98] Vgl. Hua XXIII, S. 559 (bzw. Ms. D 19/101a). Dazu auch *Zeitbewußtsein*, Hua X, S. 102.
[99] Hua XXIII, S. 558 (bzw. Ms. D 19/100b).
[100] Ebd.

eine Tautologie. Wie aber, wenn die Gegenstände als „Gegenstände“[101], als konstituierte noematische Sinne gemeint werden? Müssen wir auch in diesem Fall sagen, die Phantasie habe keine konstitutive Leistung? Die Phantasielehre Husserls zur Zeit der genetischen Phänomenologie ist eben dadurch charakterisiert, daß er sich diese letzte Frage stellt und sie verneinend beantwortet. Daß die Phantasie das Sein nicht konstituiert, besagt nicht, daß sie überhaupt keinen Sinn konstituiert. So macht Husserl in dem hier fraglichen Manuskript die folgende, wichtige Aussage: „Die *Modifikation des Als-ob* [...], wie jede andere, ist *Bewußtsein-von* und *hat ihre konstitutive Vernunft.*“[102] Hier werden zwei Thesen dargelegt: 1) Die Phantasie hat eine eigene konstitutive Vernunft. 2) Die Phantasie ist deswegen konstitutiv, *weil sie Bewußtsein-von ist.* Diese zweite These begründet die Möglichkeit der ersten. Dank dem Charakter des „Bewußtsein-von“ kommt der Phantasie eine konstitutive Vernunft zu. Die unentbehrliche Bedingung der zweiten These ist aber wiederum das Bewußtsein, daß nur der Sinn, d.h. das Bewußt-werden-für eines „Gegenstandes“, maßgebend für die Erkenntnis ist. Denn von Husserl wird hier folgendes Prinzip miteinbegriffen: Jedes Bewußtsein-von ist konstitutiv, d.h. *jedem intentionalen Akt kommt eine konstitutive Leistung zu.* Daß dem so ist, heißt, daß *die Konstitution an sich keine Seinskonstitution sein kann*, weil bei den intentionalen Akten die prinzipielle Möglichkeit der seinsneutralisierenden Modifikation besteht. Es zeigt sich hier wieder, was wir schon von Anfang an zu erreichen versuchten. Erst die Interpretation der Phänomenologie als Sinnphilosophie läßt eine solche Umdeutung des Erkennntnisbegriffes zu, daß auch die Erkenntnisleistung von bisher ungenügend beachteten Akten, wie der Phantasievorstellung, endlich sichtbar wird.

Durch diese Umdeutung ist nun der Weg zu einer vollkommenen Beachtung der konstitutiven Leistung der Phantasie gebahnt. Es stellt sich nun die Aufgabe einer näheren Bestimmung dieser bisher leeren „konstitutiven Leistung“. Was leistet die Phantasie? Vorwegnehmend sei nur gesagt, daß nach Husserl die Phantasie

---

[101] Vgl. oben § 46 Anm. 35. Dazu schreibt Husserl im vorliegenden Manuskript: „Im Fall der reinen Phantasie hat das Reproduzierte nicht den Charakter des Seienden (in einem Seinsmodus) schlechthin, sondern des ‚Seienden‘ in dem ganz anderes bedeutenden ‚als-ob‘“ (a.a.O., S. 560, bzw. Ms. D 19/101b).
[102] A.a.O., S. 559 (bzw. Ms. D 19/101a-101b).

ihre konstitutive Rolle in zwei miteinander verbundenen Zusammenhängen spielt, je in Bezug auf das Mögliche und auf das Eidetische.

§ 53. Phantasie als Konstitution des Möglichen

Für Husserl ist das Phantasierte „als ob seiend" bewußt. Es wird nicht in der Wirklichkeit gesetzt, sondern „schwebt vor". Es ist ein *quasi*-Erfahrenes. Und das *quasi*-Erfahrene ist nach meiner Auffassung ein des Seinscharakters mangelnder Sinn.[103] Husserl behauptet nun, daß bei der Setzung eines Sinnes in der Weise eines *quasi*-Erfahrenen ein „möglicher Gegenstand", allgemein eine Möglichkeit, gesetzt wird.[104] Ferner, daß dieser mögliche Gegenstand „etwas Wirkliches" ist.[105]

Versuchen wir, die Sachlage näher zu bestimmen. Durch eine prinzipiell mögliche Einstellungsänderung[106] enthüllt sich nach Husserl das „nur gleichsam Gegebene", nämlich das Phantasierte, als ein „wirklich Gegebenes". Zugleich erfährt das, was anfänglich nur gleichsam gegeben war, durch diese Einstellungsänderung eine eigene, bestimmte Veränderung, so daß sich als „Residuum" eine neue Gegenständlichkeit gibt. Es ist nicht mehr die in die Neutralität gesetzte Gegenständlichkeit, welche *quasi*-gesetzt wird, als ob sie wirklich wäre, sondern eine in die Wirklichkeit gesetzte Gegenständlichkeit, welche mit dem Charakter einer „möglichen Gegenständlichkeit" in die Wirklichkeit gesetzt wird: „Die Fikta als Wirklichkeiten sind es nun, die Möglichkeiten heißen, Möglichkeiten von dem, wovon sie Fikta sind."[107] Das Fiktum ist

---

[103] Vgl. dazu aber auch Husserl, Ms. D 19/112b: „Phantasie überhaupt gibt immer etwas, sie gibt immer Möglichkeiten: nämlich sie gibt unter allen Umständen Phantasiesinn, so wie Erfahrung unter allen Umständen, auch wenn sie unanschaulich ist, etwas gibt, nämlich [...] die Erfahrungssinne".

[104] Vgl. *Cartesianische Meditationen*, Hua I, S. 66, 94; Hua XXIII, S. 507; *Phänomenologie und Erkenntnistheorie*, Hua XXV, S. 170; Ms. C 13 III, S. 6. Obwohl diese These für die Werke der zwanziger Jahre charakteristisch ist, läßt sich ihre erste Formulierung schon in der sechsten *Logischen Untersuchung* spüren (vgl. Hua XIX/2, S. 645–646).

[105] Hua XXIII, S. 547 (bzw. Ms. D 19/93b).

[106] Vgl. a. a. O., S. 529, 547–548 (bzw. Ms. D 19/94a); *Phänomenologie und Erkenntnistheorie*, Hua XXV, S. 170; Ms. M III 3 VII/27, 90.

[107] Ms. D 19/112a.

für sich genommen eine Wirklichkeit. Das, wovon es Fiktum ist, und welches in ihm dargestellt wird, als ob es wirklich wäre, ist in der Tat nicht wirklich; es ist aber durch die Wirklichkeit des Fiktums in seiner reinen Möglichkeit dargestellt.[108]

In dieser Weise entspringt für Husserl auf der Seite der Phantasie „ein neuer allgemeiner Begriff von *Möglichkeit*, der in der Weise der bloßen Erdenklichkeit (in einem Sich-denken, als ob es wäre) alle Seinsmodi, angefangen von der schlichten Seinsgewißheit, modifiziert wiederholt."[109] Er ist ein neuer und allgemeiner Begriff, da er sich von dem anderen, von Husserl schon weitgehend erörterten Begriff der Möglichkeit, nämlich demjenigen, welcher in der Modalisierungslehre vorkommt, unterscheidet. Und er kennzeichnet eine Modifikation aller Seinsmodi, d. h. eine Wiederholung der Modalisierung auf der Ebene einer „bloßen Erdenklichkeit". Diese in der Phantasie sich gebende Möglichkeit bezeichnet Husserl als eine „reine Möglichkeit".[110] „Rein" ist sie, weil sie dem Seinscharakter vorausgeht, das Sein des Gegenstandes nicht modalisiert, sondern noch unbestimmt läßt.[111] Von den Seinsmodalisierungen der „offenen" und der „anmutlichen" bzw. „problematischen" Möglichkeit[112] unterscheidet sie sich deswegen, weil es bei ihr um keinen Modus des Seins geht, sondern um die Möglichkeit überhaupt, Sein und Seinsmodi zu haben. Mit Husserls Worten: „Das Mögliche ist möglicherweise seiend. Es kann sein, ich kann mir ‚denken' (den Ansatz machen), daß es sei."[113] Jeder Sinn kann unter seinen Charakteren die Positionalität haben oder nicht. Jedem nicht positionalen Sinne entspricht aber als prinzipielle Möglichkeit derselbe Sinn mit Zusatz des Seinscharakters. Die reine Möglichkeit ist also jenes Merkmal

[108] Man könnte geneigt sein, die Sachlage so zu vereinfachen: Das Fiktum ist Repräsentant eines Phantasiesujets, dessen allgemeine Möglichkeit durch diese Repräsentation erwiesen wird. Eine solche Beschreibung scheint sehr deutlich zu sein, beruht aber auf jener Bildtheorie, welche von Husserl durch die Erörterung des Intentionalitätsbegriffes widerlegt wurde (vgl. oben, § 31).

[109] *Cartesianische Meditationen*, Hua I, S. 94.

[110] Vgl. Hua XXIII, S. 548, 559 (bzw. Ms. D 19/94a, 101a-101b); Ms. B IV 6, S. 79; Ms. M III 3 VII/11.

[111] Vgl. dazu etwa *Phän. Psychologie*, Hua IX, S. 84.

[112] Vgl. *Ideen I*, Hua III/1, S. 325; *Analysen zur passiven Synthesis*, Hua XI, S. 39–51 (bzw. EU, S. 105–108).

[113] Hua XXIII, S. 569 (bzw. Ms. D 19/106b).

irgendeines Sinnes, potentiell auch mit einem Seinscharakter ausgestattet zu sein.[114]

Die reine Möglichkeit ist demnach Korrelat des Satzes „es kann sein, daß die Sache sei". Offene und anmutliche Möglichkeiten sind dagegen Korrelate des Satzes „die Sache ist möglich". So kann jede reine Möglichkeit genau wie jede Wirklichkeit frei modalisiert werden. Es gibt neben dem Möglichsein auch die reine Möglichkeit eines Möglichseins, welche Korrelat des Satzes „es kann sein, daß die Sache möglich sei" ist. Hier findet aber keine Iteration statt, da beide „Möglichkeiten" eigentlich zwei wesensverschiedene Phänomene darstellen. Die reine Möglichkeit ist näher gesehen prinzipielle Möglichkeit eines Sinnes, während das Möglichsein Charakter eines möglichen bzw. wirklichen Sinnes ist. Die reine Möglichkeit ist die leere Widerspruchslosigkeit eines Sinnes, die modale Möglichkeit hingegen seine Motiviertheit.[115]

Maßgebend ist hierbei, was Husserl am Ende des hier erörterten Manuskriptes schreibt: „Somit haben wir nicht einfach Gegenstand der Wahrnehmung und Gegenstand der Phantasie, sondern wir haben gesetzmäßige Strukturen und Unterschiede, und funktionelle Wesenszusammenhänge zwischen einstimmigem und möglichem Gegenstand, der in Anschauung gegeben ist, und andererseits unstimmigem, unmöglichem Gegenstand und seinen Charakterisierungen als seiend oder quasi-seiend, als nicht-seiend und quasi-nicht-seiend".[116] Hier wird eine Gleichstellung zwischen „einstimmig" und „möglich" und zwischen „unstimmig" und „unmöglich" dargelegt. Was einstimmig und möglich ist, wird darüber hinaus als „seiend" charakterisiert, das Entgegengesetzte als

---

[114] Die folgende Stelle Husserls ist ziemlich klar: „Aber bezieht sich nicht jeder Begriff von Möglichkeit (und bekanntlich gibt es deren mehrere) auf die Seinsmodalitäten mit? Möglich ist mögliches Sein, so vermutlich vermutliches Sein, zweifelhaft zweifelhaftes Sein usw. Oder ist die Rückbeziehung auf Seinsmodalitäten hier ein Sekundäres? Nach der obigen nur durch die notwendige Hereinziehung der anschaulichen Sinne gebesserten Definition besagt das: Jeder volle Sinn, jede Vereinzelung eines vollen Sinneswesens als solche (in reiner Allgemeinheit) bezeichnet eine Möglichkeit. Da ist zunächst von möglichem Sein keine Rede" (Ms. D 19/111a). Zu dieser Möglichkeitsfrage vgl. J. N. Mohanty, *Husserl on „Possibility"*, in „Husserl-Studies", 1 (1984), S 13–29.

[115] Von daher kann man in Husserl mindestens drei Möglichkeitsbegriffe unterscheiden. Das wurde von K. Rosen nicht bemerkt, so daß er die reine Möglichkeit mit der offenen zuletzt identifizieren mußte (vgl. K. Rosen, a. a. O., S. 114–118, 125–126).

[116] Ms. D 19/115b.

„nicht-seiend". Mit diesen Wesenszusammenhängen und -unterschieden kreuzt sich dann die andere Unterscheidung, diejenige nämlich zwischen Wahrnehmung und Phantasie, der die Unterscheidung zwischen seiend und *quasi*-seiend bzw. nicht-seiend und *quasi*-nicht-seiend entspricht. „Einstimmig" und „möglich" gehen hier insofern zusammen, weil die hier gemeinte Möglichkeit den Modus des Möglichseins bezeichnet, die Seinsmodalisierung der offenen und anmutlichen Möglichkeit. Wie Husserl in einem anderen Manuskript auch sagt, darf nicht die Phantasiemöglichkeit mit dieser „realen" Möglichkeit verwechselt werden, welche das bezeichnet, „was nach Maßgabe des Gewesenen kommen kann, als Gefordertes oder Offengelassenes."[117] Das Gewesene ist Maßgabe dessen, was kommen kann, da es durch eine gewisse Gesetzlichkeit (etwa der Assoziation) die Auffassung des aktuell Gegebenen motiviert, so daß unter den vielfältigen, gegeneinander widerstreitenden Sinngebungen, welche Auffassungen der aktuell gegeben hyletischen Daten sind, die mit ihm in größerer Einstimmigkeit stehende die gewichtigere Motivation gewinnt. Die Einstimmigkeit mit dem Gewesenen, d.h. mit der Erfahrungswelt, ist darum Grundlage der Motivation. Die Motivation fordert den motivierten Sinn oder läßt ihn zumindest offen, schafft also eine anmutliche bzw. eine offene Möglichkeit. Es ist daher zuletzt die Einstimmigkeit der Erfahrungswelt, welche durch das Motivationssystem die positive Modalisierung, sei es die Gewißheit, sei es einen anderen Modus (Möglichkeit, Wahrscheinlichkeit usw.), ermöglicht. Andererseits liegt natürlich der negativen Modalisierung die Unstimmigkeit zugrunde. Das Nichtsein eines Sinnes erfolgt aus seiner Unmöglichkeit, welche durch die Unstimmigkeit mit dem Gewesenen und Motivierten entsteht. Ein Sinn wird mit dem Nichtsein qualifiziert (modalisiert), wenn der ihm widerstreitende Sinn vollkommen motiviert ist. Außerdem kann all dies nun selbstverständlich in der Wahrnehmungswelt, aber ebenso in der *quasi*-Welt der Phantasie stattfinden, nur hier als eine *quasi*-Einstimmigkeit bzw. *quasi*-Unstimmigkeit. Auch in der Phantasie kann nämlich eine *relative* Einstimmigkeit stattfinden, wie wenn etwa eine und dieselbe *quasi*-Welt in allen Phantasien konstituiert wird.[118] Die in der *quasi*-

[117] Ms. D 3, S. 5.
[118] Vgl. EU, S. 200–203, 431.

Welt geschlossene Einstimmigkeit bzw. Unstimmigkeit motiviert zur Seinsmodalisierung des phantasierten Sinnes.

Schließlich bleibt der Sinn der oben erwähnten, der Identifikation des neutralisierten Sinnes mit der reinen Möglichkeit zugrundeliegenden Einstellungsänderung zu erörtern. Eine Einstellungsänderung ist dadurch ermöglicht, daß jede Phantasie einen doppelten Sinn hat.[119] Bei jedem Phantasieren kann das phantasierende Ich entweder in der Phantasie verloren und Subjekt der jeweiligen *quasi*-Wahrnehmung oder als waches Ich Subjekt des Phantasierens selbst sein. Im ersten Fall vollzieht das Ich *quasi*-Wahrnehmungen und hat darin *quasi*-Gegebenheiten, welche in allem wie Gegebenheiten sind, aber die Neutralisierung ihrer Setzung erfahren müssen. Im zweiten Fall ist sich das Ich seines eigenen Erlebens bewußt und vollzieht ein aktuelles *ego cogito*, in dem das *quasi*-Erfahrene nicht mehr *quasi*-erfahren, sondern als ein Fiktum gesetzt wird.[120] Die Einstellungsänderung besteht nun darin, daß, solange ich in der Phantasie eines Zentauren lebe, diesen nicht setze, sondern ihn in der Neutralitätsmodifikation erlebe, was bedeutet, daß ich ihn als unwirklich erfahre. Ist derselbe Zentaur dem aktuellen Ich als ein Fiktum in der Wirklichkeit gegeben, setze ich ihn als einen Bestand der wirklichen Welt. Derselbe Zentaur gehört im ersten Fall zu einer unwirklichen, im zweiten einer wirklichen Welt. Im ersten Fall ist er aber eben *als Zentaur* erfahren und in der Unwirklichkeit, im zweiten hingegen *als Zentaurenfiktum* in der Wirklichkeit gesetzt.[121] Wenn schließlich der Zentaur als Fiktumgehalt in der Wiklichkeit gesetzt wird, wird er zu einer möglichen Gegenständlichkeit der Erfahrung, so daß jene Setzung einer Möglichkeit stattfindet, welche eben als Ergebnis dieser Einstellungsänderung anfänglich dargestellt wurde.[122]

---

[119] Vgl. Ms. D 19/112a: „Wir müßten also sagen: die Wahrnehmung hat einen schlichten intentionalen Sinn, die Phantasie einen unmittelbaren und einen mittelbaren".

[120] Vgl. Hua XXIII, S. 547–548, 560 (bzw. Ms. D 19/94a, 101b); Ms. D 19/112a-112b; Ms. M III 3 VII/90–91.

[121] „Das ist kein Widerspruch, nämlich daß hier ein Quasi-Wirkliches, z. B. ein quasi-wirklicher Zentaur bewußt ist in der Weise eines quasi-wahrgenommenen, und daß doch zugleich ein Wahrgenommenes bewußt ist. Im phantasierenden Erleben ist eine Wirklichkeit bewußt, diese Wirklichkeit ist aber nicht die eines Zentauren, sondern die eine des Fiktums, das in sich wieder Fiktum eines Zentauren ist" (Ms. D 19/112a).

[122] Vgl. Ms. M III 3 VII/91.

§ 54. Evidenz in der Phantasie

Mit der Kennzeichnung des Phantasierten als dem Möglichen konkretisiert sich die Erkenntnisleistung der Phantasie eben als Konstitution des Möglichen. Da es in der Phänomenologie nicht um die Wirklichkeit des Gegebenen geht, sondern um seinen Sinn-für-mich, welcher ob wirklich oder möglich doch immer Sinn ist, erweist sich die Leistung der Phantasie als Konstitution des Möglichen als eine für unsere Erkenntnis durchaus wichtige. Husserl geht aber weiter und in mehreren Schriften der zwanziger Jahre überträgt er der Phantasie die Kennzeichen, die er sonst ausschließlich der Wahrnehmung vorbehalten hatte. Er schreibt zum Beispiel: „Eine vollkommene Phantasieanschauung gibt eine reine Möglichkeit des phantasierten Gegenstandes und ursprünglich. Das ist: Phantasie ist ein ursprünglich gebender Akt für Möglichkeiten und für reine Möglichkeiten."[123] Als „ursprünglich gebender" Akt gibt die Phantasie das Mögliche in Originarität und stellt sich darum auf die Ebene der Wahrnehmung. Daß diese „ursprüngliche Gebung" genau in demselben Sinne der adäquaten Gebung zu verstehen ist, welche in der Wahrnehmung stattfindet, lassen manche Aussagen Husserls kaum bezweifeln. So schreibt er zum Beispiel, die Möglichkeit sei „*selbstgegeben in der anschaulichen Phantasie*, und dahin gehört adäquate und inadäquate Selbstgegebenheit etc."[124] Und schließlich und ausdrücklich: „Auch Möglichkeiten können [...] originär gegeben und evident gegeben sein. Die Phantasie ergibt Möglichkeiten originär."[125] Der Phantasie mißt also Husserl eine Evidenzkraft bei, und zwar potentiell eine Evidenz im strengsten Sinne. Phantasie kann genau so gut Evidenz schaffen wie die Wahrnehmung: „So scheiden sich korrelativ Bewußtseinsmodi der *Positionalität* und solche der *quasi-Positionalität* (des Als-ob, des *Phantasierens* – ein freilich zu vieldeutiger Ausdruck), und ihren besonderen Weisen entsprechen eigene Weisen der Evidenz von ihren vermeinten Gegenständen."[126]

Die These, daß die Phantasie Selbstgebung hervorbringen kann, könnte Bedenken erwecken.[127] Wie kann in der Phantasie eine

[123] Ms. D 19/112a.
[124] Hua XXIII, S. 560 (bzw. Ms. D 19/101b).
[125] *Phänomenologie und Erkenntnistheorie*, Hua XXV, S. 170.
[126] *Cartesianische Meditationen*, Hua I, S. 94.
[127] Vgl. etwa F. Caeymaex, a. a. O., S. 17–18, 23.

Selbstgegebenheit enthalten sein, wenn kennzeichnend für die Phantasie die „bloße“ Gegebenheit eines als nicht hier und jetzt seiend aufgefaßten Gegenstandes ist? Wenn nur die Perzeption den Gegenstand in vollkommener Leibhaftigkeit gibt, ist es nicht so, daß jeder Phantasie eines Gegenstandes prinzipiell eine Wahrnehmung desselben entspricht, welche ihn perzeptiv vorstellt, so daß die adäquate Gegebenheit des Gegenstandes prinzipiell nicht seiner Phantasievorstellung, sondern seiner Wahrnehmung gehört? Hier bedarf es einiger Erwägungen. Nicht zu vergessen ist der Unterschied zwischen adäquater und apodiktischer Evidenz. Identifiziert man die Selbstheit der Sache mit ihrer adäquaten aber nicht apodiktischen Gegebenheit, d. h. mit ihrer transzendenten Bewußtseinsanwesenheit, so ist die Lehre einer Selbstgebung in der Phantasie unhaltbar. Eine solche Identifizierung übersieht aber, daß die Transzendenz einer Gegebenheit nicht nur und nicht hauptsächlich ihre Stelle gegenüber dem Bewußtsein bezeichnet, sondern ihre Stelle gegenüber der Evidenz. Dem transzendenten Gegenstand fehlt seinem Wesen nach die Apodiktizität der Evidenz, und dies unabhängig davon, ob er wahrgenommen oder phantasiert wird. So ist die Vertiefung der Erkenntnis einer Sache und die Annäherung an ihre Selbstheit keineswegs der Übergang von ihrer Phantasievorstellung zu ihrer Wahrnehmung, sondern derjenige von der Transzendenz zur Immanenz, von der Assertion zur Apodiktizität, von ihrer Auffassung als Gegenstand, d. h. als Individuum, zu ihrer Auffassung als „Gegenstand“, d. h. als Noema, als Gegenstand im Wie seiner Bestimmtheiten und Gegebenheitsweisen. Denn erst dieser Übergang läßt das „Residuum“ auftauchen, d. h. den unbezweifelbaren und darum evidenten Sinn des Gegebenen.

Geht man aber zu dem in der Immanenz Gegebenen über, so wird auch der Sinn der prinzipiellen Möglichkeit der Selbstgebung in der Phantasie ersichtlich. Selbstgegebenheit heißt apodiktische Evidenz der Sache selbst. Die Sache selbst ist aber nicht ein angeblich leibhaft gegebenes *Individuum*, da dies prinzipiell unmöglich ist, sondern das Individuum selbst in den Grenzen, in welchen es zur leibhaftigen Gegebenheit kommen kann.[128] Das so verstande-

[128] Hier wende ich das „Prinzip aller Prinzipien“ in seiner ganzen Extension an. Oft wird nur des ersten Teils dieses Prinzips („alles, was sich originär darbietet, ist hinzunehmen, als was es sich gibt“) Rechnung getragen, während der

ne Individuum ist aber *kein Individuum mehr*, sondern ein *noematischer Sinn*. Die Selbstgegebenheit der Sache kann nur die Gegebenheit eines Sinnes sein, wie er sich hier und jetzt gibt. Gibt sich der Sinn „phantasiertes X", so besteht die Selbstheit der Sache nicht in dem wahrgenommenen X, sondern in dem phantasierten X als so und so phantasiertes. Es wäre verkehrt zu denken, daß wir von der selben Sache eine vollkommenere Erkenntnis haben, wenn sie wahrgenommen, als wenn sie „nur" phantasiert ist, einfach weil die wahrgenommene Sache *eine andere* ist als die phantasierte, mögen auch alle sonstigen Bestimmtheiten gleich sein. Damit erklärt sich, warum in der Phantasie die Rede von einer Selbstgebung berechtigt ist. Ein Phantasiertes ist dann selbstgegeben, wenn es dank der Reduktion nicht als bloße „Einbildung" einer wirklichen Sache, sondern als die Sache selbst aufgefaßt wird – nämlich als die Sache „phantasiertes" bzw. „mögliches X".

Der Gegenstand der Phantasie, soweit er „Gegenstand", d.h. Sinn und nicht Individuum ist, ist Objekt einer potentiellen Selbstgebung, welche aber nicht in der phantasierenden Einstellung stattfinden kann, in welcher man in einer *quasi*-Erfahrung lebt, sondern in der Einstellung des aktuellen Ich, welches über die Phantasie reflektiert. Denn erst in der Reflexion kann der eigentliche Sinn-für-mich, die Selbstheit des Gegebenen erfaßt werden.

Wodurch erweist sich aber diese angebliche Selbstgegebenheit in der Phantasie als eine echte Selbstgegebenheit? In der Phänomenologie maßgebend ist immer die phänomenologische Reduktion als Anwendung des Evidenzprinzips. Durch die Reduktion reinigt sich das vermutlich Gegebene von allen Bezweifelbarkeiten bis zur Auslegung seines eigentlichen Sinnes-für-mich, seiner Selbstheit. Auch die Phantasie soll darum für Husserl durch die Reduktion geprüft werden. Dank der Anwendung der Reduktion auf das unendliche Reich der Phantasie dehnt sich das Feld der absoluten Gegebenheiten, d.h. der Originarität, auch auf das Gebiet der neutralisierten Gegenständlichkeiten aus.

Tatsächlich hat Husserl in den zwanziger Jahren die Möglichkeit und Notwendigkeit der Anwendung der Reduktion auf das neutralisierte Reich der Phantasie erkannt und diesem Problem

---

zweite, eigentlich fundierende Teil („aber auch nur in den Schranken, in denen es sich da gibt") übersehen wird.

manche Analysen gewidmet.[129] Wir haben gerade gesehen, daß für Husserl die Aufdeckung der Möglichkeit als erkenntnistheoretische Leistung der Phantasie erst aufgrund einer Einstellungsänderung zustandekommt, welche von dem Leben in der Phantasie zu einem aktuellen Betrachten des Phantasieerlebens überführt. Genau darin besteht aber, wie Husserl gezeigt hat, die Anwendung der phänomenologischen Reduktion, welche eben eine Einstellungsänderung ist, an die Phantasie. Das sich in der Phantasiewelt zumindest als Zuschauer betätigte, *quasi*-erfahrende Ich bewegt sich in einer naiven Einstellung, in welcher die Gegenstände der Phantasiewelt genau so „natürlich" da stehen (obwohl im Modus des „als ob") wie die Gegenstände der Wahrnehmungswelt für das wahrnehmende Ich. Der Phänomenologe aber, welcher die Reduktion ausübt, fingiert weder noch nimmt er wahr, sondern betrachtet in der Reflexion die Phantasie- und Wahrnehmungsbestände: „Wie ich als Zuschauer eines wirklich vollzogenes Aktes an den darin wirklich für mich geltenden Seinsobjekten […] das Dasein […] einklammere, so klammere ich jetzt an den ‚als-ob'-Objekten das ‚als ob' und das unter diesem ‚als ob' modifiziert Gesetzte ein".[130] Das „als ob" fungiert in der Phantasie genau in derselben Weise wie das Dasein in der Wahrnehmung: Es sind Modi der Geltung, der naiven Annahme des scheinbar Gegebenen als solchem. Deshalb muß auch die Leistung des naiv phantasierenden Ich, „um den phänomenologisch reinen Bestand der Phantasie zu gewinnen"[131], eingeklammert werden. Weil das „als ob" wie ein Vorzeichen ist, „unter dem selbst wieder Sein und Seinsmodalitäten […] jeder Art stehen".[132]

Daß diese Reduktion in der Phantasie tatsächlich möglich ist, hängt für Husserl davon ab, ob in der Phantasie eine Wahrnehmung, nämlich im Modus des *quasi*, notwendigerweise impliziert ist. Das phantasierende Ich ist als es selbst immer in gewisser Wei-

---

[129] Vgl. *Phänomenologie und Erkenntnistheorie*, Hua XXV, S. 170: „Auch im unendlichen Reich der Phantasie können wir phänomenologische Reduktion üben […]. Und damit erweitert sich unser Feld absoluter Gegebenheiten über das ganze unendliche Reich der Sphäre absolut gegebenen ‚möglichen' Bewußtseins als einer Sphäre transzendental gereinigter Möglichkeiten". Die ausführlichste Betrachtung der Reduktion in der Phantasie wurde von Husserl in der 44. Vorlesung über die *Erste Philosophie* entwickelt (Hua VIII, S. 112–119).

[130] *Erste Philosophie*, Hua VIII, S. 114–115.

[131] A. a. O., S. 115.

[132] Ebd.

se mitphantasiert, indem die Phantasiewelt eine anschaulich sinnliche ist, also einer Orientierung um einen Nullpunkt bedarf. Die Phantasiewelt ist, wie die Wahrnehmungswelt, notwendigerweise Welt-für-mich, so daß ich, das phantasierende Subjekt, in ihr zumindest als wahrnehmender Zuschauer immer schon beteiligt bin. Mit den Worten Husserls: „Der Aktus ‚Ich phantasiere eine Zentaurenszene' ist nur in der Gestalt möglich, daß ich im Modus des ‚als ob' den Aktus ‚Ich nehme die Zentaurenszene wahr' vollziehe."[133] Daraus rührt eine Verdoppelung der *epoché* her. Die Reduktion in der Phantasie wird durch eine phänomenologische *epoché* geleistet, welche das „als ob" als Vorzeichen der Phantasieakte einklammert. Diese Leistung impliziert aber eine „in die Phantasiewelt hineingespiegelte *quasi*-Leistung, eine *quasi-epoché* in der Phantasie"[134], nämlich die Ausschaltung der *innerhalb* der Phantasiewelt vollzogenen Seinssetzung. Das bedeutet, daß erst durch die Einklammerung des in der Phantasie implizierten Wahrnehmungsaktes, welcher selbstverständlich ein positionaler Akt ist und seinen Gegenstand als seienden setzt, die Einklammerung des Phantasieaktes stattfindet, welcher nur in doxischer Neutralität seinen Gegenstand *quasi*-setzt. Erst von daher kann eine phänomenologische *epoché* an der Phantasie, d.h. die Ausschaltung der Seinssetzung an einem neutralisierten Akt vollzogen werden. Die Reduktion in der Phantasie findet dadurch statt, daß dasjenige ausgeschaltet wird, was zum Sein der phantasierten Objekte gehören würde, wenn sie wirkliche Objekte wären. Deswegen kann Husserl schliessen: „Nur durch die *epoché unter dem Vorzeichen des ‚als ob'* wird die *epoché* an der Aktion des phantasierenden Ich durchgeführt."[135]

Wird schließlich in dieser Weise die Reduktion in der Phantasie vollzogen, so werden in ihr Selbstgegebenheiten erfaßt, nämlich die Möglichkeiten als in einer Selbstgebung konstituierte Gegebenheiten. An die Seite der Bewußtseinswirklichkeiten stellt sich das Reich der Bewußtseinsmöglichkeiten, und beide Reiche machen die Sphäre des reinen Bewußtseins, der evidenten Erkenntnis aus.[136]

[133] A.a.O., S. 116.
[134] A.a.O., S. 119.
[135] A.a.O., S. 118.
[136] Vgl. *Phänomenologie und Erkenntnistheorie*, Hua XXV, S. 171: „In dieser Art vollziehen wir phänomenologische Reduktion nicht nur in jeder wahrneh-

Über das Mögliche hinaus leistet die Phantasie für Husserl auch die Konstitution des Eidetischen. Beide Leistungen sind ja miteinander verknüpft, indem das Allgemeine als ein zu einer Vielfalt von freien Möglichkeiten gehöriges erfaßt wird.[137] Das Allgemeine hat einen Umfang nicht von wirklichen Gegenständen, sondern von möglichen, nämlich von Gegenstandsmöglichkeiten.[138] Denn, was das Allgemeine an sich kennzeichnet, betrifft zugleich alle möglichen Vereinzelungen des Allgemeinen selbst. Jedes Wesensgesetz ist ein *Gesetz für alle möglichen Vereinzelungen* eines Wesens.[139]

Wir müssen jetzt versuchen, diesen Aspekt der Phänomenologie der Imagination Husserls darzustellen, ohne die umfangreiche Debatte über seine komplizierte und vielbestrittene Theorie der Wesensschau zu berücksichtigen, was andernfalls ein neues Untersuchungsfeld eröffnen würde.[140]

Rekapitulieren wir in Kürze die phänomenologische Auffassung der Leistung der Selbstgebung. Philosophie ist strenge Wissenschaft, wenn sie Wissenschaft des absolut Unbezweifelbaren, d.h. des Notwendigen ist. Notwendige Gegebenheit heiß vom Gegebenen her Selbstgegebenheit, von der Erkenntnis her Apodiktizität. Die phänomenologische Reduktion hat gezeigt, daß eine solche Notwendigkeit der Gebung erst durch eine bestimmte

---

menden Reflexion, in jeder erinnernden und sonst vergegenwärtigenden Reflexion, sondern auch in jeder Phantasiemodifikation all solcher Reflexionen oder in jeder Phantasie überhaupt. Demgemäß haben wir zwei Reiche reinen Bewußtseins: das Reich der Bewußtseinwirklichkeiten und das der Bewußtseinmöglichkeiten."

137 „Das Mögliche in seiner Vereinzelung tritt in Beziehung zu anderen freien Möglichkeiten und als zu ihnen gehörig wird erfaßt ein Allgemeines, ein Wesen, das sich in den einzelnen Möglichkeiten vereinzelt, während sie an ihm ‚Anteil' haben" (Ms. M III 3 VII/91).

138 Vgl. *Phän. Psychologie*, Hua IX, S. 86 (bzw. EU, S. 426); EU, S. 429; Ms. M III 3 VII/91.

139 Vgl. *Phänomenologie und Erkenntnistheorie*, § 19 (Hua XXV, S. 156ff.).

140 Hier sei nur auf die wichtigsten Eingriffe in die Debatte hingewiesen: Th. W. Adorno, *Zur Metakritik der Erkenntnistheorie. Studien über Husserl und die phänomenologischen Antinomien*, hrsg. von G. Adorno und R. Tiedemann, Suhrkamp, Frankfurt a.M. 1990 (1. Auflage 1956); L. Eley, a.a.O.; J. Patočka, *La doctrine husserlienne de l'intuition eidétique et ses critiques reçents*, in: „Revue internationale de Philosophie", 71–72 (1965), S. 17–33; E. Tugendhat, a.a.O., S. 137–168.

Umdeutung des Gegebenen auftreten kann, durch welche es zum phänomenologischen Residuum des Sinnes-für-mich oder, mit einer meines Erachtens ziemlich gefährlichen Redeweise, des *cogitatum* wird.

Ist nun in dieser Weise der mögliche Umfang der Apodiktizität erschöpfend beschrieben? Husserl ist nicht dieser Meinung. Er behauptet nämlich, daß die echte Wissenschaftlichkeit von der Philosophie erst durch die Wesensforschung gewonnen wird. Über die Notwendigkeit des jeweiligen Sinnes-für-mich hinaus gibt es die Notwendigkeit der Allgemeinheitserkenntnis, d.h. jener Gesetze und Verhältnisse im Gegebenen, die sich als für alle unter besonderen Bestimmtheiten vorkommenden Fälle notwendigerweise gültig beweisen. Obwohl Husserl die Wesensforschung als spezifische Aufgabe der transzendentalen Phänomenologie bezeichnet[141] und sie als eine Grundmethode der Phänomenologie betrachtet[142], hat er für das Verhältnis zwischen beiden Weisen der Notwendigkeit, nämlich der aus der phänomenologischen Reduktion herrührenden empirischen und der eidetischen Apodiktizität, keine ausführliche Verdeutlichung gegeben. Die klarste Stelle ist wahrscheinlich in den *Cartesianischen Meditationen* zu finden, wo er schreibt: „Ist auch mein eigentliches Interesse nach der transzendentalen Reduktion auf mein reines ego seine, dieses faktischen ego Enthüllung, so kann diese Enthüllung zu einer echt wissenschaftlichen nur werden unter Rekurs auf die ihr, das ist dem ego als einem ego überhaupt, zugehörigen apodiktischen Prinzipien, auf die Wesensallgemeinheiten und Notwendigkeiten, mittelst deren das Faktum auf seine rationalen Gründe, auf die seiner reinen Möglichkeit zurückbezogen und damit verwissenschaftlicht (logifiziert) wird".[143] Hier wird Folgendes gesagt. Als Philosoph bin ich an die Verwissenschaftlichung der mich umgebenden und mir gegebenen Welt interessiert. Verwissenschaftlichung heißt Rückbezug auf die „rationalen Gründe" des Gegebenen, das heißt aber wiederum Gewinnung seiner apodiktischen Evidenz und entsprechende Aufnahme nur dessen, was apodiktisch erkannt wird. Die erste und grundlegendste Stufe dieser Verwissenschaftlichung besteht in der Reduktion des Erfahrenen auf

---

[141] Vgl. *Logik*, Hua XVII, S. 253.
[142] Vgl. *Cartesianische Meditationen*, Hua I, S. 103.
[143] A. a. O., S. 106.

das unbezweifelbar Erfahrene, auf die Apodiktizität des Sinnes-für-mich. *Selbst die Reduktion auf die Sinnkonstitution ist ein Rückbezug auf die rationalen Gründe des Gegebenen. Es gibt aber rationale Gründe, die über die aktuelle Gebung hinausgehen und allgemeine Notwendigkeiten schaffen, Notwendigkeiten also, die nicht diese einzige aktuelle Sinnkonstitution betreffen, sondern jede mögliche Konstitution eines ähnlichen Sinnes.*[144] So ist in apodiktischer Evidenz das mir aktuell gegebene Rot kein existierendes Rot, sondern ein für mich aktuell geltendes Rot. In dieser Rot-Geltung (in diesem Sinn-für-mich) ist aber auch miteingeschlossen, daß das aktuell für mich geltende Rot nie als ein Grün gelten kann, ohne aufzuhören Rot zu sein. Es besteht ein Wesensgesetz, daß Rot nicht grün sein kann. Und das ist eine allgemeingültige Apodiktizität.[145]

Daß Husserl nun vom Wesen Rot und Wesen Grün spricht, gehört zum bestreitbaren und bestrittenen Teil seiner Theorie der eidetischen Intuition. Darauf will ich nicht eingehen. Die hier kurz zusammengefaßte Darstellung des phänomenologischen Sinnes der Wesensschau sollte aber manche Einwände vermeiden und den Kern der Lehre Husserls zugunsten der Betrachtung der konstitutiven Funktion der Phantasie retten können. Ich schränke die Husserlsche Wesenslehre zuletzt auf die Urteile von eidetischer Allgemeingültigkeit ein und schließe die Urteile über Wesen aus.[146] Für Husserl sind die Urteile von eidetischer Allgemeingültigkeit, als Besonderungen oder Vereinzelungen einer eidetischen Allgemeinheit, Urteile über Notwendigkeiten und darum apodiktische Urteile.[147] Dies besagt aber, daß die eidetische Anschauung im Grunde eine Form der Reduktion zum rein Evidenten ist.[148]

---

[144] „Es ist dabei im Auge zu behalten, daß die *leistende Subjektivität prinzipiell nicht erschöpft* ist durch das *aktuelle* intentionale Leben, in seinen sich faktisch zusammenordnenden intentionalen Erlebnissen, sondern daß sie auch ist und beständig ist in ihren *Vermögen*" (*Logik*, Hua XVII, S. 253–254).

[145] „Die niedersten Farbendifferenzen, die letzten Nuancen mögen der Fixierung spotten, aber ‚Farbe' im Unterschied von ‚Ton' ist ein so sicherer Unterschied, wie es in aller Welt nichts noch Sicheres gibt" (*Philosophie als strenge Wissenschaft*, Hua XXV, S. 33).

[146] Vgl. *Ideen I*, Hua III/1, S. 17–18.

[147] Vgl. a. a. O., S. 19.

[148] Vgl. *Die Idee der Phän.*, Hua II, S. 56–57, wo das Allgemeine eben durch die phänomenologische Reduktion gewonnen wird: „Ich habe eine Einzelanschauung, oder mehrere Einzelanschauungen von Rot, ich halte die reine Immanenz fest, ich sorge für phänomenologische Reduktion. Ich schneide ab, was das Rot

Erst in dieser Hinsicht rechtfertigt sich meiner Meinung nach der in der Husserl-Forschung, nicht aber von Husserl selbst viel gebrauchte Ausdruck der „eidetischen Reduktion“.

Im Laufe seines Lebens hat Husserl mehrmals und auf unterschiedliche Weise die Lehre der Wesenserfassung umformuliert. Immer ist er aber der These treu geblieben, das Eidetische könne auch und hauptsächlich dank der Phantasie erfaßt werden.[149] Diese These hat er erst in den zwanziger Jahren ausführlich durch die Auslegung der Methode der sogenannten eidetischen Variation entfaltet, welche die Theorie der „ideierenden Abstraktion“ gleichsam ablöste.[150] Ein solches Verfahren soll darum jetzt erklärt werden.

§ 56. Die eidetische Variation

Um die Methode der eidetischen Variation am besten auszulegen, kann die Darstellung Husserls in den *Cartesianischen Meditationen* zunächst hilfreich sein.[151] Wir wollen das „Eidos Wahrnehmung“ gewinnen. Wir müssen von der empirischen Erfahrung einer einzelnen Wahrnehmung, etwa einer Tischwahrnehmung ausgehen. Die Methode der Variation besteht nun darin, daß wir unsere empirische Erfahrung ganz willkürlich nach allen möglichen Gestalten variieren, bis wir die Grenzen finden, jenseits deren es nicht mehr möglich ist, von einer Wahrnehmung zu sprechen. Die Synthesis aller so erzeugten Varianten gibt ein Invariantes als ihr Gemeinsames. Das Invariante wird schließlich als das Wesen in einem intuitiven und apodiktischen Allgemeinheitsbewußtsein erfaßt. Die exemplarische Wahrnehmung ist „zum Eidos Wahrnehmung geworden, dessen *idealen* Umfang alle idealiter möglichen Wahrnehmungen als reine Erdenklichkeiten ausmachen.“[152]

---

sonst bedeutet, als was es da transzendent apperzipiert sein mag, etwa als Rot eines Löschblattes auf meinem Tisch und dgl., und nun vollziehe ich rein schauend den *Sinn* des Gedankens Rot überhaupt.“

[149] Vgl. zum Beispiel *Ideen I*, Hua III/1, S. 16; *Ideen III*, Hua V, S. 53–56; *Logische Untersuchungen*, Hua XIX/2, S. 691–692.

[150] Vgl. E. Ströker, *Husserls Evidenzprinzip*, a. a. O., S. 22.

[151] Vgl. Hua I, S. 104–105.

[152] A. a. O., S. 104.

D. M. Levin hat auf die drei Stufen hingewiesen, welche die Methode der eidetischen Variation darstellen.[153] Wir können seine Aufteilung ohne weiteres aufnehmen und die drei Stufen folgendermaßen beschreiben:

a) Die Variation

Die erste Stufe ist die eigentliche Variation, die aber an sich noch kein Erkenntniserwerb ist. Sie geht von einem anfänglichen *Exempel* oder einer Exempelreihe aus[154], welche der Erfahrungs- oder Phantasiewelt entnommen werden. Das Exempel wird dann in all seinen möglichen *Varianten* berücksichtigt. Das heißt, daß verschiedene Einzelbestimmungen der im Exempel dargestellten Gegenständlichkeit unter Festhaltung der sonstigen variiert werden, nämlich so, daß alle möglichen, auf das Exempel beziehbaren Gegenständlichkeiten zu einer einheitlichen Synthesis kommen, welche die zweite Stufe der Methode ausmacht. Dabei ist aber wesentlich, daß die Variation mit Husserls Worten „in der Freiheit der reinen Phantasie und im reinen Bewußtsein der Beliebigkeit – des ‚reinen' Überhaupt – vollzogen wird".[155] Die *Beliebigkeit* der Variation ist zentral[156], weil erst durch sie das Invariante den Charakter der Allgemeingültigkeit gewinnen kann. Es ist uns prinzipiell verwehrt, alle möglichen Varianten wirklich zu erzeugen und zugleich das Bewußtsein dieser Vollkommenheit zu haben. Die Idee der Beliebigkeit impliziert aber die Möglichkeit der Erzeugung einer beliebigen Variante, so daß alle möglichen Varianten prinzipiell in Betracht kommen können. Die Bedeutung dieses Merkmals der Variationsmethode ist unten noch zu erörtern.

---

[153] Vgl. D. M. Levin, *Induction and Husserl's Theory of Eidetic Variation*, in: „Philosophy and Phenomenological Research", 29 (1968), S. 1–15.
[154] Vgl. *Cartesianische Meditationen*, Hua I, S. 104; *Phän. Psychologie*, Hua IX, S. 73 (bzw. EU, S. 412), 76–77; *Logik*, Hua XVII, S. 254.
[155] *Logik*, Hua XVII, S. 255.
[156] Vgl. auch *Cartesianische Meditationen*, Hua I, S. 104 und *Phän. Psychologie*, Hua IX, S. 77 (bzw. EU, S. 412–413).

b) Die Synthesis der Deckung

Die zweite Stufe ist die Feststellung des sich in der Deckung aller möglichen Varianten zeigenden Invarianten. Husserl kennzeichnet diese Stufe folgenderweise in der *Formalen und transzendentalen Logik*: „In einer derartigen völlig freien, von allen Bindungen an im voraus geltende Fakta gelösten Variation stehen nun alle Varianten des offen unendlichen Umfangs [...] in einem Verhältnis synthetischer Aufeinanderbezogenheit und allheitlichen Verbundenheit, und des näheren in einer kontinuierlich durchgehenden Synthesis der ‚Deckung im Widerstreit'."[157] Jede Variante ist gleichsam eine Abwandlung aller sonstigen Varianten, so daß alle in eine synthetische Einheit treten, in welcher erst das Invariante in seiner Notwendigkeit auftreten kann.[158] In der Einheit vollzieht sich eine Synthesis der „Deckung im Widerstreit": Die Varianten streiten gegeneinander eben aufgrund der sie erzeugenden Variation, aber erst dank einer fortdauernden Deckung kann in ihnen ein Invariantes auftauchen, ein Selbiges „kongruieren".[159] Die Kongruenz eines Invarianten ist die Bedingung des Widerstreitsverhältnisses zwischen allen Varianten.[160]

c) Die eidetische Intuition

Erst auf der dritten und „höheren Stufe"[161] vollzieht sich die eigentliche, erstrebte Erkenntnis des Allgemeinen. Das Invariante wird hier in seiner notwendigen Allgemeingültigkeit durch eine eidetische Intuition erfaßt. Das ist eben zu betonen: Nicht die Variation an sich ist Erkenntnis des Allgemeinen, sondern die durch sie erzeugte Intuition des in der Variation verharrenden Invarian-

[157] Hua XVII, S. 255.
[158] „Wie gesagt, wir gehen nicht nur von Nachbild zu Nachbild, von Ähnlichem zu Ähnlichem über. Worauf es ankommt, ist, daß alle die beliebigen Einzelheiten in der Folge ihres Auftretens zu *überschiebender Deckung* kommen und dadurch in eine *synthetische Einheit* treten, in der sie alle als Abwandlungen voneinander erscheinen; und dann in weiterer Folge als beliebige Folgen von Einzelheiten, in denen sich dasselbe Allgemeine als Eidos vereinzelt" (*Phän. Psychologie*, Hua IX, S. 77–78, bzw. EU, S. 414).
[159] Vgl. a. a. O., S. 78 (bzw. EU, S. 414).
[160] Vgl. a. a. O., S. 80 (bzw. EU, S. 418): „Andererseits aber ist klar, daß nichts in Streit treten kann, was nichts Gemeinsames hat."
[161] Vgl. a. a. O., S. 77 (bzw. EU, S. 413).

ten. Dieses „unzerbrechlich Selbige im Anders" ist, was Husserl das Wesen, Eidos oder Allgemeine nennt, nämlich das notwendig Identische, an welches alle erdenklichen Abwandlungen des anfänglichen Exempels gebunden bleiben.[162]

§ 57. Die Rolle der Phantasie in der eidetischen Variation

Berücksichtigen wir die Methode der eidetischen Variation näher. Wir halten uns dabei nur an das für die Erörterung der konstitutiven Rolle der Phantasie Wichtige fest.

Die eidetische Variation wird oft als eine bloße Induktion interpretiert.[163] Eine solche Interpretation wird normalerweise vorgelegt, um die Fragwürdigkeit der Methode der eidetischen Variation und dadurch der Wesenserschauung zu zeigen. Denn eine induktive Methode führt im Rahmen der Welterfahrung zu keiner endgültigen Notwendigkeit. Ich will nun auf diese Frage nicht eingehen. Ob so etwas wie eine eidetische Variation möglich sei oder nicht, kann hier offen bleiben. Nach der Husserlschen Auslegung dieser Methode ist aber zu betonen, daß eine eidetische Variation sich notwendig von der Induktion unterscheiden muß, will sie überhaupt eidetische Variation sein. Das hängt von zwei oben erwähnten Charakteren dieser Methode ab.

Erstens: Die Variation an sich ist kein eidetischer Erkenntnisakt, sondern ein Verlauf, um zum eigentlichen Akt der eidetischen *Intuition* zu gelangen. Das besagt aber, daß der eigentliche Erkenntnisakt in der Methode der eidetischen Variation kein induktiver, sondern ein intuitiver ist. Stellt die Induktion Verhältnisse fest, die allein für die berücksichtigten Fälle und nur als Annahme für alle sonstigen „analogen" Fälle gelten können, so führt die eidetische Variation hingegen zu einer echten Intuition. Diese ist Intuition eines *notwendigen Verhältnisses* zwischen möglichen Gegenständlichkeiten und nicht bloße Erweiterung eines nur für wirklich erfahrene Gegenständlichkeiten geltenden Verhältnisses zu diesen möglichen Gegenständlichkeiten. Mit anderen Worten: Gibt sich

---

[162] Vgl. *Logik*, Hua XVII, S. 255.

[163] Vgl. beispielshaft: A. Schutz, *Type and Eidos in Husserl's Late Philosophy*, in: „Philosophy and Phenomenological Research", 20 (1959–60), S. 147–165; D. M. Levin, a. a. O.; E. Ströker, *Husserls Evidenzprinzip*, a. a. O., S. 22–23.

durch die Induktion *ein Verhältnis* zwischen Gegenständlichkeiten, das als solches nur für die tatsächlich berücksichtigten Gegenständlichkeiten gilt, so gibt sich durch die in der Variation erzeugte eidetische Intuition *die Notwendigkeit desselben Verhältnisses*, das heißt aber sein notwendiges Gelten für alle möglichen Gegenständlichkeiten derselben Art.[164] Husserl drückt diese Scheidung durch den Unterschied zwischen „empirischen" und „apriorischen" Begriffen aus.[165] Bleibt bei den empirischen Begriffen notwendig offen, ob sie für den ganzen betrefflichen Umfang wirklich gelten, so kennzeichnen sich die reinen Begriffe dadurch, daß sie „imstande sein müssen, *allen empirischen Einzelheiten Regeln vorzuschreiben*".[166] Ein Wesensgesetz ist dadurch gekennzeichnet, daß es einer Mannigfaltigkeit von Einzelheiten Regeln vorschreibt, und nicht dadurch, daß es einer Mannigfaltigkeit von Einzelheiten faktisch gemeinsam ist. Wie kann aber eine solche Intuition der Wesensallgemeinheit durch die Variation entstehen? Das ist nur möglich, wenn der zweite hier fragliche Charakter der Husserlschen Beschreibung der eidetischen Variation nicht übersehen wird.

Dieser charakterisiert sich folgendermaßen: Die freie Beliebigkeit der eidetischen Variation ist die Bedingung, damit sie zu einer echten, reinen Wesenserschauung gelangen kann. Das „beliebig" gehört ja, mit den Husserlschen Worten, sogar „zum Grundcharakter des *actus* der Ideenschau selbst".[167] Der Grund dafür ist jetzt leicht verstehbar. Will eine Wesensallgemeinheit eben eine solche sein, also Wesensgesetze für alle ihrem Umfang zugehörigen Tatsachen vorschreiben, so muß sie unbedingt nicht am Faktum haften, denn sonst würde sie zu einer bloß induktiven Verallgemeinerung, sondern sich von aller Wirklichkeitssetzung befreien und dadurch jene Allgemeingültigkeit gewinnen, die das Wesen kennzeichnet und vor allem seine Apodiktizität hervor-

[164] Stimmt diese meine Auslegung, so steht nicht mehr in Frage, ob angesichts der offenen Endlosigkeit der Varianten die „Strukturformen" dieser Methode „Vollständigkeit, d. h. Kongruenz eines ‚Selbigen' in der genannten ‚überschiebenden Deckung', überhaupt garantieren" (so E. Ströker, *Husserls Evidenzprinzip*, a. a. O., S. 23). Denn die Vollständigkeit wird nicht vom Umfang der Varianten garantiert, sondern von der apodiktischen Einsichtigkeit, d. h. von der Unbezweifelbarkeit des durch die Variation gewonnenen Wesensgesetzes.

[165] Vgl. EU, S. 410.

[166] Ebd.

[167] *Phän. Psychologie*, Hua IX, S. 79 (bzw. EU, S. 422).

bringt, welche für die für uns in Frage stehende, vollkommene Erkenntnismäßigkeit immer bezeichnend ist. Husserl schreibt, das Eidos Wahrnehmung suchend: „Wir verwandeln das Faktum dieser Wahrnehmung unter Enthaltung von ihrer Seinsgeltung in eine reine Möglichkeit."[168] Das besagt: Wenn auch die Variation aufgrund von aus der wirklichen Erfahrung herkommenden Exempeln geführt wird, ist sie nur dann eine zur Wesenserschauung gelangende eidetische Variation, wenn die wirklichen Gegenständlichkeiten neutralisiert (in der „Enthaltung der Seinssetzung") und so zu Phantasiegegenständlichkeiten („reine Möglichkeiten") verwandelt werden. *Die eidetische Variation ist also nicht nur eine Abwandlung, sondern auch eine Neutralisierung dessen, was abgewandelt wird.*

Das wird von Husserl am ausführlichsten in den Vorlesungen über die *Phänomenologische Psychologie* erläutert. Dort zeigt er, wie die vollkommen reine Allgemeinheit erst dann geschaffen werden kann, wenn wir den ganzen Umfang der wirklichen und möglichen Varianten von der Bindung der Erfahrungsgeltung befreien. Die Variation ist eine Neutralisierung, weil wir erst in dieser Weise das reine Eidos gewinnen können: „Die Gattung […] als reines Eidos kann nur zur Erschauung kommen, wenn wir nicht nach Realem fragen und somit nicht nach Wirklichkeiten, sondern alle Wirklichkeiten hinaufheben in reine Möglichkeit, in das Reich des freien Beliebens."[169] Von daher wird in der eidetischen Variation das als Wirklichkeit Dastehende in ein Phantasiertes gleichsam verwandelt.[170] Nur die Verwandlung des anfänglichen Exempels in ein Phantasiertes läßt uns die eidetische Variation als apriorische Gesetzgebung von der empirischen Induktion als aposteriorische Feststellung von Regelmäßigkeiten unterscheiden.[171] Da jede Wirklichkeitsetzung die Eidosreinheit stört, wird sie in der eidetischen Variation in einer entsprechenden reinen

[168] *Cartesianische Meditationen*, Hua I, S. 104.
[169] Hua IX, S. 75–76.
[170] Vgl. a. a. O., S. 86.
[171] Wie schon erwähnt, soll hier offen bleiben, ob eine solche apriorische Gesetzgebung auffindbar ist. Der Kernpunkt ist aber: Gibt es so etwas wie die eidetische Erkenntnis, so ist sie keine Induktion, sondern eine auf der Phantasie begründete Variation.

Möglichkeit verwandelt: „Wir stehen dann sozusagen in einer puren Phantasiewelt, einer Welt absolut reiner Möglichkeiten."[172]

Zu bemerken ist dazu außerdem, daß der Eingriff der Phantasie nicht in der Intuition stattfinden darf, sondern einzig in der Variation. Das ist wichtig, wenn man die Identifizierung der Wesensschau mit einer bloßen Einbildung vermeiden will. Das Wesen ist für Husserl keine willkürliche Fiktion, sondern ein wirklicher Gegenstand einer originär gebenden Anschauung.[173] Husserl kann dies nur aufgrund der hier betonten strengen Unterscheidung zwischen dem Moment der Variation und demjenigen der eidetischen Intuition behaupten. Will die Intuition normierende Wesensgesetze feststellen, so muß sie das Allgemeine direkt als eine Gesetzgebung für alle Einzelheiten anschauen. Denn wäre umgekehrt das Allgemeine ein Fiktum, wie könnte es für die Einzelheiten notwendige Gesetze vorschreiben? So bietet die Phantasie den Boden für die eidetische Variation, sie leistet aber keine direkte Erschauung des Eidetischen selbst.

Wir sind somit zu einem festen Punkt der Husserlschen Auslegung der eidetischen Erkenntnis gekommen. Die konstitutive Leistung der Phantasie in diesem Zusammenhang ist keine „zufällige", sondern hängt unmittelbar mit der notwendigen Art und Weise der eidetischen Erkenntnis zusammen. Dies soll nun als letzter Punkt unserer Arbeit erörtert werden.

§ 58. Die Irrelevanz der Seinssetzung in der eidetischen Erkenntnis als Grundlage der konstitutiven Leistung der Phantasie

In der Konstitution des Eidetischen kommt nach Husserl der Phantasie eine bevorzugte Rolle zu. Dies wurde hinsichtlich der Texte aus den zwanziger Jahre besonders klar. Aber schon im ersten Band der *Ideen* schrieb Husserl eindeutig: „Es gibt Gründe,

[172] Hua IX, S. 74 (bzw. EU, S. 424).

[173] Dies wird am deutlichsten in § 23 von *Ideen I* erläutert: „Die *Wesenserschauung ist ein originär gebender Akt* und als solcher das *Analogon des sinnlichen Wahrnehmens* und *nicht des Einbildens*" (Hua III/1, S. 50). Andererseits sei bemerkt, daß hier Husserl die Lehre der eidetischen Variation noch nicht entwickelt hatte.

um derentwillen in der Phänomenologie, wie in allen eidetischen Wissenschaften, Vergegenwärtigungen und, genauer gesprochen, *freie Phantasien eine Vorzugsstellung gegenüber den Wahrnehmungen* gewinnen, und das *sogar in der Phänomenologie der Wahrnehmung selbst, die der Empfindungsdaten freilich ausgeschlossen*."[174] Von welchen Gründen spricht hier Husserl? Warum gewinnt die Phantasie im Rahmen der eidetischen Erkenntnis eine Vorzugsstellung gegenüber der Wahrnehmung? Wir sind jetzt in der Lage, diese Fragen zu beantworten.

Manchmal erwähnt Husserl als Grund dieser Sachlage die prinzipielle Begrenztheit der Wahrnehmungswelt – wie etwa im Falle der gerade zitierten Stelle.[175] Die Wahrnehmung gibt das Wirkliche. Nicht alles Mögliche ist aber auch wirklich. Die Wahrnehmungswelt ist eine ziemlich beschränkte Welt, welcher sich alles nicht Wirkliche entzieht. Die Wesensunterschiede und alle eidetischen Gesetze konstituieren sich aber durch eine breite Betrachtung aller möglichen Exempel[176], und das nicht, weil sie sich induktiv konstituieren, sondern weil *die Wesensunterschiede erst durch die Betrachtung der Grenzfälle deutlich werden.* Darin liegt eben der Sinn der eidetischen Variation. Es wird variiert, bis der Grenzfall gefunden wird, jenseits dessen das Wesensgesetz bzw. das Eidos nicht mehr gilt. Die Grenzfälle werden aber erst durch eine freie Variation in der Phantasie über alles Mögliche überschaubar. Die Wahrnehmung kann nur in einer sehr begrenzten Weise variieren, da in der Wahrnehmung die Welt immer nur aus einzelnen, an die Wirklichkeitssetzung haftenden Gegenständlichkeiten besteht. Erst in der Phantasie, welche Selbstgebung von reinen Möglichkeiten ist, können die Grenzfälle als mögliche berücksichtigt werden.

Ich bin aber der Meinung, daß neben diesem Grund auch eine weitere Bedingung für die Gewinnung einer Vorzugsstellung der Phantasie fundamental ist. Es geht jetzt nicht mehr um die Ausdehnung des Variationsfeldes, sondern um dessen Seinsmodus. Die Vorzugsstellung der Phantasie in der Konstitution des Eidetischen hängt sehr eng mit ihrem Modus der Apositionalität zusammen. *Gerade als Neutralitätsmodifikation der Seinssetzung gewinnt*

---

[174] A. a. O., S. 147.
[175] Vgl. a. a. O., S. 147–148.
[176] Nicht nur in der Theorie der eidetischen Variation, sondern auch nach den hier berücksichtigten Analysen von *Ideen I* (vgl. a. a. O., S. 148).

die Phantasie ihre konstitutive Rolle hinsichtlich des Eidetischen.[177] Vergegenwärtigen wir uns die Hauptgedanken der oben ausgelegten Erwägung Husserls in den zwanziger Jahren: 1) Für das reine Eidos ist die faktische Wirklichkeit der von ihm betroffenen Einzelfälle irrelevant.[178] 2) Von da her behandelt die Variation die zu variierenden Exempel unter Ausschluß der jeweiligen Seinssetzung, d.h. in voller Neutralität.[179] 3) Gerade deswegen, da also die Variation, selbst wenn sie von einer Wirklichkeit ausgeht, sie beliebig (d.h.: in Seinsneutralität) variieren muß, kann sie von vornherein auch eine Phantasiemöglichkeit zum Gegenstand haben.[180] Die konstitutive Leistung der Phantasie in der eidetischen Erfahrung rührt also direkt davon her, daß für das Eidos die Wirklichkeitssetzung irrelevant ist. Fast dieselben Worte hatte Husserl schon 1907 benutzt: „Das Wesen […] ist selbst gegeben, ebensowohl dann, wenn die ideierende Abstraktion sich auf Grund einer *Wahrnehmung* vollzieht oder auf Grund einer *Phantasievergegenwärtigung*, und die wirkliche und modifizierte *Existenzsetzung* ist beiderseits *irrelevant*."[181] In der eidetischen Betrachtung kann die apositionale Erkenntnis so gut wie die positionale, ja sogar besser, zur Wesenserschauung führen, weil in dieser Sphäre die Existenzsetzung, d.h. der Seinscharakter, die Positionalität bzw. Neutralität von keiner Bedeutung ist. Ist der Seinscharakter kein bestimmender Charakter des zu Erkennenden, so ist die Neutralität des Seinscharakters in der Phantasie als Modifikation des *quasi* kein Nachteil für den Erwerb einer vollkommenen Erkenntnis. Mit anderen Worten: Das Wesensurteil ist darum von dem Unterschied zwischen Wahrnehmung und

---

[177] Gerade das Gegenteil, nämlich daß die Lehre der Neutralitätmodifikation mit derjenigen der konstitutiven Leistung der Phantasie im Rahmen der eidetischen Erkenntnis unvereinbar und von daher abzulehnen ist, wurde von D. B. Kuspit behauptet. Vgl. D. B. Kuspit, *Fiction and Phenomenology*, in: „Philosophy and Phenomenological Research", 29 (1968), S. 28.

[178] „Ein reines Eidos behandelt die faktische Wirklichkeit der in Variation erzielten Einzelfälle als völlig irrelevant" (*Phän. Psychologie*, Hua IX, S. 74, bzw. EU, S. 423).

[179] „Eine Wirklichkeit wird behandelt als eine Möglichkeit unter anderen Möglichkeiten, und zwar als beliebige Phantasiemöglichkeit" (ebd.).

[180] „Die Wesensverallgemeinerung haftet ja nicht am Faktum; da sie ohnehin, selbst wenn sie von einem wirklichen Faktum ausgeht, es frei variieren muß (also in ideal mögliche Fakta), so kann sie ebensogut von vornherein von freien Möglichkeiten ausgehen" (*Logik*, Hua XVII, S. 206).

[181] *Die Idee der Phän.*, Hua II, S. 68.

Phantasie unabhängig, weil in ihm nicht über die Existenz, sondern über die Essenz des Gegebenen geurteilt wird.[182]

Dieselbe Aussage kann aber auch folgenderweise umformuliert werden: Gegenstand einer eidetischen Erkenntnis ist nicht ein Sinn, welcher unter anderem auch von dem Seinscharakter mitbestimmt ist, sondern ein solcher, der keine Seinsbestimmung einbezieht. Das Wesensurteil ist kein Existenzurteil, es betrifft kein Sein; es ist vielmehr ein Sinnurteil, wobei die Existenz den Sinn nicht mitbestimmt. Das ist zentral. Das Sein ist in der Regel Bestand des Sinnes-für-mich, da der Sinn-für-mich ein anderer ist, je nachdem, ob der gemeinte Gegenstand (der gegenständliche Sinn) als seiend, nicht-seiend oder phantasiert aufgefaßt wird. Im Fall der eidetischen Erkenntnis wird aber eine Sinnkonstitution vollzogen, die völlig vom Sein, Nichtsein oder Phantasiertsein des Aufgefaßten absieht. Der Sinn „Dreieck" ist genau derselbe, ob das Dreieck als gesetzte oder neutralisierte Gegenständlichkeit erfaßt wird. Genauer: Er *ist von keiner Seinssetzung näher bestimmt.*[183] Ist der Sinn des Gegebenen „dieser Wolf da" je nach der Seinssetzung verschieden, indem das Gegebene „dieser phantasierte Wolf da" einen ganz anderen Sinn als das Gegebene „dieser wahrgenommene Wolf da" hat, so gibt es auch „Gegenstände", derer Sinn gleich ist, ob sie als wahrgenommen oder phantasierte, als positionale oder apositionale „Gegenstände" erfaßt werden. Aufgrund dieser Irrelevanz der Seinsfrage ist die den eidetischen Sinn konstituierende Erschauung eine ausgesprochene Anschauungsweise, für welche die Gliederung der Anschauungen in positionale und neutralisierte keine Bedeutung hat.

Wieso aber diese Irrelevanz? Der eidetische Sinn kennzeichnet sich durch eine Wesensnotwendigkeit. Eidetisch ist jener Sinn, der nicht nur hier und jetzt gilt, sondern in sich ein Gesetz der Notwendigkeit für diese bestimmte Charakterenkonstellation birgt, so daß, wo immer diese und jene Charaktere vorkommen, auch diese und jene anderen Charaktere vorkommen müssen. Von daher wird ein Sinn in der eidetischen Betrachtung nicht bloß als Sinn-für-mich relevant, sondern als Sinn in Vergleich mit anderen Sinnen. Das Rot ist nicht als ein für mich daseiendes oder quasi-

---

182 Vgl. a. a. O., S. 70.

183 Vgl. dazu auch *Ideen I*, Hua III/1, S. 17, 326; Ms. B IV 6, S. 83–84, 87–88.

daseiendes Rot da, sondern als ein Rot in Hervorhebung gegenüber allem, was nicht Rot ist.[184] In diesem Vergleich sind nun nicht alle Charaktere des exemplarischen Sinnes von Bedeutung, sondern nur diejenigen, welche die eidetische Frage direkt betreffen. So sind bei der Wesensunterscheidung eines Farbtypus gegenüber den anderen (z.B. Rot gegenüber Grün) Charaktere wie Durchsichtigkeit oder Undurchsichtigkeit der Farbe irrelevant. Dasselbe gilt für den Seinscharakter. Der Seinscharakter ist eben ein Charakter des Sinnes und deswegen für die eidetische Betrachtung irrelevant, beziehungsweise nur dann relevant, wenn diese sich darauf richtet, gerade diese Unterschiede zu präsentieren. In der eidetischen Variation werden alle Charaktere des exemplarischen Sinnes unter Ausschluß derjenigen, deren Wesensnotwendigkeit zu untersuchen ist, gleichsam eingeklammert. Der Seinscharakter bleibt nur dann als „Residuum“ dieser „Einklammerung“ erhalten, wenn Wesensunterschiede wie diejenigen zwischen Positionalität und Neutralität bzw. zwischen verschiedenen Seinsmodi Ziel der Variation sind.[185]

So ist zum Schluß erneut auf die grundlegende Rolle aufmerksam zu machen, welche die phänomenologische Umdeutung der Verhältnisse zwischen Sein und Sinn in der Auffassung der konstitutiven Leistung der Phantasie spielt. Der Phantasie kann nur deswegen eine erkenntnistheoretische Funktion zukommen, weil das, was sie konstituiert, nämlich das Phantasierte bzw. das Mögliche, nicht mehr als das Inexistente und von da her als das erkenntnistheoretisch Irrelevante erfaßt wird, sondern als ein Sinn, welcher wie alle Sinne zur Gesamterkenntnis der uns umgebenden Welt beiträgt, die nach dieser Interpretation eine Sinnaus-

---

[184] Husserl läßt die Vergleichung nur zur Gewinnung der empirischen Begriffe gelten (vgl. EU, S. 385–388, 410). Es ist aber klar, daß auch die eidetische Variation einen Vergleich, wenn auch in breiterem Sinne, impliziert.

[185] „Für die Wesensbetrachtung rangiert Wahrnehmung und Phantasievorstellung ganz gleich, aus beiden ist dasselbe Wesen gleich gut herauszuschauen, heraus zu abstrahieren und, die eingewobenen Existenzsetzungen sind irrelevant; daß der wahrgenommene Ton mitsamt seiner Intensität, Qualität usw. in gewissem Sinn *existiert*, der Phantasieton, sagen wir geradezu der fingierte *nicht existiert*, […] das gehört in eine andere Betrachtung, für die Wesensbetrachtung kommt es nicht in Frage, außer sie richtet sich darauf, gerade diese Unterschiede, die auch ihre Gegebenheit haben, zu präsentieren und generelle Einsichten über sie festzustellen“ (*Die Idee der Phän.*, Hua II, S. 68–69).

legung ist.[186] Dank dieser Umdeutung wird einerseits die erkenntnistheoretische Funktion der Phantasie feststellbar, andererseits ihre von Husserl schon erblickte konstitutive Leistung in deren Gründen erklärbar.

[186] Daß diese meine Auslegung eine innere Notwendigkeit besitzt, zeigt sich auch dadurch, daß, wenn sie übersehen wird, die Husserlsche Phantasieauffassung zweideutig wird. Trotz der der Phantasie zuerkannten konstitutiven Leistung würde die Wahrnehmung eine erkenntnistheoretische, auf der Leistung der Selbstgebung begründete „Überlegenheit" erhalten. Dies zeigt sich deutlich etwa in der Interpretation von John Sallis, welcher eben von einer „superiority of perception" spricht (vgl. J. Sallis, *Spacing Imagination*, a. a. O., S. 202–204).

Angaben zur angeführten Literatur

1. Veröffentlichte Schriften von Husserl

Hua I — *Cartesianische Meditationen und Pariser Vorträge*, hrsg. von S. Strasser, Nijhoff, Den Haag [2]1963 („Husserliana“ Bd. I).

Hua II — *Die Idee der Phänomenologie. Fünf Vorlesungen*, hrsg. von W. Biemel, Nijhoff, Den Haag [2]1973 („Husserliana“ Bd. II).

Hua III/1 — *Ideen zu einer reinen Phänomenologie und phänomenologischen Philosophie*, erstes Buch, *Allgemeine Einführung in die reine Phänomenologie*, 1. Halbband, Text der 1.–3. Auflage, hrsg. von K. Schuhmann, Nijhoff, Den Haag 1976 („Husserliana“ Bd. III/1).

Hua III/2 — *Ideen zu einer reinen Phänomenologie und phänomenologischen Philosophie*, erstes Buch, *Allgemeine Einführung in die reine Phänomenologie*, 2. Halbband, ergänzende Texte (1912–1929), hrsg. von K. Schuhmann, Nijhoff, Den Haag 1976 („Husserliana“ Bd. III/2).

Hua IV — *Ideen zu einer reinen Phänomenologie und phänomenologischen Philosophie*, zweites Buch, *Phänomenologische Untersuchungen zur Konstitution*, hrsg. von M. Biemel, Nijhoff, Den Haag 1952 („Husserliana“ Bd. IV).

Hua V — *Ideen zu einer reinen Phänomenologie und phänomenologischen Philosophie*, drittes Buch, *Die Phänomenologie und die Fundamente der Wissenschaften*, hrsg. von M. Biemel, Nijhoff, Den Haag 1953 („Husserliana“ Bd. V).

Hua VI — *Die Krisis der europäischen Wissenschaften und die transzendentale Phänomenologie. Eine Einleitung in die phänomenologische Philosophie*, hrsg. von W. Biemel, Nijhoff, Den Haag 1954 („Husserliana“ Bd. VI).

Hua VII — *Erste Philosophie (1923/24)*, erster Teil, *Kritische Ideengeschichte*, hrsg. von R. Boehm, Nijhoff, Den Haag 1956 („Husserliana“ Bd. VII).

Hua VIII — *Erste Philosophie (1923/24)*, zweiter Teil, *Theorie der phänomenologischen Reduktion*, hrsg. von R. Boehm, Nijhoff, Den Haag 1959 („Husserliana“ Bd. VIII).

Hua IX — *Phänomenologische Psychologie. Vorlesungen Sommersemester 1925*, hrsg. von W. Biemel, Nijhoff, Den Haag [2]1968 („Husserliana“ Bd. IX).

Hua X — *Zur Phänomenologie des inneren Zeitbewußtseins (1893–1917)*, hrsg. von R. Boehm, Nijhoff, Den Haag 1966 („Husserliana“ Bd. X).

Hua XI — *Analysen zur passiven Synthesis. Aus Vorlesungs- und Forschungsmanuskripten. 1918–1926*, herausgegeben von M. Fleischer, Nijhoff, Den Haag 1966 („Husserliana" Bd. XI).

Hua XVI — *Ding und Raum. Vorlesungen 1907*, herausgegeben von U. Claesges, Nijhoff, Den Haag 1973 („Husserliana" Bd. XVI).

Hua XVII — *Formale und transzendentale Logik. Versuch einer Kritik der logischen Vernunft*, hrsg. von P. Janssen, Nijhoff, Den Haag 1974 („Husserliana" Bd. XVII).

Hua XVIII — *Logische Untersuchungen*, erster Band, *Prolegomena zur reinen Logik*, hrsg. von E. Holenstein, Nijhoff, Den Haag 1975 („Husserliana" Bd. XVIII).

Hua XIX/1 — *Logische Untersuchungen*, zweiter Band, *Untersuchungen zur Phänomenologie und Theorie der Erkenntnis*, erster Teil, hrsg. von U. Panzer, Nijhoff, Den Haag 1984 („Husserliana" Bd. XIX/1).

Hua XIX/2 — *Logische Untersuchungen*, zweiter Band, *Untersuchungen zur Phänomenologie und Theorie der Erkenntnis*, zweiter Teil, hrsg. von U. Panzer, Nijhoff, Den Haag 1984 („Husserliana" Bd. XIX/2).

Hua XXII — *Aufsätze und Rezensionen (1890–1910)*, herausgegeben von B. Rang, Nijhoff, Den Haag 1979 („Husserliana" Bd. XXII).

Hua XXIII — *Phantasie, Bildbewußtsein, Erinnerung. Zur Phänomenologie der anschaulichen Vergegenwärtigungen. Texte aus dem Nachlaß (1898–1925)*, hrsg. von E. Marbach, Nijhoff, Den Haag 1980 („Husserliana" Bd. XXIII).

Hua XXV — *Aufsätze und Vorträge (1911–1921)*, hrsg. von Th. Nenon und H. R. Sepp, Nijhoff, Dordrecht/Boston/Lancaster 1987 („Husserliana" Bd. XXV).

Hua XXIX — *Die Krisis der europäischen Wissenschaften und die transzendentale Phänomenologie*, Ergänzungsband, *Texte aus dem Nachlaß 1934–1937*, hrsg. von R. N. Smid, Kluwer, Dordrecht/Boston/London 1993 („Husserliana" Bd. XXIX).

EU — *Erfahrung und Urteil. Untersuchungen zur Genealogie der Logik*, hrsg. von L. Landgrebe, Meiner, Hamburg [6]1985.

2. Unveröffentlichte Manuskripte von Husserl

Ms. A VI 5 — „Neutralitätsmodifikation, Phantasie, das Sich-denken" (1912).

Ms. A VII 13 — „Transzendentale Ästhetik" (1918–1930).

Ms. B IV 6 — „Zur Lehre des transzendentalen Idealismus" (1908–1924). Seitenangabe nach der Transkription.

Ms. C 4 — „Analyse der lebendigen Gegenwart, des Schlafes, des Aufhörens des Erlebnisstromes" (1930). Seitenangabe nach der Transkription.

Ms. C 13 III — „Konstitution von Seiendem in Zeitmodalitäten" (1934). Seitenangabe nach der Transkription.

Ms. D 3 — „Objektivität, ‚objektive' oder Wahrheit an sich" (1920)

Ms. D 19	„Beilagen zu den Vorlesungen 1922/23“. Ich zitiere aus den Blättern 109–120: „Möglichkeit und Phantasie“ (teilweise veröffentlicht in Hua XXIII).
Ms. M III 3 VII	„Wirklichkeit und Phantasie. Untersuchungen zum Problem der Individuation“. Es handelt sich um ein von L. Landgrebe vorbereitetes Typoskript, welches die wichtigsten Analysen der Manuskripte A I 20, L II 12 und L II 13 (1918–1920) hinsichtlich der Phantasie zusammenstellt. Der Text dieses Typoskriptes wurde zum großen Teil in *Erfahrung und Urteil* aufgenommen. Ich zitiere aus den unveröffentlichten Seiten.

3. Andere Schriften

ADORNO, Theodor Wiesegrund, *Zur Metakritik der Erkenntnistheorie. Studien über Husserl und die phänomenologischen Antinomien*, hrsg. von G. Adorno und R. Tiedemann, Suhrkamp, Frankfurt a.M. 1990 (1. Auflage 1956).

AGUIRRE, Antonio, *Genetische Phänomenologie und Reduktion*, Nijhoff, Den Haag 1970.

ALES-BELLO, Angela, *Husserl. Sul problema di Dio*, Studium, Roma 1985.

ALMEIDA, Guido Antonio de, *Sinn und Inhalt in der Genetischen Phänomenologie E. Husserls*, Nijhoff, Den Haag 1972.

ARIAS MUÑOZ, J. Adolfo, *La radicalidad de la fenomenologia husserliana*, Editorial Fragua, Madrid 1982.

ARISTOTELES, *De anima* (Aristoteles graece ex recensione Immanuelis Bekkeri edidit Academia Regia Borussica, ap. G. Reimerum, Berlin 1831, Bd. I, S. 402–435).

–, *De memoria et reminiscentia* (Aristoteles graece ex recensione Immanuelis Bekkeri edidit Academia Regia Borussica, ap. G. Reimerum, Berlin 1831, Bd. I, S. 449–53).

–, *De somno et vigilia* (Aristoteles graece ex recensione Immanuelis Bekkeri edidit Academia Regia Borussica, ap. G. Reimerum, Berlin 1831, Bd. I, S. 453–458).

–, *Über die Seele*, übersetzt und mit Erläuterungen, Gliederung und Literaturhinweisen hrsg. von W. Theiler, Akademie-Verlag, Berlin 1959 (dann Rowohlt, Reinbeck bei Hamburg 1968).

–, *Traite de l'âme*, traduit et annoté par G. Rodier, 2 Bde., Paris 1900.

–, *L'anima*, Traduzione, introduzione e commento di G. Movia, Loffredo, Napoli 1979.

–, *De anima*, Edited with Introduction and Commentary by D. Ross, Clarendon, Oxford 1956.

ASEMISSEN, Hermann Ulrich, *Strukturanalytische Probleme der Wahrnehmung in der Phänomenologie Husserls*, Kölner Universitäts-Verlag, Köln 1957 („Kantstudien“, Ergänzungsheft 73).

BACON, Francis, *Novum Organum* (in: *The Works of Francis Bacon*, hrsg. von J. Spedding, R. L. Ellis und D. D. Heath, Bd. I, Faksimile-Neudruck bei Frommann Holzboog, Stuttgart/Bad Cannstatt 1963, S. 146–345).

–, *Instauratio Magna* (in: *The Works of Francis Bacon*, hrsg. von J. Spedding,

R. L. Ellis und D. D. Heath, Bd. I, Faksimile-Neudruck bei Frommann Holzboog, Stuttgart/Bad Cannstatt 1963, S. 121–145).

BEDNARSKI, Jules, *La réduction husserlienne*, in: „Revue de métaphisique et de morale" (1957), S. 416–435.

BEILS, Karl Bernhard, *Transzendenz und Zeitbewußtsein. Zur Grenzproblematik des transzendental-phänomenologischen Idealismus*, Bouvier, Bonn 1987.

BELUSSI, Felix, *Die modaltheoretischen Grundlagen der Husserlschen Phänomenologie*, Alber, Freiburg/München 1990.

BERKELEY, George, *A Treatise Concerning the Principles of Human Knowledge* (in: *The Works of George Berkeley*, hrsg. von A. A. Luce und T. E. Jessop, Bd. II, Thomas Nelson and Sons Ltd., London/Edinburgh/Paris/Melbourne/Toronto/New York 1949, S. 19–13).

BERNET, Rudolf, *Husserls Begriff des Noema*, in: *Husserl-Ausgabe und Husserl-Forschung*, hrsg. von S. IJsseling, Kluwer, Dordrecht/Boston/London 1990, S. 61–80.

–, *Transcendance et intentionnalité: Heidegger et Husserl sur les prolégomènes d'une ontologie phénoménologique*, in: *Heidegger et l'idée de la phénoménologie*, hrsg. von J. Taminiaux, Kluwer, Dordrecht/Boston/London 1988, S. 195–215.

–, *Die ungegenwärtige Gegenwart. Anwesenheit und Abwesenheit in Husserls Analyse des Zeitbewußtseins*, in: *Zeit und Zeitlichkeit bei Husserl und Heidegger*, hrsg. von E. W. Orth, Alber, Freiburg/München 1983, S. 16–57.

BERNET, Rudolf – KERN, Iso – MARBACH, Eduard, *Edmund Husserl. Darstellung seines Denkens*, Meiner, Hamburg 1989.

BERNIS, Jeanne, *L'imagination*, Presses Universitaires de France, Paris [6]1969.

BOEHM, Rudolf, *Vom Gesichtspunkt der Phänomenologie. Husserl-Studien*, Nijhoff, Den Haag 1968.

BRENTANO, Franz, *Grundzüge der Ästhetik*, hrsg. von F. Mayer-Hillebrand, Meiner, Hamburg 1957.

–, *Philosophische Untersuchungen zu Raum, Zeit und Kontinuum*, hrsg. von S. Körner und R. M. Chisholm, Meiner, Hamburg 1976.

BRUNET, Olivier, *Philosophie et Esthétique chez David Hume*, Nizet, Paris 1965.

CAEYMAEX, Florence, *Questions sur la phénoménologie de l'image de Husserl*, in: „Recherches husserliennes" 1996, Nr. 6, S. 5–23.

CASEY, Edward S., *Imagining. A Phenomenological Study*, Indiana University Press, Bloomington/London 1976.

CASTORIADIS, Cornelius, *La découverte de l'imagination*, Livre 3, Paris 1978.

CATUCCI, Stefano, *La filosofia critica di Husserl*, Guerini e Associati, Milano 1995

CHEUNG, Chan-Fai, *Der anfängliche Boden der Phänomenologie: Heideggers Auseinandersetzung mit der Phänomenologie Husserls in seinen Marburger Vorlesungen*, Lang, Frankfurt a. M./Bern/New York 1983.

CLAESGES, Ulrich, *Edmund Husserls Theorie der Raumkonstitution*, Nijhoff, Den Haag 1964.

COCKING, J. M., *Imagination. A Study in the History of Ideas*, Routledge, London/New York 1991.

COSTA, Vincenzo, *Lo sviluppo della riduzione fenomenologica: dalla Filosofia dell'aritmetica a Ideen*, in: „Rivista di Filosofia Neoscolastica", 86 (1994), S. 506–572.

DERRIDA, Jacques, *Le problème de la genèse dans la philosophie de Husserl*, Presses Universitaires de France, Paris 1990.
DESCARTES, René, *Discours de la methode* (in: *Oeuvres*, hrsg. von C. Adam und P. Tannery, Bd. VI, Librairie philosophique J. Vrin, Paris 1965, S. 1–78).
–, *Meditationes de Prima Philosophia* (in: *Oeuvres*, hrsg. von C. Adam und P. Tannery, Bd. VII, Librairie philosophique J. Vrin, Paris 1964, S. 1–90).
–, *Regulae ad directionem ingenii* (in: *Oeuvres*, hrsg. von C. Adam und P. Tannery, Bd. X, Librairie philosophique J. Vrin, Paris 1966, S. 349–469).
DI PINTO, Luigia, *Il problema dell'immaginazione in Edmund Husserl. Tra analitica della temporalità e valutazione empatica*, Levante, Bari 1983.
DRUMMOND, J. J. – EMBREE, L. (Hrsg.), *The Phenomenology of the Noema*, Kluwer, Dordrecht/Boston/London 1992.
ECO, Umberto, *L'antiporfirio*, in: *Il pensiero debole*, hrsg. von G. Vattimo und P. A. Rovatti, Feltrinelli, Milano 1983, S. 52–80.
ELEY, Lothar, *Die Krise des Apriori in der transzendentalen Phänomenologie Edmund Husserls*, Nijhoff, Den Haag 1962.
ESPOSITO, Costantino, *Il fenomeno dell'essere. Fenomenologia e ontologia in Heidegger*, Dedalo, Bari 1984.
FARBER, Marvin, *The Aims of Phenomenology*, Harper and Row, New York 1966.
FELLMANN, Ferdinand, *Die Phänomenologie als ästhetische Theorie*, Alber, Freiburg/München 1989.
FINK, Eugen, *Nähe und Distanz. Phänomenologische Vorträge und Aufsätze*, hrsg. von F.-F. Schwarz, Alber, Freiburg/München 1976.
–, *Studien zur Phänomenologie. 1930–1939*, Nijhoff, Den Haag 1966.
FÖLLESDAL, Dagfinn, *Husserl's Notion of the Noema*, in: „The Journal of Philosophy", 66 (1969), S. 680–687.
FREDE, Dorothea, *The Cognitive Role of phantasia in Aristotle*, in: *Essays on Aristotle's De anima*, hrsg. von M. C. Nussbaum und A. O. Rorty, Clarendon Press, Oxford 1992, S. 279–295.
FREUDENTHAL, J., *Über den Begriff des Wortes phantasia bei Aristoteles*, Dissertation, Göttingen 1863.
FUNKE, Gerhard, *Zur transzendentalen Phänomenologie*, Bouvier, Bonn 1957.
FURLONG, E. J., *Imagination in Hume's „Treatise" and „Enquiry Concerning Human Understanding"*, in: „Philosophy", 36 (1961), S. 62–70.
GADAMER, Hans Georg, *Die phänomenologische Bewegung*, in: *Neuere Philosophie I: Hegel, Husserl, Heidegger*, Mohr, Tübingen 1987 (Gesammelte Werke, Bd. 3), S. 105–46.
–, *Wahrheit und Methode. Grundzüge einer philosophischen Hermeneutik*, Mohr, Tübingen ^{6}1990 (Gesammelte Werke, Bd. 1).
GORE, William Clark, *The Imagination in Spinoza and Hume*, The University of Chicago Press, Chicago 1902.
GRANEL, Gérard, *Le sens du temps et de la perception chez E. Husserl*, Gallimard, Paris 1968.
GUARALDI, Antonella, *La modificazione di Neutralità come epoché naturale*, in: „Revue internationale de Philosophie", 71–72 (1965), S. 74–106.
GURWITSCH, Aron, *Phenomenology and the Theory of Science*, hrsg. von L. Embree, Northwestern University Press, Evanston 1974.
HEIDEGGER, Martin, *Kant und das Problem der Metaphysik*, Klostermann, Frankfurt a. M. ^{3}1965.
–, *Sein und Zeit*, Niemeyer, Tübingen ^{16}1986.

–, *Einführung in die phänomenologische Forschung*, Marburger Vorlesung 1923/24, hrsg. von F.-W. von Herrmann, Klostermann, Frankfurt a. M. 1994 (Gesamtausgabe, Bd. 17).
–, *Prolegomena zur Geschichte des Zeitbegriffs*, Marburger Vorlesung 1925, hrsg. von P. Jaeger, Klostermann, Frankfurt a. M. [2]1988 (Gesamtausgabe, Bd. 20).
–, *Die Grundprobleme der Phänomenologie*, Marburger Vorlesung 1927, hrsg. von F.-W. von Herrmann, Klostermann, Frankfurt a. M. [2]1989 (Gesamtausgabe, Bd. 24).
–, *Grundprobleme der Phänomenologie (1919/20)*, Freiburger Vorlesung, hrsg. von H.-H.. Gander, Klostermann, Frankfurt a. M. 1993 (Gesamtausgabe, Bd 58).
–, *Ontologie (Hermeneutik der Faktizität)*, Freiburger Vorlesung 1923, hrsg. von K. Bröcker-Oltmanns, Klostermann, Frankfurt a. M. 1988 (Gesamtausgabe, Bd. 63).
HELD, Klaus, *Lebendige Gegenwart. Die Frage nach der Seinsweise des transzendentalen Ich bei Edmund Husserl, entwickelt am Leitfaden der Zeitproblematik*, Nijhoff, Den Haag 1966.
HELMHOLTZ, Hermann von, *Handbuch der physiologischen Optik*, Voss, Leipzig [3]1909–11.
–, *Vorträge und Reden*, Vieweg, Braunschweig 1884.
HERRMANN, Friedrich-Wilhelm von, *Der Begriff der Phänomenologie bei Heidegger und Husserl*, Klostermann, Frankfurt a. M. [2]1988.
–, *Hermeneutische Phänomenologie des Daseins*, Bd. I, Klostermann, Frankfurt a. M. 1987.
HOLENSTEIN, Elmar, *Phänomenologie der Assoziation. Zur Struktur und Funktion eines Grundprinzips der passiven Genesis bei E. Husserl*, Nijhoff, Den Haag 1972.
HOPKINS, Burt C., *Intentionality in Husserl and Heidegger. The Problem of the Original Method and Phenomenon of Phenomenology*, Kluwer, Dordrecht/Boston/London 1993.
HUME, David, *A Treatise of Human Nature* (hrsg. von T. H. Green und T. H. Grose, Longmans, Green and Co., London/New York/Bombay 1874).
–, *Ein Traktat über die menschliche Natur*, übersetzt, mit Anmerkungen versehen und hrsg. von Th. Lipps, Meiner, Hamburg 1978 (Nachdruck der 2. Auflage, 1904–06).
–, *Enquiry Concerning Human Understanding* (hrsg. von T. H. Green und T. H. Grose, Longmans, Green and Co., London/New York/Bombay 1875).
INGARDEN, Roman, *Einführung in die Phänomenologie Edmund Husserls*, hrsg. von G. Haeflinger, Niemeyer, Tübingen 1992.
–, *Über den transzendentalen Idealismus bei E. Husserl*, in: *Husserl und das Denken der Neuzeit*, hrsg. von H. L. Van Breda und J. Taminiaux, Nijhoff, Den Haag 1959, S. 190–204.
JANSSEN, Paul, *Edmund Husserl: Einführung in seine Phänomenologie*, Alber, Freiburg/München 1976.
KANT, Immanuel, *Anthropologie in pragmatischer Hinsicht* (in: *Werke in zwölf Bänden*, hrsg. von W. Weischedel, Suhrkamp, Frankfurt a. M. 1968, Bd. XII).
–, *Kritik der reinen Vernunft* (in: *Werke in zwölf Bänden*, hrsg. von W. Weischedel, Suhrkamp, Frankfurt a. M. 1968, Bd. III-IV).
–, *Logik. Ein Handbuch zu Vorlesungen* (in: *Werke in zwölf Bänden*, hrsg. von W. Weischedel, Suhrkamp, Frankfurt a. M. 1968, Bd. VI)

KEARNEY, Richard, *The Wake of Imagination. Ideas of Creativity in Western Culture*, Hutchinson, London 1988.

KEMP-SMITH, Norman, *The Philosophy of David Hume. A Critical Study of its Origins and Central Doctrines*, Macmillan, London [4]1964.

KERN, Iso, *Husserl und Kant*, Nijhoff, Den Haag 1964.

–, *Idee und Methode der Philosophie. Leitgedanken für eine Theorie der Vernunft*, de Gruyter, Berlin/New York 1975.

KOFFKA, Kurt, *Principles of Gestalt Psychology*, Hartcourt, Brace and Co., New York 1935.

KÖRNER, Stephan – CHISHOLM, Roderick M., *Einleitung*, in F. Brentano, *Philosophische Untersuchungen zu Raum, Zeit und Kontinuum*, Meiner, Hamburg 1976, S. III-XXIV.

KUSPIT, Donald B., *Fiction and Phenomenology*, in: „Philosophy and Phenomenological Research", 29 (1968), S. 16–33.

LANDGREBE, Ludwig, *Der Weg der Phänomenologie. Das Problem einer ursprünglichen Erfahrung*, Mohn, Gütersloh 1963.

LANFREDINI, Roberta, *Husserl. La teoria dell'intenzionalità*, Laterza, Roma/Bari 1994.

LEVIN, David Michael, *Induction and Husserl's Theory of Eidetic Variation*, in: „Philosophy and Phenomenological Research", 29 (1968), S. 1–15.

LÉVINAS, Emmanuel, *Totalité et Infini. Essai sur l'Extériorité*, Nijhoff, Den Haag 1961.

–, *En découvrant l'existence avec Husserl et Heidegger*, Vrin, Paris [4]1988.

LOTZE, Rudolf Hermann, *Medicinische Psychologie*, Hirzel, Leipzig 1852.

MARBACH, Eduard, *Einleitung des Herausgebers*, in: E. Husserl, *Phantasie, Bildbewußtsein, Erinnerung. Zur Phänomenologie der anschaulichen Vergegenwärtigungen. Texte aus dem Nachlaß (1898–1925)*, Nijhoff, Den Haag 1980 („Husserliana" Bd. XXIII), S. XXV-LXXXII.

MELCHIORRE, Virgilio, *L'immaginazione simbolica. Saggio di antropologia filosofica*, Il Mulino, Bologna 1972.

–, *Analogia e analisi trascendentale. Linee per una nuova lettura di Kant*, Mursia, Milano 1991.

MELLE, Ulrich, *Objektivierende und nicht-objektivierende Akte*, in: *Husserl-Ausgabe und Husserl-Forschung*, hrsg. von S. IJsseling, Kluwer, Dordrecht/Boston/London 1990, S. 35–49.

MERLEAU-PONTY, Maurice, *Phénoménologie de la perception*, Gallimard, Paris 1945.

–, *Le visible et l'invisible*, Gallimard, Paris 1964.

MOHANTY, J. N., *Husserl on „Possibility"*, in: „Husserl-Studies", 1 (1984), S. 13–29.

MÖRCHEN, Hermann, *Die Einbildungskraft bei Kant*, Niemeyer, Tübingen [2]1970.

MOVIA, Gaetano, *Introduzione*, in: Aristoteles, *L'anima*, Traduzione, introduzione e commento di G. Movia, Loffredo, Napoli 1979, S. 13–106.

PACI, Enzo, *Tempo e verità nella fenomenologia di Husserl*, Bompiani, Milano 1990.

PALUMBO, Margherita, *Immaginazione e matematica in Kant*, Laterza, Roma/Bari 1985.

PATOČKA, Jean, *La doctrine husserlienne de l'intuition eidétique et ses critiques récents*, in: „Revue internationale de Philosophie", 71–72 (1965), S. 17–33.

PERKO, Gudrun, *Aufschlüsse der Einbildungskraft. Auswirkungen und Wir-*

kungsweisen der Phantasie, Centaurus-Verlagsgesellschaft, Pfaffenweiler 1993.
PIANA, Giovanni, *Elementi di una dottrina dell'esperienza*, Il Saggiatore, Milano 1979.
PLATO, *Politeia* (in: *Oeuvres complètes*, Bd. VI-VII, Texte établi et traduit par Emile Chambry, Les Belles Lettres, Paris 1932–34).
POGGI, Stefano, *I sistemi dell'esperienza*, Il Mulino, Bologna 1977.
PRICE, Henry Habberley, *Hume's Theory of the External World*, Clarendon Press, Oxford [3]1963.
PRZYWARA, Erich, *Analogia Entis*, Johannes-Verlag, Einsiedeln [2]1962.
RABANAQUE, Luis Romàn, *Passives Noema und die analytische Interpretation*, in: „Husserl Studies“, 10 (1993), S. 65–80.
RANG, Bernhard, *Husserls Phänomenologie der materiellen Natur*, Klostermann, Frankfurt a. M. 1990.
–, *Kausalität und Motivation*, Nijhoff, Den Haag 1973.
ROBIN, Léon, *La pensée greque et les origines de l'esprit scientifique*, La renaissance du livre, Paris 1923.
ROSEN, Klaus, *Evidenz in Husserls deskriptiver Transzendentalphilosophie*, Anton Hain, Meisenheim a. G. 1977.
ROSS, William David, *Aristotle's Man*, Methuen, London 1923.
ROY, Jean H., *L'imagination selon Descartes*, Gallimard, Paris 1944.
RUGGENINI, Mario, *Verità e soggettività. L'idealismo fenomenologico di Edmund Husserl*, Fiorini, Verona 1974.
SALLIS, John, *Imagination and the Meaning of Being*, in: *Heidegger et l'idée de la phénoménologie*, hrsg. von J. Taminiaux, Kluwer, Dordrecht 1988, S. 127–144.
–, *Spacing Imagination. Husserl and the Phenomenology of Imagination*, in: *Eros and Eris*, hrsg. von P. Van Tongeren, P. Sars, C. Bremmers und K. Boey, Kluwer, Dordrecht/Boston/London 1992, S. 201–215.
SARAIVA, Maria Manuela, *L'imagination selon Husserl*, Nijhoff, Den Haag 1970.
SARTRE, Jean-Paul, *L'imaginaire. Psychologie phénoménologique de l'imagination*, Gallimard, Paris 1940.
–, *L'imagination*, Presses Universitaires de France, Paris [6]1965.
SCHOFIELD, Malcom, *Aristotle on the Imagination*, in: *Essays on Aristotle's De anima*, hrsg. von M. C. Nussbaum und A. O. Rorty, Clarendon Press, Oxford 1992, S. 249–77.
SCHUHMANN, Karl, *Die Fundamentalbetrachtung der Phänomenologie. Zum Weltproblem in der Philosophie Edmund Husserls*, Nijhoff, Den Haag 1971.
SCHUTZ, Alfred, *Type and Eidos in Husserl's Late Philosophy*, in „Philosophy and Phenomenological Research“, 20 (1959–60), S. 147–165.
SEMERARI, Giuseppe, *La „filosofia come scienza rigorosa“ e la critica fenomenologica del dogmatismo*, in: *Omaggio a Husserl*, hrsg. von E. Paci, Il Saggiatore, Milano 1960, S. 121–161.
SEPP, Hans Rainer, *Intentionalität und Schein*, in: *Intentionalität – Werte – Kunst (Husserl – Ingarden – Patočka)*, hrsg. von J. Bloss, W. Stròzewski und J. Zumr, Filosofia, Prag 1995, S. 54–58.
–, *Bildbewußtsein und Seinsglauben*, in: „Recherches husserliennes“ 1996, Nr. 6, S. 117–137.
SOKOLOWSKI, Robert, *The Formation of Husserl's Concept of Constitution*, Nijhoff, The Hague 1964.

SOLOMON, Robert C., *Husserl's Concept of the Noema*, in: *Husserl: Expositions and Appraisals*, hrsg. von F. Ellingston und P. McCormick, The University of Notre Dame Press, Notre Dame/London 1977, S. 168–181.
SPINOZA, Benedictus de, *Ethica ordine geometrico demonstrata* (hrsg. von G. Gentile, Laterza, Bari 1915).
–, *Ethik*, Übersetzung von O. Baensch, Meiner, Leipzig 1919.
STRAWSON, Peter Frederick, *Imagination and Perception*, in: *Experience and Theory*, hrsg. von L. Foster und J. W. Swanson, Duckworth, London 1970, S. 31–54.
STRÖKER, Elisabeth, *Husserls Evidenzprinzip. Sinn und Grenzen einer methodischen Norm der Phänomenologie als Wissenschaft*, in: „Zeitschrift für philosophische Forschung", 32 (1978), S. 3–30.
–, *Das Problem der epoché in der Philosophie Edmund Husserls*, in: „Analecta Husserliana", 1 (1970), S. 170–185.
SZILASI, Wilhelm, *Einführung in die Phänomenologie Edmund Husserls*, Niemeyer, Tübingen 1959.
TAINE, Hippolyte, *De l'intelligence*, Hachette, Paris [8]1897.
TUGENDHAT, Ernst, *Der Wahrheitsbegriff bei Husserl und Heidegger*, de Gruyter, Berlin [2]1970.
TWARDOWSKI, Kazimierz, *Zur Lehre von Inhalt und Gegenstand der Vorstellungen. Eine psychologische Untersuchung*, Philosophia, München/Wien 1982 (unveränderter Nachdruck der 1. Auflage, Wien 1894).
VANDEVELDE, Pol, *Vergegenwärtigung et présence originale chez Husserl. Le rôle de l'articulation langagière*, in: „Recherches husserliennes" 1996, Nr. 6, S. 91–116.
VANNI-ROVIGHI, Sofia, *Gnoseologia*, Morcelliana, Brescia 1979.
VÉDRINE, Hélène, *Les grandes conceptions de l'imaginaire de Platon à Sartre et Lacan*, Librairie Générale Française, Paris 1990.
VOLONTÈ, Paolo, *Analogia storica ed esperienza trascendentale. La „metaistorica" di Max Müller*, in *Studi di filosofia trascendentale*, hrsg. von V. Melchiorre, Vita e Pensiero, Milano 1993.
WAELHENS, Alphonse de, *Phénoménologie et vérité. Essai sur l'évolution de l'idée de la vérité chez Husserl et Heidegger*, Presses Universitaires de France, Paris 1953.
WARNOCK, Mary, *Imagination*, Faber and Faber, London 1976.
WEBER, Max, *Wissenschaft als Beruf*, Duncker und Humblot, Leipzig/München [2]1921.
WEDIN, Michael V., *Mind and Imagination in Aristotle*, Yale University Press, New Haven/London 1988.
WILBANKS, Jan, *Hume's Theory of Imagination*, Nijhoff, The Hague 1968.
WINDELBAND, Wilhelm, *Einleitung in die Philosophie*, Mohr, Tübingen [2]1920.
WOLFF, Christian, *Psychologia empirica* (in: *Gesammelte Werke*, II Abteilung, Bd. 5, hrsg. von J. Ecole, Olms, Hildesheim 1968).
WOLFF, Edgar Maurice, *Etude du rôle de l'imagination dans la conaissance chez Kant*, Bonnofons et fils, Carcassonne 1943.
ZAMBONI, Giuseppe, *Corso di gnoseologia pura elementare*, hrsg. von F. L. Marcolungo, Istituto Propaganda Libraria, Milano 1990.

Personenregister

Sachregister